花甲录

（日）内山完造 著

曹珺红 译

天津出版传媒集团
天津人民出版社

图书在版编目(CIP)数据

花甲录 / (日) 内山完造著; 曹珺红译. -- 天津:
天津人民出版社, 2020.10(2021.10 重印)
ISBN 978-7-201-13252-5

Ⅰ. ①花… Ⅱ. ①内… ②曹… Ⅲ. ①内山完造(1885-1959)–自传 Ⅳ. ①K833.137=5

中国版本图书馆 CIP 数据核字(2019)第 255696 号

花甲录

HUAJIA LU

出　　版	天津人民出版社
出 版 人	刘　庆
地　　址	天津市和平区西康路 35 号康岳大厦
邮政编码	300051
邮购电话	(022)23332469
电子信箱	reader@tjrmcbs.com
责任编辑	玮丽斯
装帧设计	汤　磊
印　　刷	天津新华印务有限公司
经　　销	新华书店
开　　本	710 毫米×1000 毫米　1/16
印　　张	19.5
字　　数	245 千字
版次印次	2020 年 10 月第 1 版　2021 年 10 月第 2 次印刷
定　　价	78.00 元

版权所有　侵权必究
图书如出现印装质量问题,请致电联系调换(022-23332469)

前　言

多年前，我接到出版社翻译《花甲录》的约稿。内山完造对于国人来说，并不是一个陌生的名字，有很高的知名度。

内山完造于一八八五年出生于日本岗山，自十二岁起就先后在大阪和京都的商店当学徒。一九一三年作为"大学眼药"本店——参天堂派驻上海人员来到中国。后来在上海居住长达三十五年，自起汉名邬其出，是著名的内山书店的老板、鲁迅先生的挚友、中国人民的老朋友。一九五九年，他以日中友好协会副会长身份来华访问时，因脑溢血病逝于北京。依其生前意愿，葬于上海万国公墓。

《花甲录》是内山完造对自己一生的总结，他以对历史负责的态度和理解，按照编年体史书的体裁，一页一页、一件一件地将自己自出生之日起的历史——特别是发生在中日两国间的大事，以尽可能客观的笔调，一一排列下来。他的个人机遇与鲁迅先生十年之久的友情尽在字里行间，它不仅是内山完造的个人史，更是一部涵盖了从十九世纪末叶（一八八五年），直至"二战"结束的日本近现代史、社会世相史和中日关系史。有重要的史学价值。

内山先生除了《花甲录》这部自传之外，还撰写了《活中国的姿态》《上海漫话》《上海夜话》等多部有关中国的书籍。

日本神奈川大学特任教授菊池敏夫是这样介绍《花甲录》的："《花甲录》是内山完造于六十四岁时撰写的记录他六十年生涯的回忆录。这部年谱式的自传，形式非常特别。首先按照日期的先后列出当年在日本社会中发生的大事，并交织其他世界各地发生的大事件。随后，在'追加事项'中记述自身经历，以年龄开头，细述自己当年的经历及感悟。"

日本京都外国语大学教授阴山达弥介绍内山完造时说："内山完造是中国文化人的好朋友，在中日关系最恶劣的时期为中日之间建立了友好和信赖关系。如果要问谁最有资格讲述中国人的生活，当然非内山莫属。他常年生活在中国,和中国人肝胆相照,共同度过那段艰难岁月。"

　　日本东海大学名誉教授太田尚树在书后的解说中介绍了《花甲录》的成书过程:"原本内山先生是想模仿中国人从花甲之年开始执笔撰写回忆录的,却因为那一年恰好处于'二战'的尾声,到处都是战火与混乱,终未能如愿。加之,当年仓促回国时积累多年的日记全都没能带回。因此,这本回忆录完全是内山先生回国后凭借个人记忆,花费一年多的时间完成的。"

　　二〇一三年,我与牟倩、梁维、武君等三位老师正式开始着手《花甲录》的翻译工作,经过多年的共同努力,终于完成了全书的翻译和审校,在此一并予以感谢。

　　或许是好事多磨的缘故吧,在出版社编辑及各位同仁的大力帮助下,这本回忆录终于与广大中国读者见面了。让我们跟随着内山完造先生笔下记录的日常的点点滴滴,一起去回顾那段艰难的岁月。

　　　　"以书肆为津梁,期文化乃交流。生为中华友,没作华中土,吁嗟呼,如此夫妇。"

　　　　"内山完造先生为日中两国人民的友谊作出了卓越贡献,精神永垂不朽!"

　　最后,让我们用内山夫妇墓碑上的这两段题词,一起来缅怀这位中国人民的老朋友。

　　祝愿中日友好地久天长!

曹珺红

二〇二〇年七月二十三日

目 录

凡例	001
小序	003
正文	005
后记	288
解说	290

凡　例

一、《花甲录》是内山完造的自传。从"二战"前到"二战"后,内山完造为中日文化交流和双方建立信任关系做出了巨大贡献。

二、本书以日本昭和三十五年(一九六〇年)岩波书店发行的《花甲录》为蓝本。

三、原书收录的"从一九四六年到一九五九年"和"附录",编纂于内山完造故后,本书予以删除。

四、汉字一律使用新字体,假名使用法和书写格式与现代日语不同之处皆以原书为准不予改动。此外,原书中较为明显的排版错误已予以更正,且不作注解;更正内容用"〔〕"标示,附在原文之后。

五、将有关年表中的年月日与现代的研究史料进行对照,并将异同之处记入"〔〕"当中。

六、适当添加注音假名,以便阅读。

七、因考虑到原书出版的时代背景,原书中有不符合现代语言表达习惯之处予以保留。

读者可加入书友交流群
畅聊内山完造以及那段历史
【群类别：书友交流】
入群指南详见本书后折口

小　序

万物皆有史实。

纵使蜉蝣之短命，抑或滨海之砂粒，也应各有其历程。故而人类作为万物之灵长，不论何等平庸，或是疯痴癫狂，必然有其历史，四海之内人类的历史即个人的历史之组成。然论起个人历史，却无他人相同。由此而言，号令天下的英雄也罢，无名贫贱的孤独者也罢，可谓世界之唯一。

中国人大多习惯在六十岁时制个人年谱，记载自己的历史。今年我已六十有四，方解其意。虽曾两度提笔，终未能成，然今却有心走笔疾书。无论我的历史如何鄙薄，如何与世无益，因我的历史只我一人所有，且仅此一桩，便有了非写不可的勇气。

我的历史绝非他人历史之借物，也并无诳语。既不是欺人之物，更不敢妄自夸大，我的历史必须是我自己的。从该意义上讲，出于责任和义务，一字一句断不肯草率行事。

如今，我肩负着这份责任和义务来书写个人的历史，虽知逊于蜉蝣，不及砂粒，却义无反顾。此书命名为"花甲录"。

一九四九年十二月二十五日
圣诞节写于朝门司
内山完造

读者可加入书友交流群
畅聊内山完造以及那段历史
【群类别：书友交流】
入群指南详见本书后折口

正 文

日本明治乙酉十八年(一八八五年)

  一月二十五日 陆军卿大山岩归国

  二月七日 三菱财阀的创始人岩崎弥太郎逝世

  四月十八日 特派全权大使伊藤博文和清朝全权委员李鸿章签订《天津条约》

  七月二十六日 天皇①乘车巡游山阳道

  八月十二日 巡幸归

  九月二十五日 豪商五代友厚卒

  十月十一〔一〕日 日本邮船公司成立

  十一月二十三日 自由党党员大井宪太郎等计划到朝鲜半岛举行暴动并于大阪被捕(大阪事件)

  十二月二十日 修改皇宫、官厅制度

  十二月二十二日 废除太政官,建立内阁制度

追加事项 日本历史年表记载如上,但这年尚有一件不可不写的事项。若问此为何事,却也并非大事,然则若无此事便无此书。话说:

一月十一日,内山完造出生。请听我细细道来:从山阳本线笠冈站转乘井笠轻铁,在终点站井原下车后再乘坐公共汽车,然后一路沿着小田川的清溪往北走上大约四千米路,就到了芳井村(由足次村和芳水村合并而成,现属于芳井町②)。

那里一个叫作泽冈的地方有四户姓内山的人家,其中本家的房屋最破旧,屋后边的田里有块墓地,散落着几十块无名墓石,是四户之中最为贫穷的一

---

① 天皇:按日本惯例,指当时在位的天皇。
② 町:日本地方自治团体单位,介于市与村之间。

家。当家的治平老先生曾编织、出售过驮马人用的草鞋。夫妻俩都是少有的好人,育有两个儿子,此后这两个儿子也都有了出息,尚还健在。邻近的年轻人常常聚在这里下围棋或者将棋。

下店家紧挨着本家,是从本家分出来的。这家虽然也是农户人家,然而因当家的藤太郎称得上是村里首屈一指的厨师,故而还开了个旅馆。表演神舞①的人以及卖千金丹药的行脚商都曾在他家旅馆住过。贞太郎是他家长子,自从年轻时离开家后便杳无音信,人们都以为他死了。直到五十年后他本人回乡,人们才知道他原来生活在东京目黑地区。长女因患有癫痫早逝,次子也死得早。三子名芳,身材矮小却很能干。他继承了旅馆,虽然如今旅馆停业了,他又开了个杂货店。

从这家后来又分出去了一支,叫作堂之上,当家的是贤太郎。他有个姐姐,嫁到了相邻的高屋村,女婿中村文太郎出身于山中农户丹生家;还有两个弟弟赴京学习,一个立志成为医生,一个想从事法律事务,然而二人皆未遂愿,一度竟偏离正轨,成了无业游民。后来只有小弟在丸龟市过上了所谓成功人士的生活。堂之上家的上辈中一个叫时卫的人,有两个弟弟、一个妹妹。妹妹嫁给了福山的世家布袋家;一个弟弟被盐商收为养子;还有一个另立门户叫作中立家。

中立家的当家是庄三郎,非常节俭,因此被人们称作庄老抠。庄老抠人很有骨气,对顽劣的我甚好。这位中立家的大叔给我留下了不可磨灭的印象。他有一儿一女,这对子女比他这个做父亲的还会精打细算。因此,后来成为后月郡②屈指可数的富豪。现如今已由孙子小新继承了家业,仍是数一数二的富翁。

上述姓内山的人家仅有这四户,所以可能是从别处移居来的。其中堂之上家系我出生之家,我父亲担任村议会③议员和村长④等职务,母亲名直,是井原印章店老板荻田长三(号云崖,兴让馆馆长阪谷朗庐的门生,擅书法)的长女。母亲嫁给父亲贤太郎后生了四儿三女,其中一儿三女都在幼年或成年之后离开人

---

① 神舞:日语中叫作"神乐",指祭神时奉献给神的舞和歌。分为在宫廷举行的御神乐和在民间举行的里神乐。原文中的"太太神乐"指日本伊势神宫中由一般人奉献、演奏的神乐。
② 郡:日本地方行政区划之一。明治以后曾为府县以下的行政区划,大正十二年(一九二三年)废止。
③ 村议会:日本指由村民选举的村议会议员组成的、决定村的自治行政的议决机关。
④ 村长:日本地方行政单位村的首长。

世,如今在世的只有我和两个弟弟。大弟继承了家业,在与井(芳井町所下划字①)开了间药铺,他不负众望,担任了郡商业合作社社长。小弟曾被丸龟市叔叔家收作养子,后来与那边脱离了父子关系,回来在学校任教,后辞职在东京经营内山书店——专营中国出版的书籍,近年还兼任校园剧②的指导工作。他承蒙在中国美术界具有划时代影响的鲁迅先生的指导,开始了解中国的木刻版画。

据说在我出生之后的第二十天,我家被火烧得精光。我都七八岁了,只要有人开玩笑地说:"你听,是不是火警钟响了",我还会惊慌失措地飞奔回家。这和我的顽劣是极其不符的,或许那场大火中寺庙不断敲响的报警钟已在我的意识中烙下了印记吧。这件事我时常会向人说起,也在写文章时多有提及。

日本明治丙戌十九年(一八八六年)

  一月二十六日   设立北海道厅
  三月二日   颁布《帝国大学令》
  十月二十一〔二十二〕日 英国轮船"诺尔曼顿号"在纪州洋面沉没
  十一月十六日   公布加盟《日内瓦公约》

追加事项 内山完造一岁。

日本明治丁亥二十年(一八八七年)

  二月十八日   天理教教祖中山美伎卒
  五月一日   井上外务大臣同各国公使召开条约修改会议

追加事项 内山完造两岁。

日本明治戊子二十一年(一八八八年)

  四月十七〔二十五〕日 颁布市町村制
  四月二十五日   学僧福田行诚圆寂

---

① 字:日本町、村中的区划名。有大字和再细分的小字。
② 校园剧:日语中叫作"学校剧",在日本作为学校教育的一个环节,由儿童、学生举行的演出剧目的总称。

四月三十日	创设枢密院
五月七日	按照学位令初次授予加藤弘之、箕作麟祥、伊藤圭介等博士称号
七月十九日	山冈铁太郎(即山冈铁舟)卒

追加事项　内山完造三岁。

日本明治己丑二十二年(一八八九年)

一月十一日	新皇宫建成
一月二十一〔二十二〕日	颁布修改征兵令
二月十一日	颁布《大日本帝国宪法》并制定《皇室典范》当日文部大臣森有礼被刺杀
七月一日	东海道干线全线通车，新桥神户间直通车开通
七月三十一日	制定土地征用法
十二月三日	确立警官及消防队员佩剑制

追加事项　内山完造四岁。

日本明治庚寅二十三年(一八九〇年)

一月二十三日	京都同志社创办者新岛襄卒
二月十一日	创设金鵄勋章
四〔五〕月十四〔十七〕日	颁布府县制
十月二十日	废除元老院
十月三十日	明治天皇颁布《关于教育的敕语》
十一月二十五日	召开第一次帝国议会

追加事项　内山完造五岁。四月一日，我进入化成寻常小学读书。还记得寻常小学阅读入门的第一课是《鸽子》，第二课是《花·鸟》，第三课是《桐·美人蕉》。当时我的顽皮是出了名的，有次跟好几个孩子打架，挥着小刀要刺

人,却在追赶他人时不慎跌倒把自己给戳伤了。至今还留在我额头上的那个月牙形的伤痕便是铁证。我的顽皮不仅让父母头疼,还害得周围的人也不得安生。

日本明治辛卯二十四年(一八九一年)

一月十三日	按照《保安条例》规定,将二十七名青年政治活动家①驱逐出东京
一月二十日	帝国议事堂失火
三月八日	东京骏河台举行尼古拉大教堂开堂仪式
三月二十日	大阪成立自由党,板垣退助任总理
五月十一日	警察津田三藏在大津刺伤来访的俄国皇太子(即后来的尼古拉二世)(湖南②事变大津事件)
五月十二〔十三〕日	天皇巡幸京都探望俄国皇太子
五月十九日	天皇巡幸神户为俄国皇太子回国送行
五月二十二日	天皇返驾东京
六月七日	博士中村正直(号敬宇)卒
十月二十八日	岐阜、爱知两县发生大地震,造成四千余人死亡
十一月八日	改进党首领大隈重信会见自由党总理板垣退助,两党联合时机成熟

追加事项 内山完造六岁。四月一日,我上了化成寻常小学二年级,也越发调皮捣蛋起来。就是那时候加入的儿童神乐团,扮演了一个斗鸡眼的丑角。

日本明治壬辰二十五年(一八九二年)

二月一日	画家五姓田芳柳卒
二月十五日	举行众议院议员临时总选。各地政治斗争激化,流血惨案随处可见
四月十日	东京神田、日本桥两区发生大火

---

① 青年政治活动家:原文为"壮士",指日本明治时代从事自由民权运动的青年活动家。
② 湖南:日本琵琶湖以南地区。这里指日本滋贺县大津市,位于琵琶湖西南端。

四月十二日	任命伊藤博文、夏本武扬、后藤象二郎、副岛种臣、黑田清隆、寺岛宗则、井上毅为条约修改调查委员
五月二十一日	按照《保安条例》规定，将一百四十三名青年政治活动家驱逐出东京
六月十七日	颁布包裹邮政法（十月一日起施行）
十一月三十日	军舰"千岛号"在伊予运河水面与英船"拉宾纳号"相撞后沉没，七十多名乘员溺水身亡
	当时侦探小说大为盛行

追加事项 内山完造七岁，化成寻常小学三年级。愈发淘气的我迷上了儿童神乐，时常得到称赞。当时在孩童象棋圈里与小福、小鹤他们不相上下，但也不占多大优势。有一次化成学校举办了一个幻灯放映会，类似现在的学习汇报演出，选了我和河合福一做代表发言。那是我初次登场表演，介绍的是如何做荞麦面。家长们评价说小福沉稳，讲得好，而我语速太快、慌慌张张的。后来小福当了天理教教士，我则作为兴趣爱好在日本各地说单口相声，传讲中国百姓的生活。我小时候就能言嘴利，真可谓是本性难移。那时的我就受父亲差遣只身去过高屋村的亲戚丹生家，路上需要越过一个叫"雏垰"的山口，大约有四千米的路程。

日本明治癸巳二十六年（一八九三年）

一月二十二日	剧作家河竹默阿弥卒
三月二十日	海军大尉郡司成忠等人从隅田川出发去往千岛开荒
五月十九日	福岛县信夫郡吾妻山火山喷发
六月二十九日	步兵中佐福岛安正从柏林踏上归途，单枪匹马远征西伯利亚后回京
十一月二十五日	英船"拉宾纳号"与军舰"千岛号"撞船事件由横滨英国领事法院做出裁决，日本败诉
	该年发起禁酒运动和废娼运动

追加事项 内山完造八岁，化成寻常小学四年级。因为到中立家（分户）后院钓人家井里养的鲤鱼被训斥过；跟许多小朋友想淘干小水沟来捕鱼，结果在

两人搬石块时不小心手一滑,石块落下把右脚跟腱处划破一道两厘米大的口子。记得在村背后的小河里下钩钓鳗鱼也是这个年龄时干的事。本家的丈哥儿带我去碇渊游泳,呛了几口水之后也算是会游了。在去往西吉井那条村路的山脚下,坐落着真宗寺、荒神殿、正当寺。那时每天晚上分派一户人家去给荒神殿的石灯笼供灯。每当轮到堂之上家的时候,都是年幼的我带上油壶和火柴去。黑黢黢的山脚下,寺院和神社显得格外孤寂。石灯笼对于幼小的我来说还有点高,我得把油壶抱起才够得着。有时我也会被沙沙的声响吓出一身冷汗,但从没有逃跑,也没有大喊大叫或是哭过。我要比先前还淘气些,所扮演的那个丑角也得到了一致好评。

日本明治甲午二十七年(一八九四年)

三月九日	明治天皇大婚二十五周年庆典(银婚纪念仪式)
三月二十七日	朝鲜政客金玉均在上海东和洋行被暗杀
五月十五〔十六〕日	诗人北村透谷自杀
六月二日	画家森宽斋卒
六月五日	朝鲜发生东学党起义
七月二十五日	日本海军于朝鲜半岛海域击沉清朝海军舰"船操江号"
七月二十八〔二十九〕日	日本成欢之战获胜,攻陷牙山
八月一日	日本向清朝宣战
八月二十六日	日本与朝鲜缔结《攻守同盟条约》
九月十五〔十三〕日	大本营①转向广州
九月十六日	日军占领平壤,将领左宗贵②将军战死
九月十七日	日本海军于黄海击溃清朝北洋舰队(黄海之战)
十月二十〔十五〕日	广岛召开第七次帝国议会,会议通过了一亿五千万日元的军费预算
十月二十二日	两羽③地区发生大震灾,庄内地区受害甚大

① 大本营:日本指在战争或事变时设立的最高军事统帅机关。
② 左宗贵:应为"左宝贵"。
③ 两羽:位于山形县。

十一月二十二〔二十一〕日	日本第二军占领旅顺口。当日清朝政府通过美国公使向日本提出媾和
十二月十日	日本第一军、第二军联合

追加事项　内山完造九岁,化成寻常小学毕业,升入精研高等小学①(由井原町及十二个村建立,位于井原町,也是后月郡唯一一所高等小学)。全校学生大约有一千人,而我的年纪和个子都是里面最小的。当时去上学是不要求集合排队的,放学时则要按各个町村分组列队一起走。我是川奥组(井原以北的合称)的,几乎每天我都会捣乱,为难队长或副队长,常常受罚。

日本明治乙未二十八年(一八九五年)

一月二十四日	有栖川宫炽仁亲王(任陆军参谋总长)薨
二月十二日	北洋舰队投降,司令官丁汝昌自杀
三月二十四日	歹徒小山六之助在马关击伤清朝议和使者李鸿章
四月十七日	日清达成议和,中国台湾全岛及其附属岛屿和辽东半岛"割让给与日本",日本获赔两亿两白银
五月十日	德、法、俄三国干涉,下诏归还辽东半岛
五月三十日	天皇返驾东京
九月二十八日	北白川宫能久亲王于中国台湾薨
十一月七日	以大寺少将②为首的、明治以来在战争中阵亡的一千四百位亡灵合祀于靖国神社

追加事项　内山完造十岁,升入精研高等小学二年级。当时已经有很多人考试不及格了。宫嶋排名第一、松本第二,而我却是第六十几名。我读化成小学

---

①　高等小学:日本旧制设置在初级小学之上的初等教育机构。明治十九年(一八八六年)设置。初为四年制,四十年(一九〇七年)改为二年制。

②　大寺少将:一八九五年二月九日,侵华日军第六师团步兵第十一旅团旅团长大寺安纯陆军少将,在入侵山东省威海卫的战斗中,被中国军队击毙。

时曾被班主任Y老师严厉惩罚过,一直怀恨在心。现在每天早晨都会在上学路上遇到Y老师,于是每每拉上一帮狐朋狗友故意寻衅滋事,把Y老师气得向精研高等小学的校长告状。为此,我被校长及曾提及的井原町的荻田叔叔(母亲的弟弟元治郎)、田中叔叔(住在井原的母亲那边的亲戚)严厉训斥。我的所作所为用现在的话说,就是不折不扣的小混混。那股顽劣劲使我成了全校学生中的三个反面典型之一。母亲气得没办法,拿村里的学者三宅栗斋老先生写的打油诗给我看:"完造已无忌,顽劣无人及。"幼年之顽劣由此可以想象。然堪称"反面典型"之名,必有亡命劣迹,却已不大记得。

日本明治丙申二十九年(一八九六年)

一月九日	众议院否决有关归还辽东半岛的内阁大臣弹劾上奏案
二月十一日	朝鲜亲俄派首领李范晋暗中将国王及世子引入俄国公使馆,使其下诏将亲日派金宏集等人处以死刑并枭首。故此遣回掌握实权的朝鲜亲俄派
三月二十四日	颁布航海奖励法、造船奖励法
四〔三〕月一〔三十一〕日	关闭大本营并设拓务省,任高岛鞆之助为大臣
五月十五〔十四〕日	驻朝鲜公使小村寿太郎与俄国常驻朝鲜公使韦贝交换文书
六月九日	山县有朋出席俄皇冕礼,签订《日俄协商条约》
六月十五日	三陆地区发生大海啸,受灾严重
八月三十一日	秋田、岩手两县发生大震灾
	该月俄国与清朝签订密约,俄国获得修建"满洲"铁路特权
十月三日	日本邮船公司开辟澳大利亚航线
十月十五日	废除各大臣护卫巡查制度
十月三十日	志士荒尾精(上海东亚同文书院的创立者)染鼠疫客死
十一月二十三日	小说家樋口一叶女士卒

追加事项 内山完造十一岁,上精研高等小学三年级。有次我跟班主任 M 老师作对,被他狠狠训斥了一顿,从此我和这位老师便水火不容。一天老师讲到伯夷、叔齐隐退首阳山的故事,认为神武天皇胜于伯、叔二人。因为伯夷、叔齐面对父王遗言与现实相违的情势,身负重命而不知所措,最后选择了隐退,然神武天皇虽为第四皇子却毅然登基王位。我对此说了句"蠢货!"(我这个乡巴佬不知还有别的形容词。)彻底激怒了他,被他斥责得不敢回嘴了。此外,我还是一个非常早熟的孩子(不似我矮小的身躯)。我把同年级女生们的名字写在记事本上,后附"汝为吾妾"之类的话语,被中立家的老头看见后大骂一通,此时的我实属问题少年。然而校长多贺老师却总是平静地教导我,长久以来我一直深感欣慰,并心存感激。

日本明治丁酉三十年(一八九七年)

一月十四日	英照皇太后(孝明天皇的皇后)驾崩
三月二十九日	颁布货币法(金币本位制)
	该月发生足尾铜矿矿毒事件
四月一日	颁布中国台湾银行法及传染病预防法
四月二十二日	俄国无视日俄协约,默许朝鲜雇用俄三名士官和十名下士
四月二十七日	东京上野开设帝国图书馆
六月二十二日	颁布京都帝国大学官制。原帝国大学改称为东京帝国大学
六月二十八日	改称中国台湾摩里逊山为新高山
七月二十七日	画师岸竹堂卒
八月二日	日本劝业银行开业
八月二十四日	陆奥宗光卒
十一月十四日	德国舰队占领清朝胶州湾

追加事项 内山完造十二岁,四月一日升入精研高小四年级。因为我的顽劣,亲戚们大都认为比起做学问我更适合去经商,决定让我去大阪当佣工。我也欣然答应。有一天,就做工还是升学跟三宅源重郎发生争执,虽然最后我输了,但因为我原本就对家里只有父亲吃大米饭、我们吃杂粮饭心怀不满;又听说去大阪做工的话一日三餐都吃大米饭,每天都跟过年似的,所以还是决定要

去,就算日子再苦也决不回头。于是去大阪的事很快定了下来。十月四日,我于精研高等小学四年级中途退学。作为临别赠言,校长多贺定市老师还特意写了首诗:

> 男儿立志出乡关,
> 学不成名誓不还。
> 埋骨何须桑梓地,
> 人生无处不青山。

十月十五日那天,母亲已经为我打点好行装。当时父亲不在家。为了祝贺我踏上新的征程,母亲给我做了大米饭,还特意浇了我最爱吃的汤汁。我吃饭的时候,母亲一直守在我身旁,她一边抽噎着,一边嘱咐我"完造呀,话说'人活一世,名在千秋',去了店里好好给人家做活计,将来出人头地、衣锦还乡啊"。这番话至今依然清晰地烙印在我的脑海里。我的母亲是个将女大学①思想付诸生活的人。与我作别时说的那句"人活一世,名在千秋",并不是随口说的,而是她贯彻一生、躬体力行的。我也是遵循着母亲的这句话一路走来的。母亲从井原町嫁到芳井村的农家,伺候着难以取悦的婆婆和脾气暴躁、专断强横的父亲,却从没有过一句反驳或者辩解。不论怎样苛责她,她从不反抗,只会赔罪说是我不好、全都怪我。母亲常说:"即便让我头朝下爬柚子树,我也不能还嘴,这正是女子之道。"母亲这般隐忍服从,时常令我触目伤怀,这与我顽劣的性情并不相符,想必其中也有母亲遗传的缘故吧。后来托尔斯泰的不抵抗主义引起了我的共鸣,我还为日本天主教徒遭遇迫害时采取的不抵抗方针呈献了赞词。俄罗斯的斯霍博尔鲁教徒由于在征兵时拒握枪支而遭受政府迫害,却始终恪守其不抵抗原则,最终得到英国贵格会②坚持非战论③教徒的帮助,从而免除征兵并在加拿大得以安置。这些事迹令我热泪盈眶,不,应该说是我无法阻止自己挥洒热泪。日本无条件投降之际,我认识到日本的前途除了同瑞士一样保持永久中立之外别无选择,于是奔走全国各地,面向肩负着建设道路上艰难困苦的

---

① 女大学:日本江户中期以后普及的教育女子修身的书。宣扬女子从属的封建道德。
② 贵格会:基督教公谊会的别称。主张从上帝那里直接获得暗示,开展绝对和平运动,积极为社会尽义务。
③ 非战论:非议战争的论点。

当代青年男女展开演说,呼吁建设和平日本。我深深地感到了自己所应承担的时代责任,结束演讲时我每次都会深表歉意。诚然这些都是母亲对我的馈赠。

我毅然作别了母亲和弟妹,跟送行的左邻右舍打了招呼,当天下午三点左右离开了足次村。那天晚上我留宿在提议我外出谋生的井原町的荻田舅舅家(即母亲的娘家,当家的是母亲的弟弟元治郎)。

十月十六日黎明,我带了两包①家乡的特产松口蘑和一块大洋出发了。人力车把我拉到笠冈站,我踏上了前往神户、大阪的火车。随着一声汽笛响起,拉车的师傅对我说:"小伙子再见了。"那是我听到的最后一声乡音。火车开动了,车厢里面没有一张熟悉的面孔。那时我第一次体会到了寂寞与伤怀。年仅十二岁的我小小的个头,在车厢里成了人们夸奖和爱护的对象。不过上路前荻田舅舅告诉我切不可疏忽大意,所以在抵达神户之前我丝毫不敢放松警惕。傍晚从神户站下了车之后,遵照叮嘱买了一张人力车的票,去荣町三丁目山口嘉造商店拜访了我的介绍人高木静太先生。我这个穿着草鞋的山里小毛孩儿带去一包松口蘑做见面礼,在这里居然很受欢迎。那晚我生平第一次在别人家过夜。由于路途劳累,我倒头便睡了。早上被叫醒之后,这家的女佣又热情地帮我做这做那。早饭吃了酱汤②浇米饭,我高兴地想"果真如此,那岂不每天都跟过年似的"。我经常跟人们说起当时的喜悦之情,不过现在的年轻人恐怕无法理解。此外,我还时常给人说起在火车上吃的那份叔叔家做的盒饭,是我最爱吃的饭团配酱汁松口蘑,令我无法忘怀。多么纯朴的一个乡下少年呀!我现在也时常想起那时的自己。

十月十七日,高木先生送了我一双竹皮草鞋③,我把前一天穿来的草鞋扔了。这是我生平第一次穿竹皮草鞋,没想到脚底特别容易打滑,鞋子老爱掉。高木先生瘦高的个子,说话时带着鼻音,他带我去大阪的情形至今难以忘怀。从三宫④站出发坐一个小时火车便到了目的地大阪,从梅田⑤站出来时看到的情景并不像精研高小教科书里所形容的那么繁华,没看见"电线、电话线密集得像

---

① 包:这里指包扎物品和礼物用的稻草包。
② 酱汤:把豆酱溶化入汤汁中再加入各种作料做成的汤。
③ 竹皮草鞋:在草鞋底贴皮革,后部嵌金属附件。金属附件可防止鞋后跟破损。
④ 三宫:位于日本神户市中央区。
⑤ 梅田:位于日本大阪市北部。铁路线集中的终点站。

蜘蛛网一样"，我不禁嘟囔道："哪儿有什么蜘蛛网呀。"高木先生为了让我见识大阪的繁华，特意带我步行到安土町三丁目的大塚为三郎店（当时还没开业）。我的这个店主是个光溜溜的秃头，黑黑的门牙；老板娘虽然身材矮小，却十分标致。她娘家是隔壁的卖棉织品的伊藤商店。我们的商店近期就要开张了。

　　门口已经挂上代表"大塚"商号的挂帘①。从那天开始，矮小的我每天早晨都会用竹弓把挂帘挑上去，晚上再取下来。我们店是做西洋纺织品批发生意的，如平纹薄毛呢、意大利棉毛呢、花洋布、红细棉布等舶来品，不过销售最多的还是友禅染②和单色染的平纹薄毛呢布料。平纹薄毛呢的原料大多是英国货，分为坯布和漂白布，单色染用坯布，友禅染用漂白布，以一百二十码为标准长度。不过实际上往往会长出一些。这样一百二十码长的布匹每二十反③装一箱，木箱里边包着一层镀锡或是镀锌的铁皮。将单染的坯布按二十四码裁开，叫作"一反"；友禅染的漂白布按十二码裁剪的叫一块，两块是一反。一般而言，在西洋纺织品店里学徒的入门功课就是将平纹薄毛呢布料按十二码或者二十四码进行裁剪，也就是俗称的"剪块儿"。我是店里第一个学徒，每天的任务就是早上起来先把挂帘挑上去，开了店门，拿掸子掸掉布匹上的灰尘，然后扫地、擦桌子，再清理煤油灯、烟具盘，洗掉门面上的灰泥之后再洒水扫路。早饭吃的是大米粥。吃过早饭之后要去找买家拿订单。午饭时回来（我去的地方是御灵筋和淀屋桥），能吃上一份加有某种小菜的热米饭，就是我以前认为的过年大餐。午饭后要去给买家送货，当然也会接订单。不过早上去拿订单的时候要带上友禅染或者印花布的新货，晚上还要带货款回来（西洋纺织品商一般在成交后第二十五天收款，所以每天晚上都有款要收）。晚上一般得到十点以后至十一点才回来，早上即便是冬天也得六点钟起床，每天如是。我小小年纪还真有些吃不消，觉得日子很难熬，不禁想起家里来。母亲和蔼的面庞仿佛告诉我："要学会忍耐。"我似乎能看见小弟抱着柱子举起小手展示他的拿手本领，还能听见他喊我"哥哥"。即便是顽劣的我也每天会跑去厕所哭上一通。然而我在写

---

　　① 挂帘：日本挂在商店屋檐下，用于遮阳、印有商标和店号的布帘。亦有广告作用。
　　② 友禅染：友禅印花。日本传统染布技法之一。在丝绸等上面用写实的手法染出色彩绚丽的山水、花鸟等图案。
　　③ 反：日本的布匹长度单位。大小根据布匹材质而定。

给母亲的信里始终都没有提过我想回去。父亲虽然很少写信给我,母亲却时常来信关怀,给我安慰和鼓励,令我安定下来。可十六岁的时候,我因为花了店里的货款,被赶了出来。详情后文再叙。

日本明治戊戌三十一年(一八九八年)

三月六日	德国成功租借清朝胶州湾一带
三月二十七日	俄国租借清朝旅顺口
四月二〔二十二〕日	应日本要求,清朝保证不将福建割让与他国
四月三十日	对美西战争表示中立
六月二十二日	进步党、自由党进行合并,组建宪政党
七月一日	英国租借清朝威海卫
七月十三日	清朝政变,康有为等流亡日本
十月二十九日	宪政党中自由派组建新宪政党
十一月三日	进步派宪政党员新建宪政本党
十二月二十日	万国邮政公约批准公布

追加事项 内山完造十三岁,度过了在大阪当学徒时的第一个新年。店主给了我一套仕衣①:一件条纹布棉袄,一件棉绒布汗衫②,棉绒衬衣、长筒裤各一件,一双短布袜③,一条棉织布角带④,一件棉布围裙,一双竹皮草鞋。此外,正月初三还给了我三十钱⑤零花钱。大塚商店(大家一般习惯称它"大为大为")于十一月一日正式开张,我上午留在店里招徕顾客。像每家店里的学徒那样站在门口,见到来往的进货的商人要大声喊:"进来看看吧,请进!"把顾客让进来。虽说这种活计就像茶馆女拉客人一样,但我却满不在乎,热情地招呼着客人。当然刚开始的时候声音出不来,费了很大功夫才适应。当时偏远地方客户的货物

---

① 仕衣:按季节发给佣人的衣服。日本习俗之一。主人向佣人应时按季节地赠送衣服,尤其在盂兰盆节和岁末更注重这一习俗。
② 汗衫:和服衬衣的一种。上半身穿的贴身单衣。
③ 短布袜:日本式短布袜。大拇趾分开。着和服时,为防寒或为出于礼貌而穿用。
④ 角带:男用和服腰带的一种。将博多锦缎等腰带衣料对折起来放入内衬,制成宽约8厘米、长约4厘米的腰带。
⑤ 钱:货币单位,一日元的百分之一。

需要打包或装箱后再请人运送,所以包装货物也是我的工作。而且有时还得用手推车把沉甸甸的货物送到很远的梅田站或是河口的船运公司去(这种手推车后来流传到上海,被称作老虎车,推陈出新,取代了单轮小推车)。

日本明治己亥三十二年(一八九九年)

一月二十一日	胜安房〔胜海舟〕卒,其曾为江户无血开城立下大功
二月一日	东京大阪开通长途电话
三月四日	颁布《著作权法》
五〔三〕月某日①	清朝山东省发生义和团暴乱
六月二十九日	德国皇族海因里希亲王进京
七月十五日	实施修正条约(有关国内杂居等)
八月十五日	接任阪谷朗庐的政客坂田警轩卒
十月七日	受狂风影响,列车从日本铁路箒川铁桥上坠落河中,死伤人数较多

追加事项 内山完造十四岁。这年新年,店主又给了我一整套仕衣,我十分欣喜。大塚商店里面也多了几个学徒,其中我的资格最老,便成了忠于职守的典范。当时在大阪做工的学徒周日不能休息,一年之中只有正月初一到初三、正月初十(祭财神)、二月(立春)、四月三日(拜祭神武天皇)、七月十六、十七日(夏祭②)、七月二十五日(天神祭③)、十一月三日(天长节④)可以休假。学徒一天有十钱左右的零用钱,要是被差遣出去办事的话还会给五钱左右的小费,一年下来能积攒两三块钱。这一年我把离乡时穿的衣服和那一块钱都寄还给了母亲,宣称自己已经能够自食其力了。

日本明治庚子三十三年(一九〇〇年)

三月七日	颁布禁止未成年人吸烟法

---

① 五〔三〕月某日:原文确实是这样写的,应该是作者记不清具体日期了。
② 夏祭:夏季为驱逐病魔和秽气而净身祓禊、祈愿健康和幸福的活动。夏季在神社举行的祭祀活动的总称。
③ 天神祭:日本大阪市北区的天满宫于每年七月二十四日、二十五日举行的夏祭。
④ 天长节:日本天皇诞辰的节日。明治元年(一八六八年)制定。"二战"后改称天皇诞生日。

五月十日	皇太子嘉仁亲王成婚
五月三十日	义和团叛乱分子势力扩大,派遣军舰"笠置号"急赴天津
六月十七日	以日军为首各国舰队占领大沽口炮台
七月六日	命令广岛第五师团渡海赴清
七月十六日	日本军占领天津城
八月十四日	日、英、美联军占领北京城
九月二十七日	德国元帅瓦德西任联军司令官,抵达天津
十月一日	京都天龙寺道长峩山和尚圆寂
十一月二日	思想家大西祝(操山)卒
十二月二十二日	各国使节就北清事变①向清朝议和委员发表联名公文

追加事项 内山完造十五岁。博文馆发行了关于北清事变的杂志《东洋战争实记》,这是我生平第一次读的杂志。与此同时,我的身体发育步入了青春期,声带也发生了变化,以前的灵巧模样长成了一张长满青春痘的面孔,曾经的乌鸦嘴终于也变得伶俐起来。我变得争强好胜起来,但也学会了偷懒。我开始进甜点小吃店,假日据点也由从前的千日前②转移到了道顿堀。此外,我开始懂一点单口相声了。那时的我漫无目标,只是无知地长大着。

日本明治辛丑三十四年(一九〇一年)

一月二十四日	植物学家伊藤圭介卒
一月某日	西伯利亚铁路开通至浦汐斯德
二月三日	福泽谕吉卒
四月某日	日本女子大学建校
五月二十七日	山阳铁路神户至下关段通车
六月一日	文士大桥乙羽卒
六月二十一日	东京市议会议长星亨被刺杀

---

① 北清事变:日本对义和团运动的称呼。
② 千日前:日本大阪市中央区的道顿堀至难波一带地区。繁华街"南"的一角。

九月七日	日本等十一国与清政府签订《辛丑条约》
十一月七日	李鸿章卒
十二月十二〔十三〕日	政论家中江兆民卒
十二月某日	田中正造就足尾铜山矿毒事件直接向天皇上诉①
	发表社会党宣言

追加事项 内山完造十六岁。这年我被破格允许带烟草袋、穿羽织②,新年发仕衣的时候给了我烟草袋和羽织。那个时候我开始每天早晨和晚上去各家旅馆拜访外地来的客人。我就是那会儿开始染上坏毛病的。不过,我们不曾沾染情色的世界,却沿着美食这条道路越陷越深。原本只在休息日去的面馆、甜品店平日里也开始去了。我对美食愈加痴狂,从日式火锅到寿司屋,接着转战到天妇罗、鳗鱼屋等。发展到这个程度时我早已挪用了很多次货款。有一次和同伴一起去甜品店,他们发现我居然是这里的常客,于是事情败露了。被老板知道挨训斥时,我挪用的款额已达百元上下。很快我父亲被叫来大阪,谈了如何补偿欠款之事。好歹这次我算是保住了饭碗,可屡教不改却是一直以来陪伴我的恶习。我的舌头已被那些面条、甜品、日式火锅、天妇罗、鳗鱼及寿司等深深萦绕着,早饭时粥就不用说了,甚至开始挑剔起午饭时配的小菜了。加之我的薄弱意志被老板的一次次训斥渐渐磨平,也不介意赔罪道歉或是立下誓言,只是恶习依旧不改。最后居然还教唆店里的同伴要求老板提高待遇,甚至做了联名状,迫使老板毅然决定开除我。巧的是在老板最为愤慨的时候,大阪市的毛思伦友仙工厂的元生老板来了:"算了,把他交给我吧!"于是带着我回了工厂。我开始了一段跑腿打杂的生活。那个时候,大阪的毛思伦友仙工厂颇具规模。友仙工厂位于野田的名胜景点——影藤附近。工匠有三十人左右,打杂跑腿的数人、染料调配负责人一位和记账人员一位,还有一位烧饭的老婆婆。老板跟前妻有三个女儿,和现任妻子生了个儿子,差不多五岁了。那里的工匠们吃喝嫖赌,钱是年年花光用光。工匠们之间会差使一些十二三岁甚至是六七岁的孩子跑腿打杂。在这儿跑腿打杂当食客的日子也没令我安分。其间我决定回

---

① 一九〇一年,田中正造就足尾铜山矿毒事件不顾性命当街拦住天皇御驾,对矿毒事件进行直诉。其直诉状是由幸德秋水起草、田中正造改动后上呈。

② 羽织:是日本和服的一种。作为防寒、礼服等目的,穿着在长衫、窄袖便服的上面。

一趟家。记不得那是几月份了,我落寞地回到阔别四年的故乡,却遭到父亲的训斥:"不知羞耻!把脸都丢尽了!"我在家混吃混喝了几日,有一天看到父亲往抽屉里放钱,我的心又开始不安分起来。在父亲外出的时候,我趁母亲没注意,将钱取出放入口袋,然后撒腿奔出了家门。我一路抄小道,一口气跑了四里①,来到了笠冈车站。这么长的路途中不曾喝过一口水。现在回想起来都觉得真跑得够呛!中间要过两个山口,真不知当时怎么跑的,想想都觉得不可思议。刚好上神户的火车到了,遂上了车。到神户后又倒车,抵达大阪大约是在下午的一点左右。这次我没有去元生工厂,而是去拜访了居住在大阪南区日本桥那里的冈田治三郎先生,因为我很早前就听母亲还有些亲戚说他现在混得很好。唉,乡间的传闻真是不可靠。冈田他的住所的确是在日本桥,也确实是在长町。但他住的长町,其实就是一有名的贫民窟,那里住的都是打零工的小工们。此外冈田本人也就是在区政府还有别的几个地方做着按天领工钱的搬运工。即便这样,当时的我也没有别处可去(当时没有打算回元生工厂)。在冈田家住了两天之后,想着在这样的地方待着也不是长久之计,还是应该先去一趟横须贺市,到那里的海军工厂做一名工人。那是因为我有一个堂兄叫中村升(他最近才客死美国),他从精研高等学校毕业之后就去了吴市的海军工厂,听说这时他调动到横须贺市的海军工厂了。我想请这个堂兄帮我一把。动身出发时,在冈田的乞求下我无奈借给了他30日元。我卷走的父亲的钱一共也不过50日元。我无法再返回大阪。怎么说当初也是独自下了狠心要在横须贺市工作才出走的。当我到达横须贺市时是下午三点左右,一路打听终于找到了中村寄宿的地方。刚好那天中村不上班,在家休息。我向他说明了来意,希望他能不吝帮助,结果在几句冷冰冰的客套话后,他说道:"来这儿做什么呢?本应该做商人的人来这儿做工人,太出乎意料了。我不求你帮忙也帮不了你什么,快点回去吧,回去吧。"就这样我被赶了出来,不得不再次登上火车。火车到达大阪时已是半夜。糟透了,不知道该去哪里。最后,想到有位姓林的朋友,在元生工厂的工区里工作,只能去他那儿了。我从梅田走到了福岛。林师傅租住的房屋在福岛纺纱公司工厂附近的一处住宅楼的二楼,我敲门叫醒了他。他们夫妇二人只有一间屋子,因为是夏天,房间里挂着蚊帐。没有办法,他们只能让我同睡在蚊帐里。第

---

① 里:日里。日本的长度单位。一日里为36町,约3.927千米。

二天，林师傅跟元生老板说了我去找他的事，老板人很好，说别顾虑什么，尽快回工厂吧。于是我真诚地对这段时间的任性道歉，之后我又开始了一名"寄食客"的生活。从我离开故乡到现在，期间的经历让我想了很多，乡下人说的话不可靠，亲戚也完全靠不住，想到这些就更觉得元生老板人太好了，令我感激不已。此外，在这里工作的人们之间也非常友好，这再次让我感动。是时候听老板的话了，我告诉老板说我会好好努力工作的。老板却说没关系，不用想着一定要做点儿什么，不用担心，该玩就去玩。我再次狠下决心，先在工厂好好跑腿打杂以待时机。从那天开始，我发现自己很适合干杂役，每天和打杂的孩子们一起欢快地工作着。人们对我都非常和善。这些人几乎都大字不识几个，偶尔会托我代笔，都是一群非常质朴的人。我也使足了劲儿努力工作。因为之前在商店当学徒的时候胡吃海喝，再加上现在天天吃工厂食堂的饭菜，我不幸患上了胃扩张。脸色青肿，一日三餐吃完就吐，吐完了又想吃，吃了又吐，实在是病得不轻。即便这样，我依然跑前跑后地忙活着，不知不觉这严重的病竟慢慢离我远去，我也渐渐长成了人。那个时候老板家的二女儿虽然还是尿床的小屁孩儿，却每次看到我就傻笑着说要嫁给我。被尿炕的小毛孩儿搭讪，顽劣的我也招架不住，每次都大呼救命躲进工匠们中去，结果惹得大家伙频频笑我。幸运的是在我还没有彻底安于打杂的生活时，经元生老板介绍，很快我就去了位于京都市堺町路与蛸薬师路交汇处的赤野三次商店里工作。自此我开始了我的京都生活。

  这个赤野三次商店，原来其实是在丹后町专门经营绉绸①的店铺，店主人曾经涉足横滨的生丝买卖，第一次有所盈利，第二次就输得一败涂地，最终破产。店主人是京都人，很是上进。当时薄毛呢生意很火，比起再次振兴丹后绉绸的生意，店主人还是决定制造出售薄毛呢，并且很快就在四条大宫②站靠西——任生这里建了工厂准备生产。本来这是个好事，但因为店主人完全是外行，再加上管理这个行业不是一个简单的事，稀里糊涂地就开始实属草率之举。最开始连负责售货的人都没有，实在是很混乱。有人把这事告诉了元生老板，看他能否帮帮忙。于是元生老板立刻就推荐了我。这是十月末的事了。后来京都店

---

① 绉绸：是指日本有褶皱的丝织品，是当地著名特产。
② 四条大宫：因位于四条路和大宫路的交叉点而得名。

里面回复说请速速来店,我便火速整理好衣物。元生老板负担了一切费用,从头到脚都帮我备齐。十一月初,做好了再次出发的准备,我对自己发誓,无论怎样都不再退缩,不管发生什么都一定要在这个素未谋面的赤野三次商店里好好干下去。我在元生老板的亲戚家住了一晚,应该是在松原街猪熊西入那里,第二天才去的店里。

不知为何头天晚上吃饭时的情景至今仍深深停留在我脑海里。晚饭的配菜是清炖豆腐块。里面煮有炸虾、虎鱼和白豆腐,吃的时候蘸点醋、酱油,这家男主人吃得特别香,那吃相我怎么都忘不了。

说到忘不了,在元生工厂过"寄食生活"的日子里也有那么一两件事记忆犹新。元生工厂里有位烧饭的老婆婆,面相如同《安达之原》①里的老妖婆,其人却十分有趣。那个时候,各个工厂都非常流行一种从中国传来的叫作"押宝"的赌博游戏,游戏名称估计是源于汉语"七、八"的发音,"不是七就是八"的意思。玩法是这样的:有一张纸,上面有二十余幅图,每天早晚分别打开一次。开玩时,二十余幅图中有一幅会被盖住,人们需要猜出被盖住的是哪幅图,参与的人至少得压上一钱。时间一到便打开画纸。猜中了能赢回二十余倍的钱,否则将会输掉赌注。在元生工厂,烧饭的老婆婆就是赌头。在这里连跑腿打杂的小孩子们每天也都参与其中。他们还教会了我,偶尔我也会压上一钱,猜中的时候一下子就能赢二十多钱。当时我在那里混着吃喝,没有工资也没有什么其他收入,靠这个时不时还能有个三五十钱的零用,赢的时候我会把钱分给打杂的孩子们,他们也当我是自己人。

有一次我穷得一文不剩,从牛肉火锅店前经过,飘散的美味使我的舌尖又不安分起来,竟鬼使神差进到店里点了牛肉火锅。因为我每天都打这里经过,老板娘认识我,便非常热情地为我煮了牛肉锅,我也吃得特别香,吃完后我说:"我没钱,先欠着吧。"谁知老板娘脸色突变,"吃完了才说什么先欠着,还想白吃了饭就走人?!"我有些惶恐。然而老板娘说的也确是事实。我虽然和友仙工厂里打杂跑腿的孩子们一起参与赌博游戏,也曾因胃扩张而去偷食柜子里的剩饭,但是白吃饭不付钱的想法于我而言却是从来不曾有过。正因如此,听到这话就如同一盆冷水从头上泼下。两三天后我便去还清了饭钱,一共四钱。这

---

① 《安达之原》:手冢治虫恐怖短篇集。最初发表于《周刊少年JUMP》,一九七一年三月二十二日号。

是一件至今为止我无法忘却的事。

还有一件事也曾让我惊恐：有人因地盘的事和"押宝"的赌头起了争执,一群人在影藤相互砍杀了起来。打杂跑腿的那群孩子们都跑去看热闹,还不时回来告诉大家这会儿谁砍了谁或者谁又被砍了。当时我在房子里待着,听着他们不断带回来的消息,忽然觉得人世无常而备感悲凉。即使到了现在,提笔书写这事,当时白刃相见的人们相互厮杀的样子也会飘浮到我眼前。虽然我和友仙工厂的工人们在一起生活,但还没有被同化到面对这种事毫无知觉的地步,这一点使我至今都庆幸不已。

我刚去赤野三次商店那会儿,还曾带着友仙的薄毛呢制品去四条通、寺町及千本附近的店铺,可完全推销不出去。事实也该如此,不仅图案设计的乡味儿十足,色还没有上好,都是些做工极差的东西。最终我不得不拿到乡下去卖,从大津沿路去了草津、八幡、野洲那边,可这样的就连乡下也没人要。因为没能给工厂那边付工钱,工人们都纷纷涌到了商店里。我实在想不出别的办法,最终决定找个当铺先把这些东西当掉,谁知那当铺掌柜十分厉害,我完全被他的阵势压住了,最后以三元五十钱为当价,一共当了二百多元,姑且解了燃眉之急。当出去的东西还没当回,友仙工厂就解散了。解散的时候真是一片狼藉,工人们随手拿走厂里的东西,据说最后厂里什么都没有了。工厂长也是一骗子,店主人那么信任他,结果反被蒙在鼓里最终吃了大亏。只是事已至此,非要究查起来,说不定还会被反咬一口。于是,店主准备抛开从前,从头再来——店主这种不屈不挠、勇敢前进的精神也使我深受鼓舞,准备再好好重新干一番。

不巧偏偏此时,他家里出了个大病号,新计划不得不延后。店主这人有一特点和他本人很不相称——非常迷信。他最初生了个女儿,却因和他会命里相克送到别人家去做养女,很是可怜；后来他又得一儿子,据说是可以兴门旺户的,于是对这儿子特别地溺爱。这次的大病号就是他家这宝贝儿子,生个病把家里折腾得够呛。这都是后话了。原先就有他家风水不好、必须搬家的迷信说法,没想因这儿子的病,店主最终决定搬家。可是,以病人的现状搬家又是不可能的。医生诊断是脑膜炎,十有八九是没救了,夫妇两人听后非常沮丧。因为听说这儿子的病能否治好还预示着一家的兴亡,于是我竭尽全力照料着病人并向神明祈祷。没想到还真起了作用,这病在我这个法华经修行者的祈祷下最后竟然痊愈了。

日本明治壬寅三十五年(一九〇二年)

一月三十日	签订《英日同盟条约》
一月某日	青森的第五军团一队决定雪中行军。于八甲山腹部田茂木野附近遭遇雪难,多人冻死。著名的军歌"雪中进军踏冰行,河川道路不复知。敢来大胆烟一服,闲得二人吐云烟",即是根据这一事件创作。(《雪中行军》)
八月一日	俄罗斯西里尔大公入京
八月十八日	儒学家西村茂树卒
九月一日	贝子①载振入京
九月八日	医师长与专斋卒
十二月一〔二〕日	颁布国势调查相关法令
十二月二十四日	文学家高山樗牛(高山林次郎)卒
十二月二十六日	泰国皇太子马哈·万拉布德入京

追加事项 内山完造十七岁。我跟自己发誓,是时候告别过去的自己,要开始认真踏实地工作了!碰巧这时店主的二儿子三郎患上了重病,生命垂危,我便一个人不分昼夜地悉心照顾,直到他痊愈。看到如此重症都痊愈了,夫妇二人对我更加信任,这也使我进一步坚定了自己的想法——要和这一家子同甘共苦到底。在照顾病人的时候,不经意间发现法华宗的祈祷很灵验,自那之后我也成了一名信徒。我不仅积极参拜比叡山无动寺的辨天神、伏见②的稻荷神,就连一切关于四柱推命③、墨色④、方位、方向、面相、手相、房屋风水、姓名好坏、八卦等,也会认真地观察琢磨。聆听神谕,或是有别的活动时,我都会前去参拜。

这些为我晚年在白云神社感知神佛启示做了最初的铺垫工作。

---

① 贝子:中国清朝贵族爵位名。
② 伏见:此处应指的是伏见稻荷大社。伏见稻荷大社是遍布日本全国三万余座稻荷神社的总社本宫。位于京都市伏见区稻荷山西山脚,也是京都市内最古老的神社之一。
③ 四柱推命:根据出生的年、月、日、时辰,推算此人的命理。
④ 墨色:占卜的一种。用笔在纸上写下"一",再由此判断吉凶。

日本明治癸卯三十六年(一九〇三年)

一月十八日	西本愿寺宗主大谷光尊圆寂
三月二十一日	南海铁路大阪市难波和歌山市间全线开通
四月五日	实业家古河市兵卫卒
六月一日	东京日比谷公园开园
八月九日	举行对俄同志会①成立大会
九月十三日	九代目②市川团十郎卒
十月三十日	尾崎红叶(小说家)卒
十月三十一日	众议院议长片冈健吉卒
十二月十三〔十〕日	众议院议长河野广中在开院式上诵读勅语奉答文,因包含弹劾内阁的词句,十九次帝国议会会议两日后,众议院解散
十二月二十一日	外务大臣小村寿太郎会见俄国驻日公使罗赞

追加事项 内山完造十八岁。赤野商店的友仙薄毛呢制造最近宣告失败了,我们从界町搬到了柳马场锦小路上那里,本想继续当年的丹后绉绸买卖,结果还是失败了。正愁着接下来做些什么时,听说横滨的印度商馆最近要采购大批的宽幅纹壁以及轻质绉绸,我们立刻就在西阵找到了丝织工厂(叫作泷也某),谈妥后便动身前往横滨。一尺八寸或两尺四寸宽料子七丈为一反,店主第一次带了二十反出了门。我在店里打理着所有采购事项并预备下一次所需的货品。货品拿到横滨并不是直接卖给印度商馆,而是需要跟南仲通街的一个叫作W的店签订契约,再由这个店推销给各个商馆。那时三十一号馆和四十一号馆的订购量比较多。每一次来回路途上店主的花销都很大,生意大约前后维持了一年,再一次以亏本而宣告失败。这一年间,我尽自己所能,从购买生丝,到成品的发送,始终不遗余力地努力工作着。特别是银行的贷款,我是小心再小心地筹划着如何使用。可后来才得知,店主每次往返横滨都带着他的情人。

---

① 对俄同志会:日俄战争开始之际主张倡导与俄国早期开战的日本亚洲主义、国家主义团体。

② 九代目:歌舞伎的艺名是世代相袭,只是在名前加上几代目(也就是第几代)以示区别。歌舞伎里的"九代目"通常即指市川团十郎。

任我再如何老实工作、再如何精明能干都算不出这盈亏的真实情况。最终失败也是自然而然的事。被银行唾骂,挨纺织店的埋怨,生丝店那头也催着债,后来的情形实在是惨不忍睹,我帮着店主人把这些都处理好了之后又开始为丹后绉绸的生意来回奔波起来。然而时代变了,一切不再是店主所熟悉的那套路数了,于是我们雇了一个掌柜(在职官员)。谁知又遇上个老狐狸,很短时间就让店里亏了不少,最终还是闹得失败的结局。我们自然辞退了他。辛辛苦苦的努力再一次化作泡影。然而,人的命运实在是太有趣了。虽然眼前这些买卖是一次又一次地失败,可在大阪的三品交易所购买的棉纱却莫名盈利了。好歹可以缓口气儿,遂决定搬迁。在界町姊小路上西侧有间不错的房子,我们便搬去了那里。整理榻榻米、门窗隔扇、庭院——难得心情如此之好,可还没两天又出了事。

  不利和趣事总是接踵而至。因为一次偶然的事情想到可以用现在这个房子开间古董店,便进来了金屏风、对折屏风、画轴镜框等,并对外宣传是名门望族留下的宝物,从中狠狠赚了一笔。在这期间,时不时有些骗子前来诈骗,我和这些人周旋,并成功地取得胜利,这让我感到很痛快。店主的愿望是成为三品交易所的买卖中间人,可为一个资本家做代理的计划没能实现,为此我捶胸顿足感到万分遗憾,万事皆休。再加上古董的事即便我再怎么四处奔走,也没有转机,只得暂时关门。就是那个时候,老板的情人土冈瑛投渠自杀了。每次说到这事时我都会说:实在是太可怜啦!

  这年春天,政府在大阪举办了第五次国内劝业博览会。我也去看了。有以前从未见过的汽车、自动自行车、橡胶轮子的人力车、电冰箱等等。在展馆周围及附近的坡道会有人试用汽车及自动自行车给大家看。车子不仅能在坡道上自由上下,深深吸引着我的是可以自动控制让它在半路停车。这些全都是外国展馆的东西。后来,有人买了汽车,在京都的祇园下到中立卖堀川之间拉客人。我想这大概是日本第一辆载客汽车吧。我记得一次可以载四人或六人,单程的收费是二十钱。当时发动机就装在座位底下,屁股也因此坐得热乎乎的。其实我是开业当天第一个去乘坐的人,我应该是那种喜欢尝试新事物的人。作为博览会的助兴项目,在场地中央修建了一个高塔,靠电梯上下。(模仿巴黎的埃菲尔铁塔。高二百几十尺①。)还有娱乐项目划水船,现在叫作"water chute"。在茶

---

① 尺:长度单位,10 寸等于 1 尺。1 市尺合 1/3 米。

臼山附近的水池边砌了高台，朝向水池一边有滑梯，用电从下方将底面平滑的小船带动升至高台边，待乘客都坐好后再飞速下滑，进入水面时"啪"的一声浪花四溅，比起船上的乘客，周围看的人更是惊得一身冷汗。

日本明治甲辰三十七年（一九〇四年）

一月二日	近卫笃麿卒
一月二十五日	公布铁道军事供用令
二月六日	驻俄公使栗野慎一郎向俄发出最后通牒
二月九日	日本海军于朝鲜仁川港外击沉俄军军舰"瓦利亚格号"和"格列茨号"
二月十日	对俄宣战（日俄战争）
二月十一日	设大本营于宫中
二月十六日	于意大利购入的"日进号""春日号"两艘巡洋舰，由英国海军驶下日本海，最后回到横须贺港
二月十八日	三味线演奏名家丰泽广助卒
二月二十六〔二十七〕日	薇山西毅一卒
三月二十六日	"福井丸号"指挥官广濑武夫于闭塞旅顺港航道的作战中卒
四月一日	颁布烟草专卖法、非常特别税法
四月十三日	文士斋藤绿雨卒
四月十八日	旅顺港口的俄国军舰"彼德帕夫罗斯克号"被日军鱼雷击沉。司令官马卡洛夫等多人溺死
四月二十一日	志士冲祯介、横川省三二人因日军间谍之名被捕于"满洲"并被枪毙
五月十日	宣布向英美市场募集军事公债
五月十五日	日军军舰"八岛""初濑"触雷沉没
五月二十六〔三十〕日	日军占领南山及大连
六月十六日	运兵船"常陆丸"与"佐渡丸"于对马海峡遭敌舰攻击。"常陆丸"沉没

八月十日	日军海军在黄海追击逃出旅顺港口的舰艇
八月十四日	日军上村舰队于朝鲜蔚山冲击败浦汐舰队
八月十六日	山冈熊治作为军事谈判使者要求保护非参战人员并向斯特塞尔将军递交劝降书。次日遭拒绝
八月二十一日	甲武铁道饭田町至中野段电车开始运营
九月四日	日军占领辽阳
九月二十六日	加入日籍的英国人文学家小泉八云[①](Lafcadio Hearn)卒
十一月三十日	日军占领二〇三高地
十二月三十一日	日军占领松树山炮台
	东京电气铁道运营
十二月	志士孙文逃亡日本,在宫崎滔天的介绍下结识志士黄兴。中国同盟会东京分会成立,在日中国革命青年大集团结成

追加事项 内山完造十九岁。我的思想逐渐发生了变化,也会去神社、寺院祈求战争的胜利。从这个时候开始我就想着要投身中国革命。这一年对于赤野家来说真是时好时坏,勉强维持生计,店主在大米市场、三品交易所[②]、股市上买进卖出的忙活着,奇怪的是每次到了山穷水尽的时候就会小有赚头;可刚刚松口气,却马上又被困住。偶然,实属偶然,这时来了个之前的熟人,他最近在股市做交易,在他的鼓动下买进卖出的又算是持续了一段时间。总体说起来不会一直亏损也不会一直盈利,刚觉着是要亏了结果又赚了。刚想着要赚了结果又亏了。基本上是亏损与盈利交替的状态。

近来有种说法叫作"安定恐慌"。说是因为安定而产生恐慌,在我看来这说法实在可笑。

没有"损"便不存在"益"。不会一直是"损",也不会一直得"益"。世界上男女人口基本对半,难道还是人为的安排规划?!不过是自然而然呈现出的平均

---

① 小泉八云:一八五〇年生于英国伦敦,是旅居日本的英国人,原名是 Lafcadio Hearn。到了日本,与岛根县松江中学的英语教师小泉节子结婚,后来才归化为日本人。

② 三品交易所:大阪的棉花、棉布、棉丝交易所。

状态而已。凡事皆如此,疾病孕育能人,贫乏造就富翁,富人亦会转而贫困。如果非要说出是由谁来操控,神佛之外别无他物,可以说这一切都源于神佛的慈悲。我并非在说笑,再说什么安全抑或安定,恐慌依旧是恐慌。语言文字并不能改变恐慌的本质。恐慌过后自是安定。说是放任通货膨胀就会导致恐慌,所以采取了各种各样的解决措施,这样一来,日本就应该不会有恐慌。就算万一出现了恐慌也会归结于对应措施的不妥。这本不该产生的恐慌现在被安了个"安定恐慌"之名来到人们的生活里。向人们宣扬糖精有毒,其实是为了砂糖企业的利益;说甜橘里含有有毒有害细菌,其实是为了保护日本的柑橘;想尽办法禁止进口美国苹果,则是为了保护青森苹果的市场。一切学问皆服务于政策。这些不由让人想起没有学问但自由的过去。甚至让人觉得如果不摒弃这些个旁门左道小伎俩,就不会有新日本的诞生。白终究是白,黑始终为黑。失败自是失败,成功自是成功。再怎么宣传玉碎精神,军神山崎也好,山崎精神也罢,即便武士们夙愿本是不惜一切谋求胜利,可败仗依然是败仗,事实不容更改——从过往之事来看今朝,实在令我感慨万千。总之,这一年间,让我着实看明白了祸福相依这件事。

日本明治乙巳三十八年(一九〇五年)

一月一日	俄驻旅顺龙城司令官斯特塞尔向日军司令官乃木大将递交投降书,开城投降
三月十日	日军占领奉天。日军死伤四万人
五月二十七日	东乡平八郎大将率海军联合舰队在对马海峡迎击俄波罗的海舰队并获得大胜。敌司令官罗杰斯特温斯基司令官负伤(日本海海战、海军纪念日)
六月七日	政治家岸田吟香卒
六月九日	美国总统罗斯福调解日俄战争
六月二十一日	神鞭知常卒
七月十二〔十一〕日	一六居士严谷修卒
八月一日	新桥下关间及上野新潟间铁路直达车开始运营
八月十二日	第二次签订《日英同盟条约》
九月一日	日俄签订停战协议

九月五日	日俄于美国朴次茅斯签订《朴次茅斯条约》,桦太岛①以南为日本所有(全权委员有小村寿太郎、高平小五郎、维特、罗赞)
	因对《朴次茅斯条约》不满,在东京发生烧、打事件。大阪朝日新闻对此进行大篇报道称,其为日本未曾有的行为
九月十〔十一〕日	"三笠号"战舰因佐世保军港发生爆炸而沉没。死伤者六百余名
九月十四日	奥羽本线福岛、秋田、青森站全线开通
十月十六日	天皇颁布恢复和平诏书
十月二十三日	横滨冲举行凯旋战舰大检阅仪式
十一月十七日	伊藤博文于韩国汉城(今首尔)签订乙巳保护条约(日韩协约)
十二月二日	驻伦敦帝国公使馆更名大使馆。随后,主要国家公使馆依次更名大使馆
十二月十二日	关闭大本营
十二月二十一日	在韩设置统监府,伊藤博文任统监
十二月二十六日	谷铁臣卒

追加事项 内山完造二十岁。征兵检查结果为:甲种合格,归第一补充兵役。庆祝攻陷旅顺,比叡山上悬挂起了大国旗(四间②四方大小)。我也冒雪登上了山,三呼万岁。水师营里,乃木大将与斯特塞尔将军会见,他那武士道的宽容精神,彻底感动了我。

而这个时候,赤野家的情况越来越糟,看不到一线转机,不过穷则变、变则通,我们决定搬离界町的家前往丸太町川东入那里。然而一切依旧,于是又决定长驱直入大阪,记不得搬去大阪北区的曾根崎上三丁目那里是什么时候了,但"变通原则"在这里应验了。有大财主出钱买下了今尾景年所绘的六尾屏风

---

① 桦太岛:即库页岛。
② 间:日本长度单位。一间等于6日尺,约合1.818米。

"岚山""高雄山",使得我们姑且可以喘口气,用这笔钱做了资金,继续后面的计划。说是打着京都财主没落的幌子,赚了暴发户一笔,这实属是变通哲学的作用。然而,长期的贫乏生活后店主忍不住沉醉于每天的享乐,不知不觉我们又再一次陷入窘困。

我们认识一位叫作岩崎的人,他在唐物町经营着一家大古董店。赤野商店的店主就是听信了这个人的鬼话,不远万里跑到北海道的利尻岛去采购海带,不仅如此,店主认为不投大钱便赚不到大钱,结果一下囤了二百石①的海带卖不出去。吃了大亏回到大阪后,店主又一回听了这个岩崎的劝,成立了一个朝日卫生社。岩崎在一个岛上的卫生事务所做组长,按他的提议我们以他的事务所为依托成立卫生社,专做厕所打扫,我担任主任。虽然每天确实要清扫不少厕所,可是对比收入与支出绝对是没有赚头的。我每天装着便当带着小工出门去揽活,结果完全没成效只好半途放弃。

有件事导致我若干年后一看到薯蓣海带②都会莫名地犯愁。事情是这样的:卫生事务所里雇了个老头做记录员。组长岩崎性子很急躁、粗暴,如果没按照他的想法来,他会动手打这老记录员。有一次还扔算盘,老头的额头被砸得血哗哗地直流。可这老头也没什么骨气,一副老迈之气,不管别人怎么对他,都只有一脸的惊慌与不安。估计离开这里也不会有人用他。他每天的便当都是薯蓣海带。大概是把一文钱的海带分成两天的便当的小菜。在我的眼里那老头似乎和薯蓣海带化作了一体,导致我每每看到薯蓣海带就会莫名地惆怅。没过多久我就不再去事务所了,所以这个老记录员后来如何我也无从得知。

事务所里打扫厕所的小工师傅叫藤平,居住在宫野的蜂之巢,他人很好,我也多次找他商量过事。其中有一件事是这样的:大阪市内回收垃圾的有十几家,回收的垃圾中往往会有值钱的玩意儿,所以政府每年采取招标形式选取该年份的垃圾分选人。藤平告诉我说如果中了标,一年怎么说也能挣个一万元左右,他建议我今年也去投标试试。我连收拾厕所的活儿都做过,分选垃圾应该也不在话下,于是我准备用四千五百元参与今年的投标,并让藤平给我做参谋。开标那天,从一大早我们两个人就盘算着赚了钱怎么花,谁知去市政府一

---

① 石:日制度量衡的容积单位。为一斗的10倍。1石约合0.18千升。
② 薯蓣海带:是海带经过加工后的食材,也叫刀削海带。先把海带(真海带、利尻海带)放到醋里浸泡,变软后把表面削成线状。

看,呀!布告牌上书写着最终的中标价——一万二千元!当时两个人就懵了。

我很热心于为军人出征送行,也很热心于去车站迎接凯旋的军人。刚开始的时候前去迎接的人们熙熙攘攘,可是后来去的人渐次变少,到最后都没有人去了,半夜一点火车到达梅田车站的时候,连准备茶水的人都没有。人们的冷漠无情让我愤慨,我便独自一人提着大红的圆形灯笼前往车站迎接。

日本明治丙午三十九年(一九〇六年)

二月二十日	英国皇族康诺特被授予嘉德勋章
三月三十一日	设朝香宫、竹田宫
五月十九日	画家久保田米仙卒
五月二十日	名古屋市召开铁路开通五千哩庆祝会
六月八日	天皇下诏成立南"满洲"铁路株式会社
七月二十四〔二十三〕日	儿玉源太郎大将卒
九月一日	成立关东都督府,由大岛义昌担任都督
十月一日	北海道炭矿、甲武铁道收归国有之后,主要铁道依次国有化
同年	美国旧金山发生驱逐日本学童事件。自此美国排日运动开始

追加事项 内山完造二十一岁。盲肠炎痊愈。赤野家的四儿子六郎不知怎的生了关节炎。刚开始看了两三个医生都查不出是什么病,后来京都帝国大学附属医院外科部长猪子博士诊断出是关节炎。上了七周的绷带后就痊愈了。一口药都没喝,只有每周一次的例行诊查。治疗方法也就是要求每天尽可能多吃新鲜的鱼类刺身。这一年实属平淡,没有什么特别值得一提的事。只是贫困不断光顾而已。

日本明治丁未四十年(一九〇七年)

一月二十日	画家田能村直人卒
五〔六〕月某日	伊予市由住友家经营的别子铜山发生矿工暴动

六月十日	缔结日法协约
六月三十日	缔结日俄协约
八月某日	函馆发生大火灾，多国发生风灾、水灾
十月十日	皇太子嘉仁亲王访韩
十二月十五日	伊藤博文带韩国皇太子李垠殿下来日
	足尾铜山工人罢工

追加事项 内山完造二十二岁。偶然的机会与北野大日寺的一个师父开始频繁来往，赤野三次成为寺庙的干事之一。这一年古董、期货市场、大日寺的修建、标会①等等，一件没完又来一件，忙得喘不过气，整整一年基本就是在尘世间混口可怜饭吃，还没出现什么值得一提的事，就又到了新年。

日本明治戊申四十一年（一九〇八年）

一月八日	大阪素封家②平濑龟之辅卒
三月二日	史学家那珂通世卒
三月二十五日	富商岩崎弥之助卒
六月十五日	小说家川上眉山自杀
六月二十三日	小说家国木田独步卒
七月一日	大审院③前院长三好退藏卒
九月一日	与意大利之间开始电信兑换货币业务
十月十三日	天皇下达诏书要求国民自强勤俭（戊申诏书）
十月十八日	野津道贯元帅卒
十月二十七〔二十六〕日	榎本武扬卒
十一月十三〔十五〕日	清朝西太后驾崩
	东京日比谷图书馆开馆

---

① 标会：日本民间信用互助形式之一。会员缴纳一定的会款或大米，按抽签或投标定先后顺序使用。这种信用制度始于镰仓时代，一直延续至今。

② 素封家：素封之家，富豪，大财主。（"素"指一无所有，"封"指俸禄、领土。意为虽无身份和领土，但在财产上却和有身份、有领土者相差无几的人。）

③ 大审院：大审院设立于日本明治时期初期。直至最高裁判所设立为止，大审院一直是日本近代的最高法院。

追加事项 内山完造二十三岁。大阪的沉闷日子从去年开始一直持续至今。当下已经到了学校成绩和毕业证书开始决定一个人命运的时代,没上过学几乎就不可能获得成功。这么一来我便落伍于这个世道,要是就继续如此实不甘心。虽说必须考虑出路,然世人皆高一尺,我却还差三分,难有出头之日。这个时候莫名萌生出一个想法,去中国生活——那里一定会有活路。然而赤野家依然在贫困中打转,到处都是追债的人,可以说是陷入四面楚歌的窘境。隔壁的土杂货店,隔壁的隔壁的烟草店,还有四五家浆洗店、大米店、蔬菜水果店、药店、点心店,处处是欠款,还有房租、欠医院的治疗费用……正觉着这窘困的日子没个尽头时,我们再一次运用了变通哲学,决定逃往京都。先是在位于京都西边的御前通大将军西入附近的纸屋川桥头边找了间新盖的庇荫房子借住(难得还有榻榻米、门窗隔扇)。让女人、孩子先过去了后,我一人当作两人使,又是捆扎行李,又是收拾房子。然后半夜叫来收购旧东西的人,卖掉了剩下的东西,将换来的钱装进腰包。给白天预定好的两台大板车上装行李后,让车子先走,我把房屋门窗关好之后提着煤油灯光脚撒腿追向大板车。那是我第一次对自己的脚步声感到恐惧。毕竟是躲债乘夜潜逃呀。我前几天在大阪车站已经租好了一辆去京都二条车站的货车(应该是付了三元五十钱吧),此时它在指定的地方等着我。付了大板车的租金和小费,往货车上装行李并封好之后,我便告别了大阪,消失在黑暗之中。大阪车站第一辆车出发的时候,天色还有些灰暗。去京都的途中我的心一直都不曾安宁。直到今天还能想起当时那种感觉,我这种人竟然会因自己的脚步声而惊恐,坐在火车上也都始终不曾平静,这么看来良心这种东西果然存在。从二条车站搬出了行李,接下来我该考虑如何谋生?这是马上必须面对的问题。

然而,世间的万事还真是说不准,常言道"世上还是好人多"。没过多久,我们便开始做当时最新流行的披肩的中间商。西阵的制造商们一直都被名古屋及大阪周围的批发商们所掌控,因此我们决定和西阵这边合作,先借些样品和制造商们一道去名古屋的批发商那里谈。买卖双方当面商定一打十钱或是二十钱——由于这种方式很容易达成一致,于是渐渐获得人们的信任,后来甚至有的制造商全权委托我们。好歹一家人总算不用挨饿了。我只负责跑制造商那里租我们的样品;而店主则执念于推销工作。我们还在屋外挂了一个檐灯,写上了"赤野商品代理"几个字。我们在逃债的新住所迎来了年末,不会有人到这儿要旧账，用新的收入过活就好。这真是久违的、难得的一个安闲的年末。

日本明治己酉四十二年（一九〇九年）

二月十一日	颁布登基令、摄政令、立储令、皇室成年式令
三月六日	公布改正度量衡法
四月一日	芝三缘山增上寺主殿被烧
四月五日	颁布《特许法》《意匠法》①《改正商标法》《改正实用法》
四月十三日	僧侣云照律师圆寂
五月十日	小说家二叶亭四迷卒
六月十六日	德国海因里希亲王来日
七月十一日	农学家酒匂常明因日糖事件自杀
七月三十一日	大阪市发生大火，一万六千八百户被烧
九月某日	清朝名士张之洞卒
十月二十六日	伊藤博文访俄途中于哈尔滨被朝鲜人安重根刺杀
十一月二日	英国元帅基钦纳来日
十一月二十一日	矢岳隧道竣工、鹿儿岛县全线通车、门司鹿儿岛之间直达开通
十二月七日	信州浅间山火山爆发

追加事项 内山完造二十四岁。纸屋川边的赤野商品代理开始营业了，生意很好。只是，不少客人都说这里太偏、太不方便，于是这年秋天，我们把店搬到了中立卖街智慧光院西入的北边。因为是在西阵的大街上，又通电车，来往的人多，就连赤野商品代理这样的牌子都吸引到不少人的目光，买卖好不兴隆。加上这一年披肩不好买，我们代理商呈现从未有过的忙碌景象。我各处搜集货样拿到批发商那里，请他们代卖。这个时期成批量的买卖才有人做，而且必须是期票结算支付，否则批发商那边也不会有人愿意代卖。可是制造商这边期票又不给马上变现。因此，我还必须处理好期票的问题。忙起来了就越来越忙，真是有意思。办完批发商那里的进货，我又想着和市里的小零售店做点儿高档货的生意，今年特别流行的是一种叫作阿拉斯加的白色披肩，我给他们牵

---

① 《意匠法》：即《外观实用法》。

线找到生产厂商，赚了一大笔中介费。本以为这样一来接下来可以无忧无虑过个安闲的新年了，可是没想到房子又出了问题，只得搬家。四处寻找，总算找到了离现在这里很近的一个地方，在上长者町的智惠光院西入那里。房子很好，带有榻榻米和门扇隔窗，房子本是建来自家用的。房东是个有名的放高利贷的，已经死了，只剩他的妻子住在我们隔壁。房租也相对便宜，我们很快就搬了过去。除了这些事，那时我还做了别的买卖。当时政府处理一些军队里不要的旧袜子，我把这些不要的旧袜子买来，找人拆成线再加工做成针织袜出售，当时的工厂就在九条那里。

　　年底时候发生了一件小事让我记忆深刻。记得是年末大扫除时，我从工厂请了一个男工给我帮忙。没想到正打扫着，突然进来了一个陌生男人，没看见我似的直直对着来帮忙的男工说："喂，过来下。"听到他这样说话，我便从梯子上下来，走到这陌生男人的面前说："他是过来给我帮忙的，要有什么事的话先找我吧。"这陌生男子突然声高八度："我是警察！""警察应该更懂规矩的吧。"我话音未落，"你等着！"男子丢下这句话就走了。前脚刚走，后脚又进来了两个男人，劈头就问："刚才是谁顶撞了那警察？""是我。"我答道。两个人上来就抓住了我的手，嘴里还念叨着："不知天高地厚的家伙，跟我们走。"说着便把我带到了不远处的上长者町警察署刑事科。开始时一直让我坐在火盆跟前，有个刑警一边用火钳反复不停地蹭着火盆沿一边自言自语似的说着："真不想管这事，可像他这种家伙不管的话说不准会惹出什么事，实在是太可恶了！"我看都没看他，始终一言不发。约么三个小时之后，有人拿了一沓写着些什么的纸来，递到我面前喊道："小子，压上指印！"我看到纸上写着我的名字，还写着我做梦都想不到的一些话——违抗政令、无故拒绝传唤等，我拒绝按手印。于是有人说："对了，对这家伙采取一般的办法没用，得用'水道'才行。"我不知道这个"水道"是什么，一直没说话。就在这时，从外面走进来了一个男的，对那些警察态度很是恭敬："各位长官，实在是非常抱歉，这个毛头小子做事也不考虑后果，实在是对不起，您看这次能否看在我的面子就放了他。""不行，不行，就得好好惩罚一下，他才能吸取教训。真不知道自己姓啥，小小年纪都学会反抗了。虽然有你为他说情，但今天不教训教训他是不可能的。"那刑警愤愤地回道。然而对方继续乞求道："长官，这事确实惹人生气。这毛孩子那样说话，我一定会好好教育教育他，以后不让他再犯同样的错，这次就把他交给我处理吧。拜托了。"另一个刑警接过话说道:"被这毛头小子如此顶撞,的确让人气愤啊。简直不把我们当回事!但是老爷子一直道歉又如此乞求我们,要不就交给他处理吧。"这个"老爷子"也继续说道:"拜托了,这毛孩子确实可气,不过请您高抬贵手吧!"这时,那个拿着火钳来回蹭着火盆沿儿的刑警说道:"那要问问署长的意见。你们等一下。"说着转向了我:"喂,跟我走。让署长好好教训教训你!"于是我一言不发地跟着这刑警走了出去。那刑警在署长室的门外敲了半天,门也没有人开。于是他自己打开了房门并推我进去(从刑事科出来的时候,他就让我走在他前面)。"在这等着!"说着他便锁了门走了出去。这之后我就一直在署长室里傻站着,刑事科里后来发生了什么,我完全不知晓。过了一会儿,突然间门开了,进来了个署长模样的人,他看着我问道"你有什么事?"我答道"有位刑警让我在这儿等着",并告诉了他我是怎么进来的。"这样啊",于是他叫来了那个刑警,问道"怎么回事?"刑警小声悄悄地说了些什么,之后署长说:"这种事情的话就让他回去吧,教训教训他,下次也不会犯了。"那刑警对我说:"你,过来!"便带我又回到刑事科那里,对我说道:"你要洗心革面,以后别歪理那么多,放老实点!今天署长宽宏大量,加上老爷子如此恳切的请求,就让老爷子先带你回去。"这个时候我才第一次看到这个被称为"老爷子"的人,原来是我家对面那家外卖店的掌柜。"这次多谢长官了,今后定登门拜谢!"外卖店掌柜说完,看着我轻声暗示道:"快走!快走!"我站了起来跟着掌柜往外走。"连句谢谢都说不出口,真不懂礼貌!"那警察嘀咕道,于是掌柜一边替我说着"万分感谢!"一边把我的脑袋往下压。然后押人犯似的把我带出了门。一出门,我便忍不住满怀感激地对掌柜说了句:"真的非常感谢!"掌柜无可奈何地说道:"没办法,胳膊扭不过大腿啊,我们有理也难说清",做买卖的人最懂识时务。老爷子的无奈是再清楚不过了。

就这样,这一年也走到了尽头。

日本明治庚戌四十三年(一九一〇年)

  一月二十日   本国石版印刷术之父清水卯三郎卒
  二月三日   国文学者藤冈作太郎卒
  二月二十一日   东京马车铁路公司创始人谷元道之卒
  三月二日   铫子冲起大风暴,两千余渔民遇难

四月十五日	第六潜水艇于广岛湾沉没，成员全部窒息而死。艇长佐久间生前从容记载沉没实时情况
四月十六日	颁布《预约出版法》
五月三日	青森市发生大火，半座城市烧毁
八月二十日	寺内正毅与大韩帝国总理李完用签订《日韩合并条约》
八月二十九日	韩国复名为朝鲜
	本月阴雨不断，隅田川决口，东京市内外洪水泛滥
九月十五日	铁道院①高架线吴服桥至上野站间开通，山手线全线开通
十月十日	山阴线通至出云今市
十月二十六日	商船学校教授左古谷忠造任船长由横滨港起航航游世界
十一月五日	大戌日（年月日均为戌）水天宫社发放安产护身符，人群拥挤致数百人受伤
	东京人如此迷信实在可怕
十一月二十九日	白濑矗等立志去南极探险，由品川第三台场②出发路上征途
十二月六日	历史学家重野安绎卒
十二月二十九日	德川、日野两大尉于东京市外代代木练兵场公开进行飞机试飞

追加事项 内山完造二十五岁。这时的我读佐久间艇长的遗书会满怀同情与悲愤，一说到白濑中尉的南极探险，又会亢奋不已。那时世界各地兴起南极探险。英国人对此更是兴趣颇浓。斯克特、沙克尔顿等人先后远征南极；挪威人阿蒙森在一九一一年克服重重困难到达了前人不曾到达的地方。通过这些探险活动，人们已经知晓南极是在三千多米的高原之上。我们的白濑中尉也曾抵达南纬八十度五分。

我这段时间做生意非常投入。在开始做披肩生意之前，我不知从哪里得来

---

① 铁道院：明治四十一年（一九〇八年）设立的管理铁路的中央部门。
② 台场：日本江户时代修筑的炮台。

的消息，想到做西阵纺织品竞拍市场的中间商，并尝试着做了一段时间。我先请西阵的丝织品制造商们带来产品，再招来买家相互竞价以期高价售出。然而却完全失败了。因为我找来的都是些高级货，而且实在有点高级过头了。这种竞卖市场只适合做一些仿真品，我是到开始竞拍之后才意识到那些真品、高级品并不适合用在这里。那些前来的购买商其实都是些最底层的人们。因为竞拍之前，这里会管午饭，还可以随意喝个够，这些无赖们免不了会来这里蹭吃蹭喝。所以做了三四回之后我放弃了。

那段时间我愈加迷信起来。听说祇园町有一个出了名的老艺伎叫作中西君尾，说是她家里寄住着一位神奇的活神仙，名字我忘了，传闻"有超能力"，我便立即前去拜会，谁知一看就知道是骗人的把戏。于是我在纸上写了一件事放入信封密封后，让其凭直觉感知内容，结果遭到呵斥被赶了出来。

有一天，一个披肩制造商对我说："小完，带你去个有意思的地方"，我便跟着去了一户人家，在进门的地方挂着一个像招牌一样的、写着"玄玄斋哲眼"的大大的牌子，字迹并不漂亮，但是很花哨。好奇心驱使我踏进了房门，没想到马上得到引见，见到了这个叫作玄玄斋哲眼的人。谁知他竟是带我来的制造商家里原先的工人。难怪我们马上得到了引见。这个人是根据姓名算命的，这在当时并不常见。那个算命的人说大隈重信这名字不错，又说伊藤博文这名字如何如何，而镰田荣吉这名字非常好。当时我马上想到认识的一个叫镰田荣吉的车夫，他住在大阪，非常贫困，日子过得有上顿没下顿的。我以此事进行反驳，于是对方又讲起姓名和出生日期、出生时辰也有关系，出现类似情况不足为奇，并对我进行了一下四柱推命的启蒙教育，我才勉强认同了。茶端上来之后，我又问到笹山的笹、桝太郎的桝这些日本创造的文字，对方竟然说也可以推算，可是当我挑明这是一些日语里罕见的文字时，对方才说了实话：没有《康熙字典》，因此无法判断。那个时候，应该已经有了《汉和大辞典》，是三省堂出版的，我忘了作者是谁，辞典很大，内容也很详尽。话谈到这儿，我们就告辞了。当时按姓名算命大概就是这个程度。除此之外，还有很多奇谈趣事。我只要一听说"算得很准！""实在太神奇了！"便会立刻赶去，可是最终我发现那些占卜未来的先生们对待来算命的人其实很无礼。最开始千篇一律的都会给人们来一剂麻醉剂。人这种生物无一例外都很自负，被人说着说着自己就搞不清方向了。于是这就上了他们的"钩"。他们对前来算卦的客人往往第一句总是诸如"您看起来有些犹疑不定呀！"之类的,这还算是非常文雅的说法;也有说"你是有些迷茫了吧",这也还算是令人安心的说法;说"你这个家伙不知该怎么办了吧！"就很直白、粗暴了。不过,不管是哪种说法都是一样的。人们就是因为迷茫才会过来,因此这一句开场白就够了,"可谓是一语中的"。接下来他们的话就更残忍了。"你时运已尽",一句话把来者打入谷底。等对方流露出恳求的神情时才抛出解救的绳索,告诉对方"不必悲观"。看着对方上钩了,然后才指给其转运的时间以及方向。最后提醒他"即便时来运转,也要切记饮食八分即可,不可贪得无厌",到此算是完美地画上句号。不过有的算命先生也会告知来者如何救赎将来,并要求对方忍耐眼前的困苦。这也肯定不会有错。在我看来,后者的做法还算是用了心。他们会说"您到晚年运气颇佳,一定会安享幸福的生活"。听到这话,人们自然会觉得眼前这点困难不算什么。一般来说人们若能在年轻的时候吃苦耐劳,上了年纪多数都会获得幸福。这也是我自身的经验之一,"社会"这所学校也是这样教我们的。偶尔有人问起我是哪所学校毕业的,我都会很平静地回答:社会大学。"不过有些不认识我的人还以为我至少是同文书院毕业的。其实我觉得"学校什么的才是最烦人的地方！哈哈哈！"直到今天我还是这么认为。

日本明治辛亥四十四年(一九一一年)

一月十八日	大审院(日本最高法院)宣判幸德秋水等二十四人死刑(此为日本的社会镇压之始)
二月三日	学僧岛地默雷圆寂
二月十一日	因受赐伍拾万元内帑金,济生会完成计划
三月七日	诗人森槐南卒
三月二十三日	美国加州上议院通过禁止日本人拥有土地的议案
四月九日	东京新吉原发生大火,新吉原被完全烧毁,火势蔓延至南千住,约六千户房屋被烧毁
五月八日	山形市发生大火
五月十三日	谷干城卒
六月十五日	大鸟圭介卒
六月二十二日	东伏见宫依仁亲王出席英国国王加冕仪式,东乡、乃木

	两大将军随同出行
七月十三日	公布《第三次日英同盟条约》
八月一日	东京市收购东京铁道株式会社,成立东京电气局
十月三日	日本宣布对意土战争保持中立
十月十日	湖北省武昌市发生革命军起义,随后各地起义不断,几乎波及全国。清政府陷入窘境
十一月十一日	川上音二郎卒
十一月二十六日	小村寿太郎卒
十二月三十一日	东京市电车工人大罢工
同年	东京帝国剧场落成

追加事项 内山完造二十六岁。这一年是我迷信程度进一步发展的一年,此间也出了些很特别的事情。

说起这个问题不得不追溯至明治三十四年。这年刚好是辛丑年,赤野家的次女出生。这正是悲剧的起因之一。刚出生的孩子毫无罪过,也不存在什么责任,是父母太过迷信造成了悲剧的发生。这并非虚构小说而是现实中活生生的悲剧。事情是这样的:赤野三次这个人出生于丑年丑月,星命九紫,这个次女也是丑年九紫星命,不知听谁说一家出现两个丑年九紫,必有一人要被克死。于是赤野夫妇二人碍于这个迷信说法,便把刚刚出生的次女道枝送到了京都,让别家收养。

说到京都收养孩子的地方,人们马上会想到八濑、小原那里,其实京都的近郊也有很多收养孩子的地方。赤野就把女儿寄养在高野那里有名的三宅八幡宫院里,交给了里面茶店的一个叫作"市"的女人。这个叫作"市"的女人十分厉害,除了要寄养费,她还想尽各种名目讹钱。以至于道枝四岁的时候赤野不得不把她带回了家。然而对于孩子来说,跟养母的感情要比生母更深,她跟亲生母亲一点儿都不亲近,还总是拿着养母走时落下的友仙薄毛呢的带子(生母认为这是"市"走时故意留给孩子的),躲进壁橱抽泣。看着实在是太可怜!然而生母却对这个孩子毫无悲悯之心,只是一味粗暴地责骂道"又拿着那破玩意儿!哭什么哭!"因为这个孩子成长在乡下,皮肤黑,没有其他孩子看起来白净,家里又被她的养母讹过钱,再加上和父亲因出生年份命里相克,生母对这孩子的态度始终都非常恶劣。我实在看不下去如此对待一个孩子,觉得应该做点什么救救这个孩子。于是就想到了位于河原町三条上那里的天主教堂。我听说教堂可以收留、寄养、照料孤儿和一些不幸的孩子,就通过大岛甲子郎夫人(她是赤野的朋友,一名天主教徒)的介绍,决定将这孩子寄养在天主教堂。教堂那边也欣然答应了。我立刻将这事告诉了店主夫妇,他二人非常赞同,恨不得立刻就办,这样一来很快孩子就被送了过去。我抽空也会去看看孩子,每次听人说她特别乖,也就放心了。可是,养育费上又出了点问题。我跟教堂约定好了,但实际上却没有兑现。如果那时每月按期去送一次就好了,但当时觉得麻烦,想着积攒一些再一并去,结果拖着拖着成了习惯,以至于后来自己都觉得很不好意思。不过教堂那边倒是从来没有催过我。道枝偶尔也会回家,但是始终待得不安心。好像母亲也总是使她不自在。或许不知不觉两人间已产生了难以逾越的隔阂。母女关系变成这样实在令人心痛,我希望自己做些什么能让她们幸福起来,可惜我的努力没能起到任何作用。道枝依旧寄养在天主教堂那里,每次道枝回来时我都会提起把孩子留下来的事,可店主每次都说回头再说吧,于是这事一拖再拖。这期间有一次我跟道枝提起"这么久了,也回来看看爸妈吧!"没想到她很快就回来了,真是个懂事乖巧的好女儿啊,完全不像十一岁的孩子。不过那一次最终还是让她又回了天主教堂。后来她父母二人似乎不再那么偏执了,终于决定接她回家。

  这年十月份时,道枝的父母终于把女儿接回了家。因为迷信,使得父母与孩子十年来一直分离,直到现在才终于打开心结。说起来孩子是多么无辜呀!我长久以来的心愿终于算是实现了,高兴地前去迎接道枝,陪她一道回来。刚开始父母高兴,兄弟姐妹高兴,她本人也很开心。不过这只是很短暂的一段时间,很快他们之间的隔阂就又显现出来了。虽说是亲生父母,是亲亲的兄弟姐妹,但毕竟自她呱呱坠地那一刻起就送到了别人那里,从孕育她的母亲那里一口奶水都不曾喝过。她的血肉里流淌的养分源于别人,她的躯体甚至她的毛发骨血都是因为吮吸了养母的乳汁才得以成长的。即便养育她的人本是以挣钱为目的,但养育的过程自然会生出一种割不断的关系。和生了她却没养育她的母亲相比,每天都照料她的人显得更加亲切。若成年后有人告诉你:你曾经送给别人领养过,因为你当时身体弱,这样做是为使你变得强壮些。如果是到了能辨别是非的年纪也许可以理解,但是才三四岁的孩子是不可能明白的。京都动物园过去的实验表明,如果从幼狮一出生就人工喂养,即使它长大后开始展露与生俱来的野性,但对于喂养它的人依然有着特别的情感。动物尚且如此更不必说是人了。对小孩来说这也是自然的。道枝长到了十一岁,到了明白事理的年龄,这时得知自己被抛弃是因为和亲生父亲同为丑年出生,九紫星命,命里相克——因为这迷信讲究自己才被送了出去,她很难和父母亲亲近就是情理中的事了。虽说因为这个小姑娘长大了又很乖巧,把她接了回来,但她父母并没有完全摆脱迷信的思想。那时这个家的不幸还在持续,她父母二人认为贫穷即为不幸,只有挣到钱才算作幸福。一旦出现些不如意的事情,便琢磨着原因到底是什么。他们喊道枝名字时的腔调也和喊其他孩子有些不一样。日复一日,彼此间又生分起来。

　　一天下午五点左右,我发现道枝不见了。那天一大早她就去了学校,我立刻去学校打听,却被告知她中午就回家了。我四处寻找,却始终没见到她人。不知不觉天黑了。我又给天主教堂那边打电话询问,那边也说没来。难不成她去了高野那边?我害怕出事,连夜赶去高野,却空余一身疲惫。找到最后,只能去警察那里备了案,此时天都亮了。而她父母二人当时想的竟是"这都做的是什么事儿呀!败坏名声!真不知道在想些什么!要万一真出点什么事儿,还不把自家兄弟姐妹的人都丢光了!"家里唯独我一人没这样想。我觉得原因主要出在母亲这边,很明显她还是没有走出迷信的阴影。

　　眼前最重要的是先寻找道枝的下落。可是,依然毫无线索。到了下午三点左右警察通知我说在御前通下立卖的派出所里有个迷路的孩子,要不要来看看。我飞奔了过去。派出所的巡警告诉我说:"听那孩子说她出生在丹波町的舟山,生母人在京都。不管不顾地从学校跑了出来,附近的老百姓都觉得可怜收留了她。也许不是你要找的人,不过还是先来看看吧。"和巡警一起走过去一看,天呀!这分明就是我要找的道枝!期间的具体细节之后再说,跟巡警以及给予照顾的人家深深道谢之后我便带道枝回了家。事情至此算是解决了,但之后这孩子和父母之间始终不合拍,再后来和兄弟姐妹们的关系也变得不怎么好,虽然还是住在一起也没再离家出走过,但也再不像这家的亲骨肉。多么可怕的一幕!我眼睁睁看到了因迷信而酿出的这出抛弃孩子的悲剧!

　　这年经济不景气使得这一家子陷入非常窘困的境地。到过年的时候实在都不像个样了,穷得令人崩溃。但是年关难过也终得过,年关之后就该到了明治四十五年，且允许我从此处追溯起。说到我在这个家的角色，又是烧洗澡水的男工，又是厨子，还做着家庭教师，时不时还要充当家庭主妇，如同施展了三头六臂的阿修罗王一样在干活。因为次女道枝出了离家出走那遭事，决定还是把她送回天主教堂。我带着她又去了河原町的天主教堂，请求对方照顾她，没想到教堂那边立刻就同意了，还说"让你们受苦了，快点让我们来照顾这孩子吧"。这算是了结了一件事。接着又把当时就读于第二中学的长子武一送到了大岛甲子郎医生那里，把次子三郎送到矢岛商店那里做活，这些几乎都是我的自作主张。我还让四儿子六郎参加武德会的柔道部，做了矶贝一老师的弟子。要求正念小学二年级的孩子每天从学校回来后再往返二十条街的路程，当时周围不少人说我做得太过，对于人们的批评，我权当耳边风，继续执行。开始时我让三儿子五郎与六郎两人做伴一起去，后来五郎渐渐跟不上了，倒是六郎一个人还积极地坚持了下来。成年后的六郎博士在一次会议上说："因为内山先生的斯巴达式教育，才有了今天的我们。"如他所说那样，当时我的方式完全就是斯巴达式。

此外，那时我自己也很迷信，也做了些极端的事情。住在界町姊小路那时，曾经一到夜里十二点我就准时起来，穿着草鞋提着一盏灯笼前往伏见稻荷大社，整个夜里都在那里参拜每一尊佛像直到清晨才回去，这样子一直持续了三个月。这期间有二十一天都坚持参拜前用冷水沐浴净身。我还做过一件自以为是效仿文觉上人①、现在看来其实很是荒唐的事。记得是正月初二深夜一点，当时还下着雪，我出了上长者町的家门就向东直奔，去参拜御所里的白云神社。我独自一人静静地叩拜之后，脱掉衣服走到井边，拉起井底的水桶，哗的一声将水从头上浇下，接着第二桶，第三桶……一共浇了十桶水。然后浑身湿漉漉地就又到正殿那里在神佛面前祈祷，绕正殿百次之后又在神社前鞠躬叩拜，并深深祈祷。这一切结束时身上的水都干了。穿上衣服洗干净脚之后回家——那时已是夜里三四点钟。回去之后，我就像什么都没发生一样继续睡觉。就这样坚持了三十天算是满愿了。那天清晨起床之前的一个短暂的时间里，我做了这样一个梦："一只美丽的百灵鸟出现在我手里——不知是谁送来的礼物。它身

---

① 文觉上人：平安末期至镰仓初期真言宗僧侣。俗名远藤盛远。原是宫廷卫士，因误杀自己爱慕的袈裟御前而出家，在熊野苦修。曾助源赖朝举事，源赖朝殁后被流放。

上有两处弹痕,我便用指尖轻轻触摸,不可思议的是伤口竟然消失了,它的身体渐渐有了温度。我看着手中这只长着鲜艳羽毛的百灵鸟,觉得实在是太神奇了,突然间它就张开翅膀,飞出了我的视线。"我感觉这个梦与我这三十天来在白云神社用井水净身参拜一定有关系。果真第二天就出了件奇妙的事:赤野三次商店第一次失败是在明治三十四年,当时把老家丹后与谢郡加悦町的房屋转让给了福知山的债权人高田氏。后来大家都淡忘了这件事。结果高田氏突然间发现转让登记没有完成,于是这天早上拿着所有的登记文件过来,要求盖个章。不巧店主没在,我便让他把东西先放这里,等两三天店主回来后盖个章再给他邮过去。就这样,高田先生先回去了。谁知他刚走店主就回来了(店主去大阪借钱,原计划需要两三天)。我总觉得这些文件就是我梦里的那只死去的百灵,而那只百灵曾在我手里复活。我打起了坏主意。我对主人说我们给这些文件盖了章再卖给别人,钱就能一分不少落到我们手里,下手越快越好,这么一来我们就可能渡过眼前这道难关。于是我做主让主人速速赶去丹后。后来我们的计划如愿得逞了,我们总算又渡过了难关。那时我想着这绝对是白云神社使梦境幻化成了现实!再后来,店主去高田家道歉,说因实在有难处不得已做了对不住他的事。高田氏家境富裕,人也很好,听到这话他原谅了我们,他说:"这事确实做得过分,但困难到非这么做不可,也实在是可怜。不过还好你还有一群家人在身旁,等情况好些了你再还给我吧。"能得到这般宽待,唯有感激白云神社,念着白云神社带给我们的恩惠,我不觉涌出了感激之泪。这是我的一次因信奉神灵而在梦中受到神谕的经历。

这一年披肩的热卖结束后,日子变得很悠闲。一天,一个叫作小古庄三郎的披肩商过来,和我聊了大半天。如今已想不起那次他说了些什么。不过在那之后,他经常过来找我,在和他谈了多次之后,我才发觉他所谈的内容跟我深厚的神佛信仰有关,只是与我所信仰的内容与方向完全不同。他认为不存在上供钱财就能免去灾难一说,他也不会为祈求早日康复供上物品,他们从不会向欢喜佛祈祷也不会送上浴油钱。他说他们不说"信仰"而是使用"尊崇"这样的词汇,和我的信仰完全就是两个世界。

日本明治壬子四十五年(后改为元大正元年　一九一二年)

一月十三日　　　　　　第二届海牙万国和平会议议定并公布国际纷争和

	平处理诸条约
一月十六日	大阪东区及南区发生大火,天皇下赐抚恤金
二月十六日	日露协会成立
二月二十八日	御歌所所长高崎正风卒
	东京朝日新闻报社主笔池边吉太郎(池边三山)卒
三月三十日	实业家藤田传三卒
四月六日	大富豪三井三郎助卒
四月三十〔二十九〕日	北海道夕张煤矿爆炸
五月八日	德国皇族瓦露德鲁马尔来访东京
	信越线横川站至轻井泽间启用电力机车
六月二十九日	美国哈佛大学校长艾略特博士拜见天皇
七月三十日	明治天皇(六十一岁)驾崩,举国哀悼。皇太子(嘉仁)继承皇位(大正天皇),改年号"大正"
八月某日	日本劳动总同盟友爱会在东京成立
九月十日	德国皇族海因里希来访东京
	日本活动写真株式会社创立
九月十一日	西班牙皇族波尔旁亲王来访东京
	英国皇族康诺特亲王来访东京
九月十三日	天皇葬仪于青山练兵场举行。遗体埋葬于京都府伏见区桃山陵
	陆军大将乃木希典(六十四岁)同其妻静子(五十四岁)在赤坂住宅剖腹自杀,为天皇殉葬
十二月三〔二〕日	川崎造船所顾问川崎正藏卒
	歌人石川啄木卒

追加事项 内山完造二十七岁。我终于明白了小谷先生从一九一一年年底一直跟我说的事,原来与基督教有关。一月三十一日,在我的催促下小谷先生带我去了京都富小路二条下的京都教堂。这是我第一次踏进基督教堂,那天我的人生好似开启了另一扇门。教堂旁边有个牧师馆,住着副牧师伊藤胜义先生。在门口小谷先生给他介绍了我,我忘了当时伊藤先生说了些什么,但当时

他的话促使我狠下决心,记得我那会儿出了门后便把别在腰上的烟草袋随手丢进了下水道里。那个烟草袋比较珍贵,象牙筒子,银质烟管,配有孔雀石的坠饰,袋子上铆着老式刀具的钉眼,底座还是金的。之后我就经常跑去教堂。

那时赤野家再次迎来了危机,我们不得不决定离开这里,结果刚搬到上长者町堀川东入还不到两个月,又搬去了宫垣町,宫垣町位于御所以东,不太招人耳目。到了那里之后我立刻着手开始做起了蔬菜水果买卖。先从卖香蕉开始。第一天我去了高仓的批发商那里进了两贯①香蕉。我那时的样子非常滑稽:穿着小仓的立领装(穿旧了的),脚上是一双草鞋,头顶着木斗笠,肩膀上还挎着满满一篮子香蕉。装香蕉的竹篮上挂着一块涂黑了的板子,上面白色的字迹写着"独立自尊"几个字,看起来多么怪异的一个香蕉贩子呀。一般人要是我这副模样一定会尽可能远远躲着熟人,可是我偏不,第一天我就专门去熟人那里卖我的香蕉。结果这种方式大获成功。第二贯香蕉才去了两三家就卖光了。我又去进了一次货,一天只跑两次实在轻松。不管是去哪个店,对方都会说:"怎么回事?昨天还做着掌柜,今天怎么就出来卖香蕉了?真是个怪人呀!好,那我买些!"我一家一家的跑,每天能赚到三元以上。当时三条通东洞院西入北侧有个叫作岸田的店铺,店主似乎曾经历尽艰辛,他完全赞同我这不寻常的做法,他说这种专挑熟人的做法很值得后辈们学习。我在黑色板子上每天都会写不同的东西,有时是"知足者常乐",有时是"不义之财攒不住",有时又是"天才源于努力",偶尔我还会逮住前来买东西的小孩子对他们说教一番,我这个"香蕉老板"完全不正宗。

有一天,做批发生意的辻老板拜托我去他店里帮帮忙,他在日乌丸的高辻开了店,想让我带些货样去名古屋东京之间做推销。我想都没想就答应了,可是一打都没卖出去,我很沮丧,很是惭愧地回到店里道了歉。接着又再次开始我的香蕉生意,可是收入根本维持不了不知节制的生活开销。不过这世界真是奇妙,刚巧这个时候已经断交多年的赤野夫人的弟弟又开始和店主家交往起来。通过他的介绍,我们获得在大阪阿弥陀池开大黑米花糖代理店的资格。于是开始挑选店面,刚好东洞院姊小路上有个屋子不错,我们便很快搬去那里准备开张。收拾店面之余,还做了一个箱车。因为我打算除了在店里卖,还要推车

---

① 贯:日本旧度量衡的重量单位。1贯的基准为1000枚开元通宝钱的重量。1贯等于3.75千克。

出去卖。我们进了"粟落""福落"两种,"粟落"就是最常见的那种米花糖,"福落"则加入了落花生、切得很薄的那种,非常好吃。刚开张买的人就很多,我把车推在街上时更是卖了不少。然而这零售一斤①二十钱三十钱的实在赚不了多少。任我再努力,对于不会精打细算过日子的这家人来说实在是杯水车薪。古人云"做买卖靠耐性",于是我便继续坚持着。有一天夫人突然对我说:"很奇怪。我刚才躺着时明明没有睡着,连盹儿都没打,可是却看见三郎来到我面前对我说妈妈我病了(三郎在横滨的矢岛商店里做工)。他脸色苍白,我正要喊他,他就不见了。这事有点蹊跷啊。"我说:"您一直挂念着三郎,应该是心理作用吧。"可是,这天下午四点突然来了封电报,内容是"三郎患病请速来人",当时我就震惊了。眼下来了这样的电报,无论如何不可能置之不理。店主人依然在做股票生意,那个时候去大阪了;夫人又在奶孩子没法脱身,因此只能我去了。我连夜赶去横滨。第二天早晨到了之后,我得知病人已经住进了十全病院,得的是伤寒,听说这次有两个孩子(对小店员的称呼)得了这病。我风风火火地赶到医院,看到一名护士在那里照看着他,三郎已经高烧四十度并且频繁地说着胡话。护士说另一个孩子和他情况一样,不过对方父亲已经来了正和那边的护士日夜交替照看着。这么说来,我是不可能回去了。可是刚刚开张的店面,放着不管也不是个事儿,该怎么办呢。我想到只能让店主来这里,便给他发了封电报说"病人病重速来",结果他回我道"无法去,请你继续照顾",于是我把情况告诉矢岛先生后,自己留了下来。十全病院隔离病房的房间实在狭窄。房间之间只有一个纸做的隔扇。隔壁房间里病人的情况看得一清二楚。两个病人高烧始终不退。在这期间,赤野氏和矢岛氏间似乎在通信时产生了什么误会,我突然收到一封矢岛先生的来信,说是要和病人断绝关系。看到这信我慌了,病人的住院费以及其他费用无论如何我都无法解决。我穷尽了毕生的脑力,最后写了封血书给矢岛先生送去。正在气头上的矢岛氏收到我的血书非常意外,很快给我回了信,说道:"你说的一切我都答应,请放心,继续照顾好病人。"至此我才安心了。在医院待了七十多天后三郎的病痊愈了。之前和赤野先生约好了三郎出院后先带他回趟京都,等回来之后再去店里,于是我和三郎先回京都了。那时不知怎的我给矢岛先生写血书这事在医院被传为佳谈。照顾三郎的护士

---

① 斤:度量衡的重量单位。1日斤约合600克。

对我很钦佩。这个护士体型虽小,却是个女中豪杰,她和我约定,以十年为期,看看日后谁更有出息。我假装一本正经地回道:"十年之后,东京日本桥上,不见不散",说完这句话后我们就离开了。旁边的松井政次郎氏一个劲地打趣我,这应该是当年十一月末的事(松井氏与赤野氏是同辈人,曾经同是京都新町锦小路上泽村太七商店的学徒,是前一阵来的横滨)。之前随性的约定早都忘得一干二净了,如今写到这儿,才终于想了起来,当年的确说过那样的话,所以在此添上一笔。总之,在医院待了七十多天后,我和病人一道回了家,回来一看,我的天!这到底是怎么了!好不容易开张了的大黑米花糖代理店,已经苟延残喘了。连进一斤货的钱都没有,已经开始在变卖物品了。而且,之前做了我们的介绍人及担保人的夫人的弟弟这个时候也对我们很是反感,再不愿和我们联系了。我能理解他为何如此生气。店里完全没有想要盈利的样子。本来就靠着这个店面来养活一大家子人,却因我这顶梁柱一时不在,竟开始变卖店里的物品了,真是太讽刺了!我受够了,决定离开!店主和夫人两人真是够呛,虽说是要奶孩子,可是但凡稍微上一点心,就不会变成这个样子。唉,不过现在说什么也没用了。已经于事无补了。

像我这样的人至此也开始觉得这样下去不行,我要放下这十年以来的辛苦与努力,换条路前进。我选择了去做报纸投递。在三条街高仓拐弯那里有个东枝报社当时在招人,我前去应聘,被录取了,他们让我第二天就过去。换句话说,从这个时候起我要暂时告别赤野家了。十年间的辛勤努力最终只为我换来了赤野家的两床被子和五十钱。对此我没有说一句怨言。只想着从此刻开始的新生活!第二天天还没亮,在前辈的带引下,我从东洞院到北野天满宫合计一共送了一百六十多家。习惯别在腰上的铃铛,能够让它有节奏的"铃铃铃"地响是四五天后的事了。那个时候的我不看配送册都已经知道分别该去哪里送报纸了。然而刚满半个月,就把我调离了这好不容易才弄熟悉的区域,派我去了完全相反的方向。新的派送区范围很广,从三条的高仓起南至九条的东寺、西到西本愿寺,派送地点也很多,共计二百四十余户。我没有任何不满也没有一句怨言,因为希望总会在前方。当时每月给我四元六十钱,除去便当费三元九十钱,实际收入七十钱。洗澡钱、草鞋钱、理发钱等等该去哪里弄呢,这可有点说头。我所负责的那片区域,所有的配送报纸里都经常会夹着来自各个商店折叠好的广告纸,每种服务收费五钱算起来一个月至少也有个五十钱。如果有人要订购报纸还会给五钱，一个月差不多能订出去个五六份。若再遇到临时增刊，一次又有五钱收入。三种情况都发生的话一个月至少多挣十五钱。这个时期报纸经常会有临时增刊，单靠这个有时一个月还有五十钱甚至到一元的收入。算下来除了每个月的固定收入，额外还能挣个一元七八十钱到两元左右，眼前的日子总算是能对付过去了。我那时结识了一个朋友，是位出生在高知县的青年，名叫尾崎吟治。跟我一起，尾崎也开始去教堂了。那时我真的是一心求道，虽然其实还没太明白到底是怎么回事，但只要有集会我都会去，去听听每个人都说些什么。尾崎就如我的影子一样每次都会和我一起去。

日本大正癸丑二年（一九一三年）

二月十日	因帝国议会停会引发东京市内暴动，报社及巡警派出所被攻击
二月十四日	革命志士孙文来东京
	川端玉章卒
二月二十日	神田三崎町发生大火，两千五百余户房屋被烧毁
三月三日	静冈县沼津市发生大火
三月二十八日	布莱里奥式飞机于琦玉县上空飞行途中坠落，该驾驶员为本国首名牺牲人员。
	日华国民协会成立仪式于东京召开。（中方出席人员）有：汪大燮、胡瑛、刘宗杰；（日方出席人员）有：三浦梧楼、犬养毅、寺尾亨、泽田寿一
五月三日	美国加州议会上通过议案，禁止日本人在当地拥有土地
五月四日	函馆发生大火，两千余户房屋烧毁
六月三十日	国际无线电通信条约公布
七月三日	歌人伊藤左千夫卒
七月二十四日	演员市川九女八卒
七月三十一日	竹本大隅太夫卒
九月二日	冈仓觉三（刚苍天心）卒
九月四日	"足尾矿毒事件"中的志士田中正造卒
	精糖制造商铃木藤三郎卒

九月七日	财阀若尾逸平卒
九月九〔七〕日	日比谷公园召开问题国民大会
九月十日	针对南京问题,日本、中国双方开始交涉(二次革命讨伐袁世凯以失败结束,当时南京沦陷)
〔一九〇七年〕九〔七〕月二十二日	仙台东北大学建校
十月十一〔十〕日	桂太郎卒
十一月二十二日	德川庆喜卒
十二月二十三日	上野精养轩举行立宪同志会成立仪式,加藤高明任总裁

追加事项 内山完造二十八岁。应该是在这年的二月二十日吧,我一个人去做礼拜。

因为那段时间临时增期很多,经常会有人来叫我,坐在后排比较方便,所以每次我都会坐在最后一排。这天我来得有点迟,自然也只能坐在最后,结果见到了一幅非常意外的场景——一个不大可能出现在教堂里的女人坐在火炉旁。她梳着大大的文金高岛田①发髻,身着紫色大条纹羽织。刚好那个时候我在报纸上看到一则消息,说东京名妓——赤坂的万龙要来云南坂教会拜会纲岛牧师。因此当时我就猜想该不会是赤坂的万龙来了吧!然而此后我再也没见过那个女子。连和她相似的都不曾见过。

到了三月十日,礼拜结束之后牧野虎副牧师问我:"你能留下来等一会儿吗?"我便在牧师室里等他,过了很久牧野先生终于回来了,他说:"你将来想做什么呢?"我回答说:"我现在讨厌做生意,想先学些东西,然后做一个传道士。"先生又问我:"为什么现在讨厌做生意了呢?"我说:"做生意要说假话,不说就做不成。这是我讨厌它的最大原因!"先生说道:"如果有不说假话就可以做的生意你愿意做吗?辛苦工作了这么多年直到今天,何不把这好不容易积攒下的宝贵经验好好发挥一下呢?"他说的不说谎也能做的生意,我不知道是不是真的存在,便反问道:"要真有这样的生意,我倒是愿意做,只是现实中有吗?"

---

① 文金高岛田:日本妇女发型之一。江户时代宫女和未婚女性梳的根部高的发髻。

"有。并不是说所有生意都要靠谎言。其实,如果你有意愿,我是想介绍你去个地方。大阪北滨的一丁目那里有个叫作参天堂的药店,他们拜托我找个可以去上海的店员,你觉得怎么样?"听到这话,我浑身兴奋地战栗起来。之所以这么说,是因为我以前一直觉得世人皆一尺我还差三分,与其这样屈居人下还不如到别处去碰碰运气,有过去中国的念头。于是我当场就回了话:"我想去试试!"其实药店才是说谎者的代表,我听说过药品九分利,但具体情况并不清楚。因此那个时候只顾着一个劲儿点头答应了。先生很快写了介绍信并对我说:"明天速速去大阪当面交给参天堂社长。"我非常兴奋,那晚上一夜都没合眼。早晨匆匆送完了报纸就去京都车站搭上火车前往大阪。在车里我尽情发挥自己的想象,甚至在脑海里勾画出一幅抵达上海后自己大干一番的场景。从梅田到北滨的一丁目我知道怎么走,时间又很充足,我便步行过去。那个时候我依然是卖香蕉时的那副打扮,穿着小仓的立领服,以及一双烂得不能再烂的草鞋。到达目的地参天堂之后我向对方说明了来意,有个年轻人带着我进去让我在接待间稍事等候。终于社长田口谦吉氏来了,他问了我很多,最后对我说:"你辛苦了!详细情况我会告诉牧野先生的。"然后他还给了我一元钱的火车费。我当时觉得自己一定没有被选中,回到京都后便把情况告诉了牧野先生。没想到大概过了两三天,牧野先生那边来了电话让我马上去一下。我风风火火地赶了过去,进了教会的牧师室里,在那里等候着的牧野先生说:"参天堂那边来信了,想让你尽快去店里。明天你就把配送的工作辞了,去药店工作吧!"听到这话,我开心得如同上了天堂。向牧野先生诚恳地表达了自己的谢意后,立刻回到东枝报社提出了退职申请,报社爽快地答应了,并且同意我可以随时走。我跟我唯一的朋友尾崎君也说了详情,当时的他真是一脸的落寞,现在我都还记得他那时的表情。

很快我就以参天堂派驻上海人员的身份入职了。没几天就要动身,我火速准备了行李。

我从头到脚,四季的服装以及脚上穿的鞋,店里都为我量身做好了。出发时间定在三月二十日,准备乘坐从神户港出发的"春日丸号"。我们一行有参天堂的经理三田忠幸氏、中原照夫氏、见田葵巳郎氏三人及我。和我们同船的还有参天堂上海代理店日信大药房的经理伊藤松峰氏。三田氏与伊藤氏住一等舱,剩下三人都是三等舱。我们带了大量的广告材料,于二十日早晨十点起航。

当时三千吨的"春日丸号"在我心里就如同"一座漂浮着的城堡"一般。

出发的前一天，我一大早就去京都，和牧野先生、伊藤先生、小谷先生及当时住在九条通那里渐渐贫困潦倒的赤野家一一道别。五郎和六郎一直把我送到了京都车站。我含泪告别了这两个可怜的小家伙。第二天早晨从梅田乘车前往码头，没想到牧野先生还来到站台，隔着车窗与我握手道别，"内山君！要好好地啊！"当时他送给我的离别礼物白色手帕，在后来的很多年，一直被我带在身边。

"春日丸号"在门司港停靠了一晚，翌日起航在长崎又停留了一晚，到了二十二日早晨，终于离开了日本。如此庞大的"春日丸号"在东海海面上就像一叶扁舟，船身来回上下晃动，我们三个人被折腾得骨头如同散了架似的，筋疲力尽。二十四日早晨我生平第一次见到长江，一望无际，令我震惊得睁大了眼睛。特别让我惊叹的还有黄浦江，这条仅仅只是支流的江水竟然如怪物般浩瀚宽广，任由三千吨级的"春日丸号"自由航行。在接连不断的震惊中船到了苏州河的入口，停到了邮船会社栈桥（也称三菱码头）。日信药房来了很多人接我们，有日本人店员、中国人店员，还来了些苦力。看着眼前这般西洋风景，我一下觉得自己也许低估了中国人，然而当得知这里是洋人街时，便又恢复了自信。就这样，我踏上了中国的土地。回过头想想，此刻便是我开始大陆生涯的第一步，才有了后来成为内山书店老板的我。

很快，我和伊藤、三田两个经理坐黄包车去了位于四马路、河南路与江西路中段的阴气沉沉的日信大药房，把行李放在了那里。这天起我的上海生活开始了。时间是一九一三年三月二十四日。我二十八岁。

初来乍到的我，自然也是被外滩壮美的景观深深震撼。据说当时在上海的日本人大约有三千多人，游船栈桥的旁边是日清汽船栈桥，日清汽船栈桥的旁边是日本领事馆，紧邻日本领事馆的是美国领事馆，德国领事馆位于美国领事馆旁边，德国领事馆的旁边一度是空地，后来又盖了俄国领事馆。再往前是花园桥。邮船仓库的后面是日本邮局，旁边有外国人的大型仓库及冷藏库，日本领事馆附近有一排住宅，住宅的尽头是德国人的基督教堂。在德国领事馆、俄罗斯领事馆的前面可以看到浦江饭店。走过花园桥（中国人称外摆渡桥），右手边苏州河沿岸有个小型花园，还有划船俱乐部。路对面是大英领事馆。苏州河与黄浦江汇合口的南侧是黄浦公园。从黄浦公园往南到三马路上的海关检查场之间，干净美丽如同铺了一路绿色的地毯。黄浦江江边还停靠有很多外国人的游艇（后来由于刮暴风的时候这些游艇都被吹走了，这里便成了小蒸汽船的栈桥）。大英领事馆的侧面是正金银行支店（后变为邮船会社支店），紧挨着是和平洋行、怡和洋行、有利银行、德国人俱乐部（后变为中国银行），荷兰、华比两银行（后变为和平饭店）——与南京路北口的这些建筑相对，南口则是宫廷酒店，还有麦加利银行、字林报馆、道胜银行、交通银行、江海关、香港上海银行。大英银行、上海俱乐部、麦边银行等等一直排到了洋泾浜（道胜银行后改为中央银行，麦边洋行成为大北电报公司，洋泾浜后被填埋为爱多亚路）。我看到眼前这幅场景，实在不敢相信眼前这个上海竟是中国的上海，我觉得她完全像是西洋的上海。

我很快开始我的广告工作，带着苦力们又是粘贴海报，又是钉铁招牌。有一次在路上还看到了遭袁世凯毒手的人称"飞龙"的国民党人宋教仁的葬礼。送葬的人特别多，就如报刊所登载的那样，队伍排成了长龙。在上海数日试验性的广告活动结束之后，准备前往汉口（汉口我负责，中原去芜湖，见田去南京）。伊藤、三田两位也和我一起到汉口。

乘上日清汽船"襄阳丸号"好像是四月一日。和以往一样，伊藤、三田在洋舱（外国人的头等舱），我们三个人在官舱（中国人的一等舱）。深夜船开了，次日清晨行进在通州附近的长江里。我们的早饭是粥，副食是油花生（油炒花生）、油条（以小麦粉为材料，油炸过后，再切成小块）、盐蛋（用鸭蛋腌制而成，也称为盐鸭蛋）、酱豆腐（外层淀粉凝固后再腌制而成）、盐菜（大概是由水菜之类腌制而成）五种。然而，我们五个人看一眼都觉得恶心，一直没有动筷子。旁边的桌子来了一些外国人，他们静静祈祷后便拿起操作还不熟练的筷子，吸溜吸溜地喝起粥来。外国人都这样做了，我们这群亚洲人还顾忌什么呢，想到这儿我毅然地拿起筷子也吸溜吸溜地喝了起来。但是，中原君最终还是逃走了。我吃完饭后去他的房子一看，床下的篮子堆满了香蕉，他偷偷地带着香蕉，吃起来那狼吞虎咽的样子着实把我吓到了。见田也和他一样。唯独我一个人坚持吃着船上的饭，我在首度考验中胜出已很明了。后来见田和中原分别在南京、芜湖上了岸。我和两名经理在汉口上岸。他们在汉口的日本租界的某个地方住下，我则住在后花楼的一个叫作中西旅馆的中国旅馆。我带过来了一堆广告材料，便立刻动手为开展广告工作做准备。海报是要贴的，需要把它折成大小统一的样子。对开的纸就对折两下,如果是整张纸则先折成一半大小,再对折两次。这些工作必须在夜间做。到这里后即便是到深夜一点,我也坚持一直写信给大阪还有京都的牧野、伊藤两位先生及小谷先生,特别是和参天堂主人田口谦吉氏之间联系从未懈怠过。我住宿的地方是汉口代理店思明堂的主人矢田泰孝氏替我找的。他指导我开展工作,还帮我找了些苦力。河街的废墟那里住了对有趣的夫妇,姓尾崎,是流浪艺人,他们自朝鲜来到"满洲",又从华北跑到了华中,最后落户这里。这对夫妇在这里安定下来后,就成了全天下浪人的主儿。我把找日本人监工和苦力的事委托给了他们。于是每天就有五六个苦力和一个监工到我这儿来,苦力们比我手脚快多了,从第一天开始每天都能贴好不少广告。两三天后,日信大药房的老外派员小原荣次郎君从河南回来了。于是以推销清快丸及主打产品大学眼药为目的,由上海日信大药房做东,邀请了汉口、武昌的药店及杂货铺的相关人士举办了一个大型宴会。饭后大家还兴致有余地玩了抽签,好不热闹。两个经理在宴会之后便乘船而下回上海了。我和小原君两个人也正式开始了我们的广告工作。我把写着"大学眼药"四个金色大字的红条幅扛在肩膀上,就像现在东京流行的那种街头广告员那样在街上来回走。

那时候在汉口的日本侨民约有一千人左右,此外还有一个大队的、号称派遣队的陆军也在这里,大部分日本人都住在日本租界附近。那时候日本侨民都被告知不论在哪里行为处处要显得绅士,于是在上海去公园一定是穿西装,要穿和服的话一定要配套穿和服的裙裤,出门脚上一定套着日本本土的短布袜等等——记得当时确有这一系列的"必须遵守"及"惩罚"规矩。明明在日本国内人们以赤足为美,觉得披着浴衣、把衣服后襟卷起走路很有魅力,透着一股男人味儿,在本土没有受任何限制的这些习俗在这里却被严格禁止。所以说,只是在洋人面前才把自己穿成那样,骨子里并非真绅士。把官员奉为神明的封建思想令日本人以遵守规则为美德,因此,即便完全没有实效的规则在上海也发挥出相当的效力。而此次中日战争爆发,日本占领了上海、汉口,且一度在中国的大地上不断扩大势力范围,于是上述的准则顿时消失得无影无踪。那些打着赤脚、胡乱裹着浴衣、撩起衣襟在街上横冲直撞的日本人,街上随处可见的喝得酩酊大醉放声高歌的日本人,还有欺负车夫、到处呕吐的日本人,这些人代表了文明日本人的形象,他们甚至把关东煮、日式烫酒还有日式小酒馆的灯笼景观等日本代表性店铺的独特风景也搬了来。这些不过是小事中的小事，也许任何一个国家在战争中都是一样的。那些战争中的暴发户不是靠欺软怕硬掠夺中国人发家，就是靠私吞日本的军费发迹，由此可见日本根本没从封建日本、野蛮日本中迈出一步。因为是战争只能如此，因为战争本就不是代表人类文明的，战争本就是体现人类的野蛮性的，所以没什么好责怪的。真要去怪罪什么，首先应该否定的便是战争本身。基于人类的文化性或者说是基于人性才会得出掠夺、强奸、屠杀是莫大的罪恶的结论，基于兽性、野蛮性的战争是不理会这些的。人们对于战争做出各种限制，实际上是希望即便处于战争中，即便暴露了人类的兽性，或是出现了种种野蛮的行为，依然能有几分人性被保留，残暴行为不至于完全不受节制。例如使用武器时至少不能使用杀伤性过大的；比如文明国家在国际公约的束缚下不能使用毒气，要把老百姓和投身战争的军人区别对待等等。应该说即便是毒气甚至是具有比毒气的杀伤力强千倍万倍乃至十万倍的武器未被国际公约禁止，不能任意使用也是作为人类的常识中的常识。然而，就像战争中日本人无意中流露了其全部秉性那样，一旦战争爆发，人类原始的兽性似乎就会暴露无遗。或者说人类一定会兽性大发，这是无论如何都无法更改的事实。

  黄浦江以北的大街上卖的玩具里有一种小猴子，可以自己带上或卸下人脸面具。这似是对人类的讽刺，生动地表露了人们戴上或者摘掉假面具的不同面貌，我觉得有趣便买了一个。

  再说说我在汉口这一个多月的广告工作吧。我完全像一个日本苦力——应该说是我自己任命的自己，白天始终和中国人的苦力们在一起，这成为我后来写中国漫谈的素材来源。这也是我拥有不同于政府官员、军人，还有高收入人群的地方。

  在汉口、武昌、汉阳做广告工作的时候，我见到了日本人之间起内讧。那个时候外国方面主要是英美烟草公司和兜安氏贴纸质广告宣传各类药品以及粉色药片、红色补丸；日本这边则是人丹、狮子牌牙粉（狮子磨牙粉）、清快丸、大学眼药、金刚石牙粉等，范围相对更广一些。外国公司总是搭着梯子爬到比较高的地方，认真仔细地贴好，而与此相对，日本人就用个长竹竿涂抹些糨糊随便一贴。于是，日本同胞之间便起了内讧，居然做出把自己的广告直接糊在别人的广告纸上这种愚蠢的事情。连贴个广告都会出现这样的事情，生意场上的相互打压一定要严重许多。说到底,无非是个人私心的表现。

就这样,那时的我对很多事情还是懵懵懂懂的,只是依然忘我地继续沿江做着我的广告。在九江的两三天,还是老样子,又是贴纸质的广告,又是钉铁板子做广告。后来又坐汽船横穿鄱阳湖,再沿着位于江西省中心的赣江逆流而上,最后到达省会南昌。日本的什么东西带到这儿来都很好卖。在这里除了忙活广告的事情之外,还举办了大型宴会邀请了很多客人。我住的地方叫怡园,属于这里一流的住处,这里还住了个很会讲日语的人,这让我比较安心。他着实是个文雅的绅士,名叫李仙舟,我记得他曾给了我张名片,上面标的有军法会议还是什么的,可以看出他的身份地位。晚年时候的我也许能和他有更多的话题可谈,可当时的我不过一介苦力,实在也没什么好交流的。中华大药房的主人是个宁波人,看到他我就能隐约体会到为何全中国随处都有宁波商人,后来和宁波人打交道我便会分外小心。

自小原君先一步回上海去之后,我一个人似乎不自觉地闹了不少"笑话"。有一次我在这个中华药房点了"饺子",结果给我叫来的却是"轿子"。不懂汉语的我一心扑在了广告上,终于告一段落回到了上海。这就是我开始广告工作的第一步。那个时候的我,无知又傲慢,对于中国及中国人什么都不知道,然而却因自己是日本人而十分自信,完全不看自己的生活状况就以自己是文明国家的人自居,一定很可笑——晚年的我再回忆起这些,自己都会苦笑。

从南昌回来后我又踏上了去浙江省钱塘江沿岸的旅行之路。当时我和日信药房的草间新君一起(他的名字很容易让人误解为是中国人),还带了店里的两名苦力,草间的汉语非常好,这为我们提供了不少方便。当时我们在从杭州租的船上被成群结队的臭虫(日本称为"南京虫")折腾惨了,现在想起来都头皮发麻。天还没亮我们的船就从闸口车站出发了,扬起帆逆着钱塘江缓缓而行。没有风,船帆耷拉着。这时,老船长站在船头大喊着"噢——吼"呼唤风的到来。没过多久,船帆又张了开来,船头排水的地方汩汩作响,船又前行起来。不一会儿靠近岸边了,三个纤夫(从船上)下到河里,他们每人肩上扛着一根钢丝索,上了岸之后三人列成一队,低着头不紧不慢地拉着纤迈开步伐。钢丝索一头连在桅杆顶上,从桅杆顶开始斜着紧紧绷成一条直线。老船长用竹竿撑了一下,船又离岸远了点。排水处又再一次发出了声音。帆又降了下来。看来靠风是不行了。这时,早饭好了,在这样的船只上吃饭是我生平头一回。偌大的洋瓷碗里盛着热乎乎的粥和蚕豆片（蚕豆剥皮油炒之后再加盐），还有曾经在"襄阳丸号"上吃过的盐蛋和油条。在中西旅馆及其他的旅馆早饭也都是这些。上了年纪后的我时常觉得，中国人中虽然开饭店的做得一手好菜，但是一般人的饮食中花样并不多。就拿早饭里的粥来说，几乎去哪儿都是一样。店员们倒是吃的中国饭，说是吃炒饭、洋葱面什么的，每天都是炒饭、洋葱面。在这里说吃大饼和油豆腐吧，一旦开始绝对每天都是大饼和油豆腐。我看着这个船上的伙食，几乎每天早中晚都一样。中国的农民们也是会在白天做菜时多做一些，把晚上那份儿也做上，到了晚上热一热就可以，和在船上一样。这天白天船上的伙食倒是比较特别，是用日本舶来的海带炖盐腌大马哈鱼（海带用水浸泡后切成细丝。切一片鱼用油翻炒，之后再放入海带炒一下），此外还有丝瓜汤。看着干巴巴的饭一点都不想动筷子，最后想出解决的办法是把日本人最爱的生鸡蛋盖在这饭上吃。因为后来的每天两顿饭都是生鸡蛋配干饭，数日之后我便秘了，还生了痔疮，幸运的是当时每天都在下雨，也不用干什么，我每天都把毛毯裹在腰间保暖，就这样很轻松地就给治好了。

那天午饭后终于又起风了，船帆再一次扬了起来。这一回顺风顺水，黄昏将近时我们抵达了富阳，第一天的航程至此结束。"今天走了多远？""四十八千米。"这之后，无论什么时候问，老船长的回答都一定是四十八千米，不管途中是快是慢。换句话说，平均下来一天的航程应该也就是四十八千米，这么想来倒也很是简单明了。富阳是个很老旧的乡下城市。中日战争中遭遇数回磨难，最终难逃悲剧结局的郁文（郁达夫）就是在这里诞生的。没有电灯，只有煤油灯和马灯的富阳的街道，和我搭乘的靠煤油灯照明的船只，他们共同代表了钱塘江的文明水平。夜里，人们在船上围成一圈玩着需要一文钱做赌注的游戏。那些乍一看酷似画上矜羯罗童子一般的成年男子，为了一文钱的赌注争着胜负的样子，看起来多么的孩子气呀！我们自上海带来的苦力也参与其中，比赛显得格外精彩。偶尔出现什么差错，大家便哇啦哇啦争执起来，这时候我会投去两三枚面值一钱的铜币，马上大家又是一脸的笑嘻嘻。这些人当中，有一人会拉胡琴。体格魁梧的他将纤巧的胡琴置于膝上，用他那笨拙的大手一边娴熟地拉弹着，一边还吟唱着，歌声透着极为悲伤的腔调。此街、此船、此人、此乐，在这深沉的夜色里，勾勒出一幅无以言表的意境。难怪诗人白居易也曾于浔阳江畔写下"主人忘归客不发"这样的诗句。

离开富阳后又行进了四十八千米，次日来到桐庐。桐庐和富阳没有太大区别，也是一座还在使用马灯的城市。夜来雨声总潇潇。百无聊赖观看"矜羯罗童子"男玩赌博游戏，不觉两日便过去了。终于，雨停了，天空绽放出蔚蓝。风确是顺风，半天之后，船行进到了七里泷峡的下游，江面甚为宽阔，到了这里风弱了下来，逆流而行变得不可能了。于是考虑再度用绳索牵引，难得遇见一座岛，我们便将船划到了那里。下午又下起了雨，市内貌似雨不小，看着江水暴涨不免泛起一丝不安。在这里待上四天绝对是始料未及的。因为雨一连几天不曾停止，水流一点一点上涨，我们停靠的小岛离狭窄的山峡之间的出口处又很近，单靠一两把橹实难把控，加之没有风帆也扬不起来，拉牵的人也只能在小岛的岸边，连驶入干流靠岸都不现实，于是，只能坐等顺风的到来。偶尔，能看见从下游上来的八挺橹的小船，船上的人"喂——呦喂——"齐声发出号子，这个时候日本人中有些急性子就坐不住了，"为什么他们的船可以走，我们的就要停在这里？这也太奇怪了吧！"他们责问道，并且要求尽快开船，但是老船长始终固执地不肯答应，还解释道："那是条快船，船上也没有载什么邮包，所以才能够出发。"不过有的时候就只丢给我们一句可憎的"没有法子"（没有解决的办法，无可奈何）。当时我们就想着一天花了那么多钱雇来的船，这些家伙一定是利用这机会不干活白拿钱。结果，第五天风起来了。虽是逆风，我们的船也以"］"字形漂亮干脆地穿过了山峡的出口。不巧那时风又停了下来，天空亦降下夜幕。没办法，只得在附近三四户农家那里找个地方休息一晚。这倒也罢了，只是第二天早晨起来没有米吃，买米才是个大问题。问了这里的农户都说没有。有人说如果到这座山的深处，那里的农家会有，于是船夫们便准备深入山中。这里的人还告诉我们说，山里有老虎很危险，得带着火把去才行。我和草间君各自拿出随身携带的手电筒，在场的人们都觉得很惊奇，还说带着它的话老虎见了一定会跑。于是，四五个船夫带着手电筒结伴出发了。看到他们在手电筒照亮下翻过山去。他们一边大声说着话一边走着，当说话声随着光亮同时消失的时候他们似乎也已经到达了山的另一边。两个多小时之后，随着手电筒的光亮再次出现，又开始喧闹了起来，总算是平安无事地扛着米回来了。因为次日凌晨开始就要前往涨水严重的七里泷，于是大家又是修理拖网，又是检查撑篙。这个峡谷俗称小三峡，因景色秀丽又是中国鱼界中大王鲥鱼即"七里泷鲥鱼"的产地而闻名。虽然此时已经过了鲥鱼的季节，但老船长后来在严州给我们买的也是非常可口。因为涨水很是厉害,因此向七里泷行进的过程显得更加困难。五个男人就像在爬山路似的几近匍匐地奋力牵引着船。一个船夫站在船头用撑篙避免船误入险滩。一个舵手应着自己口中的拍子左一下右一下地操控着船只。每避开一个滩就让船停一会儿,大家也停下喝口茶。一旦拖网在某一个滩上断裂就无法保障船只的安全。我和草间君站在船上,几度淌出冷汗。平安到达严州已是日暮时分。晚餐吃的是鲥鱼。鱼自然是我们特意为大家买的,不过船员们也买来了烧酒。大家都很兴奋,玩赌博游戏的人,拨弄胡琴的人,这一晚可谓是每一个人都各尽其兴的一夜。这里有汇入安徽省屯溪方向的支流,祁门茶及徽州墨等货物经由这里运送至上海。大家都称这里为"严州",在古时名曰"建德"。去名峰黄山进香(参拜),从这里出发最近。这附近盛产杨梅,大点儿的直径差不多能有一寸。叫作"黑杨梅"的,颜色已变黑,但味道依然很可口。还有种叫作杨梅酒的酒。鸡蛋也很便宜,大鸡蛋一个要一分钱。街上牌楼(形如石砌楼门,为表彰孝子、贞妇而建)众多,给人一种异样之感。这里还是五加皮酒的产地。比起富阳、桐庐,这里要大许多。我们在这里做的广告自然也细腻、周密许多。在这里有杂货铺,有药店,甚至还有做批发的,这一切使得这条街格外繁华热闹。

离开严州,船继续前行,这一次河流两岸尽是平原。在一天的航程之后,我们来到了有"小上海"之称的兰溪。去年曾乘坐过的、从上海过来的客船在南门码头等候着我们,于是我们在这里换了船,暂且可以放心了。之前乘坐的船其实就是个载货的船,任何客船上应有的设备都没有也就算了,往昔曾领教过的臭虫们成群结队来袭,着实令人感到格外不快。不过从这一刻起这一切都将离我们远去了。

我在动身前往京都之前,变卖我唯一的财物——被褥,换来的那一册《圣经》和赞美诗,再加上那些以每册一钱的价格在夜市上买的内村鉴三的著作《圣经之研究》四十余册是我每日的阅读材料。自从到了上海之后,我每日清晨四时起床诵读《圣经》及赞美歌,然后看《圣经之研究》。然而,自从换乘至这艘船,我每日清晨起来必先淋浴,之后再开始读书,读到罗马书第十二章,方才了解基督教徒生活的目标。此前虽也看书,但却始终不得要领,现在终于开始对基督教所教授的内容多少能够理解一些,读书变成一件特别愉快的事。

我经常说:"《圣经》应靠自己来读。如果遇见不明白的地方,先搁置一边。

明白也好不明白也罢,只要坚持读《圣经》,终会遇到明白的地方。就应该是这样。《圣经》之所以为数万人的《圣经》,原因就在于此。谁都会有能明白的地方。只要能捕捉到这一点就已经好极了。就是这样,《圣经》才得以成为万人的《圣经》。"任何一个忠于自己信仰的人读了《圣经》都会说:"要靠自己领悟。"我读《圣经》也如此。不懂的地方跳过不断向前看。然后,总算是抓住了类似于信仰的东西,这感觉真是奇妙。

在兰溪的时候赶上了连阴雨,逗留了足半个月。这里真不愧"小上海"之誉,街上商业兴隆,好不热闹。有一天,我顺着梯子爬到高处钉铁皮广告,不小心将铁锤砸到了左手的中指,疼得快叫出声来。还好当时没从梯子上掉下来,想想都觉得脊背发凉。小心翼翼地从梯子上走下来时,我的手指发紫,肿了起来,而紧挨着指甲盖的下方那里已经发黑了。迅速跑去药店买了一瓶苯酚回来,用药棉湿敷。这个方法看起来还是挺有效,数日之后肿就消了,然而在我回到上海之后,那块指甲最终还是脱落了,下面凝结住的黑色血块也一下子掉了。我左手中指上这个疤痕直到现在都还很明显。在兰溪这里,除了贴纸质广告、钉制铁皮广告,我甚至还在宽大的房屋外墙壁上做涂鸦,费尽了心思。之所以能这样做是因为连续下雨再次发了大水,不得不去对岸的安全地带避难,于是多停留了几日。到对岸避难的第二天和第三天,水涨得很是凶猛。钱塘江由上游的衢州流下至兰溪这里要拐个弯,再加上来自金华的一曲支流也在这里汇入钱塘江,所以这里的水位格外高。河流中间有个小岛,岛上有许多可作燃料的松树枝,堆积成若干个高塔。这些松树枝堆砌的"塔"因大涨水(最高时有五丈)而坍塌,树枝随河水四处流去。岸边小船上或是竹筏上的人有时瞅准漂流过来的木材会追赶上去,如此勇敢的行为,让人忍不住拍手为其喝彩。一头水牛逃了出来欲渡河,马上后面就追上来了一条竹筏,此番场景如似历险电影里的一幕。我在等待洪水回落的日子里上了一趟金华,途中船只不幸卷入飓风的中心,无论船夫怎么把舵都始终逃不出风眼,船只始终不停打转找不到方向。在这紧要关头只见船长抽出一支又厚又宽的木头插到船头的豁口处,使劲往下一压,船身立即漂亮地从风口脱离而出。这个时候我才第一次知道,中国的船只除了船尾处的舵之外,船头还有紧急时刻用的舵。让我惊叹的是这舵竟然还如此好使。很快船就停靠在金华城外的码头,在这里我又开始用心用力继续做我的广告。这里位于八乡的中心,而八乡又是中国特产金华火腿的集散地。不知从什么时候起，通往义乌及其他街道之间架起了石桥，桥拱有十三个之多，每一个拱下都可容小船来回自由穿梭。传言说这桥有七百年左右的历史了。长崎的名胜风景眼镜桥仅有两个桥拱而已，相比起来眼前乡下这座大石桥实在令人感慨不已。我叫外卖让人送来了一碗名产火腿面，没想到里面放有四片火腿，却仅需三十六文，之后每天都要来上一碗。再回兰溪的时候，我们摆席招待了当地的客户们。在这里的南门外有很多艘风格独特的船，打听了一下才知道，原来是艺伎的船。整个沿河地区仅在兰溪才有这些艺伎。于是第二天依旧是我和草间君请客又招待了两个人，地点在艺伎船上。虽然无法和上海、武汉相提并论，但在这样的乡下，有这样的小船，有艺伎，凭这些就很能理解为何这里会被称作是"小上海"了。不久后我们离开了兰溪，逆流而上停船至龙游，这里离都市还有一些距离，并不是什么特别大的县城，我在这里做了两天的广告。因为我们是外国人，午饭时饭馆的人还特意做了红米饭给我们，其实就是煮红米、桃花米等红色的米（碾制后则为白米），没什么特别，和日本的红豆饭差不多。这饭香及舌尖的口感，让我觉得这就是日本红豆饭最初的来源。结束在龙游的逗留后，又逆流到达衢州。这座城市最大，却感觉最是落寞。这里是造纸产地，有很多运纸船。并且在这里我第一次看到了给河架浮桥。此外，河道两岸还生长着很多的乌桕树，乌桕树产木蜡油。在衢州没有什么给我留下特别印象的事情。我此次的旅行到这里为止便画上句号，开始沿航道返回。与逆流而上相比，顺流而下的路实在是快得多。特别是再回到七里泷时，船速快得如同出弓之箭。后来在闸口上陆，乘坐返往上海的火车，五个小时后，我便彻底结束了这次前后四十余日的民船旅游，想想实在感慨万千。

在上海休息了数日之后，又准备去长江以北的南通和江门作短暂的旅行。日清药房的中村丰次君和我一道，我们带了两个苦力，乘坐日清汽船某某号（船名忘记了），半夜时分从上海出发。第二天接近正午的时候我们在南通的天生港码头下了船。从船上下来时有一个惊险又有趣的小插曲。主船驶近岸边时先鸣笛，很快码头方向挂着"日清汽船"旗子的一种叫作"搭船"的船只就快速划来。主船渐渐减速，待"搭船"靠上主船时，主船上会放下钢缆，搭乘主船的乘客像猴子那样抓着这缆绳顺绳子上到主船上。然后要换至"搭船"的乘客们一个接着一个沿着绳子滑下，待所有乘客都到达目的船只之后，主船再次鸣汽笛。然后，"搭船"便脱离主船开向码头。我们一行安全下了船。码头那里有很多小车(单轮车)在等着接活。从码头到城内大约有二哩路。自然我们四个人雇了四个独轮车。小车的一侧放行李一侧坐人,车子就这样推着哐哐当当地前行。日头正毒,车子在丰饶的江北平原的稻谷地中穿梭。车轮骨碌碌滚过只有0.6米见宽的石桥时,我们几个人都有一种自己的身体漂在水面一般的感觉,有些不适。南通这个地方曾经出了个名人叫张謇(字季直),因此南通也被俗称为"张謇王国",众多文化设施都是由季直先生一手营办起来的。如南通大学、同农学院、狼山天文台、博物馆、师范学校、中学校、戏剧学校等。博物馆有来自日、英、中三个国家的陈列品。此外中国最早的纺织工厂大生棉纱公司也在这里,还有大生油厂、电灯公司等,这座城市一直在发展中,可谓是中国的理想文化都市。后来,我曾从上海带领一行五十余人来这里参观。正是因为是这样的城市,商业十足兴盛。我们此次前往的、要潜心开拓广告业务的目的地是"海门"。同行的中村君实在是个才子,他和草间君性格完全不同。草间君属于那种一点一滴都很努力的类型,有种银行工作人员的感觉,而中村君则完全是一副大阪商人的样子。可能是因为热,也可能是出于喜欢,他每天西瓜吃得比饭还多,我甚至都担心他吃这么多西瓜会不会生病。在这里住宿都是平房(平房建筑),屋子很干净,伙食也还不错。

今天前往海门,凌晨三点钟小车就来了,和往常一样,各自载着自己的行李,一共还是要了四辆车出发的。夏日黎明时分的凉爽实在舒适。穿过稻田,迎面晨风轻拂,拂晓的云彩映红了整个江北平原。到了中午烈日当头的时候,我们决定在一个不知名的村子里吃顿午饭。我们想点的东西全都没有,主人说如果要面条的话倒有,大家姑且就先吃顿面条吧。来这里的日本人非常少,因此我们似乎被视为稀有种群的人类。加上看见我们在面条上放着生鸡蛋,好像就有人说了句"日本人吃生鸡蛋!来看呀!",于是周围便围起了一群男女老少盯着我们看。在这里中村的那辆小车倒向了路旁的小河里,虽说行李浸泡到水里,倒也没有什么大碍,不过这件小事却怎么也忘不掉。此时此地此景,即便是一丁点儿不起眼的小事也留下了深深的印象。那会儿暑热还能忍受,到了后半天我们坐在车上带着麦秸草帽都难受不已。擦着从脸上脖子上一滴接一滴流下的汗,皮肤变得火辣辣起来。于是把毛巾折叠起来,一半搁在帽子下,防止头部过烧,另一半搭在脖子上,皮肤温度这才渐渐降了下来。如今想起来,这烈日下车上旅行的一天成了我喜欢的一段记忆。到达海门的时候已经是傍晚了。这种乡下地方，街道无法和南通相提并论，住处也很少。不过，臭虫似乎倒是格外地少。在炎热的天气下，做纸质广告、钉铁皮广告，劳动量实属不小，每天晚上回到住处后都要洗脸、洗头、洗脚、擦身子。即使是这样，因为在太阳下暴晒了一天，头部还是会发烫，必须将浸了冷水的毛巾拧干来敷。背上也在发热，不过姑且还能忍受。难受的是脚，装一桶凉水把脚放进去浸一会儿暂且祛祛暑。日本的暑气和这里的热度实难相比。在海门辛勤劳动之后，终于要搭乘次日的船回上海了，可是海门镇上没有码头，必须到青龙港才行。由于青龙港的船只起航时间在凌晨等原因，我们必须前一天下午出发，夜里得在青龙港过一晚。到达青龙港前，又是半日的小车之旅。如果光是热的话倒也罢了，难受的是青龙港的住宿只有一家，是由高粱秆子搭建的、没有窗户的小平房。里面跟船上的三等舱一样，分成两部分，床放置在四周，中央还有两排，四五十人都能睡下。我占了这里光线最好的床。此外我还有点担心起风的时候房屋会不会被吹垮，不过因为屋顶还是铺着诸多瓦片的，我似乎是多虑了。房子里到处都是高粱秆子，根据从前的经验，我想必有很多臭虫，于是做了些预防工作。我的预感的确应验了。出来了，出来了，和当初在钱塘江乘坐的货船（最开始从闸口乘坐的船）一样，臭虫们嗡嗡嗡的，真想说他们是否故意排列成队，那方阵如小孩子们撒弹球一般。可能因为曾经在钱塘江遇到过这种情况，似乎被免疫了，这次我变得很是麻木。若这是第一次的话，一定会是一场恶战，不过这次的我已经能够很好地睡眠了。中村君似乎始终睡不着。这里的伙食实在很差。门前露天排放着四个大壶，是大马桶（厕所）。壶上爬满了绿头苍蝇。去那上厕所时，那些苍蝇会嗡地一下子四散开来，很是壮观。这里周围是茄子地，到处都是蜜瓜大小的白茄子，很值得一看。用筷子在白茄子皮上噗噗扎出些洞然后烤一下就是一道菜。不过不是很好吃。说实话，对于我们日本人来说，在中国的乡下，绝不用担心食物问题。实在不行最后盖上生鸡蛋吃即可。对于我这样什么都能吃的人来说自然无须任何担心。

　　远方传来了"呜呜"的汽笛声。有人喊道"下水了"。我们一行人已经做好了准备，于是登上"搭船"，和在南通的时候一样，通过乘降的钢索上到了主船上，占了一间官舱。这个船比长江上的船小太多，房间也很拥挤，即便如此我们依然觉得不错了，到达上海之前睡得七荤八素，仿佛奔向了天国。船只停靠在南市（城区以南的城镇。因此，租界以北称为北市）的大达轮船公司码头时是一点左右。从小火轮(小蒸汽船)上可以看见讨伐袁军的旗帜树立在吴淞。在江西省的湖口,李烈钧也挂起旗,这是继二次革命之后形成的反袁世凯的队伍。安徽省及其他各省也相继发表独立宣言,一时沸沸扬扬。袁世凯依旧努力维持着大总统的地位。

我们准备了两三天之后又出发了,这次是去长江口的崇明岛。我们来回乘坐的都是大达公司的小蒸汽船,下午一点出发四点多到达。从黄浦江横穿长江需要三个小时。崇明岛自不必说,这一路上还有很多的有人岛、无人岛,都是源于河流吞吐的泥沙聚集而形成的,据说长江吞吐的泥沙七十年便可形成一哩的陆地。这一带毋庸置疑全部都是长江泥沙积聚形成,挨着海门市有个叫作启东的县也不过二十年前才形成,当初并不曾存在。启东市和崇明之间水路的水位逐年下降,现在水位深度不过一米左右,所以大船无法通过。人们都说估计过不了几年崇明与启东两地便会连成一地。甚至还有说法说长江的泥土穿过海洋渐渐堆积到日本的九州某处。若真如此虽然有点痴人说梦的感觉,不过恐怕谁都无法断言中国和日本最终绝对不会变回太古时期两地相连的状态吧。不是有句话叫"割不断的中日两国"(怎样割也无法割断中日两国间的联系)嘛。前几日有人说最近日本的天气预报变得很不准都是因为蒋介石战败的结果。把蒋介石和天气预报扯到一起,如同一团谜,其实他们要说的是由于取得胜利的中国方面还未与日本签署任何条约,因此连天气预报的信息都无法从中方得到,为此日本的天气预报才变得不准起来。这里也可以说是"割不断的中日两国气候"呀。事实证明,中日两国从天到地都是无法割裂的。

我们一行人(只有我和两个苦力)从崇明港登陆,再分乘小车前往城内。到城里还有一千哩以上的路程。城内很是冷清,实属乡下城市,据说全县人口有五十万,基本都是过着半农半渔的生活。这里盛产大米、红豆,据说现在这里的红豆是出口日本的产品之一。休息了一晚之后,第二天早晨开始就忙活着贴纸质广告、钉铁皮广告。然而不知怎的,感觉周围情况有些不对劲,于是派苦力去打听了一下,原来是这么回事:做人丹广告的日本人到这里,和当地人之间起了争执,原本不怪本地人的,可是因为警察不敢惹日本人,因此把当地人抓了起来并给予了处罚。结果导致本地人对日本人强烈的反感。碰巧我们也来这里做广告,当地人激愤不已。于是我马上停止工作立刻回到住处。果然不出所料,很快住所便被一群民众包围,局势变得紧张起来。我拜托住处的老板帮我给人群传达了这样的话:"事情我们已经弄明白了。我们是商人,惹怒了顾客自然也就无法做买卖。因此我们决定中止广告乘明天的船只回上海。"本地人这才认可,人群很快便解散了。我们住了一晚,乘坐第二天的船只安全回到上海。

在这之后,我又再度去了汉口、九江、南昌,为了汇报工作和为来年做准备,我于十一月份又回到了大阪。几乎同时草间君也上大阪来,于是带他在京都游玩了一日。那里的红叶很美。我前去拜访了牧野先生和伊藤先生。他们收到我从中国大陆寄来的信非常高兴,还问我是否要接受洗礼?于是我接受了考察,结果一塌糊涂。我在大阪期间每天带两个人到大阪近郊钉小广告牌(钉到人们的屋檐或是柱子上的铁质小广告牌)。结果患了面瘫,嘴巴呈"八"字形,整个面部都扭曲了,连话都说不清。尝试了诸多治疗仍不见效时,有人教我用梅肉和饭团揉捏后敷于脸上,结果我靠这个方法基本痊愈了,到第二年二月八日在门司港乘船时遭遇撞击我已把这件事完全忘记了。面瘫彻底地痊愈。当然这都是后话,就这样,一九一三年对于我来说是非常愉快的一年。

日本大正甲寅三年(一九一四年)

一月十二日	鹿儿岛县樱岛火山喷发
一月二十三日	岛田三郎在众议院发出质问引出海军受贿事件(即西门子事件)
一月三十〔三十一〕日	冈山孤儿院院长石井十次卒
二月十日	比谷公园召开的国民大会遭民众围堵,后闹至众议院,最终出动军队进行弹压
四月一日	函馆发生大火,烧毁八百余户房屋
五月二十九日	北海道寿都町发生大火,烧毁五百余户房屋
六月二十八日	奥地利王储及其妃子被塞尔维亚青年暗杀,引发世界大战
八月十五日	与欧洲大战相关的御前会议召开,日本明确了自己的立场
八月二十三日	向德国发出宣战诏书
十月六日到十四日	日军占领南洋日落群岛
十一月一日	上野新潟之间的直通列车开始运营

十一月七日	日军占领德国海军在山东省青岛的东洋根据地
十二月一日	函馆发生火灾,烧毁六百余户房屋
十二月三十一日	天理教管长中山新次郎卒

追加事项 内山完造二十九岁。人们尚未从新春屠苏酒的香味中苏醒过来,樱岛就响起了轰隆隆的爆炸声,连大阪城都被蒙上一层火山灰。我想肯定会有很多人得眼疾,建议公司给眼疾者赠送大学眼药,公司同意先赠送一万个。铁道方面也声明将免费运送无偿捐赠的物品。于是我赶忙把这批药品送往大阪车站,没想到在委托运送时,对方却以不知如何办理手续为由推脱,一直不肯受理。我虽然很看不惯这种行为,但还是极力地忍耐,浪费了好几个小时,终于算是办妥了。我对这种动辄就推脱责任的官僚作风深恶痛绝。有报道说,涌向鹿儿岛车站的难民不管怎么恳求和交涉,站长因为没有接到命令就是不同意避难列车开动。就因为他的这种固执,造成了很多人死伤。当我读到这些,越发对这些官僚和他们的冷酷产生了强烈的反感。

一月,西门子事件①曝光,举国一片哗然,二月份召开了拥护宪政大会,民众们汇集到日比谷公园示威,全日本引起轩然大波。随之,孙文、黄兴等人在东京成立了中华革命党。这段时间也正是宫崎滔天兄弟等人频繁动作的活跃期。

上海之行定了下来。今年我和见田两个人一起去,定于二月七日乘坐"春日丸号"轮船出发。日信药房的伊藤经理也要去,但因为他忌讳每月的七号这个日子,要乘下一趟船,晚我们一班出行。如此一来,就我们两人于当日从神户乘船出发。我们都希望这次航行能够天气晴朗,一帆风顺。但当天夜里就下起了雨,次日早晨在门司入港的时候就变成了暴风雨。"春日丸号"投锚停下来时,我从圆窗向外望去,正好看到一艘船身被涂成蓝颜色的外国船只拖着没有收起的长长的铁锚,向这边飞快地开了过来。我有一种奇妙的预感,当船越来越靠近的时候我越发感觉不妙,就在即将相撞的千钧一发的时刻,那只船转变了方向。我正在暗自庆幸,感觉船好像忽地动了一下。我把头从窗外探出去,听到楼梯上有人在喊话:"请大家到甲板上来,出来时不要带任何东西!"幸好船

---

① 西门子事件:德国西门子公司以价款的 1.5%~3.5% 作为回扣,贿赂日本海军部门,致使刚刚坐上首相宝座的山本权兵卫及其内阁在当年四月份集体辞职。

上乘客稀少，一点都不拥挤，大家顺利地走到甲板上。让人吃惊的是，甲板此时已经倾斜得几乎让人无法走动。紧急汽笛呜呜地响起，SOS的信号旗升了起来，附近的船只纷纷驶离，大伙感觉船舷的倾斜程度越来越高。此时突然响起了绞车咕噜咕噜卷动的声音，船舷忽然动了几下，原来船试图自救想要往浅滩处驶进。由于风浪太强，担心船会侧翻，于是只好又把铁锚的锁链斩断，船便轰隆地正了过来，然后就一动不动了。船稳稳地在浅滩搁浅了，乘客们乘上救生艇，船长的技术让人格外敬佩。在暴风雨中摇曳的小蒸汽船终于将我们带到邮船公司门司分店，但由于时间尚早，这里除了值宿员外别无他人，炉子尚未生火，大伙冷得直打战。于是先请他们把炉子点着，等公司职员匆匆赶来的时候，乘客们已在火炉旁烤得热乎乎的，心也安定了下来。

由于船上的货物要转装到下午出航的"安芸丸号"上，所以我们两人也决定搭乘"安芸丸号"。"伊藤经理说每月七日不能出行，选择坐下一班轮船，这回他肯定很得意。"我俩一边聊着，一边登上"安芸丸号"，成了该船的乘客。这艘船比"春日丸号"大一倍。常想要坐一回大船，这次终于梦想成真了。的确感觉很威风。但船刚出航没多久，就被玄海滩的怒涛拍打得摇摇晃晃。不过毕竟是大船，就连晕船的我也没有特别难受，不像去年乘"春日丸号"在五岛冲那么受折磨。于是我想，如果"春日丸号"碰上这样的风浪将会是怎样呢，那后果肯定不堪设想。想到此，我反而庆幸改乘了"安芸丸号"，并涌出了感谢之情。我依然保持着每天读书的习惯。

十日早晨船驶入上海港。船停在了河中心的浮标上，我们乘汽艇登上了岸。此时，"'春日丸号'沉没，顾客改乘'安芸丸号'"的电报早已发到了上海，日信药房派人及时把我们接上了岸。大伙一整天谈的都是"春日丸号"沉没的事，甚是热闹。后来从公司本部的来信中得知，公司本部收到从邮船公司发来的关于"春日丸号"沉没的通知后，中原君立马前往门司以确认我们是否安全，在这段时间内公司本部也非常担心我们的安危。之前曾在"银领号"上出过一条人命，所以这次大家更是分外的紧张。

今年动身较早，上海的广告宣传在二月底就结束了。三月初，我动身前往汉口。

这次跟小原君同船而行，广贯堂的饭野君也跟我们同船。在船上我们三人相谈甚欢，并且小原君和饭野君都是海量。尤其是小原君，他有个绰号叫作长江鲸,相当能喝。两人经常一边倾杯而饮一边跟我交谈。我动不动就把话题引向了基督教。于是两人猛烈地对我展开了攻击。说实在的,自从去年以来,针对我的信仰,日信药房内也发生过争论,据说反对的声音很大。之所以会这样,好像是因为我根本不去吃吃喝喝的应酬。原本我们店的人每天去应酬,说是店里的人其实也不过是经理和副经理而已。此外有个叫中井泷藏的人每天都来我们店,每次都要随同经理和副经理去。大学眼药的外派员之前业务上老是失败,就是这个原因。为此去年专门要找一个基督教徒来做此业务,我才得以进入该公司。我知道之前老是失败的原因是吃喝应酬,所以绝不会去。这样一来使得我们店内的气氛相当尴尬,大家都说我不合群,跟他们不是一路人。对于此事,我是丝毫都没有放在心上,照例每天读自己的书。这时在昆山花园22号的日本人基督教青年会跟基督教会合并,青年会每周举行周日礼拜,所以我也时不时地去那里做礼拜。

在此,我想对上海基督教团体的略史做一个简短的介绍。明治二十三年(一八九〇年),英国人爱德华·艾巴斯在上海为在华的日本人讲解《圣经》,以此为开端,此后艾巴斯招募了同志社神学部毕业的一个姓上田的日本人,在自家成立了《圣经》研究室,礼拜学校也继续在这里开设。明治二十七至二十八年(一八九四年至一八九五年),由于爆发了甲午中日战争,上田回日本了,艾巴斯继续为日本的青年教授英语、指导《圣经》的研究。明治三十九年(一九〇六年)大约有四十名日本人成立了独立的日本人基督协会。此后不久,该协会改名为上海日本人基督教青年会,地址迁往昆山花园。教徒便在此做礼拜。青年会聘请了组合教会的牧师三宅直彦做青年会主事并兼任教会牧师。大正二年(一九一三年)春,三宅牧师回国。青年会接着聘请了日本人基督教牧师多田普。大正三年(一九一四年)六月,植村正久前来传道,答应日本基督教传道局负责在上海传道,由此教会跟青年会分离,在北四川路林家花园租借房屋,石川四郎牧师赴任。教会独立开始运行。此后,教会虽然也接受了传道局的援助,但村上治牧师于大正七年(一九一八年)前来赴任时,教会已俨然完全独立了。后来,川崎、三原、成田、中泽等牧师相继来此任职,直到日本投降才终结。从我接管教会解散后的业务到被驱逐回国期间,礼拜学校(现在西林毅君在独立经营)和教会(中山真多良牧师主事)一直在我的住宅继续开办。

我在汉口跟小原君分开。先是在武汉三镇的街道上张贴纸质广告,钉好铁板并在其上贴广告,打着旗子做广告等,兢兢业业地工作。随后我决定去长江上游的沙市、武昌。黎明时分我在汉口登上了日清汽船"大元号"。当时,无数条中国式帆船在江上扬帆上航,那种壮观的景象难以用语言和笔墨形容。完成了日课(读书),走上甲板,我立刻想起了李白的诗。此景正是"孤帆远影碧空尽,唯见长江天际流"呀!长江可分为三段。下游虽有三百千米长,但坡度仅为十六米,所以自始至终看不到洪流席卷、波涛汹涌的壮观景象,总是缓缓流淌的样子。从中游才开始看得到急流。第三天,我在沙市的日清汽船码头上了岸。听说这里最好的住宿地叫作高陞栈,就叫苦力把行李拉到那里去。苦力虽未拒绝,但脸上表情却颇为怪异。深究之下,才知其中原委。原来,此前不久,兄弟二人皆为医生的日本人在此投宿。当天晚上,二人说藏于床底下的五百银币被偷了,大吵大闹,非要立马去警察那里报案。客栈的主人劝说他们先别报案(当时,如果外国人投宿,东西失窃,到警察那里报案的话,房东首先要受拘捕的),日本人却振振有词地说:"等什么等,再耽误小偷都跑了!"没办法,房东只好给他们赔偿了五百元,好不容易打发了他们。自此以后,虽没明说,但这个客栈就不再欢迎日本人住宿了。听这么一说,我直接把随身带来的一千块银币寄放到店主那里,还雇了一些苦力帮我做广告,又请当地居住的日本人和中国药房及杂货铺的人吃了一顿大餐。这样一来,店主终于放心并热情地待我了。这里曾经有个姓菊池的日本人,此人有些不同寻常之处,他在此经营中国式药店,后来由于受连续反日的影响回国了。听说他卖掉了何首乌、决明子等药材,为救济鸦片患者而四处奔走,最后却不知何故自杀了。在沙市居住的日本人中,他确实是个怪异的人物。

我从沙市出发逆流向宜昌航行。此时,宜昌有三十多家日本人开的商店(比如玩具杂货铺等)。这些都是小商店,但生意却甚是兴旺。说起在汉口、沙市和宜昌做生意的日本人,经营比较有特色的算是水田和斋藤这两位卖油漆的了。当时在日清汽船公司担任要职的木幡恭三(后来成为横滨茂木合名公司的经理)也看好油漆生意,他的茂木洋行的汉口分店大量收购了四川漆,但由于是个外行,亏得血本无归。一九四七年八月,日本被批准进行自由贸易,中国华光企业的总经理吴朗西先生作为中方采办来日本访问,我便建议从中国进口四川漆最好。因此,我向华光公司提供了我调查的全部资料。负责联络的取入江凑原任汉口银行行长,他与水田跟斋藤两家漆行交往甚密,为此这次计划执行得相当漂亮。这一年三月,吴朗西采办来东京时一并运来十八吨四川漆。这次交易使得东京漆的价格跌破一万日元大关。不管怎么说,我对中国的认识可以说还是八九不离十的,这可不是吹嘘。当然,上面说的这些都是以后的事了。话说我在宜昌做完广告就乘船顺流而下前往汉口,在船上我把在宜昌发生的事情写进了日记。这里头还有一些有关宜昌未来的评述,但现在已经遗失了,而且许多细节我也不记得了。当时,宜昌是四川对外贸易的关口,从四川运来的货物基本上都要在这里卸下来,再转装到另一艘船上运往汉口,再经过汉口转运,才能运往上海。因此,宜昌作为第一转运港,呈现出一派繁华的景象。运往四川的货物也要先从上海到汉口再到宜昌,在宜昌再转运到四川省重庆。这样一来,宜昌便又成了第二转运港。之所以如此,根本原因是从重庆到上海不能直接通航,如果船能够直接往返于四川和上海之间的话,宜昌就完全衰败了。另外,当时汉口也是四川输入和输出货物的中转港,同时京汉铁路在此经过,也是各地货物运往上海的中转站,所以至今长盛不衰。但如果将来四川同上海之间的直通航路开通的话,汉口的繁荣也一定会减半。还有,如果京汉铁路跟粤汉铁路用同一张行李票,直接把货物送往广东的话,这也必然会对汉口的繁荣产生很大的影响。不管是船或者铁路,如果用同一张行李票,行李货物能够通运的话,中转港肯定会萧条的。以上这些,就是我写在日记里头的,至今还能回忆起来。

返回汉口,我跟小原君再次会面。这次我们一同出发前往长沙。在汉口我收到了从上海寄过来的包裹,里面是一本在上海发行的名叫"浊流"的杂志。杂志上不光有我们公司的广告,还有估计是日信药房的人写的攻击基督教的文章,那我更不想错过了。文章里有用朱笔圈划的痕迹,仿佛要对我说:"你就读这个吧!"我在船上读着文章,时间就这样过去了。

长沙人口五十万,是湖南的省城。这里人的性格跟日本人颇为相似。自古以来是个人才辈出的地方。曾国藩就是在这里出生的。被国民党称为"飞龙"的宋教仁,还有毛泽东也是湖南人。这片土地过去被称作是"三山六水一平地",形容这里平地很少。尽管如此,以结果而论,两湖(湖南、湖北)却是被称为"湖广熟,天下足"的稻米之乡。岳麓书院同庐山山麓的白鹿洞书院齐名,岳麓山同天下皆知的南岳衡山都是湖南的名山。潇湘八景同洞庭湖一样,都是令文人墨客垂涎不已的名胜地。李白游洞庭湖时留下了脍炙人口的诗句:

> 洞庭西望楚江分，水尽南天不见云。
> 日落长沙秋色远，不知何处吊湘君。

现实的确如此诗描写的那样。在城陵矶附近往西望洞庭湖，就能清楚地看到楚江（长江北边称为楚江，即现在安徽芜湖境内的长江）的干流同洞庭湖方向的入口形成了一个"Y"字形。至今，每当我看到这首诗，脑海里就浮现出了那幅奇妙的景象。中国人说诗即是现实，日本人却说那是中国人在说梦话、吹牛。但是这是不了解大陆的井底之蛙们说的话。俗话说百闻不如一见。一旦踏上这片土地，你就会清楚地知道"诗即现实"的说法是完全属实的。

城内有个叫华英大药房的店，大学眼药五六年前曾经委托这家店做代销，他们还欠了一些大学眼药的账，于是前往此地打听情况。但是这家店在四五年前就转手给别人了。当我说明情况后，店主人说"请稍微等一下"，然后从里面拿出来一个纸包，"你说的就是这个吧，里面应该写得比较清楚"。于是，我当场打开纸包，里面有详细清单、卖剩下的药品及欠款整整齐齐地封在里头。账目分毫不差。包里头的纸币是大清银行的钱，可此银行因革命而破产，现在连三文钱都值不了。毫无疑问，这个包是四年前的，包上严实的封蜡就是最好的证明。我惊讶于这种诚实、这种中国人商业道德中特别的东西。当然，这种诚信肯定不只限于湖南人。我除了在长沙做广告外，也去日清汽船公司在这一航路上的终点——湘潭的大街上做广告。一日，我登上岳麓山，从望湘亭向南望去，湘江在远处的众山间蜿蜒盘旋，宛如巨蛇。我不由得惊叹起了这雄伟的景色。傍晚，夕阳下，水中那些众山的倒影，令人目不暇接。

我穿过洞庭湖往返于长沙和常德之间。留居在常德的日本人只有十个，包括一个妇女、一个小女孩。苦力一天的工资只有十仙（一角），我住的旅馆的头等房每天三十仙，含三顿饭。小时候我经常听大人说，甲午战争时，有个叫作川崎军曹的勇者，独身一人跳入朝鲜的大同江，夺取对岸驶过来的小船。凑巧的是，他在这里开了一家名叫丸三药房的药店。在这里碰到他，简直是奇遇。那个妇人和小女孩是新隆洋行高桥新二的老婆和孩子。在他们家每天晚上可以泡澡，澡盆涂为朱色让我大吃一惊。澡盆上的漆是四川产得最多的，后来我才了解到以朱为原料的"水银"在常德也是产得最多的，怪不得澡盆是朱色的。不过,在朱漆澡盆中洗澡,那真是一种奢华的享受。这一带的湖泊里头多产菱。尤其是四边都有角的、大的那种菱,苦力们把它当饭吃。实际上它的味道也不错。大自然在这种环境下创造出来的各种各样的食物,人们不得不为这些奇妙的杰作而臣服。后来,这儿成了国民军收容日军俘虏的地方。以前,这儿和长沙一样年年发大水。湘江下游有几处比较狭窄,夏季水量大涨狭窄处受堵,长沙便会遭水淹。在常德,江河下游也有几处狭窄的河道,为此常德也常蒙水患。想起来可能是两三年后的事了,有一次发大水,狭窄的河道左侧的堤坝坍塌,最后形成了一个巨大的湖,其面积之大,放眼望去不见尽头。也没有人去修筑堤坝,湖水就这样继续着。残留的堤坝形成了小岛,不知是谁在上面开垦了一块巴掌大小的土地,种上蔬菜等,甚至还在上面建了小屋,住了下来。或许是受这种乐观态度的影响吧,自那以来常德再没有遭过水患。这里也是冯玉祥将军的驻地。当年他虽然还是一名旅长,却连贵为一省的督军的命令都不听从,按照自己的想法行动。冯将军真是一个了不起的人。事情是这样的:那时有两个日本人失踪,引起了轰动。日本驻长沙的领事也到这里,最后连军舰"付见号"都从汉口溯流而上到这里协助办案。但无论如何都寻不见失踪的日本人的踪影。就在这两个日本人失踪的那天晚上,值班的士兵抓了两个想要偷偷混进戒备森严的城内的"广东人"。他俩是想往城里偷运鸦片的,因此日本人断然认定不会是那两个失踪的日本人。但冯玉祥将军告知日本人为了慎重起见,还是去查探一下为好。于是"付见号"的舰长作为日本代表一同前往监狱探访。没想到的是,这两人正是当事人。舰长都不知该如何收场,只好一个劲地道歉,最后把两人带了回来。哎呀,这是多么讽刺和戏剧化啊!冯玉祥的名字就这样被日本人周知了。他的每次提升不是因为在战斗中取胜,他是在每次的失败中强大起来的,最后升做"中华民国"军事委员会副委员长。日本投降后,冯玉祥远赴美国,因频频攻击国民政府而被免去军委会副委员长的职务,被国民党除名。可是就在中共联合众多反蒋派占据了优势并邀请他组建联合内阁时,冯将军离开美国踏上回国之路,却不曾想途中杳无音讯了。不久收到一纸电报,说冯将军乘坐的苏联汽船在黑海领域突遭不测,已经不幸身亡了。没了冯将军,中国的政界顿时寂寞了不少,有这种感觉的人肯定不光我一个吧。冯将军在我的眼里是一个非常有趣的人物,所以经常跟人提起他。布施胜治有本著作叫作《冯玉祥》,我经常劝别人说,"去看那本书吧,去了解一下冯玉祥这个人物"。冯玉祥虽是军阀出身,但他不管在中国还是日本,都是非常受欢迎的人。

  我暂且从常德回到了长沙。然后经由汉口、九江、南昌到上海,此时已经到了六月。回来后日信药房的宗教问题让我感到很吃惊。因为有个别人表达了反对佛教的意见,为了保持店内的和谐统一,他们特意请四川路大德那里的东本愿寺的布教使安井每周四晚上来做一次演讲。每逢此时全体店员和家人都去听讲座。那时我的信仰意识还比较薄弱,最主要是还不懂得要圆滑处世,因此没出席过这个演讲会。我总是一个人去教会。有一日,来了一个善讲小故事的人,大家偶然提起了安井,他便给大家说了许多有关安井的坏话。不光如此,他还说了许多东本愿寺和尚们如何生活不检的内幕。那天恰好几乎所有的店员都在,听到这些话顿时炸开了锅。小原、草间二人首先站出来反对,说不想听他这种人说的话。因为说这话的人就是东和洋行的主人辻某,他也是本愿寺那边的人。当年朝鲜的志士金玉均被刺杀就是在东和洋行,此事件还成了日清战争(甲午战争)的一个诱因。事情越闹越复杂。最后安井辞掉了演讲,派来一个青年僧人代为演讲。其间,小原君没再去听演讲,他的妻子也缺席,草间君也不再去了。然而矛盾还在继续扩大。我照常我行我素地去我的教会。直到有一日吃晚饭时,在饭桌上大伙就孝顺问题争论了起来。争论的一方当然是我。我的话相当强硬,我认为,如果父母的行为明显是错误的,就一定要责怪并要求其改正。最后因为我愤恨父亲的不正当行为,站在母亲的立场上同情母亲,跟父亲断了通信一事受到了大伙的反驳。虽说是父亲,不得已的情况下也要跟其断绝关系的这个观点最终升为大问题,伊藤、佐佐木两人为此还专门去日本人基督教会访问石川牧师,请教他对此事的意见。

  这一年我还要在绍兴到宁波这一线做广告,为此,先前往杭州。杭州在中国也是个休闲娱乐的地方,虽然不是商业都市,但很长一段时间曾是南宋的都城,所以至今也是一个人口五十万的大都市。西湖也被日本人所熟知(金阁寺的庭院设计模仿了西湖八景,不忍池也是西湖的摹本,有"小西湖"的别称)。尤其是在中国人中有句谚语,"上有天堂,下有苏杭",所以杭州和苏州一并被看作是著名的人间乐园。这里一年四季游人如织,所以也是一个打广告的好地方。我在这里(住在一个叫作泰安栈的地方,包三餐,一天二十五钱)做完广告后便向绍兴进发。在钱塘江上有个叫作南星桥的码头义渡过江(所谓的义渡,就是慈善家为渡客制备好船,往返时由客人自己驾船)。过江时如果有风就拉起帆,没有风就自己划桨。对岸的码头在涨潮时就在江岸边,退潮时就在江中间。因此从江中的码头到大路上还要用牛车拉,牛车上坐人的部分全是用竹子做的,非常光滑。虽说从江中的码头到真正的街道有路,但那其实就是江中的沙滩,有两千米左右。从这里到绍兴的船还在西兴,去西兴还需要两三千米的路程。我在西兴吃完饭,雇了一艘脚船(这种船在其他地方没有,是用手和脚划动的,同圆木舟一样的小船)去绍兴。在路上,我时不时上岸到处钉广告牌,边打广告边继续前行。到了绍兴投宿前还算顺利。但没曾想却在旅店里遭遇了一回尴尬。次日早晨我用马桶上完厕所洗手时,发现没有水。走到天井时,看到雨水缸里有水,就在里头洗起手来。这时正好被一个男服务员看到了,被告知这是喝的水不可以洗手。可是,这水看起来都是黑的,而且缸壁上还爬有小蚊子。可是男服务员坚持说这就是饮用水。这种水怎么能喝呢,我一度很是困惑。后来我才明白像蚊子这样的小生物都能活下来,最起码说明它不是毒水。想到此,我大笑起来。

绍兴跟日本的滩(地名)一样,都是酒的酿造地。听说有一种花雕酒很有名,于是我便询问起它的来历。原来,这里的人生下女孩后,就为女儿酿酒并置于地下,当然,还要在装酒的壶上画上各种花卉图案,作为纪念存放起来。等女儿长大成人,举行婚礼的时候才拿出来喝。因此,这里人以陈酒、陈年花雕这些古老的习俗为荣。花雕酒的称呼因地方不同而叫法不一,但最广泛的称呼是"老酒";在北方因其颜色惯称其为"黄酒",和日本滩酒的称呼方式一样也可以称其为绍兴酒。也可以形容其为虎白等。

就这样,很快到了十一月份,为了年度报告和明年的准备我回到了大阪。回来不久,有一天,社长要我去有马调查一下住宿和温泉的情况,并让我在那里住一个晚上试试。一接到指示我就匆匆出发了。到那里一看,住宿的条件倒还可以,不过这里的红锈温泉铁含量过高,并含有盐分,洗一次澡毛巾就会变黄。不仅如此,泡完澡后如果不认真冲洗,身上还会留下铁锈。我把调查到的信息原原本本地向社长做了汇报。于是,社长又要我去视察一下加贺的中山温泉,我又火速出发了。这里确实不错。吉野屋旅馆很气派,扇屋旅馆很高档静雅。而且温泉和洗澡水都很好,溪水也很清澈。我立即发电报汇报了情况以后,决定租用扇屋的贵宾室,然后才打道回府。听说那一年社长夫妇二人就是在那里避寒的。像这等重要的事情,那些常年在店里做事深谙其中门道的人大有人在,理应让他们去办。我是个一无所知的门外汉,而且还是新来的,在上海都是最底层的办事人员。之所以让我做这份差事,可能是因为我每天同公司本部联络的同时,也坚持和社长通信,报告在中国的各种情况,社长颇为满意,故多少想慰劳一下我的缘故吧。

我在大阪期间,经常出席大阪教会宫川经辉牧师的礼拜传道说教。牧野牧师也给我谈到了有关婚姻的问题,这个事是参天堂社长田口先生委托牧野牧师的,并告诉我实际上已经有了候选人,所以事情推进得很顺利。这里说的候选人,就是跟我做了三十年夫妻在昭和二十年(一九四五年)一月十三日去世的美喜。那时候,她叫井上美喜,是在付见菱屋町做桶的井上平四郎的大女儿。那时他父亲投资于大米股市,放弃了常年以来做桶的本业,跟几个搭档沉溺于他们的发财梦里。能赚的话还好,可市场始终不好。今天亏,明天还是亏,买回来就跌,卖出去就涨,就这样一亏再亏,最后走到了山穷水尽的地步。于是他只能牺牲两个女儿,让她们去祇园町做事。此后的很多个年头,姐妹俩过着不幸的生活,其间妹妹得了肋膜炎最后夭折了。因为这件事,他父亲稍微变踏实了一些,但还是没有从梦中醒过来。此后,原本姐妹两人负担的重担就落到了她一个人身上。接二连三落下的重担,压得她喘不过气来。尽管如此,她还是坚强地忍耐,继续着暗无天日的生活。在此期间,有人劝她读基督教的《圣经》,她发现基督教世界如此之不同,颇受震撼。她希望能够更详细地了解这个世界,于是经人指点于去年二月十二日去京都教会听道。真是神奇的缘分。牧野牧师把关于她的一切都告诉了我,最后问我:"这样的人需要你用侠义心肠去对待她,你愿意跟她结婚吗?"话还没说完,我就立马答应了。其实我在这次回国后不久,牧野牧师就给我做了洗礼,我把自己的一生都交托于神。所以,这桩姻缘也是神给我的启示。这个事进展到这个程度时已迎来了新年。按公司的计划,我们需要去走访东京都内所有的药店,于是我跟过去在上海一起工作过的中原、见田接受了任务,迟暮时分出发,去了东京。在那里估计待了半个月之久,我去的地方是本所、深川、下谷和浅草。

八月,对德战争开始,十月已拿下德国占领的南洋群岛,十一月联军占领了青岛。但是,想早点逃出青岛的德军战舰"埃姆登号"孤注一掷的行为使联军吃够了苦头,最后日英共同作战在南洋将其击沉,除掉了这个海上的妖魔。不过,那个埃姆登号的大胆行动,就连敌军也绝口称赞。

有一日，我进入浅草的一家小卖店，刚要低头说"你好！"的时候，却"啊"的被吓了一跳。原来这个药店的老板同时也是卖蛇的！在掀开着的地板下，摆着一排鸟食罐儿一样的东西，里面的蛇一个个扬起弯成镰刀似的脖子，排成一排，那情景到现在都历历在目。日本人经常把蛇作为药用，但却绝对不拿来做菜。在中国，一到冬天，有人手里拿着一条大家伙在那里做广告，在大街上卖蛇胆。另外，一到冬眠期，在广东，无论哪家饭馆，都在店的一头放个铁丝网，里头放着许多蛇，摆出来让人看。当然，这也是饭店做的广告。有时候还会展览一些大蛇和蟒蛇。这些大蛇的肉一般要等订够几十桌时大家一起吃。这一天就叫龙虎会。在日本的话，如果作为药是可以吃的，但不当作料理来食用。可能是因为日本人怕恶心的心病在作怪吧。日本人的这种心病可是相当多的。结果就是，生理上的病也被冠以"病気"的名称，其实"病気"和"病体"是截然不同的。中国人说"病"时，实际上把"病体"缩写为"病"。如果是"病気"的话，就不是指身体的病，而是指气（精神）的病。换言之，是叫作"生气"的东西。虽然它存在于人体内，但却无形无影，所以称其为"气"。"日本人生理上的病少，精神上的病多。"这是最近我在漫谈时总结出的一句话。就这样，这一年结束了。

中国于这年加入万国邮政联盟，所以各国在中国境内的邮局应该很快会被全部撤除。

这里还漏了关于这一年广告的事情，在此补充一下。我提议把圣人孔子和亚圣孟子的画像用石版印刷后裱装好做成对联发放，以此广告用。在中国把两幅书画对齐挂在墙壁上称其为对联。此外近年来新年时还开始时兴挂月份牌。所谓月份牌实际上是从历书演变而来的，在上面加上石板印的佳人、风景、英雄等人或物。最近很多人把佳人的画像印上去，因此就变成了美人牌。我发现，中国虽然不像日本人所想的那么信奉儒教了，但还是有信仰者的，可以利用这个做文章。我起初想把对联赠给那些儒教信仰者，可人太多了，无法操作。我以为那些旧式学校肯定还在信孔孟之道，于是改变计划，在全上海的所有报纸登载广告，那些想要对联的学校，只要写上载有广告的报纸名称和学校的名字，便可免费获得对联。为此我们制作了约一万份对联，在全上海的报纸上登载了一个版面的广告。没想到广告一登出，求对联的人络绎不绝，每天都会收到很多的申请，我的计划成功了。不过，后来才知道这种做法其实是失败的。当初以为，如果给那些旧式学校赠送对联，假设一个学校有几十个学生，那么一副对联就会给这么多人留下印象。但我的计划落空了。因为那些学校的老师和杂役把对联都带回了自己家挂了起来,这个目的根本没有达到。不过另一方面,因为《新闻报》《申报》《时报》《时事新报》《神州日报》以及其他报纸都报道了我们用一个版面登载广告的做法新颖,在广告的中间印有缩小了的孔孟画像的对联也获得好评。这样歪打正着,我的目的也达成了一部分。不过,归根结底我的计划还是完全失败的。就这样,我的第一个计划以失败而告终。此后,我对广告就更加慎重了。

日本大正乙卯四年(一九一五年)

二月二日	日华交涉谈判开始
二月十一日	数千名在日中国留学生对日华交涉表示愤慨,于神田青年会馆召开会议并派遣委员至北京
五月七日	日华交涉的始末被公开
五月二十三日	执政党与反政府党团体就日华交涉共同举行了会议
六月八日	因提交政府弹劾案引发众议院大混乱
六月九日	中国及山东省相关条约,以及南"满洲"和东内蒙古相关条约公布
六月某日	北海道旭川暴发洪水灾害,三千余户被淹
七月六日	犬养毅于国民党常议员会议发表日俄亲善意见
八月十日	东京出现日环食
十月三日	景福宫举行朝鲜铁路开通一千哩祝贺仪式
十月二十八日	小潘公使就中国的帝制问题向陆宗舆外交总长递交劝告书
十一月十日	京都举行登基大典
十二月十八日	大隈首相就政府弹劾案进行演讲,演讲会场一片混乱

追加事项 内山完造三十岁。去年提及的结婚一事,终于在二月九日(记不太清了)向前迈了一步。在牧师的主持下,内山完造与井上美喜在京都教会的牧师室中举行了订婚仪式。参加订婚仪式的有井上的父母、田口谦吉代理、伊藤老师夫妇,以及美喜的弟弟妹妹。仪式举办得很顺利,我们约好之后一段

时间井上美喜还是暂时留在伊藤老师身边,到今年冬天,我回国之后再举办婚礼。这期间,我们自由通信。那擦出火花般的通信持续了一年,第二年一月九日,我们举办了婚礼。

订婚仪式一结束我就立刻前往上海。今年和往年一样,差不多三月中旬的时候,我就已经出差到了汉口。今年在上海有见田、新进店的明,还有我共三个人。二月份开始的日华交涉形势不容乐观,不断有传言说日华可能开战。到了五月七日,日本对华发出了最后通牒,时限四十八小时。当时从以孙文为首的革命党人手里窃取了革命果实的袁世凯任大总统,袁政府迫于日本的压力最终接受了《二十一条》。由于袁世凯签订的是卖国条约,反袁的声势一下浩大起来。随即五月七日及九日被定为国耻纪念日,全中国人民掀起了抗日大运动。不过,这并非袁世凯政府号召的,却能有那么多人参与、声势那么浩大,这一点直至今日许多日本人仍觉得不可思议。

袁世凯这个老狐狸,一直心怀做皇帝的野心。终于在十二月份的时候宣布国体变更,他被推崇为皇帝。登基后宣布翌年改年号为"洪宪",就在此时,云南的唐继尧等宣告独立,组织起讨袁军。之后,第三次革命爆发。

而当时的我什么都不知道。在我带着一群苦力拿着数十枚旗帜于湖南省长沙城外分发大学眼药的广告单时,前方迎来了学生的队伍。学生们每人手上都拿着"打倒日本帝国主义""废弃二十一条""国耻纪念"之类的小旗。不过什么也没发生,他们只是用异样的眼光一边读着旗子上的文字——大学眼药,一边化作两股队伍从我们的两侧走过。后来想想,当时没有发生意外简直不可思议。我经常说,那些有着湖南人烈性子的年轻学生当时怎么会无视"大学眼药"的旗帜,使我们得以安全前行呢?怎么想都想不出个所以然。长沙之行结束后,我回到了汉口。这里的游行示威运动越演越烈,不过倒也没什么危险。之后经由九江到达南昌。汉口在这个时期很容易出事,日本人当时的感受就是最好不要搞什么运动。在九江和南昌的时候我都没有发广告,只是推销或者收款。南昌也有学生游行,频频掀起一股反日浪潮。也许是因为九江的学生相对较少,所以当地没有太大动静。一回到上海,我便被眼前激烈的反日运动震惊了:到处都是"抵制日货、坚持到底、不坐日船、不用日币"的标语,街上随处可见学生关于"打倒帝国主义"的演讲,群众的呼声也是一波压过一波。各个大街,特别是大马路、四马路,到处都是学生的队伍,随处都能看见学生在街头演讲,轰轰烈烈的景象可以想见。每天的报纸都刊载着反日文章,大多以"打倒日本帝国主义"为主题。在此期间,日本人也曾多次聚在一起商量对策,大家一致认为,我们因为没有自己的汉语报纸,结果才处于很不利的处境。为此,上海每日新闻的社长宫地贯道发行了名为《华报》的汉语报纸,然而从发行日起该报就只有为日本自我辩护的内容,因此根本没有中国人读它。当时我的观点是:"报纸需要以公正的角度进行报道以此获得读者,这是第一步;如果没有读者,何谈发挥对读者的影响力?"然而在我说完后却遭到了众人的嘲笑。我始终认为,在反日呼声高涨期间应该保持沉默。那段时间,日信药房安置到了棋盘街的四马路和五马路之间一条名为交通路的路上,位于二楼。我虽然不曾陷入危险,但心情却很是不好。乘电车的时候,时不时会听到身边的中国青年说着"遭天谴的日本帝国主义""我绝不买东洋货"之类的言语;每天都会经历被人吐口水之类的场景。不过殴打、冲撞这样的事倒是没有发生过,特别是去教会的日子,因为是在星期天,相对来说比较安宁。

有次听到楼下有一家店前非常吵闹,我便从二楼往外看,结果看到了一群学生和普通百姓嘴里喊着"打什么人呀""什么人打什么人"之类的话,我迅速下来打开门诚恳地问发生了什么。边上的鉴赏古斋古玩店的老板出来告诉我说,日信药房的日本人向他的店员扔东西。经过调查,我知道是一个名叫福岛的年轻人干的,我就问他为什么,他说因为看到对方在日信药房的门上画乌龟。我和福岛一起到隔壁道了歉,对方也表示谅解,店老板向围观的群众说问题已经解决了,请大家放心,群众才开始四散而去,没有发生任何意外状况。那期间各地出差的人都回到店里。我也了解到了很多各地的形势状况,因为今年已经停止了去各地推广宣传的活动,很多年轻人无事可做,每日看看反日传闻和报纸,谈论谈论去年开始的世界大战的胜败问题,不胜热闹。

因为家家店这段时期都没什么事儿做,自然过来(闲聊)的人便很多。其他所有人都支持德奥同盟,唯独我支持英法联军。然而每天传来的都是同盟军获胜的消息,我感到有些不畅快。但是我坚持主张一百场战役中即便输了九十九场,只要在最后一场获胜,便是联军的胜利。但是联军每天都是败仗。这场关于胜败的争论告一段落后又开始有关宗教的争论。但这次情况也很不妙。因为我一直坚持基督教的立场,所以常常成为被攻击的对象,而我又从来不认输,总是欣然应战,因此境况和主张联军胜利时一样。然而,现实中的战场上往往会出现意想不到的局面——本来若再加把火力联军便会被击垮,可世界上的大多数国家,甚至是一些不起眼的小国都纷纷加入了英法联军。这场战争于我看来怎么说都是联军一方是对的。德国皇帝威廉二世,怀抱着想永远做世界皇帝的野心,我认为这样不对。无论如何我都无法站在同盟军一方,无论报纸上描写着同盟军有多么勇敢,我始终相信最终他们会被打败。另一方面,关于眼前面对的中国的反日问题,我也认为,日本以最后通牒的形式强迫中国签订《二十一条》,是很粗暴的做法,对此我感到愤慨,中国人抵制日货也是无奈之举。我的这一观点也再次遭到大家的围攻,想来这也是情理之中的事。我认为,通常日本人的思维方式是:第一是国家,第二还是国家……只要是对国家有利的事情都是对的,不管正义与否,只看是否对国家产生积极利益。而在我看来,不应只看是否对国家有利抑或不利,对的就是对的,不对就是不对,这一点很多日本人无法理解也无法接受。然而即便遭到再多人的反对,我依然不会让步,始终固执地坚持自己的观点。

后来再回顾起当初,我为那个在论战之中始终坚持信仰且为此拼命努力的自己而感动不已。论战不分昼夜,每一次的唇枪舌剑中我都是一斗士的角色。我把这些事写进了给美喜的信里,使我们之间的通信也变得热烈起来。在论战的日子里,我自诩是《使徒行传》中的彼得,对未来抱以很大希望。后来在基督教青年会庆祝圣诞节的时候,我在话剧"暴君焚城录"中扮演了彼得这个角色,很是心满意足。这是我长久以来的理想化身,能扮演这样的角色自然欣喜万分。

这年让见田、明两个人先回了大阪,我也较往年早一些回大阪而后前往中国台湾旅行。记得在往返的船上看助兴节目时,想到有必要赠予他们一个拉幕,便向总社建议,这个想法最后实现了。且说比起上海航道,邮船会社的信浓丸、备后丸都是八千吨级别,大阪商船的美国号、墨西哥号(译者注:记不太清了)也都是八九千吨级别的船只,乘坐它们旅行,往返好不愉快。中国台湾之行给我留下了许多回忆:行至中国台湾,没想到于台北受到了款待;被邀请至北投温泉用餐,我的座位后方响起"咯吱咯吱"奇怪的声音,打听了一下才知道原来是成群的白蚁在啃食木柱子,让我惊讶不已;旅程最远到了阿猴,途经北斗在拜访一个中国台湾人开的药店时还听了一个故事,很让我感动;后里庄上空一边是晴空万里,一边是乌云密布,两边仅有一线之隔对比却如此强烈,让人惊讶不已；看到台南的公园想起家乡同样美丽的公园,心情愉悦起来；台北之外一家像样的书店都没有,旅馆和餐厅却是非常豪华,这里没有鸡蛋只有鸭蛋,这里也没有牛肉,据说要从对岸厦门运送过来；在台南的住处蚊帐周围到处都是壁虎,发出"呲呲"的声音,那种令人反胃的感觉在我脑海里打上了烙印。之后我又去了北陆旅行。刚好那个时候伊藤胜义牧师从京都调到北陆地区的长冈,于是美喜和他一道来了,这次的旅行真是手忙脚乱。雪后的长冈清晨起来白茫茫一片,那场景至今依然历历在目。在那里住了一晚后前往新潟,之后便返回了。

这一年联军在世界大战中依然战绩不佳,中国的反日运动不曾停止,我则忙着准备明年的广告推广。此外,终于决定于次年春天的一月九日在牧野牧师的邸宅举办婚礼。美喜已经回到了京都,暂住在牧野牧师那里。牧野牧师让我们把家安在他家隔壁租来的房子里,因为是临时住所,就只把二层的榻榻米的表面换了一下,临时住所里也没有衣柜也没有茶几,我就把装退热灵药丸的木箱叠放起来代替。之后我又开始了上海的行程。

日本大正丙辰五年(一九一六年)

一月十二日	大隈首相归程途中遇袭,然平安无事
二月九日	文学博士加藤弘之卒
三月某日	与头山满等一起开展就有关中国问题的活动
四月八日	美国飞行员史密斯在青山练兵场进行特技飞行试飞
六月五日	印度诗人泰戈尔抵达日本造访东京
七月九日	英国文学家上田敏卒
八月二日	函馆大火烧毁两千余户房屋
八月八日	海军大将上村彦之丞卒
十一月三日	第一皇子裕仁亲王成为皇太子
十一月二十一日	矿山产业大亨贝岛太助逝世
十一月二十九日	满载入伍壮丁的客车于东北干线的下田古间正面与树相撞,百十人死伤
十二月九日	文学家夏目漱石逝世
十二月十日	大山岩元帅逝世

追加事项 内山完造三十一岁。像去年计划的那样,一月九日,我们在室町上长者町北边牧野先生家中完成了极其简朴的结婚仪式,美喜的双亲和教会的负责人出席了婚礼。之后我马上收拾好行李去了大阪。第二天一大早,两人到滨寺的社长家登门言谢,在那里吃完午饭后才回来。次日早上就出发到九州去旅行。大约半个月后,我们结束了旅行返回。由于反日活动还在持续,今年就稍稍晚了一些,最终在三月初出发了。今年不再是我一个人,我们夫妇俩一同前往,在神户乘坐熊野号轮船前往中国。航海途中非常安静,船在经过朝鲜的济州岛时,被成群的海豚追逐嬉戏,有趣极了。海浪一波又一波拍打过来,像鱼雷飞过一样发出轰轰的声响,这样壮观的景象深深地印在我们的脑海,成了新婚旅行中一段美好的回忆。在燕山码头,我们被迎接上了岸。那天,我们暂在日信药房落脚,然后立即开始找房子。幸运的是有个叫伊谷的人在吴淞路义富里一六四号有一套房,他说如果只是要二楼的话,就租给我们。于是我们立刻租下搬了进来。我们隔壁是狮子牙膏的业务员小山真一君。那段时间,小林洋行已经撤回,狮子牙膏就在日信药房里办理业务,于是小山君每天都和我一起上班,新来的美喜也每天都受到小山夫人的照顾。她们就这样和睦相处了三十年,宛如亲生姐妹一般,我想,这一定是上帝的安排。

我们夫妻俩每天都鼓励对方,不管怎么样,一定要用信仰来充实我们的生活。作为基督教信徒,一定不能给上帝丢脸,一定要实现我们从订婚开始就许下的心愿。可是要如何做才好呢?去经营茶叶生意呀,或是开一间日式短袜店呀,我们有过各种各样的想法,这些认真的构想实际上不过是每天都在重复的空想罢了。讨论到最后,决定先用十年时间存够一千元做资本,然后再经营些什么。所以我自己的生活也十分节俭,绝对不会随便使用一分钱。

我一直想去各地考察一下去年以来持续不断的反日运动的情况,五月七日这天我首先一个人在上海的租界和城内视察了一番。还在城内看人家现场榨香油,跟人家深聊了一番才回来。经过这番打探,我摸清了底:反日运动虽然很激烈但还不会伤害人。于是,我在五月九日的早上出发,向日信药房借了个小伙计宝根,从沪杭铁路的松江出发到杭州,然后在西屿乘坐小船渡过钱塘江到绍兴,再乘坐小船到曹娥江。因为有从宁波方向开来的火车通到江边,所以就在百官站乘坐火车,途经余姚和慈溪,到宁波乘坐招商局(汽船公司名)的江天号暂且返回上海,然后由沪宁铁路途经考察了苏州、无锡、常州、镇江、南京,再乘太古公司的吴淞号到达芜湖（日清汽船的船因为遭到了联合抵制停运了），这样转了一圈后，乘坐怡和洋行的"德和号"直接前往汉口（因为九江、南昌、安庆在下游，走水路很便利）。武汉三镇之后又去了沙市、宜昌、长沙、常德各地，走水路到九江后乘坐南浔铁路到达南昌。这条铁路是从日本借款修建的，但借用日本铁道院总裁平井的话说，这是世界上最艰难的铁路线。从九江到杨柳津段虽然弯弯曲曲，但客车还能勉强运行。在杨柳津下车乘船渡河，之后来了三节货车，我们像猴子一样好不容易才爬到车上。这时来了一辆机车头，从后面推着货车往前走，走着走着，机车头轰隆轰隆地从后面猛撞了两次货车车厢，货车借着刚才冲撞的力量独自滑行起来，直到山下渡口（修水岸）边才哐啷一声停了下来。在这里又得发挥"一技之长"从货车上跳下来，然后坐渡船在对岸登陆，这才终于重新乘上了客车。早上七点从九江发车，走了112千米的路程，下午三点左右到了南昌对岸的乐昌站。又步行二十分钟走到赣江江边，然后又乘坐小火轮（小蒸汽船），等到达南昌南门外的码头时，已经是黄昏时分了。到了怡园旅馆，安心地吃完晚饭，已经过了六点。总算可以伸直腿好好地睡一觉了。我第二天花了一天时间查看了全市的状况。然后又乘坐着小火轮去了九江。幸运的是因为在涨水期，不需要在吴城镇换乘，一路就到了九江码头。太古公司的船说快来了，于是决定乘坐他们的船。可是船迟迟不来，等了五个多小时才乘上船。因此，到达安庆的时候，已经是深夜了。天又下起了雨，真是麻烦。船横靠在趸船（拴在岸上代替连接桥的船）边，我们便被揽客的人领着摸黑走到了天宝客栈，没想到竟然被拒之门外了。好不容易又找到警察，才在中西旅馆的一间房内安睡了一夜，结果第二天有两个巡警说是要保护我们，跟了我们一天，因此，没能自由地查看这里的情况。但是别的什么危险倒没有，那天晚上乘坐招商局的"江华号"返回了南京，坐火车回到上海已经是七月的下旬了。就这样，我在各地拜访了当地的日本人，看了城市的状况，还探访了一些老顾客。从我实际考察的情况来看，上海的反日运动是最猛烈的。各地的日本人为了避免成为目标，都关了店门不做生意了，倒也没有哪个人有生命危险。寻找住处时就天宝客栈一家拒绝了我。于是，我在上海也过起了封闭式的生活。一分钱的买卖都没有做，当然一年以来也不需要一分钱的广告费。抵制日货运动确实很成功、很彻底。

去年十二月，宣布恢复帝制的袁世凯（甚至于定年号为洪宪）也遭到了极力的反对，他指使全国各地发电报宣扬"赞成帝制""袁世凯登基"，意图演一场好戏，但他的如意算盘最后也落空了。这一年的一月好不容易才通知完各国公使要实行帝制，之后又决定暂时延期，通知各国公使延期登基。最后到了三月又不得不宣布取消帝制。这段时间，陈其美将军遭到暗杀。

  我旅途归来时，美喜已移居到北四川路的魏盛里。有关这次搬家还有一些有意思的事。我们对伊谷先生的二楼的房间没有什么不满意的，但是伊谷夫妇每天晚上都会吵架，让人有些受不了。有一次在美喜上二楼的时候，一桶盛着热饭的饭桶突然飞到了美喜的脚下，吓得她也没敢顾着捡就直接跑上了楼。从那以后，美喜就觉得不顺心，所以拜托店里的人帮忙找一间房子。正好当时有一家合适的屋子，也就是现在的房子。不过当时房东说那个房子里有大约七十元左右的东西要一并转让，美喜想都没想就马上答复"可以，我接受"，自己做主搬了过去。因为她的态度如此的果断，所以就有传言说她的丈夫一定是一个有很多钱的人。没想到这件事成了别人说笑的谈资，让我也觉得很好笑。那个房子的房租不过只有八元两角而已，一楼一半以上都是木板地，只有三个榻榻米左右的和式房间，二楼也有十一个榻榻米大小，厨房还是三角形的，所以二楼的整个屋子也是三角形的小屋。尽管只是个小家，我们夫妇两人还是将它十二分地利用起来。现在想起来都挺佩服我们自己的。多亏了这个家，我们夫妇交往了很多朋友，无论是日本人还是中国人，人数绝对不少，这些详情在类似于交友记录里有记载，这里就不赘述了。这一年对我们来讲是安好修养的一年，可以静下心去教会和青年会帮帮忙。

  依我之见，妇女问题的关键就是经济独立。日本的妇女之所以遭受男人的欺负，最大的原因就是因为经济上不独立。不管怎样，自己经济独立的话，即使受到男人的欺负也可以不屈服于他。自食其力的话就可以逃离男人的压迫。所以即使嫁了人也必须要经济独立。如果从来都是依靠自己的丈夫来生活的话，露骨地说，就是将自己的一生卖给了被冠名为"丈夫"的男人。换种极端的说法——虽然时间长短有别，人数多寡不同，但这也跟妓女没有太大的差别吧。人们所说的人格，作为其最根本的条件要有独立的生活。日本的妇女忘记了这些，在厨房劳动，洗衣服，做针线活，却没有被给予经济地位。与此相反，女佣们也做跟家庭妇女一样的活，她们却能得到工钱，有独立的人格。反过来若嫁了人，身为"人妻"的话干活还要钱则是不被认可的。不管怎么说，如果日本的妇女经济上不能独立,就无法从男人的压迫下逃离出来。身为"人妻"这点尤为重要。我经常说,日本的法律对妻子的财产不认可,这是很大的误区。我经常发表一些类似的言论,不知不觉在此过程中,我萌生了一个开内山书店的构想。

总之,大正五年(一九一六年),反日的气焰还没有消减下去,可以说完全没有生意可做。旅行也只是上半年的视察旅行,下半年就在上海闭门不出,等待着时机到来。袁世凯的帝制政策引发了很大骚动,直至取消。他设立的殖边银行作为机关银行受到挤兑,转眼之间就倒闭了。这种情况在中国是罕见的。六月份袁世凯因病去世,黎元洪成为大总统,袁世凯的舞台算是落下了帷幕。

那段时间中国普通的一厘钱货币,不知怎的变得值钱起来。以前一元大洋可以兑换一千二百四十五文左右,现在却只能兑换一千文。原因倒是很有趣——受到欧洲大战的影响,东洋工业化进程中发展最为迅速的日本人预测到了黄铜的价值,于是就在中国市场大量收购黄铜。黄铜不断上涨,使得废旧的黄铜制品也源源不断地流入市场,价格节节攀升。可是,日本人依旧大量收购,当所有的黄铜制品都出现在市场时,不知道是谁开始的,有人开始收购含铜的一文钱币。于是,一厘钱的兑换价格与日俱增。为此,海关禁止一厘钱的出口,但还是不管用。有人把一厘钱熔化为旧黄铜后再输出,海关发现后,又开始禁止旧黄铜的输出。这是中国人因缺乏工业知识而吃了大亏的一次惨痛教训。

但是更有意思的是,大战开始不久在南京的下关、汉口,还有济南,英商和记洋行建了俗称蛋粉厂的大型工厂。将鸡蛋的蛋黄和蛋白分开,干燥后加工成粉末,运回本国作为军需食品。当然,不只是鸡蛋,生肉类也被冷冻后运送回国。在他们之前,上海也有数家日本人开的鸡蛋出口店,源源不断地把鸡蛋输送到日本,自从这个工厂建起之后,日本人便再也拿不到一个鸡蛋了。这是为什么呢?因为一直以来,日本人采购鸡蛋时,在价格定下之后,会一个一个地透过电灯光来鉴别其新鲜与否。然而和记的人采购鸡蛋,就按当日价格论镑来买,只称重量,不问新不新鲜,就算有坏的也可以瞒着卖给他们。这下可高兴坏了鸡蛋商人,他们以低价把放了很长时间的鸡蛋和坏鸡蛋收来倒手卖给他们,他们也不说什么,只要送来的就全部买下。因为鸡蛋没有个十几天也坏不了,这样每天大量收购,市场上很快也就没有不新鲜的鸡蛋了。不久,工厂也不再检查鸡蛋了(因为之前工厂购入鸡蛋后会在加工前检查,坏鸡蛋带来的损失一直由工厂承担,不过现在不再需要这样做了)。聪明过人的中国人却遇上了技高一筹的英国人——要是说鸡蛋老啦坏啦的,是不会有人愿意大批购买的。不过英国人是算过账的,不管好坏一股脑儿大量收购的话,要不了多久就不会再有不新鲜的鸡蛋了,他们算得很准——最终果然没让中国人占便宜。双方在和彼此的交易中逐渐习惯了如何沟通价格定位,交易也一直顺利地进行着。原来临时需要大批量进货的话,还可以使用这一招呀,对此我真是佩服至极。正因为如此,中国人总说英国人是很可畏的。

我经常说,世界上能和中国人竞争的,首当其冲的就是英国人。别的国家的人也许最初会略占上风,但渐渐骄傲起来,最终的结局还是失败。日本人在中国人看来就是小孩子,事实确是如此。中国人明确说过类似"日本人跟小孩儿似的"的话。当问到体现在哪里时,回答则是"恐怕只有日本人才会举着旗旗儿到处走吧"。人的关注点真是各有不同呀。这其中确实值得人思考。

这一年辛亥革命的元老黄兴和第三次革命的中心人物蔡锷逝世了。两位英雄的纪念塔建在了长沙对岸的岳麓山的山腰。此外,中国农民劳动同盟成立了。

日本大正丁巳六年(一九一七年)

一月十四日	军舰"筑波号"于横须贺发生爆炸,死伤二百余人
二月二十一日	青木亦能以中国总统府顾问身份赴任陆军中将
三月十五日	史学家山路爱山卒
五月五日	大阪安治川东京仓库会社芦分仓库发生爆炸,死伤数百人
五月十一日	日美协会成立
五月二十三〔二十二〕日	米泽市大火烧毁两千五百余户房屋
六月十一日	日本驱逐舰于地中海与德方潜水艇交战,死伤五十余人
六月二十〔十八〕日	长崎三菱造船所因薪金问题,遭到集体罢工

七月二十日	感化院令公布
九月三十日	关东关西暴风雨，死伤者数百人，数千户房屋倒塌，十三万两千余户房屋被淹
十月三十日	发行五十元、二十元、十元的小额货币作为辅助货币
十一月七〔二〕日	就中国问题日美发表共同宣言
十一月二十九日	东京两国国技馆被烧毁，紧邻的回向院亦被烧毁
十二月二十二〔二十一〕日	福冈县桐野碳矿发生爆炸，三百六十余人遭活埋惨死

追加事项 内山完造三十二岁。前年开始的抵制日货的气势开始有所消退。五月七日，我在上海城内视察了一番。今年人心稳定。五月九日，我带着小天先生，和去年一样，又去了松江、嘉善、嘉兴、湖州、南浔、峡石，从杭州到绍兴、宁波又考察了一遍。特别看了江北的通州、如皋、扬州及长江一带，觉得明年的销量一定能翻一番，决定给我们的老主顾加倍赊销商品。这两年因为反日运动无法继续推销商品，但据说赊销出去的商品这段时间已全部售罄。抛开表面现象，我们的生意实质上还是很靠谱的。在抵制日货的风口浪尖去花钱打广告反倒会适得其反，我们把商品赊给各个店里，即便是再发生抵制日货的情况，也相对能够放心一点。

去年（一九一六年）起萌发的某些想法逐步开始实施了——因为在上海没有一个书店出售赞美歌或是《圣经》（当时不知道圣书公司有卖的），我便决定先来填补这个空隙，打算之后发展起来再售卖一切基督教相关书籍。于是很快给京都教会的牧野牧师写了封信，谈了谈我的想法，同时，将这个计划以信件方式报告了参天堂的社长田口谦吉先生，希望能够得到他的理解。就这样，通过牧野牧师的介绍，我与警醒社开始了合作。这便是上海内山书店的诞生背景。

八月乘坐欧洲航线的邮船"加茂丸号"，只身一人去香港、广东旅行。抵达香港的时日到了，周边的山也的确是香港的山；船只也抛锚停了下来，很多舢板围绕着主船；可是我完全没听到香港二字，尽是些叽里呱啦的声音。我是如此后知后觉,竟迟钝到没有反应过来这就是本地方言,还急得团团转。后来再想起不禁微微苦笑,说到底还是因为自己是个乡巴佬呀。我在这里拜访了公诚公司并与其签了新的大批订单,之后由人带领着前往广东视察了一番。晚上住宿,被带到河南边的日本旅馆,意外的是,这个旅馆实际上是妓院,住宿费中还包含着一个女人的服侍费用,我婉言谢绝了,又回到了河对岸的香港,在六角旅馆住了一宿。我惴惴不安地前往香港领事馆询问香港的情况,却被告知:"我们今天很忙,你问的那些事在《香港纪事》中都有记载,自己看去吧。"就这样草草地被打发了出来。其实在我询问之前就已经读过了《香港纪事》,一定是我这不灵光的头脑中冒出的疑问不够水平吧,可是当时所谓的日本领事馆,举个例子来说吧,不过是把外务省,啊,不,应该说是日本政府的一些话现学现卖一番罢了,说什么"一定不要认为自己是外来户,要有永久定居下来和这片土地融为一体的决心,我们日本人才可能获得真正的发展"。老实巴交的我们就这样听信了这些话。其实,日本政府的方针和英国那种稳固的移民政策完全不同,总是将国家和人民拿来做筹码。这次的无条件投降就很明显地暴露出这一点。数百万人民好不容易下定决心定居海外,终生在当地发展,可结果是一人也未能留下,数十年的血汗与积蓄一瞬间土崩瓦解,不得不弃而回国。换句话说,这场战争其实就是日本政府(在军阀专权施政下)以国家和人民为赌注的一大赌博而已。现在再后悔也不过是事后诸葛亮。然而真正切身明了实情的人,不过是这区区数百万国民,这些极少数的"二战"后的归国者。其他大多数国民因为不是直接受害者,便未能清楚地意识到这些。就像只有切身感受到原子弹爆炸危害的人,才知道它的杀伤力有多么强大,其他人则漠不关心,也是这个道理。我不禁想问:苍天若看见广岛和长崎的土地上众多无辜的男女老少惨死一片该做何感想?世界人道主义者又如何感受?没人关心广岛市民、长崎市民是生还是死,原因只是两市市民没能开口说出他们的切身感受。总而言之,日本人就是这样,未曾经历就无法体会当事人的感受。哎呀,且慢,偏离话题了,我要说的不是这些。

张勋,是旧军阀中持旧思想的一个人物,引导了逆时代发展的复辟运动,后来被段祺瑞的队伍打得落花流水。不过这个张勋的军队在前年进入南京城时,却让当时城内的日本人倒了大霉。张勋的军队既无谋略又很残暴,当然也是因为日方自己有所疏忽。现在在大分县宇佐车站附近营业的板坂医生一家就是当时的受害者之一。

当时我们这些日本人在中国国内旅行,必须去领事馆领取护照。护照中写有旅行前往的目的地,有效期为一年。于是,像我这样每年都要去旅行的人不得不为了领取这护照每年都去一趟领事馆。话说那个时候如果填的目的地比较多,就会被抱怨。"这儿也去那儿也去,让人很难办啊。万一出什么事就麻烦了,尽量少去点吧。"我对这样的话语非常不满。因为外务省总是奖励在海外发展,它的常驻办事处——以保护当地人民为己任的领事馆,作为这里面的工作人员,亦即海外发展的实施者,应该对我们这样说才对:"去你们想去的地方吧!当然不能做什么出格的事。不过,如果真的发生了什么,国家一定会保护你们的正当利益,所以,放心地去吧,只是不要做坏事!"然而事实上,他们所做的与所说的话完全相反。对于麻烦事能躲多远就躲多远,对于责任能逃避就逃避,这种逃避责任的官员本性让我感到十分愤怒。唉,算了,不说了。

事实上,我倒也不是就想着光指责这些官员,当时在华的日本人大致分为两种。一种是拿着充足的月薪,一边享受文化生活,一边努力要出人头地的人,这种人要么是官员,要么是银行职员,要么是公司职员或者别的什么;还有一种人大体为个体经营者,断一只手或是脚什么的也不在乎,只要能获得大量的赔偿金,而后衣锦还乡就行了。说实话,这些人说话做事完全没有什么顾忌。所以领事馆的人说出那样的话倒也并非没有道理。这些人和那些被称为大陆浪人的右翼分子的思想根源是相同的。总之用一句话评价他们的话,那就是这些人不是一个完全意义上的人。现如今情况又如何呢?汤川博士获得诺贝尔奖享誉世界,对此我们应该感到喜悦,应该感到非常喜悦,整个国家和人民都应该万分喜悦。不过,我希望我们不只是培养获奖的人,而更重要的是培养创立奖项的人。任何事物总会有两面,不能只看一个方面,另一个方面也是必须要看到的。

从香港乘"城津丸号",虽然我在汕头和厦门只逗留了两天便去了中国台湾,但我意识到,汕头和厦门是南洋华侨的发源地,要想做南洋客户的生意,在此地投放广告一定很有效。之后又加上了福州。我们在这三个地方做广告,就是出于这个考虑。

台风刚过,天空万里无云,天气实在再好不过,我就是在这晴朗的天空下亲眼看见了遭遇台风的"天草丸号"残骸,原来真是这样,诚如人们所说的:暴风雨过后总会是晴天。不论是安定之后必有恐慌,抑或是恐慌过后自然安定,安定必与停滞相随,而停滞又往往伴随污浊与腐败,所以恐慌产生于安定之中,恐慌过后必会再度安定。也许安定与恐慌本就是天秤的两端吧。从厦门到淡水用了不到十小时。按正常路线是乘坐人力车从淡水港出发前往淡水车站,再乘火车到台北。虽然我也走的一样的线路,不过中途去淡水邮局发了封电报。为了支付那个电报的费用,我从上海带过来的袋子中哗啦哗啦倒出来了小银币。支付了讲好的价钱后,准备把小银币再装回去时,邮局职员对我说道:"那个……很抱歉,可以跟您换点钱么?"我立即答应道:"可以,需要换多少呢?"对方说:"多少都可以。"后来我给他换了五元还是十元记不清了,对方对此表示万分地感激。再后来我乘车在淡水站下车给车夫车费时,那车夫也说:"不要老板的钱,请给我也换点小银币吧。"我说车费是车费,换钱是换钱,各是各的,车夫听到这话后非常高兴,从衣服上的钱袋(所有车夫必须穿规定的服装)里拿出了五元纸币和我换,我把车费和换的钱一并给了他。车夫满脸喜悦笑眯眯地和我告别。对此我没有多想什么,依然稀里糊涂买了车票坐上火车。下了车后,住进了以往常去的旅馆——摄津馆。在这里我听说中国台湾的小银币所剩无几,我二话没说也给他们换了钱,他们很是高兴。后来听说,一元纸币换小银币需要十一钱的手续费,即使这样都很难换到手。我只是觉得有些搞不明白,也没多想。中国台湾的事务结束后我立即回到大阪,这才知道大阪的情况更是不得了。为了换小银币,两个掌柜的随身带着便当每天四处奔波,因为没有小银币无法支付工人工钱。为什么这么快小银币就如此紧缺呢?可是好像没人知道。我发觉随着欧洲大战的发生,上海的金条(金块交易所的金块价值)开始贬值。与金块贬值相反,银块却升值了。我称了称五十钱的旧银币,并且偷偷折算了一下换成生金的价值,震惊地发现一枚五十钱的银币换成生金的话值二元七十五钱。呵呵,也就日本人不知道,这样火热的行情中国人不可能不知道。

这年和之前相反,十一月初我离开大阪前往上海。我随身携带了日本银行十月末发行的小额纸币,在人面前显摆,很是得意。很快这一年又要过去了。这时候的日币一元顶多能换到三四十钱,于是一直以来以日币形式领取工资的人们就比较难过,开始要求将日币支付换成上海银币。就连日方的学校教员也上书请求支付上海银币。如果当时有人把银子换成金条留下来就好了,可是好像没有一个日本人这样做,结果大战结束银价低落时,大家又开始抱怨当初了。人啊,不说一百年了,十年之后是什么样都无法预测。大话什么的还是不说为妙。

这段时间日本人在上海的书店,有文路上的日本堂和申江堂,后来闵行路又有了至诚堂,一共有了三间店。后来在北四川路魏盛里,狭窄的胡同里一个比小卖部还小的地方,作为我的兼职,渺小如粟粒般的内山书店诞生了。因为我深知大阪商人有多阴险,所以劝日信药房的那些人说:"别让妻子们都闲着,做个副业什么的吧,要是有个万一,也不至于悲惨到露宿街头。"遗憾的是没有人支持我的想法。因为当时我已经意识到参天堂正在一步步被阴谋拉向深渊,所以从大阪回来后,我三番五次在店里重申自己的这一主张。可惜基本没人按我说的做。我看穿的那些阴谋在几年之后真相大白。幸运的是,因为参天堂的主人一家没有什么后人了,才没有再闹出什么事情,生意一直很繁荣。

总之,这一年的冬天着实很冷。早上起来,被子的表面就像是被雨水淋湿一样。还经常下雪,甚至连黄浦江的江面有时也会结冰。现在倒是再不见这样的情景了。

日本大正戊午七年(一九一八年)

一月二十九日	画家铃木松年卒
四月某日	本月起停止谷物交易所
七月十三日	军舰"河内号"于德山湾爆炸事故中沉没
七月十六日	决定出兵西伯利亚
八月十一日	富川县滑川町发生米骚动①,渐渐蔓延至全国,呈现出火攻等危险趋势
八月十三日	一元难购买到两升大米。政府决定出资一千万强制收购大米
十一月十一日	世界大战停战协议达成(之后将这一天定为和平纪念日)

---

① 米骚动:一九一八年,日本爆发了历史上第一次全国性的大暴动。这次暴动最初是从渔村妇女抢米开端,各地一般也以抢米形式爆发,所以在日本历史上习惯地称为"米骚动"。

追加事项 内山完造三十三岁。依照去年(一九一七年)的计划,今年的方针是在不使用广告费的情况下尽可能多地出售,可能的话尽量依托委托商。2月份开始这个措施就显露出其作用,很快便呈现出不曾有过的良好状况(比之前最高售出纪录还要多数倍)。虽然有人曾担心我们在四川省进行的委托是不是有些过于大胆。然而果然不出我所料,每位客户手中的药品都不曾滞留,我们也很快得到资金回笼,委托商那边也是形势良好。香港方面则无任何附加条件地开始直接和本社进行交易(由于上海银价上涨,上海的交易也自然变为与日本直接交易,以此保护客户的利益)。以上这些措施的实施恐怕是对我所掌握的中国方面的知识进行活用的结果。我做了一个计划——从这一年(一九一八年)起尽量减少广告费,未能按时收回的货款就权做广告费用。此外我还得到了一个要领:商品因遭受火灾、水灾被损毁时,双方对半承担损失;如果真出现了呆账,所造成的损失我们全部承担,以此减轻零售方的压力。

这一年我的旅行里程超过了一万六千米。

期间,从长沙到常德的洞庭湖上出现了别样的风景。那些插着太阳旗的小蒸汽船和戎克船在湖面上来来去去,穿梭不停。普通民众为了避免卷入军阀之间争夺政权的混战,不得已借用享有治外法权国的国旗以求自保。因为一旦插上外国国旗,那些官吏们就无法干涉了。此时,衡州在吴佩孚控制下,常德在冯玉祥的控制下。长沙陷落后,冯玉祥拒绝在常德流通张敬尧的裕湘银行的纸币,此举赢到了常德市民的热烈赞许,基督徒将军的名声大振,风靡一时。

另一方面,欧洲大战(此时已演变成了世界大战)酣战正浓。同盟军大胜俄国的时候,我却认为德军的胜利反而使其陷入了窘境。这是因为统治俄罗斯是相当困难的。自列宁掀起革命以来,俄罗斯一直陷于混乱当中。恰好此时在西部战线,英国动用了新式武器坦克,福煦元帅领兵作战,成功地压制住了同盟军。另一方面,多年来的封锁也于此时奏效,逼得同盟军不得不请降。十一月十一日,全战线响起了停战的号角。

我一个人心里畅快极了。我确信,最关键的就是最后一战,战争肯定是在最后一战中决出胜负的。

这次中日战争的初期,日本军队节节胜利,一传十十传百,捷报不断,也掀起了日本人在大陆发展或者在大陆经营生意的浪潮。但我并没乘这次战争的"良机"而盲目跟风。之前我就声明过,中日战争就像在沼泽地行走,会越陷越深,这场战争并不会有光明的未来。在我的中国研究中,我得出了一个结论,即日本军队没有战胜大自然的能力。这就是我坚持己见没有参与大陆经营浪潮的原因,也是我对先前大战的经验总结。

随着战争的扩大,目光短浅的日军加入了当时处于优势的德国军队的阵营,这恰是日本沦落到今天这个地步的根本原因。德军向苏联宣战,虽然声明七日之内攻破斯大林格勒(伏尔加格勒),但是最后他们还是以失败告终,退居于圣彼得堡附近。之后的几年里德军一直没能从战败的泥沼中走出来。在这场战役期间,媒体报道说,德军差一点就占领了伏尔加格勒,但最终还是失败了。经过这一战,德国不得不再次跟俄国求和。我认为,短期战争由最初一战决胜负,而持久战则是由最后一站决胜负,这次战争使我更加确信这一判断的正确性。

当时列宁的革命政府希望单独同德国讲和,虽然第一次表决未能通过,但在列宁要求重新表决的情况下以一票之差得胜,双方签订了单独讲和的条约。从此之后,苏联展开了轰轰烈烈的国家建设,连番制定五年计划。事实充分证明了列宁的决定是非常有先见之明的。总之,苏联从欧洲大战中摆脱出来,立国计划首次取得了成功。

以上暂且不表,说起我的商业策略,也又一次获得了成功。当然这是到了第二年才明白的,因为第二年爆发了最激烈的反日运动,在上海发生的骚乱中就有七十余名日本人被打伤。

受俄国革命成功和世界新思潮的影响,在中国,以《新青年》杂志为中心大规模地发起了新文化运动。世界大战以协约国的胜利而告终。日本在战争中大发横财,猛然以迅雷之势涌向上海,在此发展起来。日本商社的数量瞬间增长了三倍,人口也急剧多了起来。当然,这是日本国内蓬勃发展的结果。随之物价也上涨了许多。以前十文钱的东西现在最少二十文,甚至会升到三十文。就连眼药在内地的定价都到了二十钱。

友人五十崎义君提意合伙创建一个面向上海工薪阶层的店铺。那时候在横滨桥桥头,沿着丁兴里的街道租住着很多日本人。五十崎、小山真一、菊池西次和我,四人聚在街道尽头的小原荣次郎家里一起商讨创建店铺的事宜。经过多番讨论,我们终于开始行动了。开业地点在橄榄路的桥头,理论上没有什么可指责的,但因为大家都是外行,进行采购等都不能顺利进行。没有多长时间,我们的投资就亏了。然后追加资本,又亏了。不过我们也从中多少获取了些经验,并决定把店铺移到工薪阶层多的狄思威路。租了在北四川路附近新建的一店铺,并重新修整了一下,店铺生意这才慢慢变得好起来了。在我印象中这应该是我们开业后的第三个年头的事了。

这个时候的我,每天早晨和妻子一起去新公园散步。冬天,白皑皑的雪景十分美丽。在还未被踩踏过的雪地上留下自己的脚印,那份欣喜难以言表。在没有人的公园里,我和妻子享受着王者的感觉。想到那时候的事情,突然发觉到近几年上海的雪变少了,寒冷的时间也越来越短了。那时候的夏天,早上起来,床上的被单已被汗水打湿了。但是近几年完全没有出现那么热的天气。也许是因为冬天变暖和了夏天就会变得凉爽的缘故吧。

说到上海的繁荣,在日本是完全想象不到的。有人说上海的繁荣与中国的动荡总是联系在一起。一八三四年,作为英国的租借地,上海掀开了自己的历史篇章。给外国人租借地的一个原因是外国人可以在这里建造他们自己喜欢的住宅;从另一个方面来说,也是因为中国人不喜欢和外国人一起居住,所以才租借一定的区域,让他们集中居住在一个地方。这样一来,租界内英国人有了足够的自由,与此同时,租界内的治安也由他们自己国家的军队来维持和管理。为此,一旦中国发生什么事情,中国人就会逃到租借地内。也有人认为,租界内是由英国人管理保护的,在此开店或者居住的话会比较安全。这也是租界经济繁荣的原因。每当在中国有事情发生时,上海租界就会蓬勃发展。最繁荣时期就是昭和十年(一九三五年)左右。中日交战期间,上海显得更加繁荣,但到昭和十六年(一九四一年)的太平洋战争时,已经趋向萧条了。昭和二十年(一九四五年)日本无条件投降,上海经济又迅速重新发展起来,但是不久,国共内战波及上海时,上海就仅仅是中国的一个港湾城市而已了。

在太平洋战争时,因为取消了上海的治外法权,上海不能像以前那样通过外国人来保护了,再加上不知道共产党的上海政策究竟是什么,于是以往的那些富豪或者富商都开始逃往所谓的安全地带,就连外国人都知道上海已经不是一方自由的土地了,因此也不可能在此投资了,甚至人们还尽可能地想办法从上海安全撤资。现在的上海虽然留有几分海外的色彩和买办的气息,可能也有一定的实力,但上海已经不像有治外法权时代那样繁荣了。无论她再怎样恢复繁荣,我想它的实质和以前肯定不一样了,国际色彩也不复存在了。哎呀,又跑题千里了。

返回吧,朝大正七年(一九一八年),一,二,三,起步走!

日本大正己未八年(一九一九年)

一月十四日	日方讲和全权委员从神户扬帆出发。一行有西园寺公望、牧野仲显、松井庆四郎、珍田舍己、伊集院彦吉
二月某日	中国南北和平会议于上海召开。签订列国间对中国武器供给中止协议
四月二十八日	横滨大火烧毁三千七百户
五月四日	北京大学学生就山东问题游行示威。南北和平会议决裂,各地展开了反日运动,北京的正金银行分店遭遇挤兑。日本声明归还山东,上海学生团体发起的反日运动也越来越激烈。全上海的罢市(商店全部歇业)活动波及各地
五月七日	各地又燃起抵制日货的浪潮
七月十九日	在宽城子日中两军发生冲突
七月三十日到八月一日	东京活版职工罢工,都城内的所有报纸停刊四日
	岐阜县八幡町火灾烧毁了两千多户人家。政府为了调节米价,卖出了六万袋米
十一月十一日	世界大战讲和条约正文在该月正式发表。十一月十一日作为世界大战和平纪念日。在华盛顿举行第一次国际劳动会议,就社会、思想、劳动等诸多问题展开激烈讨论
十一月二十七日	朝鲜独立阴谋团领袖吕运亭由上海日本人基督教青年会主事腾田九皋陪同入京,在帝国宾馆会见记者团

追加事项 内山完造三十四岁。世界大战以德奥同盟军的大败而告终,世

界终于恢复了和平。日本委任统治南洋诸岛(以前德国的占领地)。出席巴黎和平会议的中国政府提出了以下的要求：首先列国要放弃在中国的势力范围，返还租借地和租界，撤退各国驻扎在中国的军队，取消领事裁判权，恢复关税自主权。其次，取消日本对华《二十一条》，直接返还以前德国在山东的权益。但是这些要求没有被采纳。中国的民众觉醒了，他们的失望和愤慨被激起，爆发了震惊国内外的"五四运动"。这也是"五四运动"作为中国民族解放运动的纪念之原因所在。

从这个时候开始，有很多日本人来中国。小泉信三先生和广田弘毅就是在这个时候来中国的。但是那时候的我还没有什么想法，所以不能发表任何意见。但我敢保证，处于变动中却富有朝气的中国是不可能甘居外国人统治之下的。这一年发生了一件引起我们关注的事情：各国协商决定对中国停止供给武器。这是不想卷入中国内战的一种方法，同时也是认识到向中国提供兵器是不道德的。于是协商决定中止供给武器。不知道签协议的国家中是否有美国，如果它也签了协议的话，那么大战结束不久中国爆发了内战，美国向"中华民国"政府提供武器的行为就相当违背道德了。并且美国不是不知道全中国人民都反对内战，即使美国没有在这份协议上签字，但像它这样的人道主义国家，也不应有那样的行为。如果美国签订了协议，那就不仅是背德行为，而是无视协议，甚至可以说是可恶至极。关于此事在此稍微提一下，后面会详细论述。中止武器供给协议之后，于昭和四年被撤销了，因此在那之后，供给武器就不算违反法律了。我想要是之前的美国，恐怕是不会做出这种事情的，这些作为一定是美国军国主义抬头的结果。

这一年十月的某一天，中国革命党改名为中国国民党。

在经营方面，我延续去年的做法，尽可能多地委托代销商品(大学眼药水)，减少广告材料的数量。准备了很多商品发往主要的销售地。我亲自实施去年以来思考的计划，二月份离开上海，到长江各地出差。之后，我的这些方针的正确性都得到了验证。今年的委托数量之多史无前例。

北京掀起了"五四运动"，但北京政府错误地用武力去镇压，这样一来"五四运动"反而成了燎原之火，瞬间扩大到全中国。那时的标语都是"取消二十一条，誓死夺回山东"等，抵制日货的浪潮再次掀起，并且这种猛烈的局势也传到了上海。在虹口菜市场散布着日本人在蔬菜里投了毒药，希望大家注意的谣言。

更有人散布日本人为了消灭所有的中国人，往自来水里投了毒的谣言。这些其实都是子虚乌有的事。那时候的日本，刚发生过大地震，东京的人们自身也面临着如何活下去的残酷现实。可是，在中国只要看到病人提着药瓶在路上行走，就会被认为"那个日本人提着毒药"，他们把提药瓶的人也视为"毒药"，酱油瓶、油瓶等一概成为"毒药"，以至于很多人因此而被群殴。我听说，有人看到了日本人在宝山路商务印书馆前面的消防栓里投毒被杀的传闻。但是我认为那只是谣言。往消防栓里放药的话，因消防栓里面有压力，不管往里放什么药水，肯定会喷出来的。所以绝对不可能发生那样的事情。我对中国人就这件事情解释了很多遍，但没人愿意听。

在一九一九年的反日运动中，有七十余人因暴行而遭难，其中有一件事情最让人觉得痛心，不过我不能保证这是否属实。有人说，一个广东人从医院回来的时候提了一个药瓶，因被误认为是日本人而遭受群殴致死。这种传闻纯属流言。

虽然之前也时常发生罢工、罢学的情况，但像今年年初这样，全上海罢市还是很罕见的。实际上，我住的地方和事务所在大英租界的棋盘街上一个叫作交通路的街上，每天从二楼的住处下到一层的事务所即可。这条棋盘街实际上是每次反日运动的中心地，因此我对当时的情况了如指掌。此外每年到五七纪念日时，我都会从上海的旧城区到旧法租界和大英租界转转，了解那里的政治运动。每年我还游历中国许多城市，进一步了解情况。今年，我正好在上海，亲眼看见了这次大罢市运动。罢市从城内开始，宛如海浪一样向北推进。在五马路和河南路的十字路口，开始时有五六个学生站在那里鼓掌，于是，河南路和五马路两侧的店铺就哗啦哗啦地关门了。进而，站在四马路的十字路口的数名学生拍手后，河南路和四马路两侧的人家也都悉数关门了。当然，这肯定是经过策划的，就算如此，那场面也相当壮观。就这样，依照计划，全上海的罢市运动爆发了。

我默默地注视着局势的发展，并且想到了一个对策。一九一八年以来，日本本土由于物价上涨，导致各药店也纷纷涨价。我知道这样做有点不道德，可是像日本本土十钱涨到二十钱那种程度的涨幅也在中国实施的话，该如何做才好呢？我想出的办法是：在中国，大学眼药水一小瓶原本是一角大洋或一角二分小洋，现在不分大洋、小洋，统一将它的价格定为两角四分钱，用大洋还是用小洋由代销商自主决定。我们将印刷好的两角四分价格的广告单邮送到各委托销售处,利用反日时期滞销为由进行涨价,并把涨价的通告作为广告提前邮寄给代销商,再由代销商来散发。涨价所带来的利益全部归小商店和委托销售处所有。没有哪个商人会不喜欢赚钱的。我默默地将想出来的这一对策付诸了行动。之后我才知道这个策略实在是太成功了。不仅没有一件商品被烧掉,我们也没被当作反日的对象。就这样,在抵制日货时期,委托的商品竟然全部卖光了。

这段时期,内山书店那边,由于客人提出新刊到了之后通知他们的要求,所以我决定每次新刊到了之后油印一些通知。因为我觉得光把新刊的目录和标题写上过于普通,叫什么新刊通知也过于乏味,所以最后把通知命名为"诱惑状"。这个诱惑状也获得了好评。第一次见大谷光瑞先生时,刚被人介绍完,他就对我说:"你就是内山先生啊,我真是佩服你啊。你那个诱惑状太厉害了,我可是完全被诱惑了呦。"我不由得对大谷先生的记忆力感到敬佩,被他那么夸,我感到非常满足。

我从十二岁就开始了小学徒的生活,所以完全没有什么文化,但是对于商业却非常感兴趣,就尽可能多注意这方面的东西。刚好是在那个时候发生了这样一件事:上海一家名为英美烟草公司(资本为一亿两的英美合资公司)的资金被美国人分离出来重新成立了一家名为大美烟草公司,与原英美烟草公司成了强劲的竞争对手。大美烟草公司制造出名为"红屋牌"的新产品投入市场。而英美烟草公司的主打品牌是"强盗牌",其次是"大英牌"。"红屋牌"是将"强盗牌"当作竞争对手新推出的,所以价格上要比"强盗牌"便宜。英美烟草公司虽然资本被分割出去了不少,但他们对此完全不在意,公司名称依然使用"英美烟草公司"。从这一点我们也可以看出英国人孤傲的品性吧。此外,英国人对竞争对手"红屋牌"的态度,也令我感到佩服。那时我对这两大公司的竞争十分关注。英美烟草公司在对抗大美烟草公司的"红屋牌"香烟时,完全是一种泰然自若的心态,无论是"强盗牌"还是"大英牌"还和以前一样打广告。他们用"桥牌"来与"红屋牌"进行竞争。在新产品"桥牌"的广告上重磅出击。"红屋牌"就像其名字一样,商标是红色的砖瓦房,与此相对"桥牌"的商标则是红色石拱桥的一部分。"红屋牌"香烟要是卖四钱的话,"桥牌"就卖三钱五厘。"红屋牌"降价到三钱五厘的话,"桥牌"就降到三钱。而且在广告上,一方要是连着贴十张,另一方就连着贴十五张甚至二十张。从推销到广告的竞争，无不令我们瞠目结舌。在将大美烟草公司的"强盗牌"作为对手的这场竞争中，英美烟草公司推出自己的新品牌并用新品牌与对方进行竞争，而绝不将自己的老品牌卷入这场漩涡中的完美的、成熟的竞争策略，着实令我佩服不已。不久，大美烟草公司就在这场竞争中败北，并最终破产了。与此同时，英美烟草公司果断地撤销了桥牌。在反英运动兴起时，英美烟草公司的产品遭到抵制后，他们立即推出名为"紫金山牌"的新产品，并在别的城市公然地挂起了"紫金山香烟公司"的招牌。种种这些大胆的行为连中国人都感到敬佩。

我从第一次逆长江而上的时候开始，便意识到日本人的中国观有着根本性的错误。于是暗下决心无论如何都得找到正确的中国观，所以每次给参天堂的主人田口谦吉先生写信时，都会写上心中所想的话："我是做大学眼药生意的，或许会辜负您的期待，但我想掌握更多日本人还不了解的中国的情况，以此来报答您。"带着这样的干劲儿，我耳听六路眼观八方，结果虽然并不理想，但我也了解了一点，即真正的中国人是不会仅凭广告就上当的。中国人以实际利益为主，如果不是实际的、现实的，他们是不会完全赞同的，更没有什么信任可言。但是一旦取得中国人的信任，他们便会完全信任你，这是我们日本人所学不来的。我也终于知道了为什么支票、钱庄票能在商人之间流通，这一点更是我们所不能及的。于是，我认识到今后我们需要使用实物来做广告。其实这个方法也是模仿英美烟草公司在促销新产品时的做法，他们总是在开始的阶段派人给沿街的商店散发样品。因此我们也在各地发放相当数量的大学眼药，之后知道这个方法果然是很有效。

这一年朝鲜独立党的领袖吕运亨访问了日本，虽然不知道这是谁策划的，但从吕运亨来访时由日本人YMCA的主任藤田九皋先生陪同，以及在那之后藤田先生辞掉主任一职，凭个人力量在上海设立了中日公理教会的基督教，招聘古屋元次郎先生为牧师，还有藤田先生到南京金陵大学留学等一系列事情，不难想象藤田先生是参与人之一。藤田先生是个难得的人才，从他最初担任上海日本人YMCA主任一职到他离开上海去南京，再到他被提拔返回日本，这期间的一系列活动都能看出他清楚地知道日本人对中国的情况还是很盲目的这一点。

先不说这些了，其实我从这些年激烈的抗日运动中也学到了很多。对日人虎头蛇尾这一点实感无奈。从大正四年（一九一五年）抵制日货开始，在上海的日本人会时常在洋泾浜俱乐部会合，商讨对策。虽然大都是议而不决，但也得出了一点结论：当时日本人没有可以掌控的中文报纸，无法发出日本人的声音，这对日本人是非常不利的。由于有了这个结论，或者是还有别的其他的理由，总之日本人开始发行《华报》和《东亚日报》这两种中文报纸了。不过，由于对于报纸的经营完全没有任何经验，中文报纸最终还是没有获得中国人的青睐而不得不停刊。我认为，所谓的报纸首先要以吸引读者为首要条件。如果不拥有大量的读者，就无法达到利用报纸来表达日本人心声的目的。因此，发行报纸首先应该做到"公正的评论和真实的报道"，只有在拥有了中国读者的基础上才能发挥它传递日本人心声的工具作用。但是《华报》和《东亚日报》从发行的第一天开始就满篇是为日本的申辩。因此，我很早就看出了它的失策。不久，两个中文报纸不得不合并成为《亚洲日报》，维持着为数不多的发行量，最终在抵制日货最激烈的一年停刊，从此销声匿迹了。

虽然我是一年一年地按年份来写这本书，但实际上这些年份也不是很确定。不过虽说年份不很确定，但所发生的这些事情却可以断定绝对是真实的。我记得应该是这一年的事儿，因为当时抵制日货完全没有生意，我等这些个小商贩就闲下来了，加上我是个基督教徒，于是我们每天都热心于宗教论。先从结果说起吧，我的前辈、传授我广告方法的老师日信药房的小原荣次郎先生因为善饮得绰号为长江鲸，他说要坚决戒酒。当然他这么说有他很多理由吧。接着他又说要成为基督徒（夫妻两人一起），于是他便受人迫害，最终迫使他辞去了店里的工作，到安部幸洋行去了。这件事儿本该到此结束的，但问题的根本是跟我的信仰有关系。所以他们把事情的详情告知了参天堂本店，请他们对我采取措施，但本店装作什么也不知道就糊弄过去了，在那之后再没有提过此事。这件事是我从小原君夫妇那里听到的。无论是哪个商店或商社都不喜欢那些从放纵变为认真的人，甚至会对他们进行迫害，虽然我们不相信这是真的，但这些事确实发生过。不过，小原君丝毫没有屈服，果断在上海开展了史无前例的禁酒运动，令那些酒鬼们谈之色变。然而，为此他在安部洋行也没能待多长时间就不得不回国了。清快丸的名人，有长江鲸美誉的小原君在上海日本人基督教会和上海日本人基督教青年会留下了深刻的足迹。以小原君为首的禁酒运动的展开更是开创上海日本租界的先河。

自那之后,最终日信药房也从上海消失了。只有我留了下来。当然这是很久之后的事情。参天堂的主人田口谦吉先生在世的时候,我好坏算是能保住这个饭碗,可他英年早逝,他一去世我便被炒了鱿鱼。我把大学眼药在上海的经营权全部转让给长年以来一直做我助理的中国人王植三先生。然后,我开始正式以店主的身份经营起原本为妻子创立的内山书店(实际上是横刀夺爱强抢过来的)。离开上海的小原荣次郎先生在东京开了一家中国杂货店,他始终和上海保持着联络。这使他在此次中日战争中发挥了难能可贵的重大作用。关于这个我会在后面详细记述。我们也可以通过藤森成吉老师小说《纯情》窥其一斑,这部小说在每日新闻上连载一百五十回,受到百万读者的追捧。

日本大正庚申九年(一九二○年)

一月	一九一九年入冬以来,东京周边爆发大规模的流行性感冒,感染者达二十万人,死者达两千余人。专家称此次流感为西班牙流感
五月一〔二〕日	日本在东京上野公园举行首次五一国际劳动节庆祝活动。中国也首次在北京、上海、广东举行了五一国际劳动节庆祝活动
五月二十五〔二十四〕日	驻尼古拉斯夫斯克(尼港)的日本占领军被俄游击队包围,日本兵七百余人丧生,日本国内一片哗然,此即为尼港事件
六月三日	日方派往西伯利亚的军队占领了尼古拉斯夫斯克
八月一日	德国驻日代理大使威廉一世抵达神户
九月二十三日	允许东京帝国大学招收女子旁听生
十月一日	日本进行了第一次人口普查,统计出全国人口有七千七百万余人
十月二日	日本驻朝鲜珲春领事馆遭暴徒袭击
十一月三〔一〕日	明治神宫竣工
特别记事 一月	中国发布了禁止抵制日货的命令

二月	中国政府禁止学生搞政治活动，解散了反日团体并禁止成立新团体
六月	孙文和唐绍仪在上海重组军政府，孙文对日本的对华政策表示抗议
八月	陈独秀在上海组建中国社会主义青年团

追加事项 内山完造三十五岁。受一九一九年抵制日货运动的影响，今年的市场也不怎么景气。店里完全没有生意。今年的旅行也跟往年一样，我照例去各地考察了一番。话说我的书店在日本人和中国人中渐渐有些名气了，这其中有诸多原因，而我认为最重要的一点是：在内山书店，不论日本人、中国人还是朝鲜人，都会受到同等地对待。今年，中国也将在北京、广东、上海举办五一国际劳动节的庆祝活动，并且事前就做了大量的宣传，使其节日气氛异常浓厚。刚好在五一的前一天，青年会的会长前田寅治君拜托我道："即将赴欧的铃木文治氏（劳动总同盟的领袖）和其同伴明天要在上海停留一天，你带他们出去逛逛吧。"我欣然答应道："明天在天后宫刚好有中国第一个五一国际劳动节的庆典活动，我就带他们去那里吧。"于是就这么说定了。第二天，我当导游，带领铃木文治氏、松冈驹吉氏及另一位同行者去了设在浙江北路的天后宫的会场。只见院子里满是劳动者和学生，人头攒动、好不热闹。楼上则坐满了主办方的人。上楼后见汪兆铭先生和施存统先生也在，我便忙上前介绍，结果大家十分热情，一再邀请铃木先生说几句。就这样，在中国第一个五一国际劳动节的庆祝仪式上，铃木先生首先做了发言，随后汪兆铭先生也做了讲话。这样的活动安排不可不称之为不同寻常。记得当时，铃木先生的第一句话就是："中国的兄弟姐妹们！"这样一句十分亲切的问候，让我至今记忆犹新。汪兆铭先生则充满激情地倡导着"劳动八个钟头、读书八个钟头、睡觉八个钟头"的八小时工作制理念。最终，上海的五一国际劳动节出人意料地始于中日两位巨匠的带领之下。现今，汪兆铭先生已不在人世了，铃木文治先生又身在何处呢？

前田寅治君作为上海 YMCA[①]（基督教青年会）的会长，就任以来的第一项

[①] YMCA：基督教青年会的缩写，是全球性基督教青年社会服务团体，已具有一百六十多年的历史。

工作就是筹办"夏季文化讲座"。最终,其具体安排是:YMCA(基督教青年会)利用暑期,从日本聘请三位大学教授前来授课,每人负责一周,每周讲五回,且都安排在晚上。YMCA(基督教青年会)还印制了五百张入场券,每张卖五元。讲座结束后,YMCA(基督教青年会)还会安排专人陪同教授去杭州或苏州观光,来回乘坐的汽车或汽船都是头等舱。讲座的会场就设在北四川路的日本小学的礼堂,每晚七点准时开讲。其实,以上这些都是我的提案,前田氏看后非常满意,便把它提交到理事会并得到了大家的一致认可。关于讲师的人选问题,则全权委托给了吉野作造博士。第一回讲座的讲师选定为经济学方向的森本厚吉博士,文学方向的成濑无极博士和社会学方向的贺川丰彦先生。五百张入场券也销售一空。因为不管怎么说,听"夏季文化讲座"对在上海的日本人来说还是破天荒的事,许多日本侨民都对此感到新奇不已。然而,活动的实际花费还是远远超过了预算,正当我们为如何弥补这个亏损而大伤脑筋之时,一位董事提出他愿意出一百五十日元来填补亏损,这才总算解了我们的燃眉之急。就这样,虽然"夏季文化讲座"一直处于亏损状态,但由于它对在中国的日本侨民来说是实实在在的好事,所以各位董事也都愿意为此慷慨解囊。在大家的帮衬下,"夏季文化讲座"连续办了多年,后来,其影响力还扩展到了汉口、青岛等地,不得不说这是一个令人欢欣鼓舞的消息。记得举办第一回讲座时,李人杰(汉俊)、白逾桓、陈望道三位中国先生也出席并倾听了讲座。遗憾的是后来李人杰先生在汉口被胡宗泽杀害、白逾桓先生也在天津遇刺,只剩下陈望道先生还在上海复旦大学执教。第二回以后的讲师,至今仍令我记忆犹新的有齐藤勇博士、永井潜博士、片上申先生、福田德三博士、本间久雄博士、吉野作造博士等人。每年,为了筹备这个讲座我几乎绞尽脑汁,从销售入场券、礼堂的布置、事后的整理到给讲师准备茶水及风扇,我都事无巨细地操持着,有时还会被拉到台上充当主持。当然,给讲师当导游的事也是常有的。其实,我这样事必躬亲也是有原因的。记得有一年,我让一个青年负责销售入场券,结果他竟然携款潜逃了,幸好发现得及时,造成的损失不大,但即使是这样,在当时还是引起了不小的骚动。记得还有一年,请来的讲师非常蛮横无理,给大家添了不少麻烦。但尽管如此,我依然热爱这项事业。前田寅治氏后来由于经商辞去了他在YMCA(基督教青年会)的工作。当他回国一段时间后想再次返回上海时,我帮其办理了相关手续。结果他来上海不久,就因为旧病复发而撇下妻儿在综合医院病逝。在其离开人世后的一段时间里,我义不容辞地肩负起了照顾他家人的重担。

  在此说的这些事情,时间上可能有些前后颠倒了,望见谅。这年我一直筹划着去福州看看,终于在五月下旬,我乘大阪商船公司的船出发去福州了。在马尾港下船后,我转乘小火车沿闽江溯流而上,并投宿在了《国信爷合战》中提到的万寿桥畔那家有名的旅馆——临江旅馆。或仰望鼓山,或静看架在清澈闽江之上的万寿桥,或远眺连接南台和小城的那座长长的石桥,每天的日子悠闲而惬意。由于石桥有一段借助了江中小岛,所以它由两段构成。石桥极窄,每日往来于此的行人,几乎是比肩而过。桥两端不断地有"肩舆①要否,要否"的吆喝声,加之熙攘人群的嘈杂声,我感觉自己耳边仿佛有一群"嗡嗡嗡嗡"昼夜忙不停地蜜蜂。有趣的是轿夫们为了招揽顾客把肩舆一端的长杆架在桥栏杆间,让肩舆悬在河面上供客人选择,一旦客人决定乘哪座肩舆,他们便麻利地将其取下,让客人坐上,随着一声悠长的"轿来喽——"的吆喝声,便出发了,很是方便且喜庆。桥头下还停了不少划子(小舟),女人们站在自家船头上,声嘶力竭地招揽着客人,那"来来来来"的尖利嗓音仿佛能划破长空。在临江旅馆附近还停着许多东洋车(人力车),男人们"城里去否,南门去否"的招呼声不绝于耳。不得不说这可谓是生存竞争的一大战场,如果达尔文在世看到这一幕的话,恐怕也会说"物竞天择,无须多言,一目了然"吧。话说这次能住到临江旅馆这样气派的旅馆还真是幸运。记得第一次来的时候,由于接我的人也不熟悉这一片,本以为南门外的大街上有温泉,所以肯定有旅馆,结果并非如此。后来在城内转了一圈也一无所获。最后好不容易找到一家叫作"大和馆"的店,是个由日本人经营的料理店兼营旅馆的地方,而对于那次经历及那家店,每每想起我都会不由地苦笑。当然,在临江旅馆,他们不会因为你是日本人就给你特别的优待,我就被安排在了背对江水的二楼房间,完全看不到美丽的江景。不想却因祸得福,真应了中国那句"塞翁失马焉知非福"的古语。后来我写了篇名为"粥中哲学"的杂谈,其灵感就源自于从这间房间的窗户窥到的别样风景。结果这篇杂谈后来被安腾某君剽窃发表到了朝日周刊上,听说还获了奖。

---

  ① 肩舆:轿子一类的代步工具。初期的肩舆为二长竿,中置椅子以坐人,其上无覆盖,很像四川现代的"滑竿"。

每天清晨，我都会打开窗户透气，结果发现几乎在每天的同一时刻，街对面都会出现一辆卖粥车，车上也总摆放着四桶粥。在其停好车子开始卖粥时，一群车夫、船夫、轿夫样的人总会围上来瞅一眼再散开观望，等到其他人从四面八方拿着各种容器前来，熙熙攘攘地买得差不多了，之前的那拨人便再次聚集到车前来买粥。此时，一桶粥正好卖得过半，他们往往要等到这时才出手购买，然后，只见每人捧一碗粥迅速喝光后，就开工去了。这样的情形每天都在上演，我百思不得其解，便问茶坊的伙计："这到底是怎么一回事？"不想他也不知道，摇头答道："不晓得。"为了解开这谜团，我决定亲自去看看。翌日清晨，在其刚开张时，我就买了碗粥，和想象中的一样，热气腾腾，十分可口。当那些车夫们开始行动时，我便跟在后面又买了一碗，同样是热气腾腾的一碗粥，但仔细一看，我立马明白了其中缘由。和第一碗稀粥相比，这碗粥要浓稠得多，原来他们考虑的是粥的浓稠与否。通过这件事，我窥到了中国劳动者的饮食心理，并把其命名为粥中哲学。

后来几日我游览了鼓山。话说晚年的弘一法师就是在鼓山的涌泉寺发现了古代《华严经论疏纂要》的木版本（据说这是中国现存的最古老的木版本），并据此再版了四十八卷。后来，内山书店收集到了其中的十五部（总共印了二十五部），并把其全部送到了日本。

福建省和日本有许多相通之处，比如两地的语音语调多有相似；福建的瓦房多为木质构造，且房梁多用松木，这和旧时的日本建筑十分相似，这些都让我备感亲切。尤其是在船上生活的少数民族——疍族①妇女的发型，和日本元禄妇女的发型十分相似，一些风俗习惯也极为相近，这让身为日本人的我流连忘返。最终，在这里待了两周后我才依依不舍地回上海了。

写到这里我说点题外话。听说今年的流感叫作意大利流感，想起恰好在一九二〇年这一年日本也爆发了罕见的大规模流行性感冒，仅东京周边就有二十万人感染了西班牙流感。让我至今都不明白的是，为什么在日本流行的感冒一定要冠以外国的国名，而且还是世界二流国家的国名，使其具有舶来品的意味呢？更令人惊奇的是，没有一次流感是以德国流感、英国流感、美国流感、法

---

① 疍族：隋唐时称"疍人"，宋元时称"疍族"。之所以被称为"疍族"，是因为汉族人见其使用特殊形式船只，其形似蛋，顾称"疍族"。

国流感、苏联流感这样世界一流国家的国名命名的。似乎在日本人的潜意识里对自己国家发生的事情不怎么关注。如果说这股流感之风刮到日本便就此作罢的话,我不得不说感冒之神是个乘虚而入者啊! 呵呵! 那么,就此搁笔,结束这一年的纷扰吧。

日本大正辛酉十年(一九二一年)

一月某日	签订日中饥荒救济借款协议
二月十六日	朝鲜中枢院参议院闵元植在东京酒店遭暗杀
三月三日	为日本皇太子裕仁亲王巡游欧洲保驾护航的"香取号"军舰出航
四月一日	正在施工中的丹那隧道东口坍塌,致十六人死亡
五月七日	皇太子裕仁亲王顺利抵达英国
七月二十五日	伯兰特·罗素来东京访问
八月八日	广岛某军火库爆炸,死伤者达二百余名
	政府报告称日本本土人口达五千六百万
九月二十七日	任命加藤友三郎、弊原喜重郎、德川家达为华盛顿会议全权委员
十一月二十五日	皇太子裕仁亲王摄政,日中就山东问题进行直接交涉

特别记事 五月 孙文在广州就任非常大总统一职
中国社会主义青年团解散
中国共产党成立大会在上海召开
广东政府计划北伐

追加事项 内山完造三十六岁。在如火如荼的反日游行队伍中,我第一次看到了中国式的标语。除了"不买日货 不坐日船 不用日币"外,还有"坚持到底 五分钟热度"等等。这些标语乍一看,似乎和抵制日货关系不大,可是仔细一想却是大有关系。首先这个"五分钟热度",直译为日语的话定就会让人一头雾水,其实它就是虎头蛇尾之意,暗指稍纵即逝的热情。前面先提到"不买不坐 不用",后面再用"五分钟热度"收尾,就是倡导人们要坚持到底,不能虎头蛇尾。

看来,和日本多模糊暧昧的语言相比,中国的语言更为具体直白。并且,中国人终究脱不了东方人"热情来得快去得也快"的特点,也正因为熟知自身的不足,所以他们在一开始就写出了这样的警句。而中国的反日情绪也正如标语所说,从大正四年(一九一五年)开始到大正八年(一九一九年)也没有消退,并且愈演愈烈,到大正九年(一九二〇年)、十年(一九二一年),都完全没有消退的迹象,真可谓是坚持到底啊!

为了为来年的工作做准备,也顺带为了今年的考察,我便沿着长江周游了一番。从去年开始实施的赊卖计划,在汉口进展得很好,于是我决定将计划实施期限延长至明年,之后离开武汉,往下游继续走。刚好吉野博士写信来说:"早稻田大学的教授内崎作三郎先生从欧洲回来,想在中国各地转转,拜托我当其向导。"于是,我和YMCA(基督教青年会)的前田会长决定在上海为内崎教授筹划为期三天的讲演,并印制了三百张两元的入场券,好以此为旅费,助先生完成周游中国各地的心愿。很快,三百张入场券就销售一空。刚好那时,出席一九一九年讲座的李人杰先生偶尔来店里坐坐,我便跟他提起讲演的事,结果他听后,非常激动地说:"你们一定要来复旦大学讲演一番,我给你们当翻译。"于是事情就这么简单地敲定了。当时,也有朝鲜人来店里坐坐,我无意间说起内崎先生要来的事,结果他愁眉苦脸道:"呦,这可真是为难呀,我很想接待你们,可是有心无力呀!"我不由得想,和宽宏大量的中国人相比,朝鲜人还真是小肚鸡肠。其实,我觉得日本人的性格更接近于朝鲜人,我甚至怀疑"我们的祖先是徐福"的说法,也许我们祖先更应该是高丽人。从文字中夹杂着汉字、右起书写、动词放在句末这些语言现象来看,日语的本家更像在朝鲜。尤其是朝鲜文中夹杂汉字的书写方法,简直就是日语的鼻祖。另外,从朝鲜人急躁、易怒的性格,再到其面部骨骼特征,也都能佐证以上观点,即朝鲜人是日本人的祖先。题外话就此打住,下面说一下内崎先生吧。他在日本人俱乐部进行了三回讲演,全都在如雷的掌声中结束。随后,他又去复旦大学讲演,由李人杰先生为其做翻译,同样受到如潮的好评。复旦大学学报更是抽出两页的版面来介绍这次讲演。结果,一时间洛阳纸贵,大家都希望能听听先生的讲演。之后数年,每当内崎先生见到我,都会感叹:"那是我这辈子最愉快的讲演经历了。"可见,先生本人对那次讲演也是十分满意的。我不禁在心中默想,恐怕没有哪个日本人的讲演能比内崎先生的讲演更受中国青年的欢迎了吧。结束了上海的活动,我们计划去杭州游玩一天。不想刚走出杭州车站,就看到了前来迎接我们的中国青年会成员,他们热情地邀请道:"走吧,接风宴都给你们准备好了。"于是我们便前去赴宴,吃完饭就又被顺水推舟地拉到青年会为大家做了讲演,直至翌日清晨出发,内崎先生在这里一共做了三回讲演。回上海休息一宿后,我们再次出发,准备去南京看看。结果在列车上竟然遇到了重光葵先生(后来的外务大臣)和松平先生(贵族院议员),一路的旅程愉快至极。到南京后,我们安排了一下这两天的行程,即首先拜访齐燮元将军,下午去东南大学讲演,明天内崎先生还将去新建成的礼堂(公共会堂)参加竣工剪彩仪式,并做讲话。于是,我们马不停蹄地去拜访了齐燮元将军,随后赶到东南大学。内崎先生这次的讲演题目是"东西文明的调和",由林天兰先生担任翻译。只见会场上座无虚席,就连场后用于施工的脚手架上都站满了人,还有学生专门负责把场上的讲演转播给场外的听众。讲演结束后,内崎先生几乎是被热情的学生们托举下场的。翌日,在新竣工的礼堂中的讲演也成功极了,讲演结束时,雷鸣般的掌声经久不息。刊载内崎先生讲演要旨的学报更是每天都在更新。在反日余火尚未熄灭的当时,几乎没有哪个日本人面向中国青年做过讲演,当然也就更没有哪个日本人得到过中国青年如此之高的评价,但胸有磅礴之气的内崎先生做到了。他让侨居在南京的日本人扬眉吐气,心情舒畅了不少。从南京到汉口的三日,是在船中望着滔滔长江水度过的。对先生来说,这是绝佳的休息时间。经过芜湖、安庆时,我们只是在船中远眺了一番,而江中的小孤山和石钟山却是令人难以割舍,还有浩渺烟波中若隐若现的庐山大观仅是眺望就不禁被那壮丽、玄妙的大陆风景所折服。闲逛九江的陶器市场也非常值得回味。抵达汉口后,YMCA(基督教青年会)的成员再次接待了我们,一番接风洗尘后,内崎先生便开讲了。先是给YMCA(基督教青年会)的成员来了一场讲演,接着又面向汉口的日本人来了一场,随后还有中华大学的一场等,无一例外都受到了好评。接下来,我带内崎先生向南进发,去了湖南省的省会——长沙,在那里也掀起了一股内崎风潮。从汉口到长沙的这一段路程,我们乘的是夜间火车,在上车之前就自己备好了蜡烛。我们包了一间软席,上车不一会儿就有列车员送来一壶茶,离开时其随手关了门还上了锁。这下我们就完全出不去了,连小解都得在窗边解决。我不禁感叹,这真是一辆把十二世纪和二十世纪的事物融为一体的列车呀。黎明时分,我们抵达长沙东门站,一出站就发现一群人在迎接我们,有领事馆的工作人员、日本侨民,还有省长办公室的工作人员。省长赵恒惕先生也亲切地会见了我们。翌日内崎先生将有一场十分正式的讲演,今晚他还要给这里的日本人先讲一番,我不禁有些担心他的体力。翌日,我们大早就赶到了会场,听说从英国来的伯兰特·罗素之前也在这里做过讲演。也就是说,继世界级的大学者之后,内崎先生也到了这里,不知道他能否借前人之光取得成功呢?结果这场演讲取得了非常非常大的成功。当时的情况实际是这样的:所有的学校正在停学罢课中。面对这样的情况,省长办公室专门派出特使,到各个学校发送邀请函,要求每所学校各选出十名师生代表前来听讲演。没想到礼堂中人山人海,感觉再多一个人也容不下了,人群中还能看到短发的新派女学生。真不愧是先生独具一格的"东西文明的调和"的讲题,演讲结束时只听见如疾风、如暴雨般的掌声响彻礼堂,还夹杂着人们高昂的欢呼声。至今,还没有哪个日本人在长沙给中国的青年们讲演过,更何况在反日情绪仍然存在的时刻,还面对着如此之多的听众。最感到震惊的要数侨居在这里的日本人。刚好汉口总领事濑川氏带领着长沙领事岩尾氏等一行三十人也在礼堂,看着眼前的场景,他们不约而同地感叹道:"这样友好的场面还是第一回看到。"是啊,今天,终于所有人都笑逐颜开、皆大欢喜了。由第三革命军领袖人物蔡锷将军创建的松阴中学还提出要为我们一行三十几人提供午餐,这让我们颇感意外,却又十分欣喜。吃饭时,才听说之前的罗素在这里进行的是和数学相关的讲演,由于内容复杂且涉及大量专业术语,结果连换了三个翻译,听众还是听得云里雾里,不知所云。所以单从讲演的内容来看,内崎博士今天的成功是毫无悬念的,我之前的担心也纯属杞人忧天了。返程时,我们乘坐了日清汽船公司的"武陵丸号"汽船,其中一段线路是横穿洞庭湖,这让先生欢欣不已。就这样,内崎先生在上海、杭州、南京、汉口、武昌、长沙等地的巡回讲演圆满结束了。随后,他走汉口—北京—天津—朝鲜这条线回国了。多年之后,当先生再见到我时,他还会想起那次不同寻常的经历,并感慨道:"那次巡回讲演真是太难忘了!"相信先生自己也对那次巡回讲演满意至极吧,而上海YMCA(基督教青年会)也借此风光了一回。可是除了那一回,后来再有人来挥舞中日友好这面大旗,中国人都鲜有回应。比如,为了响应中日交流博士这一号召,林毅陆博士专程从东京来到上海,结果中方无一人前来迎接,更无人前来邀请其去做讲演。万般无奈之下,我拜托当时位于吴淞的政治大学给其安排了一场讲演。看来,不论日方如何摇旗呐喊,中国人都不会前来附和的。内崎博士没有摇旗呐喊,也没有声嘶力竭,却成功地赢得了中国青年们的赞叹,并一度超过罗素,取得了很大的社会反响。我暗自思忖,这必定是和平与公正的力量,正是这才使得数以万计的中国青年为之鼓掌,为之喝彩。由此我坚信,只有做到真正的和平与公正,日本和中国才有可能达成真正意义上的和解。

这年在上海办的"夏季文化讲座",我们邀请到了永井潜博士。讲座结束后,我陪其游览了杭州,当两人泛舟于西湖之上,沉醉在湖光山色之中时,博士一句"这就是令唐宋诗人竞折腰的西湖啊"的感慨让我至今难忘。在浙江省立医药专科学校的一次招待会上,我和这所学校的教授们同席,席间得知他们中的数人都有日本留学的经历,更有价值的是从他们那里我得知中国没有经营日本医学书籍的店铺的信息。自此,我决心打破这个僵局。于是在一番耗心劳神的努力之下,我终于取得了成功,不仅可以同日本的南山堂、南江堂、土凤堂、半田屋、凤鸣堂等书店直接进行交易,从他们那里获取大量医学相关书籍,甚至后来内山书店还负责为同仁会①贩卖汉译本医书。我十分清楚,要想做医学书籍方面的生意,就必须得牺牲一部分眼前利益。时至今日,我还时常告诫自己,做大事时长远利益大于暂时吃亏。就像如今,尽管有许多人不理解我,对我的行为持反对意见,我依然执着地为中日贸易促进会和日中友好协会等事宜四处奔走着,因为我相信,这也是为了长远利益而暂时吃亏的做法。

这时候,宫崎仪平氏来找我说:"谷崎润一郎氏最近到中国来了,就住在三井银行的土屋氏的家中,他想跟中国的作家们聊聊,你能给介绍一下吗?"我忙说"没问题,没问题",接受了这个委托,随后立即向郭沫若、田汉、郁达夫、欧阳予倩、唐林、谢六逸、王独清、傅彦长、汪馥泉等作家发出了邀请函。座谈会安排在了内山书店的二楼,我还精心为大家备了一桌精进料理②中禅悦斋风格的晚宴。后来,谷崎氏在其《上海交友录》中提到了内山书店,也是因为

---

① 同仁会:日本的一个医学团体,一九〇二年在东京成立。最初,同仁会以普及先进的医学知识为目的,后来随着日本侵华势力的扩张,同仁会开始接受日本政府的行政指导,并为日军提供医疗服务,逐渐演变成了一个协助日军对外侵略的医疗团体。

② 精进料理:一种斋饭。不使用鱼贝类和肉类,只用豆制品、蔬菜、海苔等植物性食品做成的菜肴。

这件事。随后,在谷崎氏的介绍下,佐藤春夫氏也来了。作为东道主,我觉得没有很好地尽到地主之谊,但佐藤氏也还是满心欢喜地回去了。那之后,金子光晴夫妇、国木田虎雄、宇留河泰吕等人也相继来到上海,并在这里留下了一段段美好的回忆。

即便是在抗日情绪最为浓烈的日子里,也有中国人出入内山书店,并且由内山书店发出的包裹及其他收寄业务也没有遭到拒绝或被中断。据说每当店里的小伙计拿着包裹去邮局寄送时,工作人员都会说:"日本人的包裹不予投递,拿走!拿走!"但不出一会儿,其又会改口道:"内山书店的呀,哎,真拿你没办法,这样吧,今天就破例接收了,下不为例哈!"结果,翌日再去投递时,相同的情形会再次上演。就这样,在"今天就破例接收了,下不为例!"的警告声中,内山书店的包裹一一被寄送出去。虽然在抵制日货的品目中没有书籍这一项,但我相信邮局工作人员的这一做法一定是出于"放眼于未来"这一初衷吧。

在近代,中国和外国之间的战争几乎都是以中国的失败告终的。但我要说,中国一向都是长盛不衰的,或者说那些败局中蕴含着中国的丝丝生机与潜力。要知道,在这个世界上的独立国家中,只有中国拥有四千年的悠久历史。如果从全局来看,中国可谓是这个世上最长寿、最强大的国家。它那悠久的历史便是最有力的证明。

这年,又冒出了个独立于上海领事馆的商务官事务所,且由之前在三井洋行工作的横竹平太郎来担任商务官一职。文书则由毕业于同文书院的冈山县人担任。他常来我家。后来,商务官事务所决定出版月刊杂志,并定于内山书店出售。记得其杂志名为《商务官月报》,以上海经济,尤其是贸易相关的内容为主,这本杂志一直办了两年多。另外,三井银行支行通过各种实地调查后也开始出版每月一册的小册子。它没有固定的名称,每期的书名都会根据内容而发生变化,在一些专门的研究领域,得到了很高的评价。其中,有叫作《买办制度》的一期,就受到许多读者的青睐,后来商务印书馆还专门出版了它的翻译版。此外,还有为纪念土屋计左右分店长调职而出版的《中国经济研究》,这些都是最先在内山书店开始发售的。在《中国经济研究》的序文中,土屋氏这样写道:"我在上海经商的这数年里,手中经办的外币兑换数额达数亿元,然而负责核对及清算这些账目的全是中国人。"这是值得我们关注的一点。我试着梳理了一下尚残留在脑海中的当时流通在上海日本人之间的出版物,有上海日本商业会议所出版的《中国的工业和原料》《中部中国经济调查》《中国海关及其通关手续》，还有一八三三年之后八十年间的《伦敦银条市场行情曲线图表》《从贸易看中国风俗》，可惜都记不得作者姓名了。此外，还有林某的《大上海》、日本堂书店发行的《外国人在中国的文化事业》，还有井上红梅的《中国风俗》上中下、《土匪》《中国票据习惯》《中国香艳丛书》等六册。金风社还于大正二年（一九一三年）把《上海指南》作为头版发行。随后，还有《中国在留日本人人名录》也是发行直至昭和二十年（一九四五年）。

那时，在上海由日本人经营的书店共有四家，分别是日本堂、申江堂、至诚堂及内山书店。其中，至诚堂除了发行《上海一览》《中国指南》以外，还发行了《活用上海话》。日本堂也发行了和上海话相关的书籍。当时，生活在上海的日本作者有：商业会议所的安原美佐雄氏、领事馆的东正则氏和内山某氏、读卖新闻的通讯员池田桃川氏、井上梅红氏等。之后加入的还有井村薰氏和滨田峰太郎氏等。井村氏原任职于上海每日报社，后来他成立了上海出版社，专门出版外汇信息、金条投机信息（即上海金条交易所金条买卖行情）等相关书籍。同时，其还出版了与中国金融状况相关的数种书籍。滨田峰太郎氏也出版了数本著作。可见，当时在上海的日本人在出版方面可谓是相当活跃。三菱银行支行行长吉田政治氏的名著《在中国的外汇》的出版已是较后的事情了。在我的记忆中，关于上海日本人经营的那些书店的记忆确实是乏善可陈，这让我自己也吃惊不小，要知道我自己也是其中一员呀。当然，我也时刻鞭策自己要充实书中内容，不敢有丝毫怠慢。

这年，新成立的广东政府为了扩大财政收入，使出了闻所未闻的一招，即赌博合法化，并把这个年收入达七百余万元的项目全权委托给了广东商务总会。总会又把项目细化、分割，再层层下放给各地机关。就这样，赌博在各地成了正大光明的事情。一时间，广东各地的赌博场面可谓是壮观至极。其中有一种叫"四个"的赌博游戏，颇为流行。其具体规则是：庄家用碗扣住一把白色棋子，把其推至中间，让大家押碗底最后将剩下的棋子个数是零个、一个、两个还是三个。等大家押完后，庄家揭开扣碗，用竹尺四个四个地拨走棋子，直到剩下的棋子不够四个为止。最终，与剩下的棋子个数相合的人便是赢家。还有一种赌博游戏的名字我记不大清了，大概是庄家把一个各面都刻有点数的黄铜骰子投入一个带盖儿的黄铜盒子中，晃动数下后放到桌上，让大家猜点数，最终庄家开盖儿揭晓答案，猜中朝上点数者为赢家。当赌博大行其道、人们互争输赢之时，我正在广东各地旅行。这还是我第一次见到由政府在后台运作的赌场。传闻中的摩纳哥世界第一赌场是什么样我不清楚，在这里，我看到挂着"银牌"二字的赌庄比比皆是，我还在一些大的赌庄里看到人们成五十上一百大洋地豪赌着，真是个挥金如土的世界！

日本大正壬戌十一年（一九二二年）

一月十日	前任总理大臣大隈重信逝世
一月二十日	法国元帅霞飞来访东京
二月三日	北陆线亲不知隧道附近发生大雪崩，三辆列车被掩埋，死伤者达一百三十余人
二月十六日	美国计划生育论者桑格夫人来日，被拒绝登陆，成为当时一大舆论
二月二十日	日本发表其国民总收入为八百六十亿日元
三月十日	在上野公园召开和平纪念博览会
三月三十日	《禁止未成年人饮酒法》颁布
四月八日	普通话调查会公布汉字限制方案，规定了常用的两千个汉字
六月二十四日	西伯利亚派遣军全部撤回
九月十五〔二十五〕日	日本近代小说界先驱，著有《佳人之奇遇》的东海散士柴四郎逝世
十一月三十日	签订归还山东协定
	这月中国众议院通过废除"二十一条"的提案
十二月六日	投身中国革命的志士宫崎滔天逝世
同年	德国物理学界泰斗爱因斯坦博士来日访问

特别记事　一月　　日本把山东半岛归还给中国的同时，要求中国将胶州湾设为商埠，向各国开放
　　　　　　二月　　签订针对中国的《九国公约》
　　　　　　　　　　孙文发布北伐动员令

四月　　　第一次直奉战争开始

五月　　　张作霖在第一次直奉战争失败后退回关外。自任东三省自治保安司令,宣布东三省独立

中国社会主义青年团第一次全国代表大会在广州召开

第一次全国劳动会议在广州召开

六月　　　徐世昌总统辞任,黎元洪总统就职,奉系和直系联盟

八月　　　孙文至上海

追加事项　内山完造三十七岁。最近上海人说得最多的要数"大熊"这个词。因为日本曾向中国提出"二十一条",而当时担任日本首相力主此事的便是大隈重信。"大隈"在日语中的发音同"大熊"的发音相同,人们便利用此谐音,称"大隈"为"大熊"了。前不久,大隈逝世了。"大熊死了!"这句话令中国人心情大好。从一张张中国人的面庞上,似乎能读出"天命难违"的意味。曾经日本在日俄战争中获胜,中国人通过此事不仅看到了日本的强大,还看到了东方人可以战胜白人这一事实,并一时间涌出不少自信。尽管这种想法只限一部分进步人士,却为革命注入了强大的思想动力。遗憾的是日本人对此却一无所知。日本人在自鸣得意之前应该对事物更进一步、更彻底地思索、探究。然而时至今日,我们的思考方式和中国人相比依然难免肤浅之嫌。就是这样的日本却仰仗着自身的军事力量,乘各国都在忙于世界大战之际制定了"二十一条"威逼中国政府屈服。为此中国人对当时负责此事的大隈恨之入骨也是理所当然的。当日本"大隈逝世"的消息传到中国,"大熊死了"的喜讯就迅速地传遍了中国的大江南北。那时,不论哪个中国人,只要见到日本人几乎都会沾沾自喜地说一句:"东洋先生大熊死了吧。"可见大家是多么憎恶东洋先生呀。返还山东协定和废除"二十一条"总算是使这个问题告一段落了。从大正四年(一九一五年)提出的"二十一条"到今天共计七年,中国人在"坚持到底""五分钟热度"等的反日口号下一路坚持了下来。和这样的中国人相比日本人又如何呢?当年在德、法、俄三国的干涉下,日本被迫归还了在甲午战争谈判中赢得的辽东半岛,当时人们愤恨不已,叫嚷着要"卧薪尝胆"。可当我们在日俄战争中获胜,得到

旅顺、大连、关东州的租借权后,大家立刻把之前的那些忘到了九霄云外。在日本人眼中,中国人过于执拗,然而在中国人看来,这些执拗不过是在尽人事罢了。不论如何执拗或执着,只要是在人事的范畴之内,这都是理所应当的。而当事情超出人力之外,人的努力不会给事物带来任何影响时,中国人才开始相信天命。这是典型的中国式思维,而绝不是单纯的执拗或顽固。面对事物,只要是还有努力的余地,不管是对是错,中国人都会努力下去。直到无论如何也进行不下去时,中国人才会看开一切说"没法子,天晓得"这样的话。这时候,是真的没有办法,只能听天由命了。

  轰轰烈烈的抵制日货运动终于拉下帷幕。我相信没有什么特殊情况的话,短时间内也不会爆发比这更为激烈的抵制日货运动了,便决定安下心来筹划经营策略,进一步扩大市场。就在这一年,我代理的"大学眼药"出现了仿冒品。其名为"文学眼药",不论是文字介绍还是商标上的头像,都完全照搬"大学眼药"的设计,很显然这是恶意抄袭。总店参天堂得知此事后,命我立即起诉仿冒者。但我并没有这么做,而是派王先生(植三)前去交涉:"很显然,文学眼药在假冒大学眼药,你们这样的冒牌货品影响了我们正常的经营。不论是大学眼药还是我自身,都要靠此为生,你们这样的冒牌货砸了我们的饭碗,我们不可能对此沉默不语。相信你们也是想通过文学眼药赚钱的,那么就请堂堂正正地设计自己的商标。如若不同意此提议的话,出于不得已我们也将制造文学眼药的假冒货品和贵公司竞争,这样可好?丑话说在前头,到时候不管发生什么情况,我们是不会负责任的。"结果就交涉了这一次,文学眼药制造商就软了下来,道:"你们说得有道理,我们立即整改,只是现今手头上还有几万盒眼药,无论如何请让我们把这些处理完吧。"我们点头同意了。那之后不久,文学眼药便销声匿迹了。就这样,这场纷争被兵不血刃地解决了,我欢欣不已。因为这一切果然如我所想。其实,我的这个灵感还是源自于之前写的一篇文章,它讲的是上海的两大烟草公司——英美烟草公司和大美烟草公司,如何处理其旗下的红屋牌香烟和桥牌香烟的竞争问题。此外还有一个原因就是我知道:中国人从心底不喜欢诉讼这个东西,对他们使用诉讼,通过强迫、高压式的手段,也许是能快速地解决问题,但这终究是治标不治本,很难从根源上解决问题。相对于此,人们更乐于接受以理服人的做法。这也是我为什么避开诉讼,选择融情于理的交涉手段的原因了。最终,这次交涉取得了令人满意的效果。上海有名的老品牌六神丸对待假冒货品的态度也让我受益匪浅，对于充斥于市场上的各种仿造、假冒，他们从没有诉讼过，并且从某种程度上说，他们采取了放任不管的态度。对此疑惑不解的我曾问过他们为什么，其回道："仿造品、冒牌货越多，越能证明正品六神丸的药效之好。而想要买正品的人也必定会来店里购买。"这虽是经商之道，但也能从中窥到中国人的性情。换句话说，六神丸的这种理念，就是不侵占他人的商业领域，努力提高自身品质，通过客人的选择来证明自身实力。喜欢我们的六神丸，那就来店里买。这样质朴、不独占的经营理念，恐怕很难引起所谓的商业纷争。事实如此，光销售到日本的六神丸就有好多种，但这从没引发任何抗议事件，这是因为他们从不以诉讼为解决事情的手段。对于他们这种处事风格，我表示十分敬佩。话说文学眼药这件事，通过一次交涉便取得了成功，这不禁让我想到国际的问题是否也可以如此解决，或者说理应通过这样的方式来解决。对于日本和中国之间的外交问题，我发自心底地反对日本所采取的谈判方法及处理方式。别国的情况我不甚了解，但中日两国间的矛盾，我认为只能依理解决。以前那些用欺诈式的事变为借口，对中国进行强盗式地掠夺的行为是不对的。就像在"满洲"事变中的柳条湖事件、卢沟桥事变、张作霖被炸事件、上海事变中的便衣队问题、十九路军开炮问题等，这些事件的道理又在哪里呢？所幸，这样的悲剧在今后没有再次上演。不管怎样，文学眼药问题圆满解决后，许多中国人都投来赞赏的目光，并且那之后，也再没出现过这种问题。

这时，大学眼药的知名度已打开，我认为，作为一个好药在不断完善老品牌的同时，应当继续开发新产品，不断地推陈出新，而不是在此停滞不前。于是我向总店提议道："我们应当增加新的药品种类，把水剂、粉末剂、膏药、洗眼药这些眼药界有的制作工艺都归到大学眼药的旗下，并使其全部实现商品化。"结果他们对我的提议置若罔闻，这让我愤懑不已。

就像中国通过改革来弥补政治的不足一样，我们商人也需要通过改良和开发新品来弥补商品的缺陷。相信也只有这样，一个商品的生命才可以延续至久远。几位友人聚在我店里，成立了一个文艺漫谈会。其中的石井政吉博士现已是歌德研究领域的专家；升屋治三郎的剧谈深得早稻田逍遥博士的真传，成为其得意门生；坪内士行更是仰仗各路友人，人脉甚是通达，令旁人羡慕不已；还有塚本助太郎也很是了得，他的中国剧是得《中国剧》的作者、在北京闻名遐迩的听花散人(辻听花)先生(以尚小云为首的众多演员的义父)的真传,他和脸谱研究者竹内先生被并称为上海双璧。此外,还有不少优秀的文艺爱好者也加入了我们的文艺漫谈会。值得一提的是中国南方剧坛第一人欧阳予倩,还有田汉、谢六逸、郑伯奇、唐友任等中方同人们也来到这里和大家秉烛夜谈。最终,这个漫谈会成了上海一道亮丽的风景线。为此,有"歌德博士"之称的石井君提议把文艺漫谈会和日本人俱乐部定期聚会性质的同攻会一起举办,这使得原本默默无闻的同攻会一时间也兴盛起来。可是,这样的聚会却引起了警方的注意,聚会便由此渐渐减少并最终解散了。

我认为,日本人不善于区分公职人员和普通个人、个人和社会的概念。不论做什么事都是一根筋撑到底,比如这个人是商人,那么其骨髓中都印着商人二字;是官员,那么他滴的汗都冒着官气;是军人,就算他死了也扒不了军人这身皮。在这种思维的影响下,日本的警官们不论在什么场合,都毫不掩饰地彰显着他们的警官风范。不论何时何地,其说话的风格也都像在审问犯人。普通百姓说个谎便是犯罪,就要受到惩罚。而警官、宪兵这些法律的执行者,别说说谎,就算行骗、做间谍,也会平安无事。身为执法者,却可以凌驾于法律之上,不受法律约束,并且丝毫不认为自己这样有什么不对。"二战"战败后,日本人的这种浅薄、粗俗得以淋漓尽致地表现。作为一个日本人,我一方面为自己一直以来对日本人有一个正确的认识感到开心,但同时我的心底却又不断地涌出阵阵彻骨的悲哀。

某日清晨,总领事馆的赤木警视①打来电话让我立刻去其家中,我以为有什么紧急事情,便火速赶至其家中。到后才知,他要说的是:"你是基督徒啊,事实上你之前就上了黑名单,是我们的重点监察对象。直到昨天,我从教会经过,看到宣传栏里写着由你布道的通知,才知道你竟是基督徒。好了,从今天起,我将从黑名单上删去你的名字,以后你可以放心了。"我恍然大悟道:"原来是这样啊,怪不得我神户的好友叮嘱我近期不要回日本,我当时还一头雾水,原来是这么回事呀,那就谢谢你啦。"后来,赤木氏当上了上海共同租界工部局的警事总监,结果在任职期间遭到暗杀。不管其公私生活到底是怎样的,但被暗杀终究是不好的,对其遭遇,我深表同情。记得报纸上还大篇幅地表彰了赤木氏

---

① 警视:日本警察(官)的职级之一。在警部之上,警视正之下。

为了逮捕潜逃至上海的佐野学,不惜设下重重陷阱,费尽心机骗其上钩的情况。对此,我表示无法苟同,政府不断向百姓灌输着"说谎就有罪,骗人即是恶"的准则,可当官员在执行公务时,这些准则都被抛开了,他们不论编什么谎,设什么陷阱都可以,这是十分不合理的。如果官员的这种行为被认可的话,那么也应该允许商人在经商过程中说谎、行骗、使用诡计。因为我认为,不论是官员执行公务还是商人经商,这都是各司其职罢了。

这期间,我的店里还发行了《中国剧研究》和《万华镜》这两本杂志。其实这都是文艺漫谈会的化身,所以虽说每期都在亏损,我也一直坚持发行。其文章以中日友好为平台,由中日两国作家执笔,即便是跟现今的杂志作比较也丝毫不逊色。我也是从那时开始慢慢意识到自己可以作为中日两国间友好交流的媒介,并以此为目标,为之一直努力工作着。

日本大正癸亥十二年(一九二三年)

一月九日	东北干线列车翻车,死伤者达数十人
一月十三日	阿苏山火山强烈喷发
二月一日	苏联驻中国大使越飞来访东京
三月十八日	国粹会员和水平会员两派数千人在奈良县发生冲突,最终由军队出面镇压,才得以平息
三月三十日	中国驻日公使代理廖恩慧代表中国政府向日本发布废除日中条约公告,我政府拒绝接受
五月二〔九〕日	普通话调查会进一步明确了常用汉字及简体字
六月二十六日	社会主义者高尾平兵卫袭击赤化防止团的米村嘉一郎,结果反被射杀
七月七日	体轻井泽发现文人有岛武郎上吊身亡
七月三十一日	朝鲜平城洪水泛滥,被冲走的房屋达千余户
八月十日	越飞离开东京
八月十五日	下午三点,中央气象台报道今天达到近年最高气温——122.1 华氏度
八月二十一日	川崎造船厂造的第七十号潜水艇在测试航行时,于淡路假屋海域附近沉没

八月某日	中国向日本发布《防谷令》
九月一日	关东大地震爆发，死伤者达二十余万人，烧毁四十余万户房屋，倒塌二十余万户房屋
九月十六日	大杉荣及妻子伊藤野枝等人被宪兵大尉甘粕正彦杀害
十月二十八日	由于地震而被迫中断的东海道线在今日开通
十二月八日	公布"甘粕事件"的判决结果，甘粕正彦被判十年监禁
十二月二十七日	摄政宫出席帝国议会的途中，在虎之门遭歹徒枪袭，所幸殿下平安无事

特别记事 在抵制日货运动尚未熄灭之时，中国派遣招商局汽船"新铭号"运送粮食来帮助日本度过抗震救灾难关。如此友善的邻邦，让日本人感动不已。

要说今年的突发事件，那便是在巴黎留学的北白川宫成久王和王妃，及朝香宫鸠彦王三位皇族在巴黎郊外开车旅行时，由于操作不当遇难，成久王于翌日清晨逝世。

这年一月一日，中国国民党计划"联苏容共"，陈独秀一派的中国共产党同意和国民党联合。中国国民党在上海发表新宣言。这年四月，孙文亲自上阵，发起了第一次北伐战争，但由于吴佩孚和陈炯明在广东发动政变，使第一次北伐以失败告终。

追加事项 内山完造三十八岁。抵制日货的运动始于大正四年（一九一五年），大正八年（一九一九年）再次兴起，今年已经是抵制日货的又一个第四年。以日本重新获取旅顺、大连的租借为契机，抵制日货运动又有抬头之势，但我始终觉得，这次抵制日货运动闹不起来。由于在"五七"纪念日之前，提前给汉口的大客户运完货物了，所以我便悠闲地在上海关注着抵制运动的发展趋势。果然不出所料，上海的抵制日货运动以萎靡之势告终了，而汉口依然闹得轰轰烈烈。不过由于我改变方针用实物来做广告走代卖这条路，所以只要在上海这边储存好现货待机行事即可。今年年初的销售十分顺利，这一点让我相当地高兴。

九月一日关东大地震前不久，我应顾客的需求，打算在英租界开分店。在物色铺面时，选中并租赁了江西路的一间门脸，正当我让木匠着手建造货架之时，关东大地震发生了。这使我不得不采取消极的方针，立即停止装修，并退掉了租赁好的门脸。幸运的是因为之前开分店的这一想法,使我采购储备了非常多的商品,因此,在出版界还没有恢复之前我才得以顺畅地经营,这也是不幸中的万幸了。虽说这一切都是偶然,但多亏我事前做了筹备,从而在如此之大的地震面前才没有张皇失措,为公众救助事业尽了一点力,于个人亲朋好友那里我也没有疏忽遗漏之举,对此机缘我至今仍心存感激。

关于东京大地震的报道是香港最先发出的,报道说,东京遭受毁灭性破坏。随后,每次新的报道都带来受害区域扩大的消息。我认为此事非同小可,于是紧急召开基督教青年理事会议,计划募集捐款事宜。最后敲定的方案为:一张卡片记录十个人的捐款情况,全体理事会成员每人需要募集十个人的捐款。正当我们紧锣密鼓地实施起此项方案时,上海暂住民间团体被定为此次震灾募集资金的核心机构,我们青年会便决定继续按原计划执行,随后将募集到的善款交与民间团体。在东京亲身经历此次震灾的小原次郎君于九月二十日来到上海,给我们带来了关于关东大地震最为切实的消息。除了募集捐款外,救济亲友是当下之急。我募集了一些被褥、毯子的同时,也新买了一些。此外尽可能多地把食物打包,总共请他带了二十几个包裹回国。那次经历谈不上什么愉快。后来去东京的途中我听到一些传言,说上海的内山为了抗震救灾可谓是倾尽家财,夫妇俩只剩床棉被裹着睡觉了。在这里顺便说一句,那次捐赠的物品当中,最受好评的要数花生糖。

之前有人从大连或东京来,让我把那些滞销书籍卖给他们。可是因为新书不多,旧书也不怎么值钱,所以我就决定全都不卖并将其保存了起来。多亏我这样做了,日后它们才起了大作用。

东京的复兴虽说不易,可是六个月后也渐渐有了成果。

这年,孙文发表声明说将在广东设立大元帅府。其还会见了苏联外交官越飞,加拉罕也来到北京。随后,孙文还聘请鲍罗廷为政治顾问。

那时,中国邮政局还没有加入万国邮政联盟,所以只处理国内且与中国人相关的邮寄事宜。正因如此,从古至今流传的民局、信局等个人邮政局也还在运营着。确实,在上海三马路附近,你能够看到许多的送递员们肩上扛着麻袋缓慢行走的身影。信局的特色是货到付款。不仅送明信片、普通信、鸡毛信(稍稍烧掉信封的一角,插入鸡毛再用糨糊糊上),还可以办理汇兑。所有事务都是由收信人付款,考虑得相当周全。我记得寄新年明信片是一分钱,普通信是四分钱,鸡毛信是一毛钱。不过根据时间的不同收费也不一样。例如,四川省的信件根据汛期和旱期邮资也不一样。到现在邮寄包裹的价钱还不一样。然而,今年中国邮政局加入了万国邮政联盟。从此,原来在中国国内设立的各国的邮政局全部撤回,成立了一个统一的邮政局。

一九二三年五月,发生了一起涉外的大事件,即土匪在山东省临城袭击了国际列车,绑架了多名外国人。所谓的临城事件就是这件事。大事不好!

一九二三年年末,上海发生了史无前例的金融危机,同行业公会商定把年末结算推迟一期,即采取不造成坏影响的延期偿付的方法。然而,说起结算延迟一期这件事,还挺有意思的。中国的年节①有年末、中秋(八月十五日)和端午(五月五日)三个,一般情况每到年节各种收支、借贷都要清算。如果年节的结算要被延迟一期,也就是说年末的决算要推到五月五日端午那天。不过,这并不意味着账目就这样延期下去不结算,他们依然照旧按期认真做好清算,各个店铺统一把该支付的款额用附有来年五月五日日期的支票交付对方,用这种方式进行结算,这样一来实际操作就十分简单了。见识了这种方法后,在惊讶其巧妙的同时我也不免感叹同行业公会的实力和各商铺的诚实守信。如果这件事放在日本人身上,相信同行业公会无论如何也完成不了此事。因为一定会有人只顾自己充好人,从内部破坏大家的协定。

趁着关东大地震的混乱,某宪兵将大杉荣夫妇和其幼子残忍地杀害,并将尸体抛入古井企图掩盖杀人的罪行。对此,我深表愤慨。即便是普通人,利用此等特殊情况杀人都是不被允许的卑鄙行径,更何况是拥有特权的宪兵呢?也许甘粕大尉最终是出于所谓的侠气才站出来承担了此次事件的责任,但利用特权当盾牌设计出如此阴谋,其本身就是不可被原谅的。日本官僚的错觉也在于此,他们认为,自己在执行公务时欺瞒、撒谎都是理所应当且顺理成章的。实际情况是平民百姓一旦欺瞒或说谎就会被认定为有罪,而特权者却将此视为理所应当的权力而大肆滥用,我认为这是不对的。

关于东京大地震,让人感到更加遗憾的还有一件事,即对朝鲜人进行的虐杀事件,此事件还波及了中国人,造成了许多无辜的牺牲者。事件的起因是:在日本人因为关东大地震而一片混乱之时,有谣言称朝鲜人将值此之际

---

① 年节:各节日前的收支、借贷结算期。

前来报仇,平素有虐待过朝鲜人的日本人开始害怕了,随后,"不要放过朝鲜人""干掉朝鲜人"的私底下见不得人的命令使人心更为躁动不安起来。由于无法判定哪个是日本人,哪个是朝鲜人,他们就去街上拦住路人挨个盘问,即便是这样还是不能分辨清楚的时候,就对其进行各种各样的语言测试。一旦发现是朝鲜人,日本警卫队员就会马上赶来将其虐杀。这种粗暴的行为完全是一种失常的状态。日语非常流畅的中国留学生还可以勉强过关。实际上,一个人教养的高低,只在有事发生的时候才会完全暴露出来。不管我们在平日的交谈、写作中表现得多么从善如流,遇到实际问题我们就会原形毕露。在大正八年(一九一九年)抵制日货运动的时候,关于日本人要在水管里投毒,将中国人赶尽杀绝的流言蜚语,使许多中国人信以为真产生误解一事,我现在也能理解了。

大学眼药驻上海办事员的工作究竟是什么呢?其实不仅在上海,去其他地方工作内容也是一样的。作为药店伙计每日的工作首先是广告。所谓的广告工作有:

1.贴海报,用上海话说叫"贴刷纸"。

2.钉铁招牌,用上海话说叫"打牌子"。

3.发传单,用上海话说叫"分单"。

4.大批人举旗列队游行,上海话叫"行旗子"。

5.墙体广告(在城墙或者别人家的墙上用颜料写字),用上海话说叫"墙壁上写字"或者叫"油漆写字"。

6.报纸广告,上海话叫"报纸告白"或是"报纸广告"。

7.发挂历(风景、美女画或者其他),上海话叫"赠月份牌"。

虽然各个药店用的方法不尽相同,但大体上脱不了这个框框。具体的方法拿"贴海报"来说,就是把彩印的大大小小的广告纸贴在人家的外墙、茶馆、饭店等室内的墙壁上,尽可能吸引更多人的眼球。这是广告基本的宗旨,所以我们必须在这些地方多下功夫。从工作程序上来讲,我们首先需要把这些大大小小的广告纸折成便于张贴的形状放好,这通常是在闲暇的时候做的事。贴海报的器具有水桶和糨糊刷(带有约两米长的手柄,目的是为贴高处时使用;短刷当然是在手能够到的范围内使用)。在水桶里要提前装好糨糊,雇用两三个或是五六个工人就可以行动了。我只要做好监工就可以了,不过因为要教给工人们张贴的方法,所以我私下不得不积累点经验。有时我也扛梯子,有时也爬到高处亲自贴。正确地将一张一张的海报贴好不是一件容易的事,关键是要熟练。最难的是要连续贴好几张的时候,要把海报排好贴齐需要技巧,此外还要保证其不被弄脏,要干好这些必须要有相当一段熟练的过程。

接下来要说的是在铁板上用涂料画画、写字,也就是"打牌子"。这需要带上梯子、钉子,另外还要把一些赠品手绢、毛巾等作为礼物一起带着前去。找到合适的地方,就去那里征得张贴的许可。然后爬上梯子把牌子钉上。这种方式从时间上来说保存期限更长,所以不能像贴海报那样随意,选择地点需要有一定的眼力。

"发传单"。将印有大学眼药药效说明且设计精美的传单发给过往行人或周边的住户,这种广告最需要注意的是小孩儿。一旦给了一个小孩儿,马上,其他小孩儿也会蜂拥而至。这样,发传单的宣传就会被彻底破坏。所以,不要轻易给小孩子发传单。通过给两旁人家发传单,可以了解到那个地方到底有多少户,有多少人。通过给路人发传单,可以推断出那条街的繁华程度。

"行旗子"。行旗子时,配上音乐,宣传效果会更好,而且举旗手越多越好。另外,旗子上要印上大学眼药的商标和药名。至于旗子的形状,则可借鉴日本人在举行庆典仪式时使用的彩旗,然后每人举一面,列队行进。需要注意的是,队列在行进时,举旗手之间要尽量保持相同的间距;且举旗的手法也要统一,要么全都打直举在胸前,要么全都保持同一角度倚在肩上,始终要保证整齐划一的效果。

"墙体广告"。多数情况会设在有汽车经过的路旁,也有的设在汽船通过的沿岸。也有在私宅或者寺庙的墙壁上用涂料醒目地写上"大学眼药"这几个字来做广告的情况。按道理,这种情况通常要和墙壁所属的户主达成一致才可以,但在中国大多数都是随意的。这种广告最好是用醒目的色彩和文字来点缀,且选在那些没有遮挡、从远处也可以看见的地方,还要做得经久耐用。

"报纸广告"本应和日本的报纸广告一样保证做到三点:一是醒目,二是让读者看到商品的功效介绍,三是勾起人的购买欲望。但是因为中国报纸的发行量远没有日本那么多,所以报纸广告的宣传作用也没有日本那么好。

"发挂历"这种广告形式在中国就未必一定要拘泥于挂历了,还可以是其他别的东西。只要是印刷精美的东西,就可以挂在茶馆、菜馆、饭店等地方。这时需要注意的是,这种广告的价格要比普通广告贵,要谨防茶馆或是菜馆的某一个人将广告独占放在自己的卧室。

除上面所提到的广告之外,还有一种是实物广告,即赠送大学眼药的实物。这种广告方式在具体操作时,还有很多方法。英美烟草公司利用的就是这种广告方式,其雇用了一个大汉,身材很像叫作太刀山的横岗级相扑大力士,个头比太刀山还要高。大汉行走在南京路上,个头高出路人很多,所以十分显眼,人们很容易看到他。只见这个大汉带着香烟在路上不停地来回走动,有时还会向路旁的店面里扔烟。这种广告方式很受欢迎,不到一年的时间便在中国各地流行起来。我出游各地时,时有遇到,我也借鉴了这种方法。另外我还在相对大的市场设立一个代理店,然后将代理店存储的货物赊给小卖店让他们代卖。关于销售额的结算,我的要求是火灾、水灾损失由被委托人自己承担,而赊出的货款无法收回时,则由我代其承担责任。这种方法取得了显著成果。我之所以不承担火灾、水灾的责任,是因为那样的话没有达到任何广告效应,这样做同时也是为了提升商家对货物的保管意识。而我之所以承担收不回的赊账,是因为既然有赊账,肯定是商品已经到了顾客的手中,这样最起码达到了我做广告的目的。也就是说,用实物做广告的目的已经达成。这种方法稍微有些奇特,但是非常成功。

日本大正甲子十三年(一九二四年)

一月五日　　新年宴会当日,二重桥附近发生炸弹爆炸

一月十五日　关东地区发生强烈地震,让百姓惊吓不已,所幸无死伤者

二月十六日　根据海军限制条约,完成第一批废弃军舰的处理工作。也就是肥后、三笠、鹿岛、香取、萨摩、安芸、摄津、生驹、伊吹、鞍马这十艘军舰

四月十二日　美国下议院以高票通过排日法案,上议院也同样通过

六月七日　　印度诗人泰戈尔来访东京

七月一日　　实行国际单位制

追加事项　内山完造三十九岁。我家对面是一家杂货店,名为畠下洋行,店主是一对夫妇,他们每天从早到晚地忙碌着。由于畠下君之前在三井洋行工

作过,上层便把新开发的饮料卡尔必思①的销售工作全权委任给他。刚开始时,卡尔必思完全无人问津,为了打开销路,畠下君像养育自己的孩子般辛勤地为之奔波着。终于,功夫不负有心人,卡尔必思的销路打开了,且非常受欢迎。然而,三井洋行却把独家经销权给了吴淞路的土桥号,理由是土桥号常年经营酒水类且熟悉报关业务,值得信赖。至今为止,一直从三井洋行直接进货为其拼命打开销路的畠下洋行,在开辟好销路后便被三井洋行无情地抛弃了。老实的畠下君除了向我哭诉世道的不公、自身的无能外,别无他法。我不由得在心里叹息:"唉,日式作风暴露无遗啊!"中国人常说"不能相信日本人",看来,也是不无道理的。在销路不景气时,就求别人道:"全仰仗您啦,我给哪儿都没发货,全放您这里了。"实际是想让被委托者以为打开销路后可以继续代理,从中分得一杯羹,于是为其拼命推销。可是最后往往是落得像畠下君的境遇。商人为了追逐利益,其道德是没有底线的,根本不值得信赖。所以我认为,这样的社会不能称之为进步的社会。这里有一个有趣的小插曲,那便是畠下洋行的名字。"畠"是日本人创造的汉字,在中国根本没有这个字,所有中国人自然读不出来。于是聪明的中国人想出一招,即把"畠"字拆开,把原来的四个字读成五个字。于是"畠下洋行"便成了"白田下洋行"。

被三井洋行无情抛弃后不久,这个"白田下洋行"的店主就病倒了(估计是过度劳累引起的),并且病情不断加重,最终留下妻子和一个婴儿撒手西去了。其遗孀带着孩子勉强经营着店铺,终因一人忙不过来而放弃了生意,做起了那时十分兴旺的房屋中介。因为她找了个得力的掌柜,生意竟做得顺风顺水,后来还兼营起了家具店。生意兴隆,令她产生了搬到大一点宅院去的想法。当她把想变卖此处房屋的想法告诉我时,我便决定接手下来。我把二楼的一部分辟给主街上的牛肉店的老板,让其免费使用。一楼留给自己,这样才终于有了一家像样的内山书店。

我的书店虽小,但因书籍很丰富,人气越来越旺,不少人慕名前来。那之后又过了数月,邻居高岛先生要回国,也打算卖掉自家宅院。于是我便出手买了下来,把石库门②的两间并为一间,室内全部粉刷为白色,设两个出入口,且在

---

① 卡尔必思:日本于一九一九年创造的乳酸菌饮料,商标名 Calpis。
② 石库门:上海特色的民居住宅。

室内两侧及正对面的墙上全部安上搁板。搁板高十一层,分为十八列,共计一百九十八栏,把新近出版的书籍一字排开,煞是壮观。不管是谁来看了,都会感叹:"真了不起!这就是放在日本,也是一流的书店啊!"随后,其必定会接着感慨:"如此严格选材的书店,天下恐怕也就你这一家了。"

　　一九二四年九月,江苏督军齐燮元和浙江督军卢永祥开始了苏浙大战。每日一走到新公园,大炮的轰鸣声、机关枪及其他枪支的突突声,就如交响乐般此起彼伏、不绝于耳。到了傍晚,日本人一边纳凉一边向新公园聚集,中国人则聚集在江湾路一带,而大家探讨的话题都一样,即当前的战况。此时,我对战事漠不关心,而是一心扑在经商上,和王植三先生搭伴在中国各地东奔西走以求拓宽市场。对于冯玉祥在北京的政变、蒋介石的莫斯科之行,抑或宣统帝躲入北京的日本公使馆以求庇护这些事情,我都是把其作为新闻了解一下罢了,并不深究。这年,我向重庆的华英药房寄销了十万瓶眼药后,准备继续向四川拓展业务。同时我还向汉口的华安药房寄销了五万瓶。湖南方面不知什么原因总是进展不顺,即便是这样,送往长沙、常德的眼药数量也在每年递增着。从全国来看,要数香港和汕头的销售行情最为乐观。日兰贸易公司刚向大阪总部提出特别契约不久,香港公诚公司的销售额就开始倍增,汕头的华兴大商店也开始大批量订货。另外,在福建做的广告,由于各种原因对南洋华侨也起到了积极的影响,这也是不争的事实。

　　年末,我去大阪总部开会,上层决定关闭日信药房,所以大学眼药就移至内山书店内了。

　　当日本采用国际单位制后不久,相邻的中国也开始施行国际单位制。日本的改革方案是用十六年时间逐步改革为国际单位制,从小学教育开始普及国际单位制,用这种渐进式的方法达到改革目的。但在太平洋战争时期,由于战乱,人们一度摒弃国际单位制,采用原来的单位。所幸在日本投降后,这股逆流被压制住,国际单位制在日本得以继续推行。中国的国际单位制改革,则是像公斤、公尺、公亩这样,在原有的单位前多加了个"公"字,且其日后的改革没能像日本一样进展下去,最终,国际单位制的身影只出现在了政府的统计表中。

日本大正乙丑十四年(一九二五年)

　　一月十日　　　　　　植村正久牧师卒

	文政审议会上通过军事教育法案
三月一日	东京放送局创立,广播业务开始
三月十二日	孙文去世
三月十八日	东京日暮里大火,两千余户被烧
三月二十七日	因裁军废止四个军团
三月三十〔十九、二十九〕日	议会一并通过治安维持法、众议院选举法(即普通选举法)及贵族院改革法案
四月一日	大阪市将东成、西成两郡合并,人口增至二百一十余万,成为东洋第一大都市
四月二十日	日本东京大阪及大阪福冈之间首次发送航空邮件
五月十日	天皇结婚二十五周年庆典
五月十三日	琦玉县熊谷发生大火,全城大半被烧毁
五月二十三日	京都府丰冈市城崎发生强烈地震,死伤数千人
五月三十日	上海全市总罢工,反帝运动爆发;五卅事件
七月十一日	朝鲜京城附近水灾泛滥,淹没八千户,受灾众达七万人
七月二十五日	朝日新闻社乘"东风""初风"号飞机于代代木练兵场起飞赴欧洲访问
八月二十九日	国际单位制相关法条例公布
九月二十六日	片冈弓八郎将沉没于西班牙海中的"八坂号"的金块成功打捞出后回国
十月一日	关东地方大暴雨引发洪水,四万户房屋浸水,死伤众多,据称为五十年来未见的大雨
十一月十三日	旷古未闻的杀人犯、盗窃犯大西性次郎被捕
十一月二十一日	神奈川县鹤见町潮田发生群殴,死伤者数十名

追加事项　内山完造四十岁。四月,我经由中国台湾回大阪。听说了五月三十日的上海暴动后立刻于六月一日乘坐"熊野号"从大阪出发回上海。二日后入门司港。日本邮船会社支店店长到船发表了如下讲话:"这艘船奉命将作为第一艘接日本人回国的船只,今天一天内装足食物后于明日出航,估计不会从上海进港,多半会自吴淞折回。因此前往上海的旅客请于吴淞下船。"因为我是家在上海,所以决定在门司逗留了一日之后再度乘坐此船。

我在门司逗留,想起在门司有位叫作青津的亲戚,便去拜访了他。听说他住在清见町一个小学的下面,很容易便找到了。"有人吗?"我刚一敲门,很快青津的妻子也就是我的堂姐就出来了,很久没见还想着会有什么变化呢,结果一点儿都没变,"完造啊!"她用她那上扬的调子、尖锐的声音,热情地喊出我的名字。我受到了欢迎,在她家开心地住了一晚。知道她家也是基督教徒,后来美喜便时不时和他们之间来往起来,五十多岁的时候我的堂姐过世了。之后青津离开了门司,再不曾有他的消息。

且说"熊野号"临危受命,作为首艘接日侨回国的船只,满载了食物和燃料,于六月三日下午四时出航了。原本预备在吴淞折回的这艘船,六月五日早上起顺利地沿黄浦江而上,平安抵达浦东栈桥。八代馆过来迎接,我们一行共计六人乘坐小蒸汽船自海关栈桥上了岸,昔日热闹无比的上海外滩人影全无,寒气逼人。我坐着马车平安回到了北四川路魏盛里的家,一路穿过的街道一片死寂。我刚打开门,身后就跟进来一个中国青年,是施存统——一个我无论如何也无法忘记的人。我们畅叙离衷,我跟他讲了我回沪的经过,又听他说了五卅事件的来龙去脉,从施先生的话来看,在这次事件中我们的书籍销售一点也没受影响,说到这儿,我才记起此次回来还带了大量的书。

在这之后,大学眼药果然是一直没什么销路,而书籍这边销售情况一直很好。全市罢工已经持续了二十多天。最让人困扰的是挑粪工罢工不再过来——以往附近的农夫每天早晨天还没亮就会静静地挑着桶过来担走粪便。一担一块钱,贵是贵,但是也解决了大问题。这个时候,天理教的信徒们自愿加入倒马桶的队伍之中,让我钦佩不已。我是怎么也做不来。

到了六月,武汉的大罢工也一度升级为暴动。这一年实属罢工不断。然而说起来大的事件还是五月三十日因工部局警察和学生示威队伍之间的冲突升级,从而引发由内外棉公司的工人罢工为开端的罢工事件。

一九二五年的二月,内外棉公司工厂内曾发生过一次罢工,本来这事已经结束了,结果据说五月份,又发生了内外棉公司一个职工被殴打致死的事件,工人们继而得到学生团体的支援,一时形成了视死如归的游行队列。本来这个时候是内外棉公司罢了工,结果因警察开枪使得示威队伍中死亡数人,内外棉公司的问题就升级为学生团体和工部局之间的问题,酿成了五卅事件。此时,内外棉公司罢工事件已成其次,和租界当局起了正面冲突,事情一下变得棘手起来。工部局拜托日本政府出兵,日本政府以不干涉中国内政为由佯装不知,英国又紧急传达香港方面,由香港那边派遣了印度兵北上。接着英国兵也到了,一时间好不热闹,然而后来又因未达到开战的程度,也就不了了之了。

这年,广东人士廖仲恺被暗杀,胡汉民被蒋介石逮捕。

一九二四年九月,每晚去新公园乘凉时都要顺道听听苏浙战争的枪炮声。我一心想着要去看看战争后究竟是什么样子的时候,机会来了。当时儿童劳动问题研究者山田安子女士从东京过来了,我便领着她还有她的好友石田东华纺董事的夫人和她妹妹一同去参观。至刘河镇参观战后遗迹时,我们看到了一座庙,四面被炮击不说,还被小子弹如蜂窝般满满击穿,不禁感叹:居然严重到这般光景!

和山田女士受邀一同前往内外棉公司的时候,与纺织公司的干部们一起座谈,并在那个时候得到了内外棉公司员工罢工的报告书。报告书上写着:"粗纺工厂里数名品行不端的工人在统计工作量的仪器上动手脚,被日方发现受到训斥后反抗,遭到公司解雇。然而,粗纺工厂全部近百名工人自此开始罢工。其他工厂纷纷响应,最终全部工厂员工罢工。"然而,我看到报告书中写着罢工工人所开的条件第一条却是:"不准殴打工人。"(此后不论哪里的罢工必然记载有此条件。)所以我想,当时日本人一定出手殴打了那些工人。虽然当时我不是座谈会的主人,但还是插嘴问道:"在这个工厂里的工人是不是都来自同一个地区?比如说都是南京来的,或者都是扬州来的,而其他的工厂都是来自常州的工人,等等,也就是说他们是不是都是以地域为单位的呢?"可是显然工厂的干部们对此毫不知情(据说公司是以自由签约形式和员工个人签署合同的)。于是,我又跟那些和工人有直接接触的,也就是对中国人以地域分帮结派的事有所了解的人说道:"这被称作'乡土帮',而且每个帮一定会有一个帮主,没有一个工人认为自己受雇于公司,所有工人无一例外都认为自己是受雇于这个领导者(也叫老板)。"听我这么一说大家也觉得好像确实是这么回事。我又接着说道:"打人这种事在中国人之间是个非常麻烦的问题。所谓中国式的打架,先是哇啦哇啦的争吵,接下来是互相对骂,再下来才是相互殴打。而日本人对此并不知情。日本人习惯将争吵对骂或者对打揉在一起,而中国人却将这三者一一区别开来的。因此,这次的罢工原因也不例外,正是由于丝毫没有考虑到中国人和我们不同的思维方式,以日本人的习惯一开始就劈头盖脸地打去,这样问题就严重了。另外,虽然工人们受雇于企业签的是自由合同,但是工人被打上品德不端的烙印遭解雇,这就相当于粗纺工厂让整个老乡团体丢了脸,于是便引发了罢工。如果是让他们的老板做出决断,说不定他会带着那些所谓的品德不端的工人来道歉呢。"

我的话可能他们只听懂了一半,从那个时候开始,日本人的纺织工厂便对这些乡土帮起了戒备。山田女士十分温顺,我却自顾自地说了一大堆。不过后来日本人的工厂很好地参考了我的这番话。

"帮"这种中国特有的、不成规矩的相互扶助的组织形式,已经深深植根于中国的文化之中并流传了下来,它深深扎根于中国人的思维方式之中,也是社会生活中的一大主流意识。写到这里,我忽然想到日本的水灾和火灾。这实在是日本的两大灾难,说起来又是老生常谈。日本的政治家们为什么不考虑如何事先预防巨大财产的损失,而一味只想战争呢?他们实在如同井底之蛙。他们对一般国民实施欺瞒之术的做法实在令人绝望。日本的火灾和水灾中损失的财产数量很大。一次火灾中成百上千户损失的财产数量无法估量。就以每户损失五千元计算,若火灾波及一千户,那么就有五百万元的财产随之而去。损失了财产不说,重新修建又得花费不少,一前一后加起来数字实在是不小。此外还需考虑为此付出的劳动力。哎呀,要是再算上生产力的中断或是削减实在是不得了。水灾比起火灾有过之而无不及。然而对于这些,历代的为政者却不曾施以任何举措,在我看来怠慢之罪不可免。特别是那些整天叫嚣着"文化、文化"什么的人也应以同罪论处。这样的悲剧最好不要重演。

日本昭和丙寅元年(实为大正十五年 一九二六年)

    一月十日   朝日新闻社访欧飞机回到东京

    二月十一日   在乡军人会、青年团等在东京举办第一次建团仪式

三月五日	劳动农民党建党仪式于大阪举行
三月二十五日	大逆犯人朴烈及其妻金子文子被宣判死刑
四月五日	朴烈及金子文子受恩获以减刑
四月九日	劳动争议调停法公布
七月十八日	长野县因警察问题发生暴动,约三千名暴徒袭击县厅梅谷,知事被打
八月三十〔二十九〕日	第二届世界女子运动会上,人见娟枝打破世界纪录
九月一日	因朴烈及其妻金子文子的怪异写真事件引得世间舆论哗然,司法当局公开发表声明
九月三日	日本最初的普选——浜松市会议员选举举行
九月十八日	自当年一月十五日以来,被拘捕的各地主要私立大学的共计三十八名学生以违反出版法、治安维持法受起诉,预审均判有罪(京都学联事件)
九月二十三日	山阳线广岛县中野站附近下行特快列车翻车,当场死亡三十五人,五十余人受伤
九月二十八日	新潟县下属的六町三十八个村庄的儿童同盟学校停课
九月三十日	闹得千叶县不得安生的杀人犯"鬼熊"连续四十余日潜伏于密林之中,偶尔出没使得县警察为此困扰不已。这位全民憎恶的大恶人已于今日自杀
十月一日	京都帝国大学开设附属化学研究所
十月五日	救世军司令官布斯大将来东京
十月十七日	日本农民党和关西民众党分别于东京芝公园协调会馆、大阪中之岛公会堂举行结党仪式
十月二十一日	长庆天皇追加为皇室家谱中第九十八代天皇;后西院天皇改称为后西天皇
十月三十日	泛太平洋学术会议在东京召开
十一月二十九日	大阪人形净琉璃剧场文乐座被烧毁
十二月十一日	沼津市发生大火,七百户被烧毁
十二月二十五日	大正天皇驾崩,皇太子裕仁亲王即位

追加事项 内山完造四十一岁。日本出版界发生了一个轰动的事件。即改造社声明,将预约出版现代文学全集五十余册,并且以一册一元的低价按月发出,引领了"一元一册时代"的到来。接着新潮社也表示按一元一册出版世界文学全集,而后改造社也同样发表声明要出版经济学全集和马克思、恩格斯全集,日本评论社说要出版新经济学全集及两种法学全集,春阳堂是长篇小说全集,平凡社是大众文学全集等等,出版社犹如雨后春笋般纷纷表示要出版一元读物。虽然其中自会有优胜劣汰,不过这种"一元一册时代"却正可谓是日本出版界的极盛期。上海内山书店代销了现代日本文学全集一千部,世界文学全集四百部,经济学全集五百部,马克思、恩格斯全集三百五十部,新经济学全集二百部,法学全集二百部,长篇小说全集三百部,大众文学全集二百部等等,每个月进货一到,院子里的地上书籍堆积如山。业务员一下子增至十几人,苦力也增到了三人。啊呀,那会儿真是飞速发展啊!可以说,全上海的日本人商社、银行及工场内没有哪个人不是内山书店的客人,真是一下子腾飞了。

这期间也有一件趣事:每次一到货,总会有位乞丐老头过来帮忙收拾,完了把那些纸屑和碎木片拾走,他总是泰然自若、面带笑容地等在放扫帚和簸箕的地方,在箱子里所有的书被搬出去之前他是绝对不会去碰任何东西的。如果有其他的乞丐们过来,这位老乞丐一定会大喝一声:不许碰。总之一个手指头都不会让别的乞丐动。在书籍全部搬进去之后,他便迅速地将箱子里的报纸油纸之类的拿出来分类叠好。他只把破了的纸留给自己。当然破纸太多的情况例外,破纸不是很多的时候也会拿一点没有破的。总之他会把纸分类整理,把没有破损的都交给苦力。苦力们露出高高在上的表情把这些接到手里,不过他们还是会边笑边客气地说道:"谢谢。"老乞丐将破纸、箱子的破木板还有旧钉子等打包,清扫地面后将扫帚和簸箕放归原处,完了边说着"谢谢、谢谢"边将自己打包好的行李担出去。那样子和那些结束了在外工作一天的苦力一样,兴冲冲的。这是在日本无法见到的。我这个老古板从中看到了无法言喻的人情味,实觉欢欣。

这一年中国又是多灾多难。举一些例子:张作霖宣告东三省独立。广东发生反日暴动。国民军炮击日本军舰事件。奉天军进入北京城。孙传芳东南五省联盟结成。上海发生米暴动事件。蒋介石任革命军总司令,宣告北伐。冯玉祥加入国民党。东三省官银号发行的奉天票暴跌。北伐军连战连胜。英兵占领广东码头。十月汉阳陷落。发生万县事件,等等。万县事件是万县(四川省)的四名日本新闻记者被暴徒袭击,其中两名获救,剩余两名——大每记者渡边恍一郎和上海每日新闻记者不幸被打死。到了十一月,北伐军已经攻陷九江。十二月张作霖入北京组织安国军。一件接一件实在让人眼花缭乱。然而即便发生了这么多的事,中国人也不曾乱了阵脚,大国国民的胸襟不见消失。受害的两位日本人的骨灰自重庆由道格拉斯飞机带到上海,我作为基督教教会界的代表前往龙华机场迎接。因为日本人基督教会牧师和中日合作组织教会的牧师都不在,受害人渡边记者一家人都是基督教徒,又曾出席过日本人基督教会的活动,于是就拜托了圣洁教会的牧师去他家做守灵祈祷的主持。然而渡边夫人不能接受由素未谋面的牧师来做司仪,于是不得不改换日本人基督教会的长老[①]来做司仪,因此只得由我最终来做这个司仪。葬礼上也是我做的司仪。然而,不知是谁提议将两位受害人的葬礼按照上海日本人居留民团的民团葬来办理,最终也确是以此规模操办了。那个时候读悼词的过程折射出日本式的繁文缛节,让人深感无奈。那些级别较高的文武官们,还有银行商社的那些人,悼词都是由秘书代笔的,一旦拿起来读难免会时不时出现失误。当时轮到一位中将朗读悼词,中途卡住又是取眼镜戴眼镜,又是扣帽子摘帽子,看起来很是痛苦,我都觉得他可怜,这样的悼词又有什么意义呢?完全就是流于形式。由于日本人从来都是与内容相比更拘泥于形式,因此所有的祭文、悼文、祈祷词都是空洞的形容词的罗列。我觉得这一点必须要改,于是尽量将悼词缩短。这一天作为教会代表,我也必须诵读悼词。其他所有人的悼词都是一个共同悼念两位故人的长篇大论。而我则分别为两人做了简短的悼词。后来听别人赞许"内山君的悼词实在是出色,这种时候着实不应该啰啰嗦嗦地读那么长,而且也确实应该分别为两位做悼词才对,不愧是内山君,准备如此周到"。把我美美地表扬了一番。我做的是自然而然该做的事,还不至于要受到表扬。只不过其他人的做法有些过于形式化。然而,没想到我的做法让两家人都非常满意。因为他们无法将那些没什么实际意义的悼词作为纪念带回日本国内让亲戚们看,能带回去的只有我一个人的悼词,而且其他的人都是一张纸书写两个人的悼词,让哪

[①] 长老:基督教的名誉职务。

家带走都不合适(据说后来是一家带走一半)。

总之这个时候的日本人已经露出癫狂的端倪,失去了常态。

那个时候我们收养了一个女孩儿,并供她在京都同志社女校上学。结果有一天突然来了通知说她得了肋膜炎。我便询问她是要在京都疗养呢还是回上海,她说要回上海,于是便让她回来了。然而她得的不是一般的肋膜炎。从她脸上的暗黄色一眼就可看出病情不轻。我看着她每三个小时就得测一次体温并将体温记录下来,就琢磨着怎样才能不再需要这样折腾。没想到刚巧遇见了我家附近的石井医生,他看了一下问道:"怎么回事?"我答道:"得了肋膜炎。"他马上说"让我来看看",便很快给我女儿做了诊查之后又问道:"是否每隔三小时测一次体温?""是的。丝毫不差每隔三小时量一次",石井医生又说道:"那暂时先不测了。我会时不时过来检查测量的。如果之后有必要的话再量。总之,目前先暂停了吧。"听到这话我非常开心。抱着一定要让病人痊愈的想法,每天我都让她吃新鲜的生鱼片还有盐烤鱼。还将盐烤鱼的鱼骨再一次烤焦后加入热汤让她喝,同时尽可能让她多嚼那些烤焦的鱼骨。我也不知能坚持多久,不过抱着走一步算一步的想法硬是坚持了下来,每天都会购入一条小鲷鱼。除此之外,还按照我的养生方式每天天没亮就拉着她跟着我们去新公园散步。第一天,她连新公园的大门都没能走到便折回了。第二天亦是没进门就折回去了。就这样子反复了很多天之后她终于可以走到大门内了。又过了一些天后,她大概能走到门内公园的中部位置了。最后终于她能绕公园走一圈了(大约一个小时)。到后来每天早晨的散步变得越来越轻松有趣,甚至连体温计是何物都忘记了。虽然女儿消瘦了不少,但是身体却恢复了健康,还能每天给店里帮帮忙。偶尔还要熬夜记账,但再也没有发过烧,身体安然无恙。每天一条小鲷鱼,一半做生鱼片一半做盐烤鱼,连骨头都嚼碎的养生方式,一直坚持到我们离开上海——这一点我之前也不曾想到。这个孩子后来结婚育有四个孩子。其中有一次产后就做了盲肠炎手术也没有任何不良影响,身体很是健康,不过这是后话了。

那会儿内山书店倒是忙得不一般。日本人中间甚至有了内山书店迷。可能是因为我们是基督教信徒,所以首先是来自教会的信徒朋友,其次是上海读书界的人们,比如来自正金银行、三菱银行等爱好读书的朋友们。那个时候银行界的人中爱好读书的很多。实际上他们也是我书店的顾问。此外东亚同文书院的学生们也是我们重要的客人，因为在上海的日本人中说到学生的话，除了同文书院其他都是小学生，只有他们才是正值读书时期的青年，自然同文书院的所有学生都成了内山书店的客人。当然也因我一如既往地贷款给书院的学生，所以也有好口碑的缘故吧，我和第十三、十四期的学生长久以来关系都很亲密，甚至不觉得他们是别人家的孩子。一看到他们远离故乡在异国过着寂寞的日子，同情之感便不觉涌出，我想尽可能地对他们好，而这一点似乎他们也感受到了，在书店孩子们都会亲切地叫我夫人"阿姨"。有趣的是，日本人在国内时对于骨肉亲人以外的人均看作为外人的观念很强，对于日本民族均为同胞、血脉相连等这种意识并不明显。然而一旦离开日本到了异国之后，才开始意识到日本人民皆同胞，是血脉相连的人类，即"大家都是日本人"的这种意识才极度清晰了起来。越是日本人稀少的地区，这种感受越是明显。现在，一边写着这些，脑海里一边清晰地浮现出诸多学生喊着妻子"阿姨"的场景，可是他们是怎么称呼我的，却怎么也记不起来了。嗯，应该是"叔叔"吧。说到底，在人们心中内山书店终归还是我夫人的内山书店啊！

　　因为和第十三期到第四十五期的学生们一直保持联系，我便经常被称为是"书院的同学"，这让我觉得既光荣又欣喜。就是这样的一群学生，如今分散在日本国内的各个地方。其中有的成了天下的名士，有的成了议员，有的成了豪商，成为大财主的也为数不少。就我两年的国内旅行途中见过面的都不计其数。我只希望这个时候曾在书院里就读的人们能够一齐站出来加入到日中友好运动里来。如果说要给过去赎罪，可能有人会有异议，然而今天日本亡国的根本原因，其实就是对中国和中国人的认识有误，因此我希望他们能够务必为纠正日本人的中国观做出努力。上海内山书店依然是位于北四川路魏盛里的一处小小的庭院里，然而它却慢慢地得到了中日进步人士的认可。

　　那个时候在日本，劳工、佃户争取合法权益的运动渐渐抬头。而中国这边随着国民革命军进入南京城，外国人受到了有组织的袭击，日、英、美等国皆有人不幸死伤，即所谓的南京事件。国民政府的解释是：这是共产党为了阻碍国民政府的革命，故意挑唆国民党内的部分军队发起的暴动，对此国民政府不仅承担了所有责任，并且把那支暴动军队也解散了。看来把所有的坏事都扣在共产党头上的似乎不仅仅只是日本。然而有意思的是，一直以来干尽了诸多"坏事"的共产党却渐渐壮大了起来，而只做"好事"的国民党今天却衰落了。我不知道这究竟是天意安排还是神的审判,只是觉得这很有趣。面对富豪、面对权威,共产党顽强抵抗过、争斗过,而除他们之外应该再没有人这么做过。当然,他们当中也不乏开小差的人。不过这种现象不仅限于共产党。对于人类而言祈求万全、万无一失似乎是不可能。人类与神明至此有一线之隔。神明之于人,无论是对正义的或是并非如此的,都将沐浴其阳光,滋润其雨露,而这一点是人类无法做到的。他们只希望神明降雨露滋润自己及同类,否则将会为此苦恼。特别是和政治有关的人们,这种倾向更是明显。从政的人一定会将和自己持不同政见的人归至其他党派,称其为反对党。彼此说对方的坏话,可是恶言一旦过了度,其自身党派的命运便在不知不觉中变得危险起来,这是很有趣的现象。比方说清朝政府,它认为所有的坏名声无论大小皆与革命党有关。这就如同在战争的时候,人们把那些叫作"敌人"的人看作是歹毒的鬼蛇一般是一回事。这其实意味着自身命运陷入危机的时刻。革命党取得革命成功、掌握天下大权的时候,便开始将一切坏事都嫁祸给共产党。而他们越来越露骨地做这些事的时候,其实正是国民党自身命运危机四伏的时候。这是众所周知的事。现在在日本,民自党以及基督教中的一派对共产党就采取的是这样的态度,认为坏事一定就是共产党所为。就连过去的官僚也排斥共产党,将一切嫁祸于共产党,对其实施压迫。这种现象已从党派逐渐渗透至个人,有不少人成为牺牲品。但是,谁都知道这是军阀官僚们在自掘坟墓!不知他们是真的不懂还是佯装不知。山下总裁过世和电车脱离轨道死伤数人也说是共产党捣得鬼,袭击警察的事也算到共产党头上,无处不在打压共产党。其实这个时候正是他们危险期到来的时候。把什么都归罪于对方,痛斥对方的时候,自身是多么惧怕、多么赢弱呀!用老年人和年轻人为例,很容易便可看出这个道理。老年人在还有实力的时候会瞧不上年轻人,可一旦开口说年轻人的坏话,那便成了他实力变弱的证据,不久就到老人行将入土的时刻。在自身党派还有实力压制对方的时候,一般并不会多言恶语,可一旦自身实力衰退,就开始说起对方的坏话来。而这也正是自身实力弱化的表现。真是个有趣的规律。后来中国国民党倒台了,而被划为一切罪恶根源的共产党却掌握了天下。当然有一天如果共产党开口说一切坏事皆为国民党、其他党派所为,而他们自身毫无缺点的话,那这个规律又会轮到共产党的头上。今天的共产党坦然承认自己的不足,并与之进行着殊死搏斗,毫无惧意。其实这完全是因为他们具有攻克难关的实力。因果轮回如车轮滚滚,骄者必败,唯有自我谦逊,才能长存于世。对此我们一定要警钟长鸣。共产党如果是恶之根源又怎能繁荣起来？从苏联归来的人们中有痛骂其残忍和专横的,如果真如他们所说的那样,苏联共产党言行不一的话,那在这次的大战中应该就不会获得大胜。想想伏尔加格勒保卫战,自然就不能说苏联共产党是万恶之根源了。当然,这并不是说苏联的理想与现实之间没有差异。一定会有不同,但是并不能说它是故意为恶。苏联的方式,绝非立足于罪恶之目的(若将政治本身定性为恶,那这就不必当作问题来说),我相信它还是站在为了让人们生活得更加幸福这样的立场之上的。总之,从中国的历史中,我认识到将任何坏事归咎于共产党的这种观念是不对的。这不仅仅是针对共产党,一旦恶言予他人,即是预示自我终结的前奏。

日本昭和丁卯二年(一九二七年)

一月七日	大正天皇的葬礼在东京新宿御苑隆重举行,之后殡葬于多摩陵
一月十日	新潟县高田附近降下了前所未有的大雪,长野、新潟两县交界处的积雪达两丈之深
三月一〔三〕日	明治天皇的诞生日——十一月三日被定为明治节
三月七日	奥丹后峰山地区发生强烈地震,死伤四千人
三月九日	鹿儿岛商船水产学校的训练船"舞岛号"在太平洋上训练,在训练过程中,船上五十名乘务人员在铫子冲失踪
三月二十四日	众议院召开全体会议,会场陷入大混乱,出现了流血惨案
四月十、十一日	就南京事件(国民革命军进入南京城时,对在留外国人采取了有组织的暴力行动,出现了死伤者),日、英、美、法、意五国政府向中国政府递交通牒发表共同声明
四月二十一日	金泽地区发生大火,八百余间房屋被烧毁
四月二十一、二十二日	第十五银行突然停业,这一影响波及各方面,

	很多银行相继停业，政府最终发布了三周的延期偿付令（金融恐慌）
五月二十八日	由于国民军北伐，日本政府声明出兵前往山东
七月二十四日	芥川龙之介（文学家）自杀
八月四日	军备会议以调停未了而告终
九月十三日	有名湾发生大海啸，造成千余人死伤
十一月二十五、二十六日	岐阜县发生了佃户争取合法权益运动，五千余名群众大举袭击地主的住宅
十二月二十九、三十日	东京的上野到浅草之间的地下铁路开通运营

特别记事 这一年掀起了一股被称之为"一元"的浪潮，市内乘车一律一日元。不知道哪个在前哪个在后，出版业也破天荒地出现了一日元一册的预约出版物，从文学思想到社会问题等全集相继出版。在这些出版物中，改造社的日本文学全集占据首位。

由于金融恐慌，全国统一实施了三周的延期偿付。

一九二七年中国国内也发生了各种事情。

一月，在汉口，国民政府占领了英租界。在上海，以上海电车公司（外国人所有）为首，爆发了上海总罢工。

二月，美国提议上海中立。

三月，国民军占领了上海和南京。南京政府禁止在汉口流通外国纸币（一月，东三省政府禁止了日本纸币的流通）。

四月，发生了汉口日本租借袭击事件，在北京，因共产党叛徒的检举，隐藏在苏联大使馆的李守常、于树德、路友于被逮捕。武汉政府向南京政府宣战。苏联同中国（北京政府）断交。蒋介石、中国银行公会及总商会开始向钱业工会等借款三百万元。

九月，新国民政府成立，南北统一。

十一月，在南京和武汉的国民党军队发生了对抗。

十二月，苏维埃政府在广东成立，但仅三天就被消灭。一九二三年以来，米哈伊尔·马尔科维奇·鲍罗廷作为国民党的顾问活跃起来。据说广东苏维埃也是在他的指导下成立起来的。广东的苏联领事馆遭袭，南京政府跟苏联的关系走到了断绝邦交的地步。鲍罗廷顾问离开中国。日本人一味地认为中国共产党完全是在苏联的指挥下展开活动的。但出乎意料的是,鲍罗廷的离开只是一度令共产党陷入了茫然自失的困境。但李人杰先生说:"不必担心,中国人绝不会成为俄国人的爪牙的!"他的话至今还在我的耳旁萦绕。现在的中国共产党绝对不是苏联的狗腿子,中国也不是它的附属国,是与之缔结了完全对等的同盟条约的中华人民共和国。尔等千万不要产生错觉。

追加事项　内山完造四十二岁。一九二七年,路边小店的内山书店因日本书籍的流行飞速发展起来。这引发了我的思考。很多书籍介绍的成功模式都是从点滴开始汇集,最后发展壮大。但实际上,成功不是从点滴开始逐渐壮大的漏斗形模式,而是初始状态的渺小一直持续着,经过长时间不屈不挠地努力工作,因巧遇世事变化,在变化中幸运降临,才突然壮大起来的。然后这种壮大起来的状态持续一段时间,再经过长时间的不懈努力,又逢世事变化,在变化中有幸蒙受恩惠,又突然进一步壮大起来。用图解来表示的话,如下图所示:

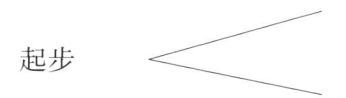

起步　　＜

这是诸多成功经验所表示的成功路径图,但我的想法与之不同。

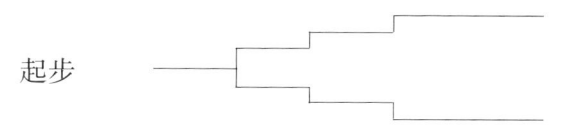

起步　　——⌐¬⌐¬

这是我总结出来的趋势图。事业壮大的方式刚开始可能是从一到二再到三到四逐步递进的,但事实上,经常会从一到二到四到八这样大幅度地增长。虽然成功并没有一种确定的模式,但在谈成功经验时,很多人会说完全是靠自己的努力才一步步走向成功的。然而我的看法却是,自身的努力仅仅只是搭建了一个平台,社会环境的变化实际上会给成功注入强大的动力。因此,财富这个东西很大程度上是社会赋予的,绝不可能单靠个人就能做到。自古以来成功的经验却把这一点忽略掉了。谁都认为可以轻而易举地获得财富,认为通过个人的努力就能成功,这种想法完全是忽视社会条件的说教造成的。自己的努力加上社会条件的赐予才能获得财富,只有明白这点,日本人才不会成为把财富据为己有的人。我们的教育出了错。缺乏独创性的我们又无法自己悟出此道理。我想,今后谈成功的经验时,一定要把这点教给人们。作为成功的基本因素,个人的努力和社会条件二者缺一不可。

虽然当今社会不允许那种不上不下、不冷不热的中庸之道存在,但我认为奉行一边倒的政策也是很危险的。为什么这么说呢,因为这是一种赌博。在国内一边倒还可以碰碰运气,但对外奉行一边倒的政策,如果押中的话还好,可一旦失败就会付出惨重的代价,最后只能走向衰败的绝境。那么,一边倒是危险的,但又不允许走中庸之道,这种情况下该如何确保安全呢?我认为应该一分为二地处之,向右走失败的话还有左边,向左走失败的话则有右边,这样才是安全的。这才是中国式的安全保障。这个暂且先说到这里吧。

这一年在江西省,被视为左翼阵营的贺龙、郭沫若等人同蒋介石决裂,翻山越岭,持续苦战,一直打到了广东省汕头。郭沫若作为宣传部部长,曾在蒋介石任总指挥的北伐中立了大功,又在汉口协助邓演达,被任命为武汉政府政治部主任,名声大噪。他独身一人从汕头逃亡时,乘上了一条逃往香港的船。不幸的是,这是一条海盗船,还好船上有一个青年渔夫认得他,才逃过一劫到了香港,然后又逃到上海来了。他先到我家住了下来,同行的还有一个穿着军装、长相可爱的女孩,前后在我家住了十几天。这个女孩出生于安徽,可能是因为她的父母当年留学过日本,她会讲日语。收到信得知女儿住在我的家中,她年迈的母亲便立即赶来接她。她母亲一到上海就坐上电车寻访我家,没想到碰巧我也正好坐在同一辆电车上。快到阿瑞里时,她向我打听魏盛里。我问她你要找魏盛里的谁,她说"我找内山书店的内山先生",于是我回答"我就是内山"。她对这次奇遇感到惊讶的样子,还有与久未见面的女儿相聚时泪流满面的喜悦的样子至今刻在我的脑海,历历在目。那时郭夫人(富子女士)已早一步回到了上海,借住在我家附近的一个小屋,她同这个女孩之间有些不和。不久,我记得郭先生就回汉口去了。

鲁迅先生也是这一年从广东到了上海,就住在离东横滨路较近的景云里二十三号,我做梦也没想到凡夫俗子的我竟然能够走近他的生活。实际上我也是过了很长一段时间之后才知道他住在景云里。鲁迅先生跟书店结缘应该是在跟(许)景宋女士结婚之前,这一点我记得很清楚,只是说不清具体的日子。因为有一次他说："老板,我结婚了。"我问他:"跟谁结婚?"先生极其简短地回答:"跟许结,因为周围的人都担心这担心那的,不结婚的话反而说不过去。"他回答得很轻松,所以我记忆深刻。之所以记不起来具体从哪天开始,是因为先生总是洒脱地抽着烟走进来,选好书买了以后,就静静地回去了。起初来了几次他都是这样,没正经地谈过什么。"我是鲁迅,到你这里买书来了。"他从来没这样做过自我介绍。因此,我也就记不得他到底从何时开始光顾书店的。跟先生打交道时,刚开始他没说自己是"鲁迅",只说自己是"周树人"。我记得当时便确认说"那您就是鲁迅先生吧",这次会话我至今都记得。总而言之,这一年是我们开始交往的第一年。原本这应该是我的生活中值得纪念的一年,但因为浑浑噩噩过日子的缘故,当时没有多留意,故而没有一个记忆是清晰的,现在想来非常懊悔。我一如既往地这般后知后觉,总是做事后的诸葛亮。

忘了是哪一天,鲁迅先生带了很多年轻人来我这里。那位惨遭政治家毒害的柔石就是其中之一。鲁迅先生常说:学生们还很年轻,由于经验不足,经常被那些牛鬼蛇神利用,这类骗子实在是可恶至极。为了谋求和巩固地位,为了宣扬名声,他们毫不顾忌地把那些有勇少谋的热血青年学生当作垫脚石。说到这些的时候,先生的脸总是紧绷着的。先生的确是个耿直的人。我经常听他在争论的时候诚实地说:"我不会写劳动文学,因为我没有劳动经验。"先生的正直令我敬佩不已。先生去世之后,毛泽东主席在延安设立了鲁迅艺术学院,他说:鲁迅先生不是共产主义战士,也不是共产党员,但鲁迅精神却是拯救中国的良药,他是我们的导师。鲁迅先生被毛主席推崇为共产党的指导者,绝不是徒有虚名的。能够与晚年的鲁迅先生亲密交往十年,实乃我人生中的一大幸事。我年轻时曾一度梦想着要为中国革命抛洒热血,也许那是我读了滔天宫崎寅藏先生的《三十三年之梦》受影响的缘故吧。不过,因经营书店而同现实中的为中国革命开展文学运动的许多人交往,冥冥之中也是一种奇缘。这期间,有一些社会主义读物开始从日本进入中国。我后来才知道,北京大学的李大钊、陈独秀、于树德、路友于等人专门来我的书店买过书。

日本昭和戊辰三年(一九二八年)

〔一〕二月二十日　　　日本大选,第一次进行普选。这月政府下大力气扑

	灭共产党
四月十日	劳动农民党、日本劳动组合评议会、全日本无产青年同盟三个团体被禁止结社
四月二十日	外务省发表针对出兵山东的声明书
五月三日	山东省济南城外百余名日本人被杀
五月八日	日本山东派遣军在济南采取了积极的军事行动，占领了济南周边一带
五月二十一日	世界知名的细菌学家野口英世博士在研究黄热病时被感染不幸去世
六月四日	大元帅张作霖在回奉天的途中，于奉天车站外遭炸弹袭击，他和同僚皆受重伤，最终去世
六月八日	田中义一首相在上野车站遭暴徒袭击，所幸无恙
六月二十八〔二十九〕日	公布治安维持法修订紧急敕令
十一月十日	当今天皇即位大典在京都举行

特别记事 国民政府任命蒋介石为总司令，发布了第二次北伐的声明。奉天东北军全面败退，国民军进入北京城，国民政府发表对外宣言，北伐总司令蒋介石卸任。此时，红军的活动逐渐频繁。国民政府宣布废除不平等条约。八月，国际联盟正式承认国民政府，不久国民政府加入非战条约。中央银行设立并开始发行纸币。蒋介石成为国民政府主席。

追加事项 内山完造四十三岁。内山书店仍然在魏盛里内，打通了两间石库门合成一家，店内刷上了白色的油漆，两间屋子的天花板也装上了玻璃，屋内更加豁亮了，成了一家感觉非常舒适的店。日本的流行新潮最终引发了日本出版界前所未有的大发展。

今天是天皇登基大典，为了表示些许祝贺之意，我给全体店员每人发了十日元的小费。因此便发生了件有趣的事情。一名中国店员拿钱买了喇叭，另一个人买来了留声机，也有人买其他东西。还有三个人买了金戒指，日本人一般不会买这个吧,所以我感到很有趣。此后那三人在金价高涨的时候一同卖掉了金戒指换成了银的。果然中国人从孩提时代便很有经济头脑呀。金戒指一事清楚地展示了财富增值的一种方法。每逢遇到这样的事,我对中国人的生活方式的兴趣就更加浓厚一些。

有句古话叫世事变幻无常,的确世事的变迁快得让人惊叹不已呀。仅仅三十五年,国民党就衰败了。"民国"十七年(一九二八年)十月三日,《训政日报》刊登了议定的施政纲要,我把施政纲领的全文摘抄如下以备参考。

(一)"中华民国"于训政时期开始,由中国国民党代表大会代表国民大会,领导国民行使政权。

(二)中国国民党全国代表大会闭会时,以政权付托于中国国民党中央执行委员会执行之。

(三)依照总理建国大纲所定选举、罢免、创制、复决四种政权,应训练国民逐渐行使,以立宪政之基础。

(四)治权之行政、立法、司法、考试、监察五项,付托于国民政府总揽而执行之,以立宪政时期民选政府之基础。

(五)指导监督国民政府重大国务之施行,由中国国民党中央执行委员会政治会议行之。

(六)"中华民国"国民政府组织法之修正及解释,由中国国民党中央执行委员会政治会议行之。

从以上条款来看,国民政府是在国民党专制的背景下统治"中华民国"的。换句话说,国民党全国代表大会是通过其选出来的党中央执行委员会来指挥和监督国民政府的,这就是人们把国民党专制下的中国称之为"党国"的原因。(以上出自《中国问题辞典》)

总之,在训政期间国民政府就没落了。由此我们会发现,国民革命时期临时性地根据训政纲领执政,想以此向三民主义过渡。共产党在进行革命的过程中,也有一个称之为新民主主义革命的时期,希望通过这种历练向共产主义过渡。这一点跟希望经过训政时代向三民主义过渡的国民革命是有相似之处的。

日本昭和己巳四年(一九二九年)

一月三日	新潟县西颈城郡海岸降大暴风雪,致使三十余人死伤
一月八〔七〕日	因岐阜县犀川掘开堤坝的问题,引起该县安八郡发生农民暴动,最后出动军队才慢慢镇压下来(在年表里虽未被记作大事,但因为出动了军队,事实上恶化为大事件,所以我删掉了六个字)
二月十五日	东京牛进区松若町户山脑科医院发生火灾,造成十余名患者死伤
二月二十一日	琦玉、群马、长野三县的边界奥秩父山山中发生火灾,大火烧了十几天,很多山林被烧毁
二月二十二日	曾经叱咤风云,外号为"说教强盗"的妻木松吉被捕获
	宫崎县气仙昭町发生大火,千余户房屋被烧毁
三月五日	横滨电气局职员罢工;山本宣治(京都普选出的劳农党议员)被七生义团(日本的右翼团体)的黑田保久二刺杀
三月十四日	茨城县石岗町发生火灾,四百余户房屋被烧毁
三月十六日	山阳线山口县姥石隧道附近高速列车翻倒,十九名人员死伤
三月二十日	在众议院会议上就提交的众议院选举法修正案中的小区选举制进行讨论,结果会场陷入混乱,议案遭遇难产
四月十六日	三重县牟娄区有井村山中发生火灾,山林被烧毁
五月十日	印度诗圣泰戈尔再访日本
五月二十日	岐阜县船津町失火,全城化为灰烬,烧毁一千二百户房屋
五月三十一日	自二十五日以来,桦太厅留多加地区附近两三处发生山火,今日仍在持续,村落被烧毁,死伤者甚

	多,当地人称这次大火在山火频发的该地区也属罕见
六月三十日	特务舰"朝日号"在广岛湾成功进行了打捞沉没的潜水艇实验,创造了世界纪录
七月二十四日	非战公约正式起效,发布仪式在美国华盛顿总统府白垩馆举行
七月二十、二十五日	非战公约的正文及宣言批准书公布于世
八月五日	北海道石狩地区空知郡歌志内住友矿井的第十层井,距离井口有一千二百米的井下发生瓦斯爆炸,矿井中的工人数十人死伤
八月十四日	陆军重轰炸机坠落,机上九名乘务员全部罹难
八月十九日	德国大飞艇"特爱特·派林伯号"七日从美国的雷科赫斯特出发,历时二十二日成功环游世界一周
十一月五日	日本共产党大拘捕(四月十六日)的预审结束,约三百人(加上第一次共八百余人)被起诉
十一月二十一日	撤除黄金出口禁令(黄金解禁令)。于昭和五年(一九三〇年)一月十一日开始施行
十一月二十二日	为了研究鱼类而前往四川省出差的岸上镰吉博士客死于成都
十一月二十九日	特命全权公使(驻北京)佐分利贞男在箱根宫下的富士屋旅馆自杀
十一月三十日	若槻礼次郎、财部彪一行启程,前往伦敦列席一九三〇年一月召开的海军军备会议

特别记事　汉口的正金、台湾的住友银行支行关闭。三月,中央银行被挤兑。在上海召开了全国反日大会。向蒋介石武汉政府发出了最后通牒,武汉政府发布讨伐令,宣布开战。各国讨论决定解除对中国武器输入禁令。五月,上海码头的工人罢工。青岛的日系纺纱工厂罢工。九月,江西省苏维埃平民银行设立。十一月,中央银行发行的纸币暴跌。

追加事项 内山完造四十四岁。呜呼,此乃生死存亡多事之秋也。尤其是火神频频降临,以至于山林大火不断,日本一边在自负自己的先进,一边却只能眼巴巴地看着大火自己熄灭。这是一个多么科学的日本啊!当很多人的生命在大火中结束的时候,虽然有报道说几十人死伤,可是不觉得这些人命的价值比泥土、野草还轻贱吗?在陆军那里,一名士兵值一钱五厘(仅够买一张明信片的钱),但马却是高价,所以他们呼吁要好好爱惜马。也许正是这种错误的教育才造成人命被轻视的后果。与此相对比,在救援遇难的英国船的报告中却是这样写的,"有一人因救援不力,虽尽了最大的努力,但最终还是没能挽回生命,我们感到非常遗憾"。真不愧是英国呀!堪比基督教中上帝全力拯救那些迷途的羔羊了。这才是尊重生命。像日本这样,对生命和人权的尊重实际上是遭受了无情地抹杀。

一九二九年,内山书店搬到了上海北四川路底的新店铺。实际上,这个铺面也是不得已接手的,但书店终于开在了街头,业务急速地发展起来。因为这里是一路电车的终点站,随着这里新建住宅的增加,顾客也大幅度地增多。因此内山书店的生意红火也是在情理之中的。我想就这样顺其自然挺好的。

一九二九年,汇山码头的工人进行了大罢工。作为对策,邮船公司从长崎招来了数十人甚至数百人的码头搬运工。但这些搬运工相当孱弱。在市井中经常听到这样的谈论:"苦力罢工怕什么呀,从长崎招来一些搬运工就行了。"估计就是因为有人这么说的缘故,邮船公司才从长崎招来了码头搬运工。后来经过实践的检验,这些搬运工的确是不堪一用,邮船公司也没辙了。我们的自负是这类自负。中国人的劳动能力之强大,恐怕世界上没有可以与之匹敌的。他们旺盛的劳动力是南洋华侨成功的根本原因。这些华侨最初使用最廉价的方式渡往南洋,以劳动力为资本赚钱,等有了少许存款便开一个小本的烟纸店踏入商界,从此开始发挥其商人的天性。然后跟祖国做与外汇有关的生意,通过诸如在金银之间找差价的世间无敌的蓄财术,不久便成为令人羡慕的成功的南洋华侨。每年中国进出口的账面显示的都是负值,但是却绝对不会陷入破产的危机。之所以进出口的账款总能保持平衡,据说是因为华侨把钱寄往母国的缘故(我认为这种汇款不单单是简单的汇款,他们还利用了金银价格的高低差)。华侨的经济能力究竟有多大,远远超乎我们的想象。

日本的年表里头说这段时间中国的反日运动更加高涨了,但我不这么认为。"满铁"方面的调查和日本军部的调查都夸大其词了。实际上,对上海的日本商人而言,大正十二年(一九二三年)时火药味最浓,此后所谓的反日都是小规模的,主要发生在小地方。绝对影响不了日本的国家收支(在贸易上的)。

内山书店走上了平稳的发展道路,但内山书店的创立者——我的妻子美喜去年却得了骨痛热病,自患病以来,她的身体不如以前了。由于妻子身体太胖的缘故,这段时间还得了心脏瓣膜症,但当时她本人和我都没意识到问题出在哪里。常年来,我跟妻子每天早晨都去新公园散步,后来由于我得了疝气,我们去那里的次数越来越少,最后中止了。后来我才明白,正是由于这个原因才导致了妻子的肥胖。

我忘了是否已经提过,我们夫妇俩自从住在魏盛里以来,每天天没亮就去新公园散步。早晨的新公园连一个散步的人都没有。除了有时候会碰到日清汽船公司分店店长小幡恭之先生的夫人之外,就再没见过其他人。譬如下雪的早晨,诚如文字描述的那样,是一个银装素裹的世界。每年这个时候,我们夫妇俩在雪地里踩上第一个脚印,顿时觉得神清气爽,至今那些印象还铭刻在脑海里。有时候,晨雾笼罩着大地,我们夫妇俩散步其中,有一种恍如天上人间的错觉。当晨雾慢慢散开,东方那浅白色的太阳宛如明月,用肉眼就能清楚地看到太阳上面的黑点像撒了黑芝麻一样,这种景观只有在这样的时候才能看到。肉眼看见太阳的黑点恐怕是罕见的事情。说起罕见,让我想起了另一件事,有一次我在长江旅行时遭遇了来自蒙古的风沙的袭击,太阳那耀眼的光芒渐渐变得暗淡,后来成了一个黄色的圆盘,最后竟彻底消失不见了。我乘坐的小船甚至连一尺见方的东西都看不清,完全被浅黄色的沙尘给包围了。不用说,此时船也只能抛锚停下。刚开始船只还呜呜地鸣汽笛,很快便只是当当地敲起钟来向人告知自己所在的位置。这种事经常发生在早春的三四月份,每当此时,军舰、汽船等人类引以为傲的文明工具完全无用武之地,只能停在那里等待天气好转。等沙尘散开,船恢复了自由,我们才发现离我们很近的地方也有船只抛锚停泊,才意识到刚才有多么危险,不禁吓出了一身冷汗。据说这种情景每年都有。有时候连洞庭湖上都会发生这样的事。总之,名义上虽然是风,但它从千里之外的沙漠地区裹着黄沙到了这里,目之所及全被黄沙包围,果真是黄沙万丈。中国人这么说绝非信口开河。日俄战争时,第二舰队司令长官上村大将的报告中这样写道:"浦潮舰队又消失于浓雾中了。"看到这个,日本人相当地愤慨,他们怒气冲冲地说"浓雾浓雾,到底是什么东西这么厉害!"不知浓雾为何物的人再给他说也是对牛弹琴。更不用说,对于那些不知道黄沙万丈是何物的人了,对他们而言,这只是在危言耸听而已。说到底,只有实践才能出真知,别无他法。曾经有一段时间,火车从上海开往南京的途中,完全是在遮天蔽日的蝗虫群里行走。有句成语叫暗无天日,诚然如此。宛如被黑云笼罩一样。蝗虫同火车相撞如同从天而降的冰雹或雪雹发出砰砰的声音。蝗虫吃庄稼时的声音就像下暴雨。不管怎么说,不亲临其境是不会明白的。这里的蝗虫是在日本见不到的那种身上带有紫斑、拇指大小的昆虫。要扑灭大陆的害虫,恐怕要用原子弹才有效,可是那样的话人也不能幸免于难。DDT(杀虫剂)之类的恐怕起不了啥作用,除非用飞机在上空喷洒某种药剂,除此之外估计没有其他什么更好的办法。迫切需要科学家有新的发明。要是能发明出一种对人的性命无害的原子弹就好了。

总之,只要文章写得好就给一百分。因为论文的绪论、本论、结论都撰写得很完美便可授予博士学位——拥有诸如此类岛国式狭隘的思维方式的人,根本对付不了这些蝗虫,恐怕连蝗虫的毫毛也伤及不了,故此最好还是别插手此类事物为好。以上这些是我的朋友关屋牧在他的小说《蝗虫》中的陈述,事实上也确实是这样的。

人们对佐分利公使的自杀充满了疑惑,我不知道这其中的缘由,但我想这个人或许相当的正直,他是忍受不了军部的欺诈外交,不得已以死相抗的吧。到底是怎么回事呢? 先写到这儿,以后再看吧。

这时候,我店里的中日两方店员共同设立了一个存储会,他们在中南银行每人每月存一元。但是没想到今天起外国银行不再受理这家银行发行的纸币了。于是我对王先生建议说:"中南银行比较危险,咱们把储存会的钱取出来存到正金银行吧。"但王先生说:"不要紧,就这样别管,没事的。"我说:"那要是破产了怎么办呢? "王先生说:"在银行亏本的时候去取的话银行就真的会破产了,要等他们赚钱的时候再去取。"我羞红了脸,不禁对王先生的伟大敬佩不已。王先生不过是从十三岁就开始做学徒的一个普通中国人,他竟然有这样的经济理论,尤其是与理论相比,他付诸行动的决断力令我自愧不如。

日本昭和庚午五年（一九三〇年）

一月二十一日	在伦敦召开的军备会议的开幕式上，若槻全权代表日本做了演讲
	日本参议院解散
二月二十日	举行众议院议员总选举，民政党获得了绝大多数选票
三月七日	日本社会局发表数据称有三十一万人失业
三月十四日	从俄罗斯招聘的铁道工程师一行启程
三月二十八日	石川县小松町发生大火，烧毁房屋七百余间
	内村鉴三去世
四月十八日	北海道北见纹别町发生大火，烧毁房屋三百间
四月十九日	山梨县南巨摩郡睦合村发生大火，烧毁房屋三百余间
四月二十二日	伦敦海军军备会议上美、日、法、英、意五国签订了五国海军条约
七月十二日	富山县六百名农民因洪水决堤发生了乱斗事件
七月十八日	九州地区遭受强台风袭击，损失巨大
八月二十一日	东京跟大阪之间电传照片业务开通
九月五日	富山县凑町大火，烧毁房屋五百间
九月十三日	在东京新桥有乐町发生电车碰撞事故，百余名乘客受伤
九月二十五日	小提琴家津巴利斯特来京
十月九日	服部（地名）钟表店店主私人出钱三百万日元，以奖励学术研究调查会等公益事业为目的，成立财团法人服部公报会
十月二十〔七〕日	原住民蜂起杀害了日本人
十一月一日	北海道稚内发生大火，烧毁房屋两百间
十一月六日	开往青森的快速列车在北陆线的市振从百余尺高的悬崖上坠落，死伤二十余人
十一月十四日	滨口雄幸首相在东京站遭袭击
十一月二十六日	伊豆地区发生强烈地震，丹那隧道周边为震中，死伤数百人

| 十二月十五日 | 东西十五家报社就政府取缔言论自由的条令发表共同宣言 |
| 十二月十八日 | 安达内务大臣就十五家报社的共同宣言进行解释说明 |

特别记事　
一月	上海缫丝工厂全部休业
二月	湖北省红军起义
	阎锡山、冯玉祥、李宗仁、何健、鹿钟麟等公开表明反蒋
三月	上海的银市暴跌,也就是说金价暴涨
五月	禁止输入墨西哥银及其他国家的银币,禁止输出金块
	东三省官银号发行的奉天票暴跌
	在上海召开第一届全中国苏维埃区域代表大会
七月	红军在长沙起义并袭击日、英领事馆
九月	签订归还厦门英租界协议
十一月	提案回收汉口的日本租界
十二月	宣布废除治外法权

追加事项　内山完造四十五岁。日本依然是火灾不断,交通事故频频发生。军备会议联盟虽然成立了,但军阀之间却愤慨声频频,对若槻全权公使的埋怨相当强烈。尽管人世间有着种种的问题,但内山书店像流水一般,搬迁后依然一如既往地发展着。我们住过的旧房屋转让给了王植三先生,大学眼药也让给王先生来管理。为此还让益永君特意从参天堂本部过来交接事务。因为带来的协议书要求很过分,我便说一切责任由我永久承担,谢绝了签订协议的要求。我给所有的朋友、同僚及全体店员赠送了礼物,了断了同参天堂的一切瓜葛。从参天堂寄来的一封信里这样写道:"从参天堂离职的人都是因为他们自身有缺点。你是少见的功德圆满的退职人员,你的退职其实是抛弃了有着百万日元资产的公司云云。"回想起在大学眼药渡过的十七年打工生涯,于私我是应该满怀感激的;于公来讲,我觉得参天堂的经理三田忠幸真不愧是个手段毒辣的

人。那些公司的老员工只要有点差错,他随时就会把他们赶出参天堂。虽然被赶出去的人可能也有自己的问题,但对公司来说,这样一来可以省去一大笔退休金和工龄津贴,与此同时,也是给自己扫除障碍物的最好方法。寺田副经理已经去世,没啥可说的。福田、小仓,最后还有菱田、中原等人都是这样被扫地出门的。见田君也是这个下场。留存下来的都是些唯唯诺诺的家伙。最后,参天堂股份公司全部落入三田忠幸之手。他早早地就让自己的儿子加入了公司,其目的已经完美地达到了。那时,原店主田口一家已经后继无人了。幸运儿应该说是非三田忠幸莫属。我有幸被田口谦吉社长选中进入公司,不久便调我到上海来工作,媳妇也是社长夫妻二人做媒娶过来的。由于这个原因,从进公司到社长逝世,我一直受排挤(参天堂被改为股份制时,给全体职员赠送了股份。数量按照供职年限来定,但一个股份都没有给我,就连改组的通知我都没收到过,这些事实都是很好的证明)。田口先生去世的时候,我连通知也没收到。我还是从横山宪三先生那里听说此事的,随后赶紧补发了一份吊唁信。由此可见三田为何许人了吧。到现在我依然对于此事感到遗憾。我在惊叹大阪商人的精明的同时,祈祷世间能早一天消除此事。不管怎样,从现在开始我不再受牵绊,可以悠然自得了,因为我可以按照自己的意愿生活了。

我记得在前面什么地方提到过我的店之前发行杂志的事儿,现在看到《上海汗语》一篇题目为"从老杂志开始"的文章,再度书写至此。亦可作为修订。其内容如下:

中国戏剧研究会章程
  第一条 名称 本会命名为中国戏剧研究会
  第二条 目的 本会研究和发表所有跟中国戏剧相关的内容
  第三条 事业 为了达到第二条的目的,本会将开展以下业务项目
  A 演讲及茶话会
  B 观剧会
  C 研究录的发行
  第四条 组织 本会分为以下三个部门,每个部门主管两项业务
  A 演讲部 交涉和处理跟讲演、茶话会相关事宜及其他事宜
  B 观剧部 同上

C 汇总和记录本会所做(演讲、观剧)的业绩,以及处理跟研究录相关的一切事宜。

第五条 会员 本会由同门、会员和会友组成

同门 参加本会的各样事宜,是本会的基本成员,会费为每月三个银圆,同门有推荐新同门和会友的权利。但要经过全体同门的许可。

会员 除同门外,本会仅限于在报纸或其他媒体上刊登演讲或观剧会时才招募会员,会员有负担当日会费的义务。其他时间跟本会无任何关系。

会友 援助本会或同本会有特殊关系的人可推荐为会友

第六条 本会的事务所设在上海昆山花园、日本人基督教青年会内,名称为中国戏剧研究会。

第七条 入会 意愿入会者可由同门介绍到事务所申请入会。

退会 会费滞纳者视为退会

附则 本会的章程在大正十二年十四日制定。于大正十三年四月八日修订。

大正十三年四月

看了一下每期的目录,执笔者都是欧阳予倩、唐越石〔越臣(唐癹)?〕、辻听花、松居松翁、谢六逸、坪内士行等人。从这个名单来看,我们的杂志绝不是二流的杂志。这些杂志现在大多都已经找不到了,我认为,这本杂志由于有一定的自由性,相信就是现在看起来也是很有意思的,荣幸地说没有什么遗憾。我这可不是"逃掉的鱼都是大的"的意思。没有看到《万花筒》的文章。

日本基督教界的杰出人物内村鉴三先生升天了。我虽然跟他一面之缘都不曾有,但在大正二年(一九一三年)首次赴上海的时候,我卖掉被褥买回来了一本《圣经》和一册赞美歌,还有四十几本内村先生的《圣经之研究》。到了上海之后整整两年时间内,我读的书就是这些《圣经》、赞美歌和《圣经之研究》。我之所以有今日,很大程度上得益于《圣经之研究》。我反复阅读了先生的《研究十年》《所感十年》《感想十年》,被先生那透彻的信仰所吸引,不过后来我却没能再追随先生的步伐。我虽然读了《平民诗人》《留于后世最大的遗憾》《求安录》《我是如何成为基督徒的》《罗马书讲义》《喜欢吟诵的诗歌》,但读是读了,却是读了他的书没有领悟到他的思想。可是,我对先生的追慕之情至今都还满

溢于怀,受先生的启发也颇深。比如第一高中事件、在《万朝报》力主非战论,还有他在被《万朝报》革职后一个人孤军奋战,苦难中依然以一杆笔做枪来处世立言,想到这些我就不禁热血沸腾。先生去世后,日本基督教界一片死气沉沉,虽然现在基督教的门是大敞着的,但正如耶稣所说的那样,"你们要进窄门"。因为引到灭亡,那门是宽的、路是大的、进去的人也多;引到永生,那门是窄的、路是小的、找着的人也少。这些都是耶稣的名言。恰是今天,我们难道不应该引以为戒、深刻反省吗?如果像先生那样,始终与艰难做斗争的话,今天的日本多少总会有所发现吧。那激荡我们的心灵、给我们以尖锐的鞭策的话语,最终会化作细雨滋润我们的心田,我坚信不光我一个人这么认为。

在日俄战争前,先生在《万朝报》做主笔。当时国内煽起的战争热风头正劲,他从基督教和平的观点出发,站在非战的立场上,坦坦荡荡地摆开了论战的阵势。很快,由于报纸的销售低迷,营业部开始抱怨了起来。公司恳请先生中止他的非战言论,但先生断然拒绝公司的恳求。他说:"我的言论是我内村良心的产物。如果对我的论说不满意的话可以辞掉我。"最后,听闻《万朝报》解除了先生主笔的职务。在威武、财富和权力面前,内村鉴三都没有屈服。此后,先生潜心于《圣经之研究》,以《圣经》为基础继续坚持非战论,以警醒国民。可他反而遭受了非国民待遇,据说每天都有人往他住的屋子扔石头。而先生丝毫没有让步,始终以基督教之魂同主战论进行斗争。现在再也听不到先生的非战论,实在是遗憾至极。我常常祈祷有第二个、第三个、第五个、第十个甚至更多内村先生挺身而出。

此时我突然想起了一个小册子,是我在整理上面的杂志时发现的一本沾满灰尘的小册子,执笔者是我的老友长信野郎先生。在掸去上面的灰尘的时候,我无意中看到了执笔者的名字。那个时候红军还没有渡过长江,相当偶然的一个机会我得到了这本《日本时报》公司的第七十七期日文宣传册,题为"中国官僚和民族的斗争——以共产党为中心"(一九二六年)九月二十六日发行,开卷第一页上面写着很有意思的东西,在这里重新记录一下。

编者致读者

　　割据于中国南方(西北)一角的广东(延安)的国民党(共产)政府在偷偷地窥视着国内局势的变化,一旦时机成熟就立刻横渡长江长驱直入,现在武昌(南京)危在旦夕,据说其命运即将掌握在离它较近的共产党的军队手中。此次战争跟之前军阀之间争夺地盘的性质不同,他是以人民大众为背景,标榜推翻官僚军阀的北伐(共产)军跟张(蒋)、吴(宋)、孙(陈、孔)等军阀(官僚)之间的战争。从国内这个范畴来说,这是军阀(官僚)与民众之间的斗争,进一步从国际视角来看的话,可以解释为北伐(共产)军背后的俄国工农跟在军阀(苏维埃官僚)背后策动(后来变为援助)的英(美)国之间的争霸战。从这个意义来讲,这次战争是自国民革命以来最为重大的事件,令有识之士对战局的进展刮目相看。想来如果北伐(共产)军胜利的话,中国将出现南北(两个)对立的政府,政局完全改变,将会加剧国际关系的复杂性。这并没有背离人们对中国时局的预想。战局的前途的确难以预测,但大势是官僚被打倒,民权将朝着进步的方向迈进,这一趋势还是可以看出来的。

以上就是小册子上的内容,括号中的西北、延安、共产、南京、共产、蒋、宋、陈、孔、官僚、共产、苏维埃官僚、后来变为援助、美、共产、两个,这些词是我加进去的。我尊敬的友人长信野郎先生说过一句很有见地的话。他说,这样看来,当年国民军北伐迫近武昌时的情景,和今日共产党的军队南下临近长江与南京隔岸相对的情景难道不是惊人的相像吗?不过,当年国民军由南向北,而现在共产党则是由北向南,路线不同而已。过去,北伐军之所以军纪严明,是由于蒋介石为人自律谨严、热心三民主义。今日,毛泽东也是个谨严的、忠诚的共产主义信奉者。共产党的军队现在正处于发展期。过去主张三民主义为时尚早,便在训政时代根据实情实施政治,结果在此过程中急剧地后退,最终倒回了旧军阀时代,以至于出现了今天的衰落。如今共产党也是以期通过实行新民主主义,将来过渡到共产主义。我真心希望共产党在实现共产主义之前,不要重蹈国民党三民主义时期开倒车的覆辙。

鲁迅先生对文化领域的所有事情都拥有一双慧眼。他很早就把目光转向木刻(木版画),并收集了大量优秀作品。我每次看到这些黑白两色的版画都非常激动,被吸引并慢慢觉得有意思起来。有一回,我跟鲁迅先生商量说举办一次展览会让观众看看怎么样。他立即爽快地答应了,还小心仔细地把画一张一张地装进画框,然后每个都用日、英、中三国语言附上说明。我也给这些画印了目录,并在北四川路狄思威路的百货大楼上的日语学会,举办了历时两天的、只有七十多件作品的小型展览会。但这次展览会中国人来得很少,来的大多是日本人,两天内有四百人左右。然而,这次画展给中国美术界立了一块里程碑,仅此都值得大书特书了。鲁迅先生复制了格兰德可夫的小说《水泥》中的一组插画,把它放在我的店里出售,不过买走它的还是日本人。虽然第一次画展不算成功,但我依然打算举办第二次版画展览会。这次我把场所选在老靶子路的基督教青年会,以法兰西小说的插画为主。可是比上次还差,来的人更少了。

日本昭和辛未六年(一九三一年)

一月十二日	广岛县丰田郡河内站(山阳线)附近的椋梨川铁桥发生列车坠落事故,造成七人死亡,七十余人重伤
一月二十五日	舞蹈家 Sakharoff 女士和女低音歌唱家 Alton 女士访日
二月三日	原代理首相的言论引起众议院一片混乱,六日还出现伤者
三月十五日	栃木县黑矶市发生大火,烧毁三百余处房屋
四月五日	福冈县遭遇台风,造成数十处房屋被毁,一百余人死伤。大刀洗机场①十九架飞机被毁
四月六日	德国钢琴家 Kreutzer 抵达东京
四月二十五日	中国台湾道泽群原住民起义,攻击了保护蕃收容所,造成二百余人死伤
五月七日	石川县山中温泉发生火灾,烧毁七百余处房屋,火势蔓延引发山林大火
五月十三日	新潟县中浦原郡白根町发生火灾,烧毁五百余处房屋
五月十五日	秋田市发生火灾,烧毁三百余处房屋
五月十六日	岛根县松江市发生大火,烧毁七百余处房屋
五月二十二日	神奈川县川崎市日清制粉鹤见工厂发生爆炸引发火灾,造成五十余人死伤
七月二日	万宝山附近发生暴动,袭击了五百余名朝鲜人,后派遣

---

① 大刀洗机场:"二战"时期的日本陆军机场,位于福冈县三井郡大刀洗町和朝仓郡筑前町。

	支援队,最终得以镇压(万宝山事件)
七月五日	为了报复万宝山事件,居住在平壤的五千朝鲜人袭击了唐人街,造成数百人死伤
八月十八日	青岛的日本总部被大约三千中国人袭击,数十户房屋遭到破坏,造成数十名日本人重伤
九月十八日	隶属奉天北大营的约三百名中国士兵企图炸毁柳条沟(湖)"满洲"铁路("满洲"事变)
九月十九日	日军占领了北大营后又占领了奉天
九月二十五日	世界级小提琴家 Heifetzas 夫妇抵达东京
十月四日	美国人克莱德·潘伯恩和休·赫恩登驾驶"维多尔小姐号"飞机由青森淋代机场起飞,五天后抵达美国韦纳奇市,成功实现不着陆飞越太平洋
十月五日	东京商大的学生因反对预科及专科的整合,在校内与警察发生冲突,造成数十名学生不同程度的受伤
十月十三日	芳泽代表就日本在"满洲"的特殊权益问题发表了声明
十月十七日	就邀请美国观察员的问题,以十三票反对、一票赞成的结果否决了日本的主张
十一月二十六日	天津租界内,日本驻军遭到中国军队炮击
十二月十四日	新内阁再次禁止黄金出口
十二月二十五日	凤凰城附近,张学良的军队切断了电线,烧毁了安丰线铁桥上的枕木,致使列车无法通行

特别记事   银圆市场大跌
   三月 因中国的财政及货币改革问题,Salter 访华
   五月 反蒋派的广东国民政府成立。上海金融市场呈现混乱状态。武汉长江发生重大水灾。抗日运动扩大至全国范围。上海抗日救国会日货中介者被强制命令停业
   十月 在上海召开太平洋会议。广东发生抗日暴动。上海日本人经营的纺织工厂全部关闭。上海市市长发表声明不可能取缔抗日运动。在江西省瑞金成立中华苏维埃政府

> 由一八艺社主办的中国最早的木刻讲习会在上海北四川路日语学会举办,出席会议的有讲师内山嘉吉,翻译鲁迅先生、野夫、陈铁耕、陈烟桥等一八艺社的成员

追加事项 内山完造四十六岁。要说"满洲"事变带给我的影响,就是我经营的日语学会。很早以前郑伯奇先生担任校长。我一直将增加日语学习者看作自己的事业。当时有很多日语专业学校,我最初将重心放在了那些学校上,后来我无法满足现状的时候,在郑伯奇先生的建议下开设了这个日语学会。当时正好供销社的二楼空闲着,和供销社的经营者五十崎义鹤详谈之后,得到了他的大力赞助,并无偿将空闲的二楼借给我,于是我便迅速租好教室着手开办了日语学会。很快便发展至五个教室都坐满了学生,甚至还开办了夜校。教师中有三人毕业于日本的大学,有两人毕业于神户高商,实在是无可挑剔、让人骄傲的事情。除此之外,建立一个图书馆也是我的目标之一,我尽可能地收集日本的图书,当时已经收集了七千册图书。然而不想此时却突然发生了"满洲"事变。一开始日语学会并没有受到太大的影响,但是学生一天天地减少,在当时的形势下觉得继续经营多少有些困难,与郑先生商量后,认为暂时休整一下比较好,最终关闭了学会。从此日语学会再无复兴之日。这实在是让我抱憾终生的事情。

这一年长江发大水,每天水位都在不断上涨,汉口的水位达到了17米左右(往年不过14米左右,今年足足高了3米)。而且水位还在不断上涨,洪水挟带着泥沙吞没了日本租界。日本人对洪水没有太多的关注,我是因为碰巧遇到了朝日新闻分局的尾崎秀实,有机会乘坐飞机对灾区进行考察后才开始积极着手准备救援的。后来我与《上海日报》社的日高清磨瑳商量,希望能派遣慰问特使,至少考虑筹措一些慰问物资运往灾区。我带头先行筹措了一小部分物资捐给了灾区。第二天《上海日报》即刊登了募集慰问物资的新闻,此后便收到了数十批慰问品(因为周期并不长,所以募集到的慰问物资也不多)。日本基督教会的成田成城牧师作为慰问特使也即刻动身。虽然只是对滞留汉口的日本人进行慰问,但是也受到了热烈欢迎。然而涨水很难轻易停止,即便水位停止上涨,洪水完全退去据说还需要两个月的时间,终于长江洪水造成的灾民人数从两千万人到三千万人,并不断增加。因《朝日新闻》的飞机实地报道,也引起了

日本国内的关注。以前关东大地震的时候,国民政府用招商局的"新铭号"①满载着物资前往日本,进行了国家级救援。因此这次便有人提出日本也一定要派出救援船,于是"赤城号"装载着食物和天皇的慰问金驶向了中国,随船一起的还有慰问特使。但是不知出了什么问题,"赤城号"并没有抵达汉口灾区,而是到了上海。船一靠岸便提出要将慰问物资交给南京国民政府,然而国民政府表示"只接收天皇的慰问金,不接收慰问物资"。然后"请务必接收""我们绝不能接收"的争论差不多持续了一周时间,这段时间里"赤城号"就停泊在上海码头。最终国民政府无论如何都不接收慰问物资,"赤城号"只能垂头丧气地返回了日本。我听说此事后愤慨不已,立即动笔写文表示这是前所未有的耻辱。如果这不是奇耻大辱还会是什么!无论是送钱的还是收钱的都是人,但他们都不是被饥饿所困之人,因此在这种人看来此事便是面子问题。如果"赤城号"的慰问特使真的是曾被饥饿所困之人,当国民政府拒绝接收慰问物资的时候,就该把船开往汉口(从一开始就没必要去上海),然后再把物资交给灾区当地的救济部门。如果当地的救济部门也拒绝接收的话,那就把物资直接交给灾民。如果那时还有人出来反对的话,恐怕会被灾民就地处置吧。退一万步说,如果当地没有能接收物资的中国人的话,还可以交给在华的日本人,这样一来物资必然会交到灾民手中。虽然在实际操作中这样有些不择手段,但是与南京国民政府争论的结果,竟然是愚蠢地把物资又运回日本,这叫怎么一回事!我认为,不该讲什么身份才胜任慰问特使,应该委派曾经被饥饿所困的人才对。

前几日在大阪召开的日本中国友好协会的预备会议上,有人说到了最近在报纸上看到中国饥荒已造成几千万灾民,提出友好协会不应该只是形式上的协会,在这种时候应当率先着手救济、慰问等事宜,这才是将友好落到实处的表现。四月二十五日,在金泽召开的全国民生大会②上,我提到了这个问题,针对有人号召各府县的民生委员行动起来的倡议,当时我是这样说的:"的确有人投稿呼吁救济、慰问,现在的报道有的说受灾人数有二千万,有的说有四千万。中国方面的电报则说是九百万或七百万,还说中国已经对饥民发放了六百万石粮食救灾,所以眼下的情形我还在进一步的核实中。待明确后再做考虑。"

---

① 新铭号:一九二三年日本发生关东大地震,中国各地商民捐款捐粮,中国的"新铭号"装载着数万吨粮食于地震后的第三天最先抵达日本神户码头。

② 全国民生大会:全称为"全国民生委员儿童委员大会"。

上面的一番回答是出于我个人的想法，目前饥荒实情尚且不明。中日战争带来的荒芜，加之内战之下荒芜带来的颗粒无收，我想自然会引发饥荒吧，无论是七百万人也好，九百万人也罢，如果灾民集中在一处的话就麻烦大了。如果是在全中国这片广阔的地域上发生的话，这和我们说的饥荒自然有着性质上的不同。若是针对集中在一处的九百万灾民的救济，无论是慰问或者救济我们都还能出一份力，但若是对散布于全中国的九百万灾民，那真是杯水车薪，想出力都是不可能的事情。以日本人的想法去判断中国的事情，总是很容易出错。其最大的原因在于至今为止的日本对中国的种种错觉和无知。我们在考虑中国的事情的时候，不应该用一时的感情，而是应该理性地思考，我希望不会再重蹈覆辙。

这一年暑假的时候，我的小弟嘉吉（当时他在东京成城学院教工艺科①，现在是东京内山书店②的老板）来我这里玩，和每天都来的鲁迅先生也很亲近。不知是因何而起，就说起了教授木刻技法的事情（他的雕刻作品在二科会③的展览会上展出过二三次），最终这个话题发展到以我的日语学会做会场，借助鲁迅先生的翻译，为一八艺社的成员举办仅为一周的讲习会。如今与中国艺术有明显不同的中国新木刻就是以此为源头发展起来的。之后，我的养女（前文出现过，生病的女儿）和我弟弟结缘，成为他的妻子。两个人的婚宴在我的筹划下办得很独特。详细内容请以弟弟写的东西为准，我只记得两个人决定要结婚了，却谁也没告诉。只是他们二人和我们夫妇二人订好了日子，在三马路的新半斋菜馆订了六七桌，请了内山书店中日双方的所有人，还有鲁迅先生、郁达夫、郑伯奇和塚本助太郎。此外又邀请了一些人。直到大家要动筷子的时候，我才告诉大家今天是弟弟结婚的日子，所有来宾都被吓了一跳。店里的人也什么都不知道。当然我是觉得这样做很有趣，那真是一个奇特的婚宴。如今内山松藻已是三男一女的母亲，同时也是东京内山书店的直接经营人。

上海童话协会

在上海，日本人家庭读书看报的程度是日本本土所不及的。男主人一般看《中央公论》《改造》《文艺春秋》等，根据各自不同的兴趣还有歌曲杂志、俳句杂

---

① 工艺科：日本大学中以工艺为教育研究目的的学科之一，其内容包括美术、艺术等。
② 内山书店：由内山完造创办，主要销售日文书籍。鲁迅在购书过程中结识了内山夫妇，结为挚友。
③ 二科会：日本美术家团体之一，原属文部科学省管辖，其"二科展"广为人知。

志,种类繁多。绘画的、戏剧的、电影的、诗词的、小说的、经济的、政治的、财政的、社会的、科学的等,真的是多种多样。而且很少有人只看一本杂志。女主人一般看《妇人公论》《妇人画报》等很多种,如果还有两三个孩子的话,《幼年世界》《幼年俱乐部》《少年之友》《小学一年级生》《三年生》《六年生》《幼稚园》等,估计每月都要有十本左右。其中引起我注意的正是这些幼儿杂志。

  上海的孩子看这么多杂志,信息接收的渠道是有所偏失的。也就是说孩子们接收到的东西仅限眼睛看到的,而通过耳朵听到的则完全空白。当然从根本上来看这也和环境有关,但这难道不是因为缺乏通过聆听获得情感的缘故吗?比如说孩子们喜欢的童话组织就很少。各家各户因为没有老人,孩子们也很少听童话故事。仅依靠年轻父母亲的家庭教育也稍流于理论派。即便在情感教育上投入了精力,也流于理论上的情感教育,孩子们很难在自然的情感中长大。这就需要有一位上海老爷爷了。我试着想了一下,也没理出什么头绪。最后只好决定我自己来做这个上海老爷爷。就在我这样打算的时候,和佛教、基督教周日学校的相关人员说起这件事情,大家都赞同我的想法,于是事情进展很快,迅速成立了上海童话协会。决定每周日上午十点从北部到中部、从东部再到西部按地域顺序举办童话会,发表会定在日本人俱乐部三层的大厅举行。基督教有三个周日学校,佛教则有东西两个本愿寺①和日莲宗②、禅宗③、真言宗④共五个学校。在和每个周日学校的教师沟通之后,教师阵容也确定了下来。终于要举行发表会了。我惴惴不安,不知到底会来多少孩子。自始至终这件事都让我又高兴又满足。本打算按计划在各学校巡回召开故事大会,但是除了北部和中部的就读儿童住得比较近没有问题之外,东部、西部的就读儿童因为上下学是乘坐工厂的车(工厂专用),所以周日无法前来。因为关系到孩子的问题,所以最后决定由工厂派车接送我到各个工厂举办故事大会,这样一来举办的次数就非常多了。各处的孩子们都很高兴,家长们也会来参加,这让我非常高兴。可以说上海童话协会获得了巨大的成功。

  东京文理大⑤的大塚童话会也曾有三人专门前来。久留岛武彦先生在前往

---

① 本愿寺:日本佛教净土真宗本院寺派的本山。
② 日莲宗:日本佛教主要宗派之一,也称为法华宗。由日莲于十三世纪所创立。
③ 禅宗:于镰仓时代传入日本,后形成日本特有的佛教禅宗系统。
④ 真言宗:日本佛教主要宗派之一,密宗的一种。由空海创设。
⑤ 东京文理大:全称旧制东京文理科大学,于一九二九年四月成立,一九六二年停办。

欧洲的途中也曾来为孩子们讲过故事。虽然知道好故事会吸引孩子,但是能不能把故事讲得好才是问题所在,各位老师不愧是周日学校的老师,非常善于讲故事,所以故事会才得以获得成功。圣诞节时,我在YMCA讲过列夫·托尔斯泰的《傻子伊凡》,可以说我完全没有讲故事的经验,但是我讲的《傻子伊凡》孩子们非常喜欢,让我很是骄傲。我下定决心绝不讲战争故事,更多的是讲列夫·托尔斯泰的民间故事和小故事,有时也会讲基督教旧约里的故事,待孩子们有了兴趣后还会讲一两个自己创作的故事。说实话,创作绝非一件容易的事情,我还是借用了世界各地的故事。总而言之,童话会在上海的日本人中间具有相当高的声誉。其实当时也有不少相声会,后来只剩寥寥数人,第二次上海事变之后便消失匿迹了。那些在上海出生的、现在已有两三个孩子的母亲们,基本上都曾经是童话会的听众。童话会有时能聚集两千人左右,平时也能达到五百人,去各个工厂的时候,算上大人也肯定能达到两百人左右,可以说童话会的存在不容小窥。现在有时和很久没见的人重逢,还能听到他们说"那个童话会真是有趣,先生讲的故事我现在还记得"。我记得不是很清楚了,不过童话会应该持续了五六年时间。如今我还时不时和高桥贞一、村井美喜雄、泉祐太郎等人见面或者通信。我当时经常讲的故事有列夫·托尔斯泰的《有爱的地方就有神明》《二老人》《人要拥有多少土地》《傻子伊凡》《人靠什么生存》《孩子比大人聪明》等,这些都讲过很多次。自己创作的故事有《老张和老金》,另外还经常从《世界童话集》中借用一些。与战争有关的故事我是一次都没讲过。说句题外话,战争期间我从来没看过战争报道的电影。也许是心存些许期待,在周日学校的圣诞短剧或是和孩子们谈话中,我绝不使用正义之剑或者神之武器之类与战争相关的词语。我认为,不能让孩子们对战争产生兴趣,因此刻意地不讲战争故事。虽然只有短短数年时间,但我这一规矩终是没有被破坏,如今想来也是高兴的。

日本昭和壬申七年(一九三二年)

一月三日	日军入锦州城
二月二日	上海形势最终恶化,日军开始总攻。整编第三舰队,由野村吉三郎中将任司令官
二月七日	因上海方面事态紧急,日军发表了派遣陆军的声明
二月十三日	派遣陆军司令官植田兼吉率领主力部队抵达上海

二月二十三日	日本政府回答了对中国的态度,希望能唤起世界舆论的新关注
二月二十九日	中国在上海方面不断增兵,准备抗战 (英)李顿爵士被任命为中国调查团的委员长,调查团委员还有(美)麦考益将军、(法)克劳德将军、(德)恩利克希尼博士、(意)格迪伯爵等,一行人抵达日本
三月三日	中国军队发表声明表示,只要敌军不采取行动则终止战斗。野村海军司令官也下达了停战命令
三月五日	三井合名公司理事长在三井银行的大门口被一青年射杀
三月十一日	李顿调查团自神户出发前往上海
三月二十八日	原以为二月二十二日在江湾镇附近发生的战斗中与部下一同壮烈牺牲的空闲少佐,其实受了重伤被俘,之后由中国方面安置在上海的归还兵站医院治疗。本日他来到已故林连队长的墓前参拜,因造成众多部下伤亡而自刎谢罪
四月十二日	凯旋的多门师团的将士们乘坐的列车在哈尔滨东南方向成高子附近脱轨,引发炸弹爆炸,导致列车翻倒,引发大火,造成百余名将士死伤
四月二十九日	在上海新公园举行的日本军民天长节①祝贺庆祝仪式上,一朝鲜人混入其中并向会场投掷手榴弹,导致白川大将、植田中将、野村海军中将、重光公使、河端上海侨民团团长等重伤
七月	在世界金融界数年持续低迷的形势下,日本今年的形势变得愈发严峻,尤其是农村疲敝、失业人数剧增等,不仅成了社会问题,如今更是迫切地需要救济
九月四日	为了开辟环绕世界一周的空中商业航线,格罗诺大尉驾驶"Dornier Wal号"飞艇由德国出发,顺利抵达霞之浦
十月二日	中国调查团公布了报告书,即"李顿调查团报告书"

---

① 天长节:"二战"之前日本天皇诞生日的叫法。

十月六日		川崎第百银行大森分行闯入三名持枪匪徒，抢走三万多日元，即"大森银行抢劫事件"①，世人皆惊。据说是受到了美国电影的影响
十月二十二日		石川县小松町发生大火，千余户房屋被毁
十月二十九日		东京地方法院下达了对第二次共产党事件②的判决，三田村四郎、佐野学、市川正一、锅山贞亲等被判处无期徒刑
十一月十四日		关东地区遭遇台风，造成千余房屋被毁，人畜死伤五十余
十二月六日		联合国大会上，针对中日问题进行讨论，小国代表集中攻击日本
十二月十三日		秋田县能代町发生大火
十二月十六日		东京日本桥区白木屋百货公司发生大火，造成十三人死亡，一百二十余人受伤
十二月二十三日		东京深川区富川町劳动者公寓发生火灾，造成二十余人死亡，多人受伤
特别记事	一月二十八日	发生上海事变
	二十九日	日军陆战队占领了警备区全区
	二月	英、美两国正式提出严正抗议，发表声明表示不承认"满洲国"
	二月九日	井上准之助被暗杀
	三月	团琢磨被暗杀
	五月	通过英国总领事的斡旋，签订了中日停战协定。"五·一五"事件发生。犬养首相被袭身亡"满洲国"发表封锁海关的声明。上海、广东的抗日运动形势恶化

---

① 大森银行抢劫事件：日本最初的银行抢劫事件，因与美国电影中劫匪的手段相同，因此也被称为"GANG事件"。

② 一九二八年三月十五日，日本政府因对社会主义政党的活动产生危机感，以违反治安维持法逮捕了日本共产党和劳动农民党约一千六百人，又称"三一五"事件。

追加事项 内山完造四十七岁。我认为"一·二八"上海事变绝不是不可避免的。尽管上海市市长吴铁城全盘接收了日本提出的要求,可是日本方面还是挑起了这次事变。这一点可以通过事变前后发生的一些事情,以及日本人之间流传的日本陆战队会于二十七日晚上一点发动战争的传言推断出来。居住在上海的日本人一直在说:自大正四年(一九一五年)的抵制日货以来,华北方面的中国人知道日本的武力,所以不会排日,而上海人因为不知道日本的武力才会小看日本人,才会有反日骚乱,必须让他们尝尝日本的武力。这种观点与明治二十七年(一八九四年)时的日本人的中国观如出一辙。我知道这些观点很危险。碰巧此时,日莲宗的僧侣(据说是日本山的僧侣)在上海市内敲着太鼓巡回表演(早在贺川丰彦先生来沪的时候我就预言过这些僧侣肯定要发生什么事情),结果一月十八日这一行人在杨树浦地区被歹徒袭击,导致死伤。于是,号称是上海青年同志会的日本人中的右翼分子团体三十二人报复性地袭击了名为三友实业社的中国人工厂,对一栋职工宿舍纵火,导致半数烧毁。他们还在路上与警戒的工部局巡捕发生了冲突,结果工部局两人被杀、两人重伤,日本人方面一人被射杀、两人受伤。由于日本右翼分子(似乎是专门从日本潜入的,又和上文提到的居住在上海的青年同志会等右翼分子合流)的牵头(传闻说是由日本军部指挥的),事态迅速被扩大,很快波及了上海侨民大会、长江流域全日本人侨民大会、全支日本人侨民大会等。为此事件联名的各地代表有:上海代表麻田种藏、寺井久信、深町作次郎、福岛喜三次郎,南京代表堂山龟松,温州代表藤松诚一,汉口代表入江奏,重庆代表大谷弥十郎,九江代表坂田九郎、增田久次郎,苏州代表冈田稔,万县代表宫藤泰三,山东代表村地卓尔、佐藤藤太郎、清水春十郎,"满洲"青年联盟会代表小山贞知,"满铁"社员会代表栗屋秀夫,"满洲"退伍军人代表西川虎太郎,杭州代表西川音次郎等。这些侨民全部都主张开战,其决议如下所示。

决议

(一)帝国政府就我国在"满洲"的权益及保障日本人的生命财产安全一事,应用实力彻底采取自卫安保手段。

(二)帝国政府应敦促中国政府尊重并履行签订的既有条约。

(三)帝国政府应督促中国政府改变其对外态度,其排外教育及打倒日本帝国主义的主张应予以取缔。

（四）帝国政府应采取积极手段在中国全境根绝抗日运动。

（五）帝国政府为了从根本上解决时局问题，应杜绝姑息，拒绝第三者干涉。

我等已下定决心，将贯彻执行以上五项，并以皇国①的重大时局为鉴，任何牺牲均在所不惜。

昭和六年十二月六日 于上海
全支日本人侨民大会

决议内容如上所述。针对日本人做出这样的决议，我认为，一定是获得了强有力的后盾的，因为日本人是如果没有保证绝不会轻易开口的国民。有传言说，他们是受到了日本军部的强烈唆使，这是完全有可能的（有了这般强有力的后盾支持，再加上我前边说过的在上海居住的日本人一八九四年起就有的错误的中国观，二者一拍即合促成了事态的发展）。接着在"民国"日报事件中，陆战队的种种行为引发了大骚乱，这些更是令人无法直视。《上海日报》社后来出版的《上海事变》一书中记载着与戒严令有关的布告：

我军根据工部局发布的戒严令，将负责担任区域内的直接警防与治安。戒严中有权中止所担任区域内被认为是妨碍时势的集会，同时将对有必要实施外部戒严的诸事进行戒严，特此布告。

昭和七年一月二十八日
第一遣外舰队司令官

此外，书中还记录了一些诸如"时机越来越成熟的时候、我军按照预定计划采取行动、对失败感到懊悔、以后的事情就交给你了、好好干、我先走了"之类的文字。由此可见这些不是单纯的戒严令。流言就是起于这种暴露事实的文字。"一·二八"上海事变是故意为之。绝不是为了保护日籍侨民的生命财产安

---

① 皇国：日本天皇统治时期的自称。

全的单纯目的。根据有二：军队和领事馆的人早早把自己的家人偷偷送回国，然后才放话说保护不了侨民，此为根据之一。本来第一要义是为了保护日籍侨民的生命财产安全的，如今却因为什么日本军队被辱、军人被杀之类的原因，第一要义立即变成只顾着如何通过武力雪耻了，此为根据之二。一定有一股势力驱使愚昧的上海日本侨民踊跃开战。这股所谓别的势力指的是军队及其手下的诸多右翼分子，那些被鼓动的上海日本侨民好似弱小的井底之蛙，这也是难掩的事实。我让店员们去避难，我们夫妇二人留了下来。可是针对我的指责非常之多，我时常会被那些自称是日本人自卫团或自警团的疯狂又危险的人拉去训话。被永安里会的自卫团叫去那次最惊险。事情是这样的：有位嫁给中国人和我同姓的日本女性，人称"黑衣女"。听说她四处寻找失踪的永安公司的一个会计，可是她每到一处很快就会有迫击炮弹落下。最后她被抓到了日本人北部小学（当时是北四川路地区的军事行动基地）。为此我被叫去永安里会的自卫团问话，可是我刚出门，就被一群拿着竹枪、猎枪和日本刀的永安里会自卫团的人围了起来。永安里会的自卫团团长认为永安里藏匿着便衣队的老巢，而那些便衣队的人拿着我的名片全部逃跑了，叱问我为何要做这种令他们蒙羞的事。的确在这附近住着我的许多中国朋友和熟人。他们为了能撤到安全的地方来找我帮忙，我拿出我店里的名片，在名片上写明"这个人是我的朋友，我能证明他的身份"，以此获取步哨的通过许可。但是，战况陷入不利局面后，我给朋友名片的事情却被解释为帮助便衣队逃跑。被传唤到永安里会也是因为此事。我被质问是不是也用名片帮助过黑衣女，我回答说我只是认识她，但绝对没有放她走或是藏匿她。当我说到其实那个女人被抓到了北部小学时，他们却坚持说："别装傻了，她是拿着你的名片逃走的。"我告诉他们："我因为那个女人的事情已经被叫去北部小学了。那个女人手里拿的并不是我的名片，而是军舰常盘陆战队的通行许可证，我亲眼所见。请和我一同去北部小学证实一下吧。"我一再催促他们与我同去，可是他们却放我回来了。店里家人和朋友都很是为我担心。说起来永安里会都是一些胡来的人，有传言说他们杀了不少人。看到我回来后大家都松了一口气。

回来时正好又遇上很多中国人被陆战队抑或是自警团的人押往陆战队，我不经意地扫了一眼，不曾想竟发现其中有鲁迅先生的亲弟弟周建人先生和他的家人。于是我马上跟陆战队员说明了情况，并请求释放了他们，暂时将他们安置在我家,第二天让他们拿着我的名片去安全的地方避难了。此事纯属偶然,但真是太好了。有传言陆战队因为不可能逐一进行调查,所以他们不断将抓去的人秘密处决了。

  日本人在北部小学对六名中国人进行调查,我为此又被叫了去。果然这六位都是我店里的客人,因此我努力交涉了许久,询问他们要怎么处理这些人,建议即使不能释放至少也要交给领事馆或者工部局之类的。最后他们同意了我的建议,说既然是内山先生的熟人,希望我能和这六位一起去领事馆。可是因为当天没有卡车了,这些人还要待在这里直到明天早上再把他们送去。当时这些人被绑在柱子上,早已惊慌失措,他们担心自己不知道什么时候就会被杀,甚至吓得哇哇大哭。于是我请求将这六人交给我,今晚就住在我家,明天一早我陪他们一起来坐卡车去领事馆,这样说好后,他们才将人交给了我。这六人中有一人的妻子是日本人,当时他的妻子已经快要崩溃了,我告诉她不用担心并留她也在我家住了一晚。第二天早上,我坐上卡车陪他们一起去了领事馆,说明情况后,领事馆说他们不能留人,让我们去日本人俱乐部的隔壁。文路日本人俱乐部的隔壁是叫作三元宫的广东人的祠堂。我和那六人便一起去了三元宫。刚进大门遇到一个我认识的人,他问我说:"内山先生,您来这里做什么?这里进去了就出不来了,赶快回吧!"我将事情说与他听后,他说:"你还是快请回吧,我们不受理这种事情。"于是我们便坐着卡车又回到了北部小学,将经过说明之后,北部小学的人说如果我愿意担保的话,可以释放这些人。于是我把他们保了出来,让他们拿着我的名片到安全的地方去避难了。三元宫不留人真是大家运气好。如果在入口处就被蒙住眼睛带进去的话,现在我就不可能坐在这里写这些了。恐怕早已命丧黄泉了。

  我站在店门口,听到路过此处的三个日本人边走边说:"这家的老板在狄思威路被抓起来了,当时拿着崭新的中国银行的五万元钞票,最后还是被杀了。"听到这些话,作为当事人的我愕然了。事态发展到这种地步,所有的日本人仿佛都疯了。去领事馆的时候,我们六个人坐着的卡车需要横穿东西华德路上的人流。当时避难的人川流不息,但是我却看不出一丝所谓慌乱的状况。卡车非常安全地横穿了人流。与日本人发疯的样子比起来,事实上中国人非常平静。周建人先生一行被带走的时候也很淡定。紧张的只有日本人。通过比较不同的态度,我自然而然地明白了民族的轻重分量。

因为只有我店里的电话还通着,所以《朝日新闻》《每日新闻》《共同通信》的各位都是用我的电话联系的。我还给大家做饭团吃,也让晚上的步哨兵吃我做的饭团,附近的人们也分享到了饭团。因为我凭经验事先大量囤积了米、碳和罐头。

鲁迅先生一家最终也顺利地去英租界的分店避难了。到最后被包围了的三十六名日本人,也是我打开鲁迅先生的家,把他们藏在那里,才保障了他们的安全。后来我得知这些人陆续给鲁迅先生送去火盆表示了感谢。最后事态终于发展到我也不得不避难的程度,我穿着一件毛衣就跑去吴淞路的出星商会避难,后被送回日本。毛衣生活就是我那段日子的写照。

我在回国期间,应各方面的要求说了些中国的事情,那些事似乎大大出乎了日本人的想象。因为我说的有关中国人的生活和他们一直以来听到的那些所谓中国定式的情景相距甚远,听得人多少感到有些意外。尤其是谈论到中国人的特殊社会组织"帮"的问题,以及买卖上常见的买涨不买跌的现象、和日本人的做法完全相反的行事规则、与日本人的单一想法相比中国人的立体思维等等,这些观点的确属于一种新发现,令世人震惊不已。不过,我觉得我还需要进一步加深对中国人生活的研究。

没想到,对于我来说任何事情只要做了就有回报。通过这次事变,内山书店的名字甚至通过广播屡次播出,各报纸上也多次出现了内山书店的名字。新闻社发行的上海地图中也将内山书店特别标记了出来。中国的报纸也报道了鲁迅先生去内山书店的分店安全避难的新闻。顺利避难的人们也纷纷表示是在内山完造的帮助下平安脱险的。除此之外,还有很多对我有益的事情。总之内山书店变得天下皆知。如此一来,我的漫谈也变得有名了,声势越来越大,甚至连上海内山书店也在中日双方出了名。不过,在上海的日本人中间,也有内山是中国间谍的传言,恶评也是越来越多。这种现象如今亦是如此。每当我说起中国的话题时,背后就会有人说我是宣传员,是中国派来的内奸。他们这样说也有他们的理由。我回国后一直在说中国国民党政权的没落只是时间上的问题,接下来将是中国共产党的天下了之类的话。事实也正是如此。通货膨胀的问题,事实也和我说的话并无太大差别。我说不久中共政府在上海会面对难关,即人民银行券的问题,果然又如我所料。总而言之,因为命中率很高,于是就有了上述那样的议论。然而我在说起中国的时候,是超越了党派的,我是个毫无利害关系的局外人,这一点大家日后自然会明白,我一贯认为,善恶自有后人断,所以没有多做任何解释。结果这却引来了更多的议论。我常想,日本人真是相当难缠啊!

在我旧宅的斜对面一个叫作"阿瑞里"的地方住着很多日本人。同文书院的坂本义孝先生也住在那里。他邀请新渡户博士、前田多门和松本重治吃饭时我还去作陪过。当时号外说日本军队占领了锦州。我还记得拿到号外的新渡户博士自言自语般地说道:"最终令日本犯错的是日本军部①。"事实正是如此,日本正是因为军部才落败的。

上海事变发生后没多久,大谷光瑞氏请求日本陆战队派人保护其住所无忧园,竟然遭到野村司令官的拒绝。据说当时拒绝的话是:"像您这样的宗教家要求陆战队的保护实属奇怪。兵员不足,所以无法派遣。即便是我们提出要派遣士兵去保护您,您也一定会拒绝的,难道不对吗?"听说大谷先生对此极度愤慨。不久后大阪的每日新闻上就刊登了大谷先生写的关于上海事变的文章。好像文章一开始就写到有这样一名司令官如何如何的。不知是否真是这样,反正之后大谷先生就离开了上海,去了大连。前些日子才听说他在别府孤单地离世了。就连一代名僧的大谷光瑞先生也对世事无可奈何呀!这样一位日本杰出、伟大的大谷光瑞先生已经不在这个世上了。有人为此觉得惋惜,也许有人会觉得松了一口气,还有人会拍手称快,世间百态,在我的心中大谷先生是一位非常了不起的僧侣。《新西域记》上下两册堪称大谷先生的杰作。大谷先生也算是另一个层面上的中国通了,我送他云南普洱茶的时候,他还客气地说他从未喝过,他非常高兴。由华中铁道出版编撰的《中国地志》,应该算是他的绝笔吧。就因为大谷先生是军部里非常重要的人,随着日本军队的凋落也一并抹杀了大谷先生的存在,着实让我为大谷先生感到惋惜。

自"一·二八"开始的上海事变,于三月三日在英国总领事馆的仲裁下和平解决了,非常了不起。这样的结局非常好地证明了日本最初声明中说的那样,日本并没有什么野心,这个结果其实已经超越预期目标了。然而,居住在虹口的日本居留民大会那些人,对此仍然抱有极大的不满情绪,他们叫嚣着要把敌

---

① 日本军部:日本对外发动战争的军事指挥枢纽。包括政府中的陆军省、海军省,陆军最高指挥部参谋本部、海军最高指挥部军令部等。日本军部独立于政府、议会之外,直接对天皇负责。

人全部干掉,听起来甚是糟糕,我认为这是开始日本外交以来的、前所未有的好事一桩。

在上海新公园举办的天长节的祝贺庆典,日本人遭遇了惨痛的爆炸袭击,一开始有人说是中国人做的,可是犯人被抓住后却发现像是日本人。不过,最终因为是朝鲜人,才未将问题扩大化。当时局势一度异常紧张。白川大将死亡,重光公使致残,野村司令官成为独眼,身中一百三十块炮弹碎片的上海居留民团团长河端贞次最终牺牲了。他的儿子明氏如今子承父业在大阪丰中市新免开业从医。我作为他长久以来的朋友,对他的死深感同情,但是另一方面,我认为他作为一个人也好,作为医生也好,死得其所。无论如何,这枚炸弹取得了一定的效果,可以说这是很罕见的。

十月二日发表了李顿调查团报告。当时在我看来,这份报告充分站在了日本的立场,已经非常有诚意了,可是日本政府从一开始没把这当回事。中国以为日本会接受李顿调查团报告书,然而日本却断然拒绝了,其结果最终导致了今天的败落。骄兵必败呀!日本军部的傲慢最终引来了贪婪的洪流。从这个事情可以看出,造成今天日本败落的最大原因就是日本不了解中国。中国拥有着四千年历史,至今依然作为一个大国巍然屹立,中国可以说是世界上唯一长命的国家。如今中国正独立推行位于世界先端的共产革命,可谓是新露头角、势不可挡。从这个意义上讲,我认为中国才是世界上最大的强国。

日本军队和中国十九路军之间的上海事变,在英国公使蓝普森巧妙的仲裁下,最终在"Kent号"船上签订了停战协议,至此我也大大地松了一口气。我还以为再也不会有上海事变那样的事情发生了,看来是我不了解日本政治家和军人的大脑构造,是我走了眼。

在事变发生之初,为了让中国非战斗人员能够撤出战斗区域,天主教的人们帮了很大的忙,对此我表示非常敬佩。之后,在上海事变期间,天主教的杰基牧师在上海市内设立了难民救济站,日本人对于这种人道主义行为也不得不表示认同。颁发第一届大陆奖给杰基牧师,就是因为他在这段时间的作为。来自文明国家的人会跨越国境、跨越民族伸出援手,而我们日本人却做不到。无论如何归结点都会回到日本帝国上去,从不考虑世界或人类这些更宏观的东西,这就是所谓的帝国主义、所谓的国家主义,也正是我所排斥的地方。我认为,即便是不同国籍、不同民族、不同种族,好的就是好的。在竞技对抗的时候,外国人会为对方出色的表现送上掌声,可是日本人却只会给自己鼓掌,对手有出色表现的时候就不屑一顾,甚至会破口大骂,这真是没有教养,也暴露了帝国主义教育、国家第一主义教育的最大问题。在国际都市上海,因为总是有活生生的事例作比较,所以更能清楚地看到日本教育的缺陷所在,真是令人感到羞愧难当。比如说,日本人绝不会举办类似不要求回报的慈善活动,凡事总是要求回报,在慈善之前就要求别人报恩,因此没有理由会施善行义。我印象中仅有一次,上海的基督教青年会对贫困的白俄人进行了无偿慰问,因为薄命又落魄的白俄人完全不可能报恩或补偿。然而,这种不求回报的慰问实属少见。当时我真希望日本人在今后一直能以这种心态慰问、施援下去,不想让日本人被戴上没有教养的帽子。可是,当时在上海的日本侨民将国家主义教育的低劣性淋漓尽致地表现了出来。日本军队威武的时候,日本人趾高气扬、不可一世,而日本军队败落之后,日本人又是如何的一种态度呢？其丑态世人皆知,他们就像完全抛弃了自尊心,像被饲养的狗一般老实乖巧！再也没有人趾高气扬了,只是一个劲儿地对中国人点头哈腰,甚至没有一个能和中国平等对话的人了。这样的日本人,着实令人失望。

我记得应该就是在这一年,举办了第二届版画展览会,展览内容以法国的小说插画为主。本以为第一届因为地理原因中国人未能参加,于是这一届把会址放在了老靶子路的日本人基督教青年会,没想境况竟比上一届更惨,让我深感失望,更觉得难以回报鲁迅先生付出的努力。但是我并没有气馁。因为下一年我们又举办了第三届,这就是最好的证明。

日本昭和癸酉八年（一九三三年）

二月二十四日	大会上，针对李顿调查团报告书的采纳与否展开讨论，日本投反对票，泰国投弃权票，其余投赞成票，结果以四十二票通过，议长宣布采用报告书，日本代表退场
三月三日	三陆地方遭遇地震与海啸袭击,岩手县辐石地区受灾最严重。岩手宫城青森及北海道共有一千五百余人死亡,三千余户房屋被毁
三月六日	英国文豪萧伯纳抵达东京

三月十日	日军占领了万里长城的六大关隘(山海关、九门口、界岭口、冷口、喜峰口、北古口)
五月四日	日本代表石井菊次郎、深井英五等乘坐"龟田丸"前往伦敦参加世界经济会议
五月十六日	作为昭和三大疑案之一的、有名的私铁、卖勋、合同毛织的贪污案在东京地方法院合并审理，在事件发生后的第五年宣判
五月十七日	"五·一五"事件(犬养总理被杀)的概要由陆军、海军、司法三省一并发表
五月三十一日	在塘沽签订了中日停战协议
六月七日	关押在市之谷监狱的佐野学和锅山贞亲二人表明与共产思想决裂
	陆军滨松飞机场第七连队的火药库发生大爆炸，二十余架飞机被毁
六月十九日	一度被传不可能完成、过于冒险的举世瞩目的丹那隧道①于今日开通，世界技术界对此曾怀抱着担忧和好奇。该项目共历时十五年时间，花费两千五百万日元，六十余人牺牲
七月二日	步兵第一旅团的士兵在静冈县富士山脚的原野上演练时三百余人中暑，其中严重者十八人，发狂自杀者七人
七月十四〔十一〕日	神兵队预谋发动第二次"五·一五"事件的企图被识破，未遂
八月十一日	海军方面军法会议上请求将"五·一五"事件相关人处以死刑或无期监禁，这种严酷的刑罚遭到当局乃至全国上下的反对，人们递交请愿书要求减轻处罚
八月十九日	陆军军法会议判处"五·一五"事件的后藤映范等十一人四年监禁

---

① 丹那隧道：位于日本东海道铁路干线上，在本州岛南部热海和函南之间的双线铁路隧道。

十一月一日	三井合名公司发表声明表示将提供三千万日元的基本财产,以财团法人的形式投资社会公益事业
十一月四日	长崎日惠公司的北川孝、西村满治自非洲埃塞俄比亚回国,带回了获得该国六百万平方米棉花栽培地的借用权,以及十五万人移民权的消息
十一月九日	海军方面判处"五·一五"事件中的古鹤清志等十人一年到十五年监禁
十一月十六日	无线电技术的发明人马可尼夫妇抵达日本
十一月二十日	自一九三二年冬天以来,针对共产党的余党及被称为共产党温床的"全协"(日本公会全国协议会的简称)展开秘密逮捕,仅警视厅管辖之下,至本月十二日为止全协系统共逮捕了一千六百九十六人,青年同盟系统共二千五百人,其中被起诉的全协系统共一百四十五人,其他共二百四十四人。至此,逮捕行动暂时告一段落,本日东京地方的报纸解除了消息封锁
十二月二十日	发生了被称为千载难逢的月球、金星与土星轨道交错的天象奇观
十二月二十一日	与长崎医科大学的买卖学位贪污案有关的该校的教授、副教授全部辞职
	在宫中召开的宗秩寮审议会上,就如何处置贵族等有辱体面的言行(即所谓的有闲事件)进行了表决

特别记事

一月	全面禁止日本商品的进口。上海总商会发表了抵制日货的通告
二月	青岛的公大工厂采取了缩短开工时间的措施
四月	各地的纺织业均开始缩短开工时间
八月	南京、天津的抵制日货运动愈演愈烈
十月	在上海北四川路底千爱里四十三号举办了第三届世界木刻展览会,由内山完造作主办,展出了鲁迅

先生的收集品。前两届均不尽人意,此次终于获得成功。中国小学生组团参观为本届展览会添了不少彩

十一月　　福建省陈铭枢主席发表了独立宣言

追加事项　内山完造四十八岁。萧伯纳来上海的时候,改造社的山本社长希望能寻找机会与萧伯纳及鲁迅先生对谈,为此改造社的木村毅作为特派员来到了上海。在萧伯纳和鲁迅先生、蔡元培先生及宋庆龄女士见面对谈的间隙,木村非常难得又顺利地获得机会(在宋庆龄女士的府邸)拜见了萧伯纳,同时还拿到了鲁迅先生的文章。萧伯纳坐船经天津前往北京时,木村又先行到了北京站,再次见到了萧伯纳。之后木村即刻回国,他参照宋庆龄女士在上海招待萧伯纳的做法,在萧伯纳坐船抵达横滨的时候,为改造社争取到了全程独家采访的机会。这样一系列的事情真是大快人心。

针对"五·一五"事件中相关人员的审判,海军和陆军的判决存在很大的不同。海军做出的判处是十五年以下一年以上的监禁处罚,而陆军的判处全部是四年监禁。陆军方面的判决太轻了。对大地震的时候杀害大杉荣等人的甘粕大尉的处决也很轻。世人觉得陆军方面在这种时候连判决都手下留情,实在是不正常。此外陆军方面还有种种愚蠢幼稚的作为,比如说,在"二战"期间关闭了所有在上海的日本餐馆,却在 Astor House 里开设了军方专用的餐馆,把关闭的餐馆里的艺伎集中到那里供军人们饮酒作乐。我看到了诸多类似的事情,因此对陆军无论如何没有好感。想到这些,我认为如今像电影《晓的逃跑》这类影片也能让国内的人们观看,日本人的教育确实在变好,这应该是战败所赐吧。

昭和三大疑案之一的卖勋事件,还有长崎医大的学位买卖事件,真是太荒谬了!这些无一不揭露了日本人对形式的执迷,他们完全不考虑该如何充实内容、培养实力,只是一味地迷恋是否获得功勋或者带上博士帽。这虽然是个例,但是和学生家长为了帮助孩子得到毕业证书托关系想办法的做法如出一辙,是彻头彻尾的形式主义。这是多么可悲的想法啊!没有实力的头衔有何用呢?社会普遍对头衔痴迷,人们没有主见、缺乏教养,实在令人愤慨。

鲁迅先生积极致力于木刻的普及事业。在中国的文化运动中鲁迅先生推广的木刻运动具有极高价值。木刻运动有它的两面性,一方面它尝试着推广苏

联、德国的木刻艺术,另一方面极力挽救本国正在日益衰退的自古以来的木刻艺术。为了推广新木刻艺术,鲁迅先生出资出版了《引玉集》《凯绥·珂勒惠支版画选集》《士敏土之图》《木刻纪要》等书籍,与此同时,他还着眼中国的传统艺术,编辑并出版了《北平笺谱》《十竹斋笺谱》《时代小说插画》等,可见先生的工作是多么的细致周到啊!我有幸参与这份工作,不胜欣幸。总而言之,为了中国木刻艺术的普及,我并没有因为一两次的失败而退缩,坚持举办了三届木刻展,特别是销售木刻刀等,对我来说是一件非常愉快的事情。

日本军部原本好像只打算搞个"满洲"事变,没想到结果却演变成了大东亚战争①,就这一点来说已经是搞砸了,他们应该在黄河战线就坚决停战才对。原本跨过长城战线就已经是个错误了,却还执意向黄河以南推进,真是不应该。通过这件事可以清楚地了解日本军部有多傲慢。

鲁迅先生写的诗着实不多。我有幸获得一首。我妻子也曾有过一首,但现在找不到了。给我的诗叫作《二十年来观中华》。下面这首是山本初枝先生获得的诗(小田狱夫先生翻译)

> 惯于长夜过春时,
> 挈妇将雏鬓有丝。
> 梦里依稀慈母泪,
> 城头变幻大王旗。
> 忍看朋辈成新鬼,
> 怒向刀丛觅小诗。
> 吟罢低眉无写处,
> 月光如水照缁衣。

后来郭鼎堂(郭沫若)先生还对这首诗大为称赞。别的朋友也跟我说过鲁迅先生的诗写得真不错,但是对于不懂诗的我来说一向是不解的,实属遗憾却又无可奈何。

在近藤春雄先生写的《现代中国作家与作品》一书中,有汉译的现代日本

---

① 大东亚战争:日本对太平洋战争的称呼。

文学的目录。按目录中作品的出版社来看,大约有三十九家书店,其中有十二家与我的书店差不多同时成立或晚于我的书店。翻译的书籍共有八百三十多种,其中有些出版社或者译者是我的书店成立之后才出现的,而且译者也是我非常熟悉的人。也就是说,认定是我的书店出版的书籍共有三百三十多种。除此之外,从出版时间上看,剩余的大多数译著都是在我的书店成立之后才翻译出版的,恕我自负,可以说这类书的日文原版大多数都是我的书店提供的。总而言之,可以毫不夸张地说左翼的书籍翻译,即属于第三部分的那三百三十种书籍全部都是出自我的书店。从这件事和我的书店的关系来看,通过我的书店给中国人带去的日本文化的影响可以说是相当大的。哎呀,自吹自擂了一下。的确,我自知自己是日本人当中为数不多的自负又大胆、很是令人头疼的那一类人。好了,先不说这个了,我们还是来看看这些书籍的译者吧。首先有鲁迅、郭沫若、田汉、夏丏尊、谢六逸、沈端先(夏衍)、郑心南(郑贞文)、张资平、查士元、崔万秋、黎烈文、黄源、高明、汪馥泉、钱歌川、胡仲持、葛祖兰、刘大杰、樊仲云、钱稻孙、林伯修、俞寄凡、包天笑、陈望道、李达、楼适夷、丰子恺、孙俍工、徐半梅〔徐傅霖〕、欧阳予倩、冯雪峰、朱应会、陈彬龢、林骙、章锡琛、查士骥等,都是我非常熟悉的人,除此之外还有北京大学的尤炳圻等其他很多人,在这里就不一一列举了。这样想来,三十年间内山书店和众多中国文化人都有过交集。其实这八百三十多种翻译书籍的译者中大部分都是我店里的客人,这里只是列举了我非常熟悉的几位。如果再加上作家和其他文化人的话,数量就更多了,此处就割爱不做列举,他日再介绍。前面提到的那本书的末尾有现代中国作家的略传,共二百二十人。其中我所知道的前往日本留学的有四十三人。而且这些人都是中国作家中的大家或是中坚力量,这是非常了不得的。这些人不光与我认识,在某种程度上还算熟识。我写到这里,不由心中甚感高兴。

　　前面提到的第一届和第二届展览会都命名为版画展览会,这个叫法也许中国人不太理解,于是这次就改为了世界木刻画展览会。结果,效果很不错。鲁迅先生自始至终从未开口说"老板你就放弃吧"之类的话,我不禁感叹他的毅力,与此同时,我也对自己做成了这种有毅力的事情感到十分高兴。总而言之,第三次取得了成功。我也切实地体会到了"坚持到最后才能获得救赎"的基督教的教诲,以及成败取决于最后五分钟的道理。

日本昭和甲戌九年（一九三四年）

一月八日	京都车站涌入大量送别吴海兵团①入伍新兵的人群，造成数百人受伤
一月十一日	罗马教皇使节大司教 Paul Marea 拜见天皇
二月十四日	陆军将校的佩剑改为日本固有的阵太刀②式（战争准备——笔者）
	新潟县村松町的生丝工厂因积雪倒塌，造成十三名女工死亡
二月二十五日	皇道发扬会于大阪中央公会堂举办成立大会
三月二日	福岛县石城郡鹿岛村发生山林大火，5000 平方千米林木被烧毁
三月六日	法国女飞行家 Maryse Hils 耗时四十日自巴黎飞抵羽田机场
三月七日	和歌山县西牟娄郡熊野山发生山林大火，约 20000 平方千米林木被烧毁
三月九日	武藤山治③于北镰仓被杀
三月十日	石川准十郎④等组织的（大日本）国家社会党举行结党仪式
三月二十一日	北海道函馆发生大火，二万三千六百户房屋被毁，二千人遇难
四月十四日	立川平壤间二十架战机进行编队飞行，其中十八架成功
四月十八日	暴露帝人事件⑤的社长等被逮捕

---

① 吴海兵团：即吴镇守府海兵团。吴镇守府是曾存在于广岛县吴市的旧日本海军镇守府，一八八九年设置吴镇守府海兵团，一八九六年吴镇守府海兵团改称为吴海兵团。

② 阵太刀：太刀的一种型式，起初只在出阵时使用，因此得名。江户时代德川幕府规定，武家在正式的场合必须配戴仪仗用太刀，之后太刀这个称呼通常指的就是阵太刀。

③ 武藤山治（一八六七至一九三四年）：日本明治·大正·昭和前期的实业家，言论家，众议院议员，因揭露"财政官"被当权者视为眼中钉，被暗杀。

④ 石川准十郎（一八九九至一九八〇年）：日本思想家、活动家。

⑤ 帝人事件：帝国人造绢丝有限公司（帝人）因股票买卖引发的一系列事件，最终导致齐藤实内阁总辞职，被起诉的全员最终无罪释放。

五月十日	长野县东筑摩郡中山村发生山林大火,3000平方千米林木被烧毁。福岛县南会津郡田岛町发生大火,烧毁三百户房屋
五月三十一日	东京上海间接通无线电
六月六日	岛取县岩井温泉发生大火,烧毁二百户房屋 香川县绫歌郡枌国有森林发生火灾,6500平方千米林木被烧毁
六月十九日	佐贺县松浦郡岩屋煤矿发生煤气爆炸,造成数十人死伤
七月八日	九州地区遭遇六十年未遇的大旱,为祈雨久留米军团进行实弹射击
七月上旬	北陆一带发生水灾,石川、富川两县受灾最为严重,人畜死伤众多,据说损失金额在一千多万日元
七月十八日	朝鲜安东、新一周地方因暴雨导致鸭绿江大幅涨水,引发洪灾
七月二十七日	朝鲜咸镜线罗南镜城间发生列车脱轨侧翻事件,造成四十人重伤
七月三十日	哈尔滨—"新京"间发生旅客列车被匪徒袭击事件,造成二十多名日本人死伤,数名被绑架,后被解救
八月九日	石川县大圣寺町发生大火,三百多户房屋被烧毁
八月二十一日	关西地区发生大暴风雨,京阪各地受灾严重,导致一万数千人死伤,三万五千多户房屋倒塌,二千三百多户房屋被冲毁,三百余间小学倒塌,滋贺县赖田川铁桥附近因暴风造成列车侧翻,导致一百多人死伤
十一月十日	北海道空知郡三笠山村春别弥生煤矿发生煤气爆炸事件,造成一百五十名工人被埋
十一月十五日	京都上野站发生电车相撞事件,造成三十多人重伤
十一月二十五日	长野县彼杵郡松岛煤矿发生透水事件,造成五十多人死亡

特别记事　一月　福建独立军中央军交战

四月　天津海关禁止与"满洲国"有关的货物印刷品的进口

六月　日清汽船公司重开重庆航路

八月　长江一带因饥荒各地农民叛乱。南京国民政府打出儒教旗号,发起新生活运动

追加事项　内山完造四十九岁。日本军国主义日渐浓重,行为方式也染上了浓重的右翼色彩。在日本任何事情都是单一式的,比方说,各个城市统一不铺设下水道也都不挖井。因为要保持统一甚至连已有的井都要么填埋、要么掩盖,渐渐不再使用。却不想关西遭遇大暴雨袭击,京阪尤其是大阪受灾严重,尤其因水管道的铁管破裂导致无法供水,(市内)又没有井,一时间饮水困难,惨状环生。于是之后(政府)又开始鼓励统一挖井。此外,当时要求各家新闻报社全部使用电力印刷,为此因电线被切断、电气公司发电机故障等原因无法供电时,各家新闻报社便无法印刷,不得不休刊数日。其中唯有朝日新闻社因为除去电力之外还有辅助设备,才保证了发行,一日未断。日本人实际是需要事事都做两手准备才行的。单一化已被证实存在危险性,但是(右翼分子)依然坚持不做两手准备。作为民族青年具有进取心固然是好的,却存在经验不足等缺点。这次中日战争由北向南扩大化的时候,我曾将此事比作棒球双方的攻守交替。也就是说,日本一开始是进攻方,不断得分后防守区域也不断变大,此时进攻是一的话,防守就占到九,我曾明确指出防守必须做好这种准备。战争扩大至"大东亚战争"时,"团结一心,一亿火之玉"[①]什么的,举国上下像下注押宝一样孤注一掷地投入战争,便完全暴露了单一化的缺点。即便是无论如何都要成为一个统一体的情况下,也需要每个个体各自拥有充分独立的力量,否则的话是非常危险的。德川家康曾在三百年前就说过"只知胜利不知失败,必害其身"。日军勇往直前、日军无论如何都不会失败的这种赌博式战争是不可取的。

话题在此一转,国民政府推行的新生活运动,令那些从日本来的客人感到非常佩服。他们说,中国将新生活运动进行得很彻底。他们有人在南京边走边吸烟的时候,被巡查的人纠正过,切身体会到新生活运动的彻底性,感到非

---

①　第二次世界大战时日本打出的口号,意为"一亿日本人团结一致"。

常佩服,回国前还买了新生活运动的图书(正中书局发行了十几本)带回去。我的店里也代销这些图书,我对买这类书的顾客说:"买这些书的就是日本客人。日本人说新生活运动很彻底,但是要我说的话,他们也就是做做巡查、制止边走路边吸烟的人让他们丢掉香烟这类事情罢了。而且这还仅限是南京的做法。在上海应该没有人把新生活运动当回事。"日本人中也有人说,新生活运动中抵制日货很彻底之类的话,这可错得不是一般。再说点跑题的话,在当时日本国内银行或公司工作的人看来,到上海支店是登龙门第一捷径,要是能到上海支店工作,便可以过上非常安定又丰富的文化生活,这一点非常有魅力。因为在这里首先不需要活得那么小心翼翼,在共同租界、法国租界等治外法权区域内生活,没有束缚,可以自由地生活,这是魅力所在。人类都向往自由。即便像日本这种封建保守的人类,虽然对这种自由不知不识,憧憬却是一定会有的。

第一次来到上海的日本人都会吃惊于上海形形色色的招牌。在此我列举一些。

"质"是小当铺的标志。

"押"也是小当铺的标志。

"当"是大当铺,死当期限是十八个月。

"典"在上海不常见,在北方比较多,是最大的当铺。"当"和"典"都会在墙上写着很大的字。

"官酱园"是酱油店。

"官盐"是盐店。

"牛奶棚"是牛奶店。

"稻香村"是点心店。

"陆稿荐"是肉店的招牌。

"盆汤"是澡堂。

"客栈"是旅馆。

"仕官行台"是老式旅馆入口处写的字。

"饭店""酒店"是新式酒店的意思。

"洋行"是外国人的商社。

"钱庄"是旧式银行,也是钱铺。

"银楼"是金银饰品店。

"菜馆"是饭店。

"饭馆"也是饭店。

"钟表行"是钟表店。

"书局"是书店。

"书社"也是书店。

"图书馆"也是书店。

"印书馆"还是书店。

"绸缎铺"是服装店。

也许是因为最近金价涨了,以前有很多金字招牌,现在都看不到了。日本也有商号这一说。在中国只要是商店就都有商号,永泰号、泰和号等等。还有使用堂这个字的,大多是有历史的药店,比如天吉堂、庆余堂之类的。总之商号使用的汉字基本上都与福、禄、寿有关。还有在商号前写上合记、协记、洽记等小字的,是两人、三人、很多人、数十人合资的意思。还有公记、牲记、丰记等。

再扯点闲话。上海最大最漂亮的公园是兆家花园。这个花园也叫作吉斯菲尔公园。因为在吉斯菲尔路而得名。其实这个吉斯菲尔路有一段浪漫的来历。以前曾有一个葡萄牙人住在这附近。有一天,他去虹口,走过马戏团时听到了少女哭泣的声音。这个人怀着好奇心走进去了解了事情经过,非常同情这个少女,最终将她买下带回了自己家,帮助少女摆脱了马戏团。葡萄牙人让少女加入了教会,还让她上学,最后去了美国留学。几年后少女成为美丽的妇人回到了上海。她为了报答这位葡萄牙人的恩情成为他的妻子。这个妇人叫作吉斯。这位葡萄牙人便将自己居住的那条路命名为吉斯菲尔路。于是,曹家渡一带便成了吉斯菲尔村,公园的名字也变成吉斯菲尔公园。上海西站也变为吉斯菲尔站。不过,这里如今改为梵王渡路。这就是上海一个路名的罗曼史。

写到这些,就不由得联想一个问题,为何日本有那么多受贿、贪污等事件呢?难道就没有什么办法吗?这样想的也不止我一个人。为何日本会发生这么多火灾呢?不仅是房屋火灾还有山林火灾,而且是那种(被毁房屋)一百户、二百户、五百户、千户、万户的大火灾。可是我们却对山林火灾没有扑灭的方法,只能等待它自己燃灭,我想这一定有损日本科学的名誉吧。(烧毁范围)达到几万平方千米,难道不是很严重的事情吗?据国家消防厅的调查,平均一年内被烧毁的面积达到101万坪①。也就是说,一百多万坪房屋被烧毁,这些房屋中的家具财产、衣服等也全数被烧为灰烬,有时还会夺走人的性命。如果一坪损失五万日元的话,那就造成了五百亿日元的损失。再算上事后整理收拾、重建等所花的时间和金钱,绝不是一笔小数目。另外,若是计算山林火灾造成的损失,那么全日本一年内因火灾造成的损失则高达一千亿日元以上。每年都重复着同样的不幸,这不正是让日本疲惫的原因所在吗?日本政府难道不应该建立一套应对火灾的政策吗?类似拔起树根种下番薯的做法是无法杜绝这些灾难损失的。可是日本的科学落后了二十年,对此束手无策。我希望能借用尖端的科学,首先想法子预防火灾。拓宽各个城市建筑间的道路也许算得上是方法之一。但是即使道路拓宽了,危险依旧存在。比起狭窄的道路(拓宽后)确实要好一些,但是拓宽了路,城市自然也会随之扩大,所以从整个城市着手是十分困难的。我希望能考虑从改造每家每户的房屋本身入手。诸如为了杀死虱子、臭虫就把人从头到脚的喷上杀虫药的简单粗暴的做法也不是不行,可是事关人和大自然的问题,我认为还是多想法子下点功夫为好。

近来,中国又发生了饥荒,有四千万人位于饥饿线上,但也有人说只有两千万人、九百万人、七百万人,甚至说中国没有饥荒。不管事实怎样,在这里我想简单介绍一下中国式的救济方法。

一般发生灾情后,他们会在一张大纸上写:

"××省××县知事团县长(印)

××省××县××镇××屯,男女共计××人因旱灾谷物无法成熟,遭遇饥荒,成为流民。请诸慈善家施以援手。"

并将这样一张纸交给灾民。于是这张纸从这个村子传到那个村子,从这个镇子传到那个镇子,随着流浪的灾民散开,织成一张生命之网。灾民所到之处,村村镇镇为他们端出一碗米粥,或是拿出些许煮番薯,又或是给几元钱。途中有人遇到老乡或是通过联姻退出流浪队伍,又或是病逝,其中幸运的也许可以重返家乡。总之流浪的人数不会增加只会减少,最终这一行人会全部消失。对于这种救济方法有的人说不科学,有的人说太老旧,评论不一。说实在的,其他国家的各种救济方法因为需要救助的人数很少没什么问题,可是对于中国这

---

① 坪:一坪约等于3.3平方米。

种受灾人数很多的情况,在其他国家是没有先例的。因此即使上面我介绍的这种方法不科学、太老旧,但是立即抛弃它也是不可取的。有一次我在《朝日评论》刊登了一篇名为"蒸发作用"的文章,里面叙述了这种救济方法,我认为,这种中国式的救济方法来自于多方实际经验,仅凭是否智慧这一点妄加评论是不恰当的。

我认为,很少有人比得上现代日本人的知识储备,即便是乡下人也都知识渊博。这是教育的力量。因为识字率高,看报纸、看杂志、听广播、听演讲,获取知识变得很容易。然而执行起来却显得很困难,因为行动需要的是经验,而我们日本人缺少经验。于是便形成了倒三角。中国人正与我们相反。三角形尖的那头在上,平的那头在下成为基座。也就是说,获取知识很难,却富于行动力。中国的教育尚未普及,所以获取知识比较困难,然而经验丰富所以执行力强。到底哪一种模式更安定呢?若世人觉得不需要安定也就不说了,可是如若需要,则到底是日本式还是中国式更容易获得安定呢?安全第一、安全周等不应该仅仅只是一个空空的口号或题板的问题,具体实施才是关键。

日本昭和乙亥十年(一九三五年)

二月二十一	冈山县西大寺町县立西大寺女子学校礼堂发生垮塌事件,造成八十多人重伤
三月二十三日	针对天皇机关说[1]国家舆论渐渐高涨,众议院各党派就国体[2]提出决议法案,由政友会铃木喜三郎就提案理由进行说明
	东支铁道与苏联正式签署"满洲国"铁路权利转让协定
三月二十六日	长崎县西彼杵郡高浜村端岛煤矿发生瓦斯爆炸事件,造成三十多人死伤
四月二十一日	中国台湾发生强烈地震,新竹、台中受灾严重,造成三千多人死亡
五月二日	警视厅英明决断,逮捕了东京都内管辖地区约一千七

---

[1] "天皇机关说":美浓部达吉提出的宪法学说。他反对天皇有神权和至高无上的权力,认为日本的统制权属于作为"法人"的国家,而不属于天皇。

[2] 国体:规定天皇统治日本的基本体制。

	百多名暴力团伙成员,各地也同时响应
五月三十日	福岛县汤本町入山煤矿第六坑发生瓦斯爆炸事件,造成四十八人死亡
六月二十九日	关西及九州地区遭遇暴雨,京都加茂川涨水,淹没房屋六万户
七月三日	香川县小豆岛海面上,大阪商船"绿号"与大连汽船"千山号"相撞,"绿号"沉没,造成多人死亡
七月五日	群马县前桥地方遭遇落雷、暴雨、旋风的猛烈袭击,造成数间房屋倒塌,多人死伤
七月十一日	静冈县发生强烈地震。静冈、清水两市受灾严重,地震造成百余人死伤,一千户房屋受损
七月十七日	中国台湾再次发生强烈地震,以新竹为中心,造成二百多人死伤
七月二十九日	"满洲"京图线营城子、十门岭间因山贼袭击旅客列车,造成列车脱轨翻倒,多名乘客死伤或被劫持
八月三(四)日	冈田内阁就国体明征发表声明(声明内容即"我国统帅权的主体是天皇,这是我国国体的本义"——译者注)
	北宁线湾州站四名便衣队员因伤害日本辅助宪兵而被保安队司令射杀
八月十日	京阪神地区再次发生严重水灾,七千多户房屋被淹,数十人死伤
八月十二日	陆军省军务局局长永田铁山少将在执行公务时被相泽中佐刺杀
八月二十三日	青森、秋天两县于二十一日夜间遭遇暴雨,造成诸条河流泛滥,街道、田地被淹,损失达到一千万日元
九月十三日	新潟县新发田町发生大火,八百户房屋被毁
九月十四日	军舰足柄射击训练时炮塔起火,造成四十多人死伤
九月二十五日	茨城县日立矿山的本山石灰山岩壁崩塌,造成三十多人死伤
	群马县新田郡笠挂村遭遇强烈旋风袭击,造成五十多户

	房屋倒塌,多人死伤
九月二十六日	因两三日来的暴雨,利根河泛滥,造成其流域内发生大洪水,关东平原多数受灾,五千多户受灾,三百多人死伤,于东方海上演习的海军遭遇台风袭击,驱逐舰"福云"等四支舰船遇难,造成六十多人死伤
十月二十六日	福冈县田川郡赤池煤矿第三坑发生瓦斯爆炸事件,造成大约一百多人死伤
十月二十七日	东日本遭遇罕见大暴雨,东京多数房屋被淹,全市交通中断
	国铁磐越线小川乡川前段列车从峭壁处坠落至夏井河中,造成五十多人死伤
十一月一日	中国国民党中央党部六中全会闭幕后,各界政要于南京大礼堂前合影留念时,有枪手射击蒋介石及汪精卫(汪兆铭),造成若干伤者
十一月十二日	警视厅开始大规模逮捕无政府主义分子,共五十三人
十一月二十一日	小学校长遭恶汉在红茶里下毒被害,同时被抢走三千日元公款
十二月八日	因大本教的不敬事件,出口王仁三郎以下干部被逮捕
十二月二十三日	陆军大将本庄繁、同荒木贞夫、海军大将大角岑生等因功被授予男爵
十二月二十五日	中国外交部次长唐有壬在自家门前被射杀

特别记事	二月	中国政府向全国范围发布禁止抵制日货的禁令。上海出现金融恐慌
	三月	上海的纺织业罢市
	五月	日、英、美、德公使升为大使。所谓的华北事变爆发
	七月	四川省成立苏维埃政府
	九月	英国经济使节来到上海。因财政严重混乱,上海诸家银行临时停业
	九月	Leith Ross访问日本期间提议对中国货币改革加以援

	助,却遭到日本政府拒绝,于是英国独自援助了中国
十一月	实行货币改革。中央政府强制实行现银国有化,强制没收现银。自此时起不再兑换。以中央银行为首的全国各银行发行的纸币一律停止兑换。中国人不仅明确了货币与纸币的不同,还知道了纸币是可以变成不能用于兑换的货币的事实

追加事项 内山完造五十岁。这一年东京学艺书院出版了我的第一本随笔集,叫作《一个日本人的中国观》,序言是由鲁迅先生执笔的,真可谓是天下独一。当时我的喜悦之情几乎冲破云霄。回望之,一个年仅十二岁连高等小学[①]都没有毕业便去大阪当学徒、之后到京都当掌柜的我,既没有写作经验,也没有任何底子。就是一个这样的我写了一些毫无可取之处的漫谈,而且写得非常轻松愉快。由此可以推断出文章写得有多么乱七八糟,不但有别字,而且没有标点,甚至有语法不通之处。然而这样的东西如今却变成三十二开几百多页的书。只要看到写着内山完造著《一个日本人的中国观》这几个字的封面,我都会热血沸腾不已,我的肌肉都在颤抖。连我自己都意识到我的脸在变红发热。我很高兴。然而有一件事让我遗憾不已,那便是参天堂的社长田口谦吉已逝去一事。我曾经和他约定,"我不敢保证大学眼药的销售一定能取得成功,但是我一定多多地了解中国"。如今对中国我有所了解,然而当初与我相约的人却不在了,这是我终生的遗憾。我感到非常懊悔。可是另一方面我却忘乎所以地高兴。我想,写作之人或许能明白我的感受。我的书得以出版令我开心不已,之后这本书被翻译成中文由上海开明书店出版时,我更是十分高兴。当时在报纸上看到巨大版面的广告,写着内山完造著、尤炳圻译《一个日本人的中国观》时,我的眼泪夺眶而出。流泪不是因为难过而是因为高兴,那是欢喜的眼泪,然而这两种高兴是不同的。出版人生第一本书的时候,我甚至有种哪怕我的人生就此终结也满足了的感觉,我激动得彻夜难眠。

之后的某一天,一位坐在我旁边椅子上的中国客人问我说"你就是内山完

---

① 高等小学:日本自明治维新至"二战"爆发前存在的学制,相当于小学后期或初中前期水平。

造先生吧",我回答说"我是内山完造"。接下来他一边说着"久仰大名"一边拿出十日元中国银行的日元纸币对我说"我要买你十本书",我说着"好的好的",站起来取了十本《一个日本人的中国观》过来。那个人又说道:"我已经读过这本书了,所以我本人并不需要这十本书,我是希望日本人能读读这本书,所以请你把这十本书赠予日本人吧,随便给谁都行。"我正因这位中国客人读了我的书而感到高兴的时候,却听到了这番让人吃惊的话,有些出乎意外。我考虑再三,想到正好要给日本各大学的图书馆捐赠书籍,便说道:"那么这样如何,我将这些您馈赠的书捐赠给日本大学的图书馆吧。因此想请您予以署名。"他开始时推辞说"我还是不署名了",但最终在我的再三恳请下署上了姓名。这十本再加上我的一份儿,一共捐赠了二十本,这也给我带来一种无法言喻的喜悦。就这样,《一个日本人的中国观》这本书三度给予了我极大的喜悦。不过我却有一事遗憾不已,那便是我忘记了当时好不容易才同意署名的那位先生的姓名。听说当时他的儿子在东京工大读书,那位先生自己是中央大学毕业的,当时在闸北做律师。一九三三年,我去仙台东北大学的时候,小川博士将当年捐赠的那本书给我看,我又一次感到高兴。当时我应该将那位先生的姓名记在笔记本上了,如今却怎么也找不到,这事只能这样搁置了。今后若是知道了我一定会补记上的。

之后再也没有哪本书带给我如此大的喜悦了。因为这本书的译本又一次地令我感触颇深。有一天同文书院大学的教授熊野正平先生来到书店对我说:"老板,你是何时写的有关中国国民性的书?"我说:"哪里哪里,我可没有写过那么难的书。"先生从包袱里取出一本大书说"请看看这个",标题确实叫作《国民性与心理》。其中在日本人看中国人的国民性一项中,有很多学者专家写下了自己的观点,其中引用了我写的关于中国国民性的文章,让我吃惊不已,同时我也感受到了一种不同的震撼。也就是说,即便是漫谈、杂谈也不可以随随便便地写。我写的杂谈居然被这样有学问的书引用,让我深刻意识到绝不能写些没根据的事,更不能没有根据地胡写。这些事情给我带来喜悦的同时也令我收获颇丰。

关于鲁迅先生出版有关木刻画书籍的事情,我想到一件事。那是1934年的事情了,因为中国古老的木刻画日渐衰退,鲁迅先生主张如今必须采取措施进行保护,便印刷了《北平笺谱》,后又有《明代小说插画》,接着还编辑出版了当下中国非常珍贵的《十竹斋笺谱》，这些都是出于保存的目的。目前《北平笺谱》已经完成了，《十竹斋笺谱》只完成了第一册。所谓的笺谱是中国文人们写信时用的一种印有诗画的信纸。制作这种纸简单地只需一道工序，费工夫的则大多要六七道工序才能完成，真是个奢侈的物件。在这上面再写满字，那就更是豪华了，因为在这种纸上写的字自然也是极好的。介绍新木刻的书籍有《引玉集》，其实这是我承接后又拜托东京洪洋社印刷出版的，初版的五百册很快就卖完了，于是又再版。这件事完成得很漂亮，我没费什么劲却为此赚足了面子。说起来，当时日本真的是处于安居乐业的时期，现在回想起来还是感触颇深。

十二月二十三日，我在报纸上看到陆军的本庄、荒木两位大将与海军的大角大将因"满洲"事变被授予男爵功勋的新闻，本就讨厌军人的我变得更讨厌军人了。我并不是说论功行赏有什么，而是觉得战争并没有结束，还没有迎来和平，也就是说还在打着仗的时候，即便是天皇的恩慈，作为下属也应拒绝接受赏赐才对。我原本预想他们会以战争尚未结束为由归还爵位的，谁知别说归还了，他们竟什么都没说，悠然地接受了男爵功勋，听说还是感激涕零地接受了。我恶心得都要吐出来了。若是男人的话就应视男爵什么的为粪土一般。看看夏目漱石被告知要授予他博士学位的时候，他是怎么做的呢？他毫不犹豫地拒绝了博士称号。当今社会正是因为少了气节，受贿、封赏、买卖学位等事情才不断发生。军人难道都没有了军人的气量了吗？！实在遗憾至极。

我一直在说，所谓愚者在关键时刻没有主意，往往是事后诸葛，我也正是如此。看到今年的年表，让我吃惊的是水患很多。一九三四年则是多火灾。能不能别打什么仗了，为何不能投入精力预防水灾、火灾呢？我又是事后诸葛地悔恨一番罢了。呜呼。

日本昭和丙子十一年（一九三六年）

一月十三日	沿北陆线行驶的列车上乘客携带的汽油起火，造成两辆被烧毁，十几人死伤
一月十五日	帝国代表向英国海相正式传达了退出的通告
一月二十八日	修建国铁仙山线（仙台山形）面白山隧道工程的建设用列车在山寺站东方森冈铁桥上发生坠落，造成六十多人死伤

二月六日	德国加米施·帕滕基兴举办第四届冬季奥林匹克运动会，并于十六日闭幕
二月十日	兵库县武库郡本山村的阪急电车岔道口发生消防车与快车相撞事件，造成十七人死伤
二月十三日	驻中国大使有吉明就对华政策向外务省高管提出了重要的建议
二月十七日	由政府主办的于日比谷公会堂召开的演讲上，冈田启介首相就内阁施政大纲、大藏大臣①高桥是清就财政问题进行了公开演讲
二月二十一日	众议院议员总选举投票开票时，近畿地方以大阪为中心发生强烈地震，并引发火灾，造成多人受伤，数人死亡 法学博士美浓部达吉在家中被访客狙击负伤（因天皇机关说——笔者）
二月二十六日	一群叫嚣尊皇讨奸的青年军官袭击了冈田首相(平安)、斋藤实内大臣(死)、渡边教育总监(死)、高桥大藏大臣(死)、铃木贯太郎侍从长(重伤)、牧野前内大臣(平安)、数位政府要员，还有朝日新闻社，造成众多死伤
二月二十七日	因青年将校袭击重臣事件，以帝都治安为由东京实施戒严令
二月二十九日	青年将校等政变部队态度强硬几乎要酿成兵火之灾，因《奉敕命令》等当局一系列符合事宜的处置措施，政变士兵纷纷返回原部队，事件平息
三月十日	北一辉等一百五十多名与"二·二六"事件有关的人被逮捕拘留
三月十三日	大本教因结社禁止令而毁灭
三月十八日	久留米市上空发生演习飞机坠落事件，造成数间民房被烧毁，乘机人无一幸免
三月二十五日	日本将校下士等人在长岭子附近被国境巡逻的苏联监

---

① 大藏大臣：相当于中国的财政部部长。

	视兵射击,约八十人受伤(长岭子事件)
六月二日	国铁秋叶原站附近发生电车追尾事件,造成五十多人受伤
七月七〔五〕日	陆军省发表"二·二六"事件的判决决定,一百二十三人中十七人(原将校十三人,军人四人)被判处死刑,五人(原将校)被判处无期监禁
七月十八日	东京戒严令撤销
七月三十一日	在柏林召开的国际奥林匹克委员会上宣布下届运动会(一九四〇年)的举办地为东京
八月一日	第十一届奥林匹克运动会于柏林运动场开幕
八月九日	马拉松竞走比赛中日本选手孙基祯获得第一
八月十一日	女子蛙泳比赛中日本选手叶室铁夫获得第一
八月十五日	二百米蛙泳比赛中日本选手叶室铁夫获得第一
	新潟县地藏堂町发生大火,三百五十户房屋被烧毁
	至二十九日在美国优胜美地召开"第六届太平洋年会"。针对中国代表胡适等对日本的抨击,日本代表芳泽谦吉就帝国立场进行了辩解
八月二十四日	四川省成都发生了大阪每日新闻的记者渡边一行四人被攻击事件,造成两人死亡、两人重伤(成都事件)
九月十八日	已故德富芦花的儿子宣布位于东京柏屋村的故居恒春园将捐赠给东京都一事
十月五日	立教大学喜马拉雅登山部成功登顶,成为日本喜马拉雅远征队首次成功的队伍
十月十九日	计划实施巴黎、东京间飞行壮举的法国飞行家在抵达目的地前不幸坠落于佐贺县神崎郡背振山,身负重伤
十月二十日	秋田县尾去泽町三菱所属的尾去泽矿山发生矿毒水蓄水池决堤事件,造成一千多人死伤
十二月十二日	中国陕西省西安发生张学良等将旅居的蒋介石监禁,最终使其同意停止内战共同抗敌(西安事变)

十二月二十五〔二十六〕日　蒋介石带领张学良返回南京

特别记事　六月　　　　广东纸币暴跌。中央、西南两军陷入交战状态
　　　　　　　八月　　　　蒋介石下达针对广西省（今广西壮族自治区）
　　　　　　　　　　　　　的经济封锁命令
　　　　　　　　　　　　　李宗仁任广西省主席，蔡廷锴、白崇禧任前敌
　　　　　　　　　　　　　司令
　　　　　　　九月　　　　政府发布征兵令
　　　　　　　十月十九日　鲁迅于上海去世
　　　　　　　十一月　　　绥远军占领百灵庙

追加事项　内山完造五十一岁。日本不仅经历着天灾地祸，还发生了很多交通事故。火车事故、电车事故、施工中发生的事故等原因不一，然而大多是因为不小心造成的。也就是说是素质低下造成的。施工中的偷工减料也是如此。所以我们不得不考虑如何提高素质。无论是日本还是中国，这一年都是多事之年。十月十九日鲁迅先生去世了，这在中国是一件大事，然而在中央公论社发行的《中国问题辞典》的文化史年表中却没有记录此事。在近代中国，无论是文学还是思想方面，鲁迅先生都是不可或缺的重要人物。毛泽东主席为了纪念鲁迅先生特在延安设立了鲁迅艺术学院，还将鲁迅先生尊为导师以示最高敬意。然而日本人在这本专业辞典中居然没有把此事当作一件大事来看待。另一方面，这本辞典的年表中却针对没有实施的中国的征兵令有详细记载，由此可以想象日本人在其他方面认识有多大偏差了。最终在中国取得胜利的共产党在先生逝去时把鲁迅精神奉为拯救中国的指导思想，并将他视为导师而尊敬。虽然鲁迅先生并不是共产党员，可是共产党人却将鲁迅先生作为导师敬仰，由此可见，鲁迅先生绝不是普通的文学家或是英雄豪杰，他是人们心中仰慕的伟大的人。鲁迅先生在这本辞典中仅作为文学思潮的重要人物被郑重介绍，其内容只涉及作为文学家的鲁迅，这与在全中国人脑海中留下深刻烙印的鲁迅是有很大出入的。我们日本人更应该看到作为一个人的鲁迅先生。如果仅是作为文学家，在世界范围内还会有其他的鲁迅存在。文学家鲁迅受到了果戈理的影响，甚至受到了漱石的影响，也许可以称他为中国的高尔基。然而鲁迅先生自

己却说过"我对于自己被称为中国的高尔基并不感到高兴。高尔基只有苏联的高尔基一人。我不是中国的高尔基。我只是中国的鲁迅"。每当我想起这句话的时候都感到十分畅快。中国人鲁迅拥有无限的未来。人活着就应该有这样的气概。鲁迅先生不仅仅是一名文学家,也不仅仅是一名创作者,全中国的青年男女哭泣的并不是文学家鲁迅,人们是为鲁迅这个人的逝去而哭泣。

说到这一年日本的问题,那便是"二·二六"事件。虽然受害者仅有数人而已,却下达了长达三周的戒严令,如此想来叛乱军(也许这一说法已被取消,如果是的话我这里也不这么说))的所作所为不可忽视。然而这次的大革命听说是军国主义激进派的行动,实则令人失望。明治维新从形式上讲也是革命,其内容不过是各藩掌权人将一手在握的对庶民的生杀予夺权上交天皇的所谓大政奉还,而这次"二·二六"事件看起来像激进派的革命,其本质不外乎军国主义的侵略思想。因为这一点我感到很失望。中国的革命被称为易世革命,每次革命都必然能看到进步,与此相比,(日本的革命)真是让人叹息。

这一年,东京同仁会(面向中国的文化事业团体,致力于为医学和医术方面做贡献)主办的由东京知名的七家医疗器械公司参展的展会在北京等各大都市巡展。在上海也举办了展览会,当时我就日本医疗器械的销售问题进行了演讲,指出因众多原因上海并没有完善的日本医疗器械,虽然有很多中国医生都在日本学习过,但是在上海却买不到必需的一些先进器械。即使能购买也需要向日本订货,然后再由日本发包裹或装箱送至上海。等包裹抵达开箱一看,多多少少都会有几处破损(没有的话就没问题)。为此双方不得不为替换掉破损的器械开始交涉,这样最快也需要两周到三周的时间。好不容易买了却很难马上用得上,这是常有的事情。我还听说交涉不顺利的情况多有发生,好不容易买来的器械最后根本不能使用。于是我想,如果我能成为代理一定会想办法将完美无缺的器械交付给顾客,一定令大家满意。刚好我那时准备开东店,便提出如果大家希望的话我就做个代理。我说了这番话后,大家很高兴地答应了,这件事顺水推舟很快就实现了,之后各店都陆陆续续送来了样品。原本我是以卖书为主的,因为进有很多医疗方面的书籍,很多客人都是医生,怀着服务他们的想法,我才开始代销医疗器械的。现在东店的二层全部陈列着医疗器械,可以说这是内山书店的新发展。内山书店在中日两国的读者间无条件地拥有很高的评价,这一切都得益于大家的激励。记得最初时我们总是被客人问道:

"只有这些吗?"与那时相比,我的确算是成功了。现在我的书店堆积了很多书,甚至于人们都说"书多得让人受不了了"。

关于鲁迅先生的死,详细事宜我不是很清楚。幸好我弟弟手中有鲁迅纪念委员会编著的《鲁迅先生纪念集》,就仪式部分我摘录了一些。鉴于翻译水平有限,避免有误这里只摘录原文。

鲁迅先生逝世经过略记

一九三六年十月十九日上午五时二十五分,先生逝世于上海北四川路底高塔路一三〇号大陆新村内九号寓所,当即由蔡元培等组治丧委员会,发表如左之讣告

鲁迅先生讣告

鲁迅(周树人)先生于一九三六年十月十九日上午五时二十五分病卒于上海寓所,享年五十六岁。即日移置万国殡仪馆,由二十日上午十时至下午五时为各界瞻仰遗容的时间。依先生的遗言"不得因为丧事收受任何人的一文钱",除祭奠和表示哀悼的挽词花圈等以外谢绝一切金钱上的赠送。谨此讣闻。

鲁迅先生治丧委员会

蔡元培 内山完造 宋庆龄 A.史沫特莱 沈钧儒 萧参(萧三) 曹靖华 许季茀(许寿裳) 茅盾 胡愈之 胡风 周作人 周建人

这篇讣告刊登在上海的中国报纸和日本报纸上。其实通过通讯社的电报全国各报社都得知了此事,同时也将讣告刊登在了各自的报纸上。十月十九日下午三点,鲁迅先生遗体移置万国殡仪馆,当晚由胡风、黄源、雨田、周文、田军等守夜。二十日上午九点,先生遗体移置礼堂,四周仅有数个花圈装点。治丧办事处成立,负责处理委员会职责之外的一切事务。其成员有:鲁彦、巴金、黄源、张天翼、靳以、陈白尘、蒋牧良、姚克、萧乾、黎烈文、张春桥、赵家璧、费慎祥、孟十还、欧阳山、周文、聂绀弩、凡容、收群、白危、曹白、周颖、草明、雨田、华沙、犀公、契明、田军、池田幸子、鹿地亘等。

第一天(二十日)瞻仰遗容的一共四千四百六十二个人外有四十六个团体。是日及二十一日、二十二日两日仍由胡风、黄源、雨田、田军等值夜。

第二天（二十一日）上午八时至下午五时为瞻仰遗容时。一切程席均照旧。下午三时入殓。

第三天（二十二日）上午八时到下午二时规定为瞻仰时间，可是到一时三十分即准备起灵了。

一时五十分举行"起灵祭"敬礼后，由参加三十余人绕棺一周，而后始由鹿地亘、胡风、巴金、黄源、黎烈文、孟十还、靳以、张天翼、吴朗西、陈白尘、萧乾、聂绀弩、欧阳山、周文、曹白、田军等扶柩上车，到达公墓已经是近乎四时三十分了。

抵达墓地就按着以下的程序开始了葬仪。

（一）奏哀乐

（二）由蔡元培、沈钧儒、宋庆龄、内山完造、章乃器、邹韬奋诸君作了关于先生安葬的演说。田军代表治丧办事处同人作家、中流、文季、四社同人作了简短的致辞。

（三）安息歌

（四）由上海民众代表献"民族魂"白底黑字旗一面覆于棺上。

（五）仍由起灵时抬棺诸人抬棺入穴。

在一片沉重的哀悼的歌声中，先生的灵柩便轻轻地垂落进穴中。

夜了，天西的月亮还没有满弦，深秋的风，吹动着墓地上黄杨和梧桐的叶子，和了那仍是一条沉落向海底的歌声轻轻地沉向了远天。

对于当时也在场的我来说，读到这些仿佛又回到往昔，当时的情景浮现眼前。就这样被称为稀世文豪的鲁迅先生完全与我们天人两隔了。

关于鲁迅先生与内山书店的关系，我在这里摘录二三件事情，以此结束追记。

士敏土之图（木刻）内山书店代售

铁流（曹靖华译）同

伪自由书 同

南腔北调集 同

准风月谈 同

且介亭杂文集一 同 总代售

同 二 同

同 三 同

海上述林上下（瞿秋白纪念）内山书店总代办

木刻纪程（中国新木刻集）同 总代售
引玉集（苏联木刻集）同 总代办
北平笺谱（现存中国木刻）同 总代售
十竹斋笺谱（中国木刻）同
珂勒惠支版画集（德国木刻）同
以上

除此之外，前面提到过由鲁迅先生筹办的木版画展览自一九三〇年之后举办了三届，此外一九三一年在中国最初的新木刻讲习会上，鲁迅先生还亲自为一八艺社同人做翻译，先生与内山书店割不断的亲密关系，已被中日两国人民所熟知。在先生去世后，中国有报纸、杂志报道，说我在经济上大力援助过先生，时不时还有青年说起这个话题，每次我都会提醒他们说："这是对先生的亵渎。对先生我从未有过一毛钱的援助。这正是鲁迅先生杰出的品质所在。虽然曾有过先生将钱寄存我这里的事情，但是从未有过跟我借钱的事情。我即便是想到先生有难处，我也害怕伤害先生而从未提起过。"为了避免误会，在这里特意说明。

顺带一提，开明书店出版了很多日本文学的翻译书籍，其代表作品如下：
《国木田独步集》夏丏尊译
《芥川龙之介集》夏丏尊、鲁迅共译
《菊池宽集》章克标译
《谷崎润一郎集》章克标译
《夏目漱石集》
《正宗白鸟集》方光寿译
《林房雄集》适夷译
《现代日本小说》森鸥外等著 侍桁译
《两条血痕》石川啄木等著 周作人译
《出家及其弟子》仓田百三著 孙百刚译
《骷髅的跳舞》秋田雨雀著 一切译
《近代日本小说文选》佐藤春天选 谢六逸译
《初春的风》中野重治等著 沈端先译
《接吻》加藤武雄等著 谢六逸译

以上

日本昭和丁丑十二年（一九三七年）

一月十八日	陆军省宣布"二·二六"事件外围关系人员的判决，十七人被处五年以上监禁
二月十一日	东京本所区石原町发生市电车正面碰撞事件，造成二十多人重伤
三月十五〔十六〕日	静冈县持约金矿山发生瓦斯爆炸事件，造成四十多人死亡
三月十八日	代替天皇出席英国国王加冕仪式①的秩父宫夫妻②二人搭乘"平安号"出发
四月九日	于东京、伦敦之间飞行的国产"神风号"平安着陆
四月十四日	岛根县松江市发生大火，三百户房屋被毁
五月一日	北海道空知郡美呗町发生大火，三百多户房屋被毁
五月十八日	停靠香港的大阪商船厨房设备爆炸，五十多名乘客遇难
五月二十六日	法国飞行家Dore、Micheletti两人搭乘的飞机在即将抵达目的地东京之前，于高知县诸木村海岸紧急迫降受损（法国飞机在巴黎、东京间飞行，两次都是在即将到达的时候遇险）
六月十二日	北海道遭遇寒流，上午四点二十分旭川达到零下五摄氏度
六月三十日	苏联三艘舰艇侵入"满"苏国境黑龙江干岔子岛南水道，对日满军进行射击，日军被迫应战，击沉一艘，一艘损坏，一艘逃离（干岔岛事件）
七月七日	卢沟桥事变
七月二十九日	山阳本线冈山站发生特急富士旅客列车追尾事故，造成七十多人死伤

---

① 指在一九三七年举行的英国乔治六世即位仪式。

② 即昭和天皇的皇弟，秩父宫雍仁亲王夫妻二人。

八月九日	上海日本陆战队大山勇夫中尉和一等水兵齐藤与藏被杀(上海大山事件)
八月十三日	第二次上海事变爆发
八月十四日	"二·二六"事件民间关系人员北一辉、西田税被判处死刑,龟川哲也被判处无期监禁
	上海上空因日中开始空战,造成新世界附近二千多人死伤
八月二十五日	第三舰队长谷川司令长官宣布封锁海上
八月二十六日	驻华英国大使Hugessen乘坐汽车由南京到上海,途中经过太仓南方时遭遇日军飞机扫射,负伤
九月二十二日	因英国大使负伤事件,日英间出于大局考虑,通过政治谈判圆满解决
十月五日	美国总统罗斯福在芝加哥发表演说,内容涉及牵制日本,引起一片舆论
十月六日	美国国务省发表声明指出,日本在中国的行动违反了九国条约和白里安非战公约
	意大利首相墨索里尼在《意大利人民》上发表了亲日论谈
十月十二日	日比谷公会堂召开国民精神总动员中央联盟成立大会
十一月六日	堀田正昭全权大使和意大利外相齐亚诺、德国全权大使里宾特洛甫在意大利罗马签订了防共协定
十一月十一日	群马县孺恋村毛无山发生海啸,位于山腰的硫黄矿山部落被掩埋,造成五百多人死伤
十一月十五日	九国条约国会议上就中日事变采纳了对日本不利的说法
十一月十六日	中国国民政府于行政院会议上决定迁都,将四川省重庆设为临时首都,另外一部分机关分设在汉口和长沙
十二月十二日	炮击南京军队输送船的日军航空队,误将美国炮舰

	"班乃号"舰击沉，引发对美国际问题，朝野上下为圆满解决此事绞尽脑汁（"班乃号"事件）
十二月十四日	以亲日防共为主旨的"中华民国"临时政府于北京成立（即后来的伪华北政府）
十二月二十日	和歌山县南富田村小学在观赏电影途中发生大火，造成七十多人被烧死
十二月二十二日	作为日本工会全国评议会主干的劳农派共产主义一派被怀疑违反治安维持法，三府一道十四县约四百多人被逮捕，同时被命令禁止结社
十二月二十四日	就"班乃号"事件广田外相发表了答美国文
十二月二十六日	美国政府对就"班乃号"事件日本的回答表示满意，事件原则上解决

特别记事　一月　　汪兆铭回国
　　　　　　七月　　中日事变。陈独秀被释放
　　　　　　十一月　中央政府系的四大银行转移至南京
　　　　　　十二月　南京被占领

追加事项　内山完造五十二岁。"满洲"事变进一步扩大化。七月七日爆发的卢沟桥事件，终于将事变进一步扩大化。八月十三日，上海再次成为战争旋涡的中心。原本我一直认为上海不会发生战事，因此每次有中国友人问我事态会如何发展，我都会断言"我相信上海不会有事的"。我听说开明书店的夏丏尊、章锡琛二人要转移到汉口去，当时我告诉他们"不用担心！无论发生什么都不会在上海开战的，日本人没那么蠢，放心吧"。然而，实际上是我这个日本人不了解日本人。开明书店因此转移延迟了，等他们将机械、材料等诸多物品打包装船转运时，被日本军队中途扣了下来。从船只那里得到被扣押于何处的消息后，他们拜托我想想办法，于是我从海军到陆军多方请愿，却只得到查无此船的答复便再无下文。不知到底是船携货逃走了还是如何，总之这件事让我感到非常过意不去，我对自己的无知懊悔不已。我从中国人那里听说过蒋介石的一句话，即"只怕蚕食，不怕鲸吞"。据说这句话的意思是"就怕被一点点地侵蚀,却不害怕被整个吞食"。我认为这正是指出了中国的长处和短处,因此认定日本肯定不会采取吞食的举动,而且战争范围会仅限于北方,绝不会扩大到南方。然而,我的这种想法完全错了,真是令我脸面尽失。内山完造呀,你根本就不懂日本人!

  在中日战争全面爆发之前,我一面想"日本这下完蛋了。这是与大自然开战呀",同时又做好了长期坚壁不出的准备,开始往避难所(安全的建筑)囤积食粮。就在此时,我们接到日本总领事馆的撤离命令,当时还留在这里的人都撤走了。我最后也乘坐丸林君的车到平凉路的小林洋行去避难了。一直卧病在床的妻子也在之前几日去避难了。

  一九三七年十一月十五日,北四川路的商人(避难中)接到恢复营业的命令,内山书店只有镰田经理和日本人员工复工,恢复了营业。日本堂、至诚堂从这时候起便开始实施发展策略,还有一些书店由日本来到中国大陆谋求发展。内山书店的镰田经理也计划拓展业务,我却禁止了任何新的发展,只让他们维持现状。那时,我本人因为间谍、走狗之类的谣言无法复工,只能在日本待命。在避难期间,广播里报道说内山书店附近发生了火灾,于是我试着打电话过去,电话铃正常响了,我便知道尚且安全。因为有第一次上海事变的经验,这次我事先用榻榻米堵住了窗户,所以十一月复工的时候只有我的店没有遭受任何损失。

  八月十四日那天,我去住友银行支店的时候突然听到一声爆炸声。据说是和平饭店前的黄浦江里落下了炸弹,是日本军舰发射的,街上的人们四处躲逃。不过,那一次之后就再也没发生什么。我借了小林洋行的车去邮船公司买"乐洋号"(十六日出发)的船票,返回平凉路时,因为人太多车根本无法通行,左拐右拐地好不容易就要到平凉路上的市场了,没想到附近的米店又发生了抢米骚乱。有人搬米袋,有人用桶装米,街上挤满了拿着面粉袋子的男女老少,我还看到有巡捕正从远处跑过来。由于这条路实在无法通行,于是我不得不又换了一条路才终于回来。就在此时,从榆林路那边载着许多巡捕的红色汽车飞驰而来,外国巡捕也骑着摩托车赶来了。我从二楼看到有一群人从远处走过来,前后围着很多巡捕。三个中国人手里拿着米袋和桶,还有一个人手里拿着面条,这些人一定就是那些抢米的人了。我推测这家米店的老板过于精明,想趁大家都关店时一人发独财,以为能卖个高价,不想却因此招来了穷人们的哄抢。在这种时候做这么缺德的事情,被抢了也活该。那些被警察带走的人只是被警棍轻轻打了几下后就获得了释放。我清楚地看到那些人洋洋得意地吵吵闹闹着回去了，简直跟凯旋一样。红色警车、摩托车也回去了。我想米店应该是被抢光了吧。只有一些想逃却无处可逃的人还留在这落寞的城市里。

我记得就在这天的下午，中国的飞机也飞来了，应该有十一架。日军从海军的军舰上起飞两架应战。中国的飞机飞得很高，我还在担心他们如果这样扔下炸弹的话就太危险的时候，只见日军的两架飞机已经紧紧地咬住了他们。很快中国的队列被打乱了，有一架飞向了浦东，日军战机紧紧跟随。飞啊飞啊，转眼间它飞到浦东的美国标准油箱的上空，我看见有一个黑色的什么东西从飞机上掉了下来。紧接着油箱就燃起了黑烟。击中了，炸弹击中了油箱，黑烟越来越浓。而此时那架飞机以低空姿态朝吴淞方向逃走了。日军飞机还在后面紧追不放，看得人心惊肉跳，不知是该感到可怜还是可惜。

"大家快去避难！在榆林路警署那里集合！"有人大声喊着。我们也跟着去避难了，带着生病的妻子到最近的榆林路警署。"来这边"跟着这个声音我们到了日本巡捕的宿舍，一个像地洞一样的地方。里面人太多，实在闷得慌，心脏不好的妻子受不了了，说要回家，说即使被炸死也无所谓，一定要回家。没办法，我们两个人就回家了。过了一阵子，大家也都回来了，警戒也解除了。那一天也再无其他事。

每天都有各种小道消息传来。

这两三天天气一直很不好，今天也是大风。到处是突突突的机关枪声，时不时还有轰轰的大炮声。空中还有或红或蓝或紫的烟花升起，不知那是什么，不过却甚为美丽。远近各种声音不绝于耳。一天下来我实在是累了，晚上睡得很好。

八月十六日。一大早打来电话通知我说"乐洋号"今天下午一点出发，要我们早上就上船。真是好赶啊，于是我们立即坐车奔去"满铁"码头。巨大的"乐洋号"（九千吨）横靠在岸边，看到那高高的舷梯，真担心心脏不好的妻子能否爬得上去。正好此时冈田女士也来了，两人做伴一起上了船。也许妻子因为太紧张把生病的事都忘记了吧，总算顺利地上了船。丸林君也和我们同船。我把照看病妻的事拜托给了冈田女士，因为我得去帮忙装行李，行李的搬运全部需要乘客自己来做。到底是人多力量大呀，堆积如山的行李终于装得差不多了。就在此时，停在旁边的驱逐舰突然突突突地向天空连连扫射，乘客们都吓了一跳，还以为发生了什么事，大家都跑到甲板上来看，船员提醒说"进去进去，不要出来",大家又想看又觉得危险,最后还是磨磨蹭蹭地回到船舱里去了。就在这时,只见几十架飞机从高高的头顶上方呼啸着朝北边飞去了。即便发生了这些,船依旧按照规定鸣锣准备起航。这时,华纺同业会的堤君突然问我:"内山君去哪呀?"我说:"带病妻回京都。"他马上说:"真是太好了,这艘船是民团的避难船,船费减半,可是还有很多人没付钱,所以必须要在船上收。另外,还要给那些下船后没钱回原籍的人办理借钱手续。船上需要有人指挥,松村杭州领事是委员长,你就当副委员长吧,一切就拜托你了!大阪那边我们已经派民团的永田君过去了,船上的事就辛苦你了。"就这样临时受命我成了指挥官,我对堤君说:"放心交给我吧。"在我的回答声中他转身离去,一边挥手与我告别,一边说着:"啊,太好了,辛苦你了。"便走下甲板去了。

我需要配合松村领事开展工作,于是抱着交给我的资料去找松村领事商量。乘客的人数是一千五百零一人,大多数都是妇女和儿童。即将起航时上海纺织公司一行几十人也上了船,这些人的船费加起来有二三千日元,他们把钱用报纸包着交给了我,于是我去找船长,请他帮我把钱存在船上的金库里。做了这件事,我才意识到我需要人手。看到正好有同文书院的几个学生也在这艘船上,我立即对他们说:"喂,你们几个来帮帮忙,船费全免还管饭。"听到这话,这五六个学生马上跑过帮忙,很多事务性的工作就交给他们了。

在枪炮声中"乐洋号"静静地沿着黄浦江向下流驶去。因为推测在吴淞可能会遭遇射击,所以事先告知大家待在船舱内。我们平安地驶入了长江,果然受到一点阻击,但是无人受伤,我也终于放下心来。船行驶在江中时,有少许波浪袭来。因为到处不见松村委员长,我便去找他,发现他痛苦地躺在床上,因为晕船他一直很痛苦,直到抵达长崎都没走出船舱一步。

我在书院学生的帮助下打理着一切,事情非常繁杂。其中清点人数最费劲,人数怎么都对不上,经过多次清点核实才终于对上。在船上来回巡查的时候,我才惊讶地发现,这艘船原来是南美航线上的货船,所以没有客舱,整个船体分为四个仓库。铁板之上只薄薄地铺了一层草席,虽然时值盛夏,却也冷得让人受不了。带着被褥上船的人当然没问题,没带的人希望能借给他们一条毯子。于是我找到事务长说:"能不能借一下毯子呢?"他回答说:"虽然有毯子可现在不能借。"我反问"为什么不能"的时候,事务长回答说:"一定会搞没了,收不回来的",我立即说:"如果到时东西收不回来的话我来赔。我负全部的责任。"这样一来,事务长才松口说:"你担保的话,我把毯子借给你。"于是我拿到了三百六十个新毯子,立即交给学生们让他们分发出去,大家都很高兴。因为船舱内实在太闷热,很多人都来到甲板、走廊上睡觉。我也忘掉自己晕船的事,忙着指挥大家。

晚饭时间到了。我想让各位女士帮忙来做饭团,于是我发动妇女们来帮忙。虽然菜只有咸菜,但是也很美味,没有一个人抱怨。到了晚上船晃得更厉害,妇女们最先坚持不住开始倒下了,于是就出现了如何给孩子们喂奶的问题,还要给每个人准备一个呕吐用的盆子。首先给每位妇女发了一个盆子,其中有说不需要的,当然那是最好不过的。到了半夜,孩子们突然哭闹起来,是要喝奶了。我事先问过事务长,说有浓缩牛奶,我保证会付钱后他拿出了牛奶。于是,马上在壶里冲开后发给了大家。拿到后大家都非常感谢,大多数人给孩子喝了,当然也有父母自己喝的,我估计那是太渴太饿了吧。我没说什么,只要想喝就给大家提供。我穿着一件衬衫来回巡视时,不时会被叫住"给递个盆子!""麻烦给点牛奶吧""请帮忙给找个医生",我无论听到什么都回答"好的",指挥着学生一一处理。

给有钱买票的人准备半价船票,给没钱买票的人办理借款手续(其实是免费的),还要给那些准备在上岸的地方借旅费的人开具证明。哎呀,真是好忙啊!好在有学生们帮忙,一切顺利。突然有人说"请帮忙找个医生和产婆吧。好像要生了",于是我马上去找产婆。幸好船上有产婆,便和医生一起请了来。正如老话儿说的那样,瓜熟蒂落不用愁,生产很顺利。听船员说明天(十七日)会吃红豆饭①,果然午饭吃到了红豆饭,人们都在"恭喜恭喜"地说着祝福的话,母子平安。

"明天十八日就会抵达长崎了。今晚请好好休息吧",可是很多人反倒因为听到这句话晚上睡不着了。晕船的人格外少,只是因为分发牛奶,我们还是从早忙到晚。这也是没办法的事。

天还没亮,心急的人便开始做下船的准备了。

"有在长崎下船的吗?"

一查才发现有五百五十多人。早上八点驶入五岛列岛的下风向,船变得非

---

① 红豆饭:日本在有喜事的时候会吃红豆饭以示庆祝之意。

常平稳。过了十点，伊王岛检疫所的检疫官上了船，他们问道："有种痘的证明书吗？"听说没有人有证明书后，他们说：

"那么就不能上岸。"

"因为是战时临时回国，不能先上岸再种痘吗？"

"那可不行。先种痘再上岸！"

"还是先上岸再种痘吧。"

"不，先种痘再上岸。"

如此争论一番后，决定由船医和检疫官一起给所有人种痘。没办法，我跟众人解释之后终于把大家召集到了一等舱的食堂。六个人给一千五百人种痘，平均一个人要负责二百五十人。开始了。一个人，两个人，三个人，四个人，打完疫苗后这四个人拿到了证明书。当进行到快三百人的时候，其中一个检疫官站起来说"辛苦了，这样就可以了，可以了。全部结束了"，其他检疫官也都站起来说"行了"。检疫官们此时个个满头大汗，我们也是满头大汗，大家对视后挤出一丝苦笑，鹦鹉学舌般说道"好了，好了"。直接开始发证明书，大家开始准备下船。多么愚蠢的家伙呀，真是自找没趣，活该！

已经到岸边了。手几乎都能够着了。岸上来迎接的人好多啊！缆绳扔了出去，钢丝绳慢慢卷起。起重机嘎啦嘎啦地作响。"危险！"突然有人喊道，与此同时有一个七八岁的孩子从舱口掉了下去。众人此时都在关注岸边，没几个人看到孩子掉下去。没有法子，可惜了一条性命。好不容易一路平安地回到了长崎，竟在这里丢掉了性命，真是不幸的孩子！想想母亲此时的悲痛，我也禁不住泪流满面。"担架，快拿担架来"，此时又有人在甲板上大喊着。等不及扶梯完全放下，担架就上船了。这边是一个在长崎上岸的孕妇快要生了。产妇已经疼得直喘粗气，于是担架第一个下了船。随后下船的人们个个争先恐后，大家都希望能早一点下船。

"给你们添麻烦了""非常感谢""请多保重"，下船的人和留下的人彼此道着别，话语中都透出一种安心的感觉。

"××先生在吗？""我来接××先生""××先生请快点下来""啊，你好"甲板上和岸边的人们也在不停地打着招呼。熙熙攘攘，场面非常混乱。岸边扎着帐篷，是休息处。本应有七百人下船，但此时有不少人突然变更，实际上是一千多人下了船。"这是妇人会的慰问品""这是长崎市的慰问品"，不下船的人也收到了一份梨啊夏桔等慰问品。松村委员长不知什么时候已下船去了,于是我变成了代理委员长。

"乐洋号"再次鸣锣起航。我们将岸边的纷扰抛之脑后,享受着凉爽,船驶向门司。明天早上就能到达门司。

今天晚上要为白天死去的孩子守夜,我也参加了。真不愧是远洋轮船,从牌位到各种供品船上都有,只有棺材是今天在长崎现买的。

明天(十九日)天不亮就会抵达门司,所以从今天开始船上的伙食也恢复了正常。学生们也吃到了二等餐,大家都很高兴。我也有种活过来了的感觉。天气晴朗,没有风浪,船只平稳地行驶着。玄海海滩尽在眼前。天不亮我们就抵达了门司港。在这里也有几个人下了船,但具体的数字我不记得了,不过人数很少。

我以为下午一点船会再次起航,结果没动静。后来到了四点,还是没动静,最终在这里停了一晚上。第二天中午,差不多一点半的时候终于鸣锣,起锚,三点过后起航了。下一站就是大阪了。二十一日早上到了天保山。这一段时间已经不忙了,我悠闲地享受了这段旅程。

"乐洋号"终于停靠在大阪的栈桥边了。这里的岸上也有几个可供人休息的帐篷。下船后民团的永田君和另一个我不认识的人首先迎上来说道:"我们等了好久了。辛苦了。路上还顺利吗?"我回答道:"天气很好,也没有什么风浪,很舒服。谢谢。"船上还剩二十一人(这些人在神户上岸),其他人都在这里下了船。除了一个孩子不小心丧生之外,所有人都安全抵达了,这真是幸运。大阪的慰问品更加丰盛,寿司、年糕、红豆粥、冰镇汽水、凉毛巾等,此外还收到了很多礼物。我代表大家向大阪府、市及妇人会等团体表达了感谢之意后,原地解散。我现场将报纸包裹着的、在船上收到的上海纺织的旅费交给了民团的永田。我要送病妻去京都便在这里下了船(冈田先生则直接去了浜松)。二十二日下午四点"乐洋号"靠岸前,我又从京都赶到了神户。我听说在神户上岸的二十一人工作还没着落,便去找前来迎接的兵库县社会课的人商量,"没问题,我们全部负责安排。从今天起住宿、伙食我们也全管了",听到这话大家都非常高兴。按约定我把学生们(昨天在大阪上岸了)的伙食费和十几打牛奶的钱支付给了事务长。可是,统计后发现借的毯子少了六十几条,唉,真是的。由于我拍胸脯保证过的,所以就得赔偿。幸好此时,邮船公司神户分店的伊藤先生也前来迎接,他以前也在上海居住过,于是他宽宏大量地说:"没问题。不用赔偿了。由我们公司负担,请您放心吧。"就这样,赔偿毯子一事一笔勾销了,我心里觉得很过意不去。到此,所有的事情都结束了,一千五百一十人避难的运输任务圆满结束了。我下午便坐车回到了京都。哎呀哎呀,疲劳这时一下子释放了出来,当天晚上我睡得如死人一般沉。

长崎和大阪下船的人最多,还有很多后续事情要处理。因为松村委员长是在长崎上岸的,那边就交给了他,剩下大阪这边则是由我负责,于是第二天我去拜访了大阪府和市上。"一百四十多人已经由府和市解决了住宿和工作的问题,其余的人全部返回老家了",对此我又再次深深地表示感谢。之后,我将这些情况写信给上海的民团一一做了汇报,没想到在这里却发生了一件怪事。那就是上海纺织公司一行的船费的问题。第二年三月我回到上海后,民团多次问我那些钱怎么样了,我回答说已经在大阪港的时候交给永田和一起来接船的另外一个人了,对方很暧昧的语气说"这样啊",回答的不干不脆的,但是也不再说什么了。可是,过了几个月他们又一次问我:"上海纺织公司一行的船费怎么样了?"我再次回答道:"已经在大阪上岸的时候交给民团的工作人员了。"对方再次不清不楚地说道"啊,这样啊"。我以为他们已经明白了,结果又过了几个月又打来电话,问道:"他们的钱怎么样了",这次我终于忍不住发火了。

"你们到底搞明白了没有啊",我的语气有些不友好。结果对方说:"非常抱歉,您说的上海民团的工作人员表示并没有收到上海纺织的船费",事情变得奇怪了。"船费包在报纸里面,我肯定在大阪港交给他们了。请你们再好好查查",我回答道。民团的人说:"那么我们再问问看。"

这之后又过了几个月,大概距我在大阪港移交船费三年后的某一天,堤孝君找到我,对我说:"内山先生您被大大地误会了,今天才终于真相大白了,所以我来跟你汇报。就是上海纺织公司一行的船费,民团内部一直认为这笔钱被内山先生私自挥霍了。结果今天会计说在民团的金库里有一个两三年前放进去的报纸包,一查才发现,和上纺的船费金额一样。一番调查之后才知道,这笔钱是在大阪港作为归国人员上船前购买船票的款目收下的。这样一来,事情就明白了,这肯定就是上纺一行人的船费了,因为上船前购买船票的款目肯定不会拿到大阪来,再说内山先生你也说过那笔钱是用报纸包着的。过了三年才真相大白,这是我们的过错,恳请您原谅。这完全是民团工作人员的失误造成的。"事到如今我也不再生气,回答道:"啊,这样啊,能搞清楚真是太好了。"仔细想想怎么会有这么愚蠢的事情呢！三年来的冤屈到今天终于被洗刷一清，真是可喜可贺啊！

此后我们夫妇就一直生活在京都乡下的小仓村，好多次我外出去东京，因妻子的心脏病突然发作，我不得不飞奔着赶回京都，心脏瓣膜症真是个很麻烦的病。其实病本身也没什么，只不过突然发作，乡下人不太懂很害怕罢了。

说到妻子的心脏病，还有一件有趣的事情要说一说。在宇治有位名叫森川的老医生，我曾请他给妻子看病。没想到他对妻子说："比起心脏，你更应该及早治疗一下你的牙齿"，于是一直不喜欢牙医的妻子才去看了牙医，治好牙之后，妻子竟然神奇地完全恢复了健康。更不可思议的是白发中还长出了黑发。

我不知道这个世界上还有哪里和日本一样事故频发，四处打听也没有找到一处。无论是汽车还是电车，安全行驶是常态，发生事故才是特例，然而在日本发生事故变成了常态，大家都认为不发生事故才不可思议。这其中有一个根本的原因，那就是日本人把生命看得太轻。人们把军队看作是消耗品，正因为有这种认识，人格才被无视，人权遭受践踏，人命也被轻视。在国外，因为重视人格，便也尊重生命，将生命视为至高无上的东西，对待万事都是基于这一出发点。于是有关交通设施考虑得特别细致周到，也正因为这样才没有事故发生。没有事故人们才能放心旅行。日本则正好相反。有本书(《问题辞典》)中就鲁迅之死(文学思潮中的一项)是这样写的：

同年十月十九日在全国人民的哀悼中鲁迅去世。

这句话完全说反了。应该是：

鲁迅于十月十九日去世，全国人民为之哀悼。

作为国家、政府、国会、军队，必须以重视生命为宗旨。日本人啊，可不能搞混了这个顺序。

日本昭和戊寅十三年（一九三八年）

一月一日　　　　　　新潟县鱼沼郡十日町电影院正在放映电影，因积雪

	超重导致影院屋顶垮塌,死伤人数超过一百三十人
一月十六日	日本政府发表声明,称"今后不以中国国民政府为对手,由衷期望能与日本合作之中国新政权的建立与发展,并将与此新政权调整两国邦交,共同促进新中国的建设"
一月二十二日	广田外相在国会中公布日方在中日和平交涉中谈到的三大原则
二月一日	针对各公私大学教授中变身为"团体"的共产党进行第二次逮捕,三府六县中合计三十五人被逮捕
三月十二日	两院通过追加军事费四十八亿五千万日元的预算
三月二十八日	在南京旧国民政府大礼堂成立"中华民国"维新政府,梁鸿志担任"行政院院长"并发表成立宣言
四月十九日	内阁会议中商讨鼓励国民储蓄以八十〔八十五〕亿日元为目标
四月三十日	颁布株式会社法
六月十五日	山阳线在开至冈山县和气郡熊山村境内时,因上行列车脱轨翻倒,下行列车与之猛烈撞击,导致包括学生在内的八十余人死伤
六月三十日	关东区域因暴雨导致水灾,仅东京一地浸水的房屋就达到十五万户
七月六〔五〕日	近日的暴雨导致阪神地区出现大水灾,被冲走及倒塌损毁的房屋达到十五万户,死伤及失踪者多达五百一十多人
七月七日	中日事变一周年
七月十二〔十一〕日	以苏联军越境为发端的张鼓峰事件发生
七月十五日	内阁会议决定停止本应在后年举行的奥林匹克大会,并将世界博览会的举办日期延期
八月二十四日	日本空输会社的两架客机在训练中相撞,坠毁于大森的一家工厂,包括机组人员在内死伤民众达到数百人

九月一日	台风袭击关东地区，各地均出现严重的灾害
九月六日	富山县冰见町发生大火，数千户被烧毁
十月六日	北海道夕张煤矿内发生瓦斯爆炸，三百余人死亡
十一月四日	栃木县鬼怒川温泉大火，逾百户被烧毁
十一月十八日	针对上月六日美国政府的问询公文，有田外相回复美驻日大使。在东亚呈现新局势之际，固守陈规已不可能，不过第三国的权益还是要极力尊重的
十二月八日	日本航空会社的客机"富士号"在冲绳县久场岛海域坠毁，数十名乘客惨死
十二月十六日	新设"兴亚院"，柳川平助中将为"院长"
十二月二十日	以贵族院公正会为中心，开展设立资本金为百亿日元的东亚中央银行(临时名称)计划。同日，铁道省朝鲜海峡隧道委员会开始设计工程费十亿日元的本土与朝鲜之间的大隧道，明年将开始进行海底地质调查
十二月二十四日	实业家藤原银次郎表示将设立藤原工业大学以纪念自己的古稀之年
十二月二十七日	位于富山县黑部山奥志合谷的日本电力会社发电所施工中发生雪崩，逾百人被活埋，死伤人数过半
十二月三十日	汪兆铭公布承认"中日和平三原则"的声明书

特别记事 一月 四川省主席刘湘溘逝。韩复榘被枪杀。陈立夫组织三民主义青年团

　　　　　　五月　接收上海海关

　　　　　　十月　广东及武汉三镇被日本军占领

追加事项　内山完造五十三岁。这一年，我在日本国内东奔西走进行演说。自一九三七年起，就收到"满洲"铁道福祉课的邀请，希望我能去讲些童话，我拒绝了，不过在回信中附带写了如果去杂谈的话倒可试试的字句，之后马上他们又来信说："杂谈的话，我们更加欢迎，请一定要来！希望您能给我们预留七

十天左右的时间。"我觉得从一开始就定下七十天有点太冒失,万一我的话题很无聊,讲不下去中途灰溜溜地回来就不好看了,于是又回信说:"时间能不能短一些?"二月初他们给我拿来了详细的计划书:此次巡回演讲的待遇是汽车和轮船(一等)以及旅馆等由"满铁"负担,另有二十日元一天的补贴。每天进行一回以上的演讲。演讲期间是二月十日(将安东作为出发地)至三月十四日(记不太清了)离开大连。地点如下所示:安东、奉天、"新京"、哈尔滨、齐齐哈尔、北安、牡丹江、图们、吉林、锦县(凌海市)、承德、抚顺、辽阳、鞍山、大连等等。

  下面按照演讲的地点简单回顾一下。在安东我进行的是一场十分普通的演讲。而奉天则是座谈会的形式,非常愉快。与千田、卫藤、石原这几位享誉"满洲"的精英人士现场对答,有种不同流派之间比武切磋的感觉,让我着实悬心吊胆了一把。在"新京"虽然一天进行了数场演讲,但是还有太多人抱怨没听上,便决定返程时在此再追加两天。齐齐哈尔的演讲是在交通大臣的演讲之后,我看到原本已经离场的观众又重新回来坐下,真是觉得很开心。去北安时因为暴风雪的原因路断了,到克山就走不了了,而克山的旅馆又都满员(因为已被交通大臣占领了)。没办法我只能折回齐齐哈尔住了一晚,第二天又赶到北安。我私下愤愤地想搞不好就是因为交通大臣来才搞得路都通不了!

  北安这里,我要多说几句。这里的气温一般在零下三十摄氏度,即使是在烧了炉子的浴室里也能看到冰,停车场里的汽车也不分昼夜一直冒着蒸汽,据说是因为太冷,如果关掉发动机的话就得一直等到第二年的夏天才能重新发动。我去市场上看了一下,发现鲫鱼和鲶鱼都冻得和石块一样硬,从袋子里拿出来时都会发出冰块儿一样碎裂的声音。人们把大块的牛肉吊在屋外的檐下,因为冻得硬邦邦,猫和狗根本咬不动,所以不用担心它们会偷吃,可是吃的时候就不得不用锯子锯了。这里每年都有人因为喝完酒之后外出被冻伤而不得不截去手脚,这是我发现的又一个饮酒的危害。再说说这次交通中断的原因吧。克山至北安间的铁路是开山辟路才铺设成的。听说苏联工程师会在凿开的丘陵上钉上许多木桩,那些木桩散落四处,犹如参差不齐的牙齿一般凌乱不堪,可是日本工程师负责的地段则没有这些东西。于是暴风雪来的时候,丘陵上的雪因为没有那些木桩的阻挡,被风吹到低洼处的铁轨上,除雪车根本来不及除就冻住了,于是便引发了这次交通的中断。那些参差不齐的木桩原来是为了预防暴风雪的。虽然这不算什么大事,不过我从中看到了经验的宝贵。

我乘上向东的火车回到哈尔滨后再次进行了演讲。站在结了冰的松花江岸边，我突然领悟了一个道理，即有些可能的东西会因为量的原因而变为不可能。松花江靠人力是无法结冰也无法融冰的，这就是"量"的力量。从吉林回"新京"后两天内进行了六次演讲，另外还有幸见到了"满洲国"总理张景惠先生，听说他出身绿林，但却是一个颇有风采、威风凛凛的人。在这里陪同我的是横山治安部顾问，听到他说"讲得真好！"我便放心了。在哈尔滨，本来要在小会场进行的演讲，因为听众太多紧急变更为大会场，可仍是人满为患，这让我很开心。因为在"新京"追加了六场，所以奉天方面也希望我往返热河时一定追加一场，在这里我还应邀给小学生们讲了童话故事。本来在齐齐哈尔已经给小学生和妇女会讲过童话故事，可是在奉天讲的童话故事又一次在全"满洲"范围内广播了，为此图书馆出现了开馆以来人数最多的场面，卫藤馆长十分开心。在锦县的遭遇就不那么愉快了。承德因为是我尊敬的友人、牧师福井二郎夫妇的传道地，所以也非常愉快。

离宫的老松纷纷枯萎了，说是因为战争的原因鸟都不来了，因而虫子特别多所导致的。听说最近在日本本土也有这种现象。抚顺煤矿周围的露天矿坑令我格外震惊，看到裸露出来的地层呈现出不同的颜色，我不禁为大自然的鬼斧神工折服。日本人看到"北满"的湿地，便不由得想要开垦，甚至为此不惜从本土把家庭中长子之外的男孩都强制征集至此，牛皮吹破了天，结果却落得招人耻笑的结局。共产党一取得革命的胜利便立即宣布了对这片湿地的开垦计划，这让我感到很欣慰。在大连的时候我完全遭受冷遇，偌大的演讲会场既没有张贴海报，也没有立宣传牌，报纸上的报道和广告当然就更不可能有了，我在空荡荡的会场里对着仅有的十几位听众进行了长达两个小时的演讲。可是不曾想刚讲完就接到了"满铁"从业妇女协会的邀请，第二天的报纸上也刊登了对我昨日演讲的评论"近期内最有趣的演讲莫过于昨日内山完造的演讲。虽然听众只有寥寥几人"。第二天晚上的座谈会来了四十多人，比演讲会的出席人数增长了几倍，令我欣慰。有件事我也是事后才听说的，当初准备邀请我的方案差点被否决，后来是《每日新闻》的支局长波多江先生说我绝对没有问题，他可以以《每日新闻》的名誉作担保，于是邀请我的事才确定了下来。果然世间百态，人也是形形色色啊！

从"满洲"旅行回到小仓之后，《朝日新闻》的主笔原田让二先生说无论如何要与我见上一面,所以我便去大阪拜访了他。说起原田君,在家乡的精研高等小学上学的时候,我们两人共用一张两人座位的书桌,可谓真正的竹马之交。两三年前的某一天,朝日新闻上海分局的木下分局长来我店里买了许多为新到上海的人介绍上海的书,我问他:"不会是你要看这些书吧,有人来上海了吗?"

他回答我说:"我们公司的主笔原田让二过来了。"

我问道:"原田主笔是冈山县人吧?"

"对啊,是冈山县。"

"也许是同名吧,我有一个孩提时的朋友也叫原田让二。"

木下听了我的话,似乎对此事很感兴趣,说道:"那一定不会错了,应该就是那个原田了。"

"那就打一通电话问问吧。他住在哪里?"

"住万岁馆,我现在就打电话。"木下君说着就拨通了电话。

"原田吗,你是冈山人吧?是冈山的哪里?哦,后月郡江原村,好,你等一下。"我听到这些便对木下君说:"没错,就是他。"

木下君接着对电话那边的人说:"原田,你还记不记得小学时的朋友,叫内山完造的那个。还记得对吧?内山完造他现在就在这里。我让他接电话吧。好的内山,来,你来说吧。"

我接过电话:"原田,我是内山完造呀。好久没见了,快要三十五六年了吧。真没想到能在这里见面。嗯,你说让我去?好,我肯定会去的。什么时候?啊?现在就去?好,我马上就去。"

之后我说着"再见"挂断了电话。

"这可真是奇遇啊。三十五年没见面,居然要在上海见面了,这太有意思了。那一定要安排一下了。我先回一趟支局,之后再过去。"说完木下君就走了。我也立刻出了门。

记不清是万岁馆的哪间房了,反正在二楼是一间很大的房间。我敲了几下门之后,听见了门那边传来"来了来了"的声音。

"我是内山完造",说着便进了门。原田一看见我就说:"我认识的内山完造可不是个秃顶啊。"要知道我们可是时隔三十五年才再次见面,自高等小学四年级分别以来一次都没有见过。我告诉他说,我记得看过他用原田让二的名字从美国发回来的通信稿,也读过他介绍藤原义江的评论,觉得写得非常有趣。

之前我说要把鲁迅先生介绍给他,他非常高兴。我在光顾了三十年的菜馆——新半斋(扬州菜,在上海只有两家,另一家名为老半斋)设了一桌筵席,请了原田、木下、鲁迅还有其他一些人如今已记不清了。我在晚宴上介绍他们认识了。第二年一月一日在东京和大阪两地的《朝日新闻》上,鲁迅发表了一篇名为《上海杂感》的文章,我想这次的奇遇正是他写这篇文章的原因。

话题回到那之后,当我去大阪拜访原田君时,他对我说:"我这次是为了介绍一个人给你。对方马上就来了,你稍等。"之后我们针对中国问题进行了一些谈话,很意外原田君的想法很右翼,对中国的看法和我的全然不同。这时客人来了,我们便停止了谈话。来者是《朝日新闻》营业部长小松先生。原田对着小松君说:"我来介绍一下,这位是内山完造。"之后小松对我说:"我是《朝日新闻》的营业部长小松。请多多关照。"郑重进行完初次见面的介绍,原田对小松君说:"好了,我的任务完成了。之后就是你的事情了",他虽这么说,却一直陪着我们谈完。小松君对我说:"内山先生你可能也知道,关于上海的《朝日新闻》代理店的事,我们希望能拜托您。"其实这件事我最近从长谷川三郎(内山书店杂志部的负责人)那儿听说了一些,长谷川的胞兄杢太郎和胞弟也多次来找我,我都拒绝了。说起这件事要追溯到去年了。在上海,不论是大阪的《每日新闻》还是《朝日新闻》,销售一直都是由位于吴淞路和海宁路口的至诚堂的出光卫先生负责的。因为这两家新闻出版社与至诚堂之间都出现了一笔不小的呆账,所以每日新闻借机希望换掉至诚堂,另找专门的代理店。内山书店杂志部负责人长谷川三郎不知从谁那里听说了此事,便有了想法。说起内山书店杂志部,它其实是石田末次朗先生开办的一家杂志店,我只是免费借内山书店的招牌给他而已。后来因为石田要回国,长谷川才接手了杂志店,我则继续让他免费使用我书店的招牌。再说回代理的事,虽说《每日新闻》那边有让长谷川做代理的意愿,但他有更大的野心,说比起《每日新闻》他更想代理《朝日新闻》,还背着我私下去找了朝日新闻社,告诉他们《每日新闻》希望他做代理,并且表明他其实更希望能代理《朝日新闻》。正好,《朝日新闻》也与至诚堂有一笔呆账,如果再让《每日新闻》抢先找内山书店做代理的话,就更不好办了,于是长谷川与《朝日新闻》的协商进展得很迅速,并达成协议。在签署合同时,看到签章的竟是内山书店杂志部部长长谷川,《朝日新闻》营业部的小松部长就提出必须要内山完造签才行,这便有了长谷川三兄弟相继来拜托我的事。但是我拒绝了他们。现在小松营业部长也是为了这件事来找我。"这不行。我不能签字。"我依然坚持不肯接受。听到我的拒绝，小松君还是耐心地想要说服我，甚至用经济方面的好处非常直白地、哀求般地劝诱我，但我还是拒绝了。说起来，现在《朝日新闻》的销售量是很不错，可是当初为了打开销路，出光先生甚至自己穿着草鞋去送过报，知道这些过去的我断不能做出不义之事。我说："如今要停止《朝日新闻》的代理，对至诚堂来说可是致命的打击。即使每个月的净利润有十万日元，我也不能做出这等要出人命的事情。为了《朝日新闻》，我愿意去至诚堂说说他们，但从至诚堂那里夺走《朝日新闻》的销售权是万万不可能的。除非我死了。"小松君只好说："那就没有办法了。可是如果您不接手《朝日新闻》却接手《每日新闻》的话，我们公司就被动了。"我听了之后回答："您不需要担心。我不单单是拒绝《朝日新闻》，《每日新闻》也一样。我不会把报纸的销售权从至诚堂手里抢过来的。而且，我内山完造既然拒绝了《朝日新闻》，那么内山书店今后绝不经营报纸这类东西。"我最后加上这句话彻底干净地回绝了他们。时间正好来到是那天的正午，原田君对我说："内山君你拒绝得好。谢谢，太感谢了。《朝日新闻》至今没说过这种话，至今也没被这样拒绝过。我敬佩你的良心之举。这样我心里轻快多了。走，一起去吃午饭吧。"之后我接受了邀请，记得和原田、小松、木下一起去的应该是北浜的鹤屋。饭桌上我的所作所为再次得到了他们的赞赏。在那之后，出光先生从大阪回来，专程来我的店里道谢："内山先生，《朝日新闻》的事谢谢您了！非常感谢！"不过，我觉得我只是做了我本应该做的事情而已。自那之后我一直都与原田保持着往来。这次日本无条件投降，原田也遭受肃清，我们一直未见。前几天我接到他从社会党大阪支部打来的电话，说他正忙着做证券交易，我暗暗祈祷他一切顺利。《每日新闻》社让我写"满洲"旅行记，我便写了《毛衣之旅》，并以此为"满洲"旅行画上句号。

到了这年秋天，住在小仓的内人跟我说那里太冷，我便问她是否愿意去长崎。之后我拜托冈山乡下的弟弟，在长崎租了房子让她搬去居住。虽说她当时还不需要住院，但到处去玩的话又有点受不了，于是叫来了两个亲戚家的孩子，让她们三个人一起生活。年末的时候我从上海回到长崎，萌发了在此开一家好书店的想法，思前想后最后决定开一家专卖中国书的店，这样便有了内山书店长崎店，我也开始与长崎结下了不解之缘。

就像我在年表中写的一样，左翼阵营受到的压迫非常猛烈。另一方面，"国体明征运动"也愈演愈烈。我个人的想法是,如果日本的国体真的那么神圣不可撼的话,事到如今也不用进行什么国体明征运动了。频繁地叫嚣国体明征也正是因为没办法"明证"。压制共产主义,作为帝国主义国家的日本嘴上整天说着"不顺从、非国民"等等,其实这才表明了它是何等的惧怕,以至于不得不说民众"不顺从",不得不痛骂有些国民是"非国民"。帝国主义、"国家至上"主义如果真的如此了不起的话,对其他的主义只管放任就好了。无法放任正是因为恐惧,因此才会镇压,才会压迫。可是越镇压越压迫,就会越加恐惧,更加暴虐。明明从古至今人们早就明白做这种事情是完全无用的,时至今日却仍然在重蹈覆辙,结果只能是徒劳,一无所获。明摆着是徒劳无功,可人类好像总是不太聪明,总是在一遍遍重复着镇压、压迫、虐待和虐杀这些暴行。

这一年的五月,我时隔很久再次回到了上海,我依然坚持保守的态度。因为我信奉"大发战争财是很罪恶的"理念,并且认定,今日的战争必然要失败。可是,我采取的不积极发展方针,导致了店里员工的不满。当我想抛售店铺时,却受到老朋友们的责骂。最后只好变我的书店为合资公司,由我继续负责经营。我之所以想放弃书店考虑要引退,是因为我的想法与当前大发展的政策完全是南辕北辙。不过,现在我背负着老朋友们的信赖,打算再努力工作十年。

日本政府和军人以为,只要能很好地骗过世人就能取得胜利,似乎他们并不相信最终的胜利只属于正义。我不知道他们在想什么,声明和实际行为往往大相径庭,搞得自己很被动。今年近卫声明中他们一味表明"不以蒋介石国民政府为对手",可事实上战争的对手不正是蒋介石的国民政府吗?一直强调说发生的都是事件、事变什么的,而实际上我们看到的难道不是从未曾有过的大战争吗?以为语言和文章中的事实是什么样现实就会是什么样,我们需要尽早从这种错觉中觉醒。语言和文章可以天马行空想怎样写怎样说都可以,但事实这东西却只有一个,蒙混不过。事实胜于雄辩,柳条沟(湖)事件、卢沟桥事件、张作霖被炸死事件,反观这些事件的真相,一切就更加明了了。事实可以推翻理论,而我们必须充分认识到,理论却是无法推翻事实的。

这一年,奥林匹克大会和世界博览会都被迫中止了,虽说延期也是不得已的,但还是觉得遗憾至极。

日本的煤矿和矿山因为瓦斯爆炸杀害了几十人甚至几百人。我特意要说"杀害"这个词,因为这些事故是因为瓦斯的设施不完备引发的。为了确保生命安全,这种设备必须要确保十二分的安全。看年表上的记事,觉得有时候我们对待人的生命就如同对待猫狗牛马一般,有时甚至还不如它们。日本人对生命的思考方式,不得不令人深思。

我经常会说:"政治家说的话如果全部照实听的话是非常危险的。政治家总是说关系很好、关系很融洽,但到第二天就会打架,这种事情是家常便饭。最近日本政府明明频繁声明不会介入欧洲的战争,却与德国联合起来发动了与英、美间的大战,这就是活生生的证据。这是我们需要注意的事之一。"

我内人从今年的秋天开始居住在长崎。我们最先认识的人是八坂町的高桥内科的院长高桥喜代志医生,这对我们来说是非常幸运的事。高桥医生为人十分和善,对内人的病也用了十二分的心去治疗。我与他初次见面后要返回上海时,他还对我说:"内山先生你不用担心,我会负责好好照顾您夫人的。"而且他从不收我们医药费,让我十分不好意思。不过我们感到过意不去也只是在刚开始的那段时间,不久就变得很坦然地接受了,好像自己是他的亲戚一样,完全心安地接受了他的一切好意。这不仅仅是对病人,对身在远方的我来说也是无比欣慰、备感幸福的事情,我也可以安心地工作。在高桥医生的悉心照顾下,内人的病渐渐好转,甚至在三年后能够再次回到上海,这是多么值得感谢的事啊。

在这之后,我还认识了今天的民友新闻社的董事长田中丈平先生。他当时是长崎市议会议员,与长崎民友新闻社有些关系。因为内人在门牌上写着"内山完造",看见门牌上的名字,田中先生便前来拜访。"突然来访,冒昧地问一下内山完造先生是上海的那个内山完造吗?"内人回答:"是的。"他又说:"内山先生在家吗?"内人只好说:"他现在不在。这里是我静养的地方,他偶尔会过来。"听完之后田中又说:"这样啊。那如果内山先生回来的话我很想见他一面。"他介绍完自己后就回去了。在那之后我承蒙了他多方的关照。至今他依然是我保持着文书往来的朋友。

我在长崎结交的朋友现在依然亲密交往着,我的经历因为长崎又增添了一页。

我们在长崎的生活开始于十月,我抵达长崎之后马上就拜见了高桥医生和田中先生。三个臭皮匠赛过诸葛亮,在三人的交谈中"中国语讲习会"孕育而生。中国语讲习会除中文外还有我负责的中国人生活介绍,不过我仅仅讲了一年,后来这个讲习会以高桥、田中为中心,在很多同好的共同努力下,一直持续了数年。

长崎的内山书店并没有很忙碌，业务也不多，每月的销售额在三百日元到四百日元左右。其实当时开店的目的也就是为了赚点房租和零花钱，不曾想有很多特殊的客人光顾了我的书店。其中一位是被称为长崎代表人物的古贺十二郎老先生。再有，长崎高等商业学校的武藤校长也来过，益田图书馆馆长偶尔也会来，可以说我的书店是一家很幸运的店。

书店有一个像我这样时常不在岗的、打酱油的店主还真不太好办，于是我们从老家请来了两个姑娘，一个是我冈山的弟弟的女儿Y子，还有一个是很早就嫁到广岛县的乡下、现在已经去世了的我妹妹的女儿S子。Y子和S子都很照顾我患病的妻子，而且两个人都很有缘地和我店里的N和M结婚了。N和S子结婚时，两家的亲人们都聚集到我家，由我主持了仪式，一切顺利结束后他们就去上海新婚旅行了。M和Y子的婚事稍迟了一些，上海当时正在战争中，他们举办了一个不同寻常的婚礼仪式。Y子在长崎的时候，每个周日都会和内人一起去教会，在那期间她接受了圣丘的基督教会的园田勇吉牧师为她执行的洗礼。园田牧师之后调动了二三次，现在在岛原的音无川教会。M的出生地在秋田市，他的哥哥是同文书院的毕业生，在校期间与我关系甚密，所以才介绍他来我的店里工作。他和他哥哥都是非常热心的教徒，因此，在征兵的适龄体检获得甲种合格的成绩后被问及希望当何种兵时，他们的回答是希望当护理兵。当被训问到为什么的时候，他们明确回答说："我们的信仰不允许我们杀人。"为此他们甚至登上了第二天的报纸。M一家很有趣，与寻常人家有所不同。他们兄弟共四男一女五人，除了第二个儿子不是教徒外，其他三个儿子和女儿都是忠诚的教徒，父母起初拒不信教，可是来上海与长子同住后，在儿子的影响之下最终也接受了洗礼。他们唯一的妹妹也非常热衷于教会，不顾父母的反对进了神学校，决心要成为一名传道士。她战胜了所有的困难，贯彻自己的初衷，现在是宫城县鸣子町的一位盲人传道士的妻子，身为两个孩子的母亲，她仍然在一心传道。说起来，还有一件不同寻常的事情发生在他们这家，当时他们最小的弟弟也来到上海，在三井银行上班。当中日战争扩大为"大东亚战争"，日本的形势非常不利时，政府开始直接从侨居上海的日本人中募集士兵，年轻男子都要应征入伍。这样，M一家三个兄弟同时在上海入了伍，这在当时也算是件稀奇事了。因为基督教信徒的身份，这兄弟三人在军队都受到了不少的迫害,他们的长兄虽然饱受迫害却依然没有抛弃自己的信仰,反而更加热心于宗教。最小的弟弟得了胸膜炎,却拖了好久才被送到后方,所以之后很长时间都一直在住院。有幸现在已经痊愈,在东京的S贸易公司上班。战后长兄与父母一起回到祖国,现在在鹿儿岛县指宿和有着相同信仰的三位好友一起经营一家制盐榨油的工厂,同时还与一位曾长期在上海当主管的S老人一起继续传道。我去年去拜访过他一次。看到他们四个人在风景秀美、气候温暖、温泉很多的地方将基督教的传道与事业共同经营起来,不由得赞许他们是"未完成的乌托邦"。从疗养所的医生、护士到患者,那里的信徒不断在扩大,为此他们受到许多的关注,贺川丰彦先生也去过那里,基督教报纸也报道过他们。有关神奇的M一家的事情,我想另找机会详细记述,在此就不做赘述了。总之,M与Y子在上海结了婚,战后M从前线归来,现在在我的故乡冈山县的田舍町经营着内山书店,已经生了三个小孩。之前提到的S子和N也在战后回国,在尾道开了一家N书店。我衷心祝愿这两家书店发展顺利。

　　内人在长崎生活的这三年,竟为我们结下如此多的缘分,这是我根本没有想到的,我想这一定是神灵的指引。

　　还有一个我想顺便写一写的事情,那应该是在搬到长崎后第三个年头五月份的事。我在回日本的船上因为胃痉挛的老毛病又犯了,就去找船医,希望能给我打一针,结果却被医生认为是吗啡中毒,压根不理睬我,无奈我只好一直忍到了长崎。回到长崎后请高桥博士一看,他立即说:"这不是胃痉挛,你脸上都出黄疸了,这是典型的结石。"然后马上叫来了护士,我这才得以很好的照顾。其间,改造社的社长山本先生从上海回来还顺道来看望了我。没想到他刚返回东京,我也准备要回上海的时候,下楼梯时又不小心滑倒,摔得动弹不了了。当时我都以为自己就要死了,一通折腾之后高桥博士诊断说我的肋骨摔坏了,于是又不得不再请来护士照顾,这样,一个病人家里又出现了一个更严重的病人。好在有博士的精心治疗,过了一个月我就好了大半,X光显示虽然没有骨折,但肋骨还有点异常,所以还需要养一养,我便又调养了一个月。静养期间我偶然在《本草纲目》上看到牛黄能够治疗结石,便咨询了一下博士,博士说这是非常有道理的,不妨试一试。之后,我从上海弄来了一些,没想到喝了正好一个月的时候,腹泻时就排出了七八个结石(大概有半颗大豆那么大),之后我再也没有犯过结石病。所有这一切多亏了高桥博士!

前年,这位年富力强的医生成了不归之客,我至今不愿接受这个事实。我离开长崎和内人一起回上海时是昭和十六年(一九四一年),昭和二十年(一九四五年)一月十三日,内人因为肺气肿去世。同年八月初,发生了广岛、长崎原子弹爆炸的惨案。当我听到这个消息时,首先想到的便是高桥博士怎么样了,田中仗平是否平安? 因为当时信件、电报都没有办法收到,我只能在心里祈祷这两家人平安无事。不久,博士寄来了报平安的信,信上写到,他夫人在那之后偶尔会犯心脏病,估计是在原子弹爆炸时受到了惊吓。可以想象平常就很柔弱的夫人一定是被吓得不轻,就是这种惊吓诱发了她的心脏病。我不由得想起自己妻子心脏病发作时的样子,祈祷她能快些好起来。就在我收到博士告知她夫人心脏病发作的次数越来越少的来信时,传来了博士去世的噩耗。我当时正在旅行,接到讣告其实离博士去世已经有段时日了,这令我感到非常的遗憾。

写到这里,我又想起一件事,不得不再补记一笔。之前我写了一些杂谈刊登在《改造》上,其中一部分已经收录到《上海漫语》一书中。有一天,改造社出版部的铃木一意部长突然通知我说要把未收录的那部分汇编出版。于是我很快按要求整理出来发给了他,他收到后又来信说需要我加写一下序文,我便写好序文再次发给了他。我的处女作《活中国的姿态》出版时我非常高兴,但这次的喜悦更具深意,我将这份喜悦详尽地写在那篇序文里。

这本书出版的时间是七月十五日,八月五日就再版了一次。于是心情愉悦的我便开始不停地写啊写。每天拂晓起床到吃早饭的这段时间,我一定要奋笔疾书写点什么,这个习惯一直延续至今。我知道自己已经落伍于时代,有点不自量力,可还是写个不停,连我自己都搞不明白是为什么。大家都说只要给我笔和纸,我就会像孩子拿到玩具一样变得很乖很安静。习惯的力量是巨大的。我想我到死之前应该都会保持这个习惯吧。如果说我的早起和写作是一种病的话,我觉得一定是"习惯使我致病"。在战争结束后,即使是在非常时期我也没有停止过写作。截止昭和二十二年(一九四七年)十二月被强制要求回国的二十八个月里,我写的稿子有十本之多,高度接近一米。遗憾的是这些全部丢在了上海。回国后的近三十个月我几乎都在周游全国,那期间我又写了很多稿子,同时还写了二三本书。现在我正在疾书我一生的回忆录,虽然之前在上海曾两度执笔,但都中途放弃了。现在写的内容只是我经历过的一部分,也只是写个大略,可原本就不灵光的脑子依旧不好使,记忆力之差也简直没法说。按理说，我自己的亲身经历应该都能记住，可就是有许多记不清了，不论我怎么努力回想，想不起来就是想不起来。唉，真是上了年纪呀！我想，无从下笔恐怕还有一个原因，那就是自己原本活得太粗糙没什么值得一写，或者自己的经历确实太少了。有时脑海里浮现出一件又一件的事，可是到了提笔的时候，却又只剩下人名和地点了，干着急就是没辙。

日本昭和乙卯十四年（一九三九年）

二月二日	日本海军"伊号"六三潜水艇于丰后水路遇难沉没，八十一人殉职
二月十一日	东京市内举行陆军及民间有志人士参加的爱马庆贺大游行
三月一日	大阪府枚方町发生火药仓库爆炸事件，大火蔓延至四周，造成六百多户民宅被毁，十几人死亡，数百人重伤
三月十一日	兰州轰炸后大约一个月内，日本空军在西邑线十七座城市进行轰炸，并击落一百五十多架敌机
四月八日	日本海军战机远距离飞抵云南省昆明进行突袭，造成地面三十五架飞机损毁，击落六架
四月十九日	关门海底隧道举行贯通仪式
四月二十六日	本州、九州间早鞆隧道贯通
五月一日	秋田县男鹿半岛地区遭遇强震，造成一千多户房屋倒塌，八十多人死伤
五月九日	日本海军重型轰炸机对四川省重庆进行第一次轰炸
	东京板桥区志村町大日本工厂发生爆炸，造成二百多人死伤
五月十一〔十二〕日	蒙古军于诺门坎①地区非法越境
五月二十七日	中、苏联军的飞机自诺门坎地区越境，击毁日军四

---

① 诺门坎：一九三九年"满洲"与蒙古的边界。

	十二架飞机
六月二十日	驻日英国大使提出缓和天津租界内日、英两国关系的建议遭到日方拒绝
六月二十七日	苏联二百架战机与日军于贝尔湖上空交战,击毁一百二十八架飞机
七月二日	日军对位于哈尔哈河地区的蒙军发动攻击
七月三日	日空军于贝尔湖东部击毁五十多架蒙、苏机
七月四日	日"满"军地面部队击溃越过哈尔哈河东岸的蒙苏联军,与之隔岸相对,日空军于上空交战,击落六十八架蒙苏机
七月九日	日空军于贝尔湖上空击落二十八架蒙、苏军战斗机
七月二十三、二十四日	日空军于诺门坎上空与蒙、苏军空军大范围交战,击落一百二十七架蒙、苏机,并重创蒙、苏军炮兵阵地
八月九日	上月九日至今已在诺门坎战场击落越境的蒙、苏战机六十九架
八月二十一日	日军于贝尔湖附近击落苏联飞机四十架
八月二十二日	日"满"空军联合攻击蒙军,击落九十七架蒙、苏机
九月三日	英国对德国宣战,法国与英国结成共同战线
九月四日	首相阿部信行发表声明表示,大日本帝国不介入欧洲战争,专注于解决中日事变
九月十六〔十五〕日	就诺门坎事件,日苏签订停战协议,发表共同声明
十月十二日	日光里见河下游发生电车坠崖事件,造成七十多人死伤
十月二十一日	诺门坎事件谈判结束
十一月十日	岩手县松尾村松尾硫黄矿山发生爆炸,造成一百多人死伤
十一月二十一日	日本邮船"照国号"于英国东海岸触雷沉没
十二月十三日	苏联汽船"桦太号"于北海道宗谷海峡附近海马岛触礁遇难,汽船"桦太号"及其他船只救起四百

　　　　　　　　多人

特别记事　二月　　　曾仲鸣被杀
　　　　　　六月　　　天津英、法租界被封
　　　　　　　　　　　香港的中国方面的银行停止日元交易
　　　　　　七月　　　日本发布国民征用令①
　　　　　　八月　　　陈铭枢逃出重庆
　　　　　　十一月　　北方英、法驻屯军撤退
　　　　　　十二月　　内阁会议上决定次年年度政府预算为一百零三亿
　　　　　　　　　　　六千万日元

追加事项　内山完造五十四岁。我觉得今年的大事要数诺门坎事件了。虽然不知道是真是假，但是传言说，日、苏两军在诺门坎发生冲突，苏联全歼日军两个师团，日本的战术、战法完全没有起作用，让人听起来都觉得恐怖。一开始苏联方面的炮弹如雨点般密集，可是全部集中落在了日军后方。于是，日军顺利地一味推进，炮弹也都落在后方。但是，随着日军的深入，突然前方被从未见过的火焰封锁住了。此时，后退是敌，前进是火焰炮，跳进战壕又被山一般大的坦克压上来，结果导致了全军覆没的后果。我虽然不知道这其中有多少真实性，但火焰炮和大型坦克的确是当时的新武器，好像是叫"曲尺式"什么的。日军的作战计划彻底失败了。总之，日军最后提出签订停战协议，这应该是作战失败的最好证据吧。

　　在中日战争中，有报告说，日军击落的中国机有好多次都是几十架甚至几百架。可是，中国真有那么多飞机吗？我觉得非常蹊跷。后来听说，他们从上空看下去，机场里停着很多无法分辨的飞机模样的东西，于是全都轰炸了。看来报告被很大程度地夸大了，我是持这种观点的众多人中的一个。

　　我在今年的大事记上，写了三月一日大阪府枚方町陆军仓库发生爆炸一事。可是，当年的年表上不让这么写。我认为事实就是火药库爆炸，如果不照实

---

　　①　国民征用令：因战争等造成劳动力不足时强制实行的征集人民从事生产的勒令，其目的是为了保障以军需为中心的重要产业有充足的劳动力。于一九四五年废止。

写就是在欺骗大家,也会误导后人。

"满洲"问题最初的起因是日本人引爆了柳条沟(湖)的铁道,但如果我这么说肯定会引起很多人的反对。日本想要通过此种阴谋取得成功,这种想法已然从出发点就大错特错了。若谎言由始至终都能坚持的话,也会变为事实。比如说中国的易世革命,从本质上来讲是属恶的政治,但其恶却被逐步善化了,从而成为易世革命。因为日本人还远不够成熟,民族尚年轻,经验不足,所以才会经常耍点小聪明想蒙混过关,这种把戏谁都看得出来。事实胜于雄辩,李顿报告书中也写得清清楚楚。谎言若是在法庭上难道不就是犯罪吗?如果日本真有八百万神明存在的话,想要以谎言来实现自己的野心一定会受到惩罚的。事实也果不其然,日本的这种野心落到无条件投降的下场。

八月十三日,上海也终于被战事波及,我召集全体日本和中国店员,对他们说道:"又要开战了。不知明天报纸上又会刊登什么样的谎言,大家要注意看。"我看到大家脸上的表情似乎在说"老板又在说奇怪的话了"。我其实很认真,但大家并没有认真听我的话。估计现在没有人记得我说过的话了吧。时间流逝,日本无条件投降,于是大家才明白之前的新闻报道基本上都是假的。我认为,如今的日本有太多的谎言,但是好像很少有人觉得这是非常恶劣的事情或者奇怪的事情,大家都不觉得有什么。也就是说,已经习惯了谎言就完全不觉得说谎是一件罪恶的事情。看到如今的日本人因为习惯了谎言,不觉得谎言有罪有错,令我的担忧更进一步加深了。

战争之灾令日本损失了很多的房屋、家具、财产,于是在各个方面都只能是将就着过,从头到尾全部都是权宜之计,就这样一天一天过着日子。用一句话来说的话,那就是现在日本人的生活完全是"权宜之计的生活"。如果习惯了这种生活,人也就会变成"权宜之计的人",对此我很是担忧。

我与一位夫人聊天,她是个非常有趣的人,可是她和谁都能聊得来,是那种"很会说话"的人,她说的话听上去像是称赞,可是好像又话中有话。我认为,如今日本的病症正是出在这种"精明"上。作为如今的处世之道的所谓"精明",是我最厌恶的。"精明"里面没有真诚,我讨厌这句话的原因便在于此。这种生活方式中人与人之间没有一丝真诚,人们只知见机行事,只知趋炎附势。我讨厌的"权宜之计"和"精明"在某些地方有相通的部分。因此,这两个我都讨厌。我总是告诫自己:不要成为太精明的人,不要成为权宜之计的人。

我确实是上了年纪了。从长崎登陆后坐快车去东京的期间还没什么问题,到三田尻①附近时突然疝气病发作,非常痛苦,我甚至想如果到广岛时症状还不消失的话我只能下车。也许是因为疼痛令我筋疲力尽,我睡着了,睡得很沉,到系崎才醒过来。幸运的是在睡着期间症状消失了,我终于松了一口气。一到东京我马上赶去东京堂处理一件紧要事宜。事情是这样的:东京堂对上海内山书店给予了很大的期待,却迟迟不见内山书店有所发展。比如说,其他书店都在南京、汉口开了分店,都有了很大发展,干得热火朝天的,然而只有内山书店一点动静都没有。所以东京堂想要就此事听听我是怎么想的。于是我答复他们说:"这是我的信念,我不认为这场战争会有什么光明的前途,没有什么发展可言,我目前只想守住上海的客户。"听到我的回答,东京堂似乎觉得内山书店不足以依托,非常懊悔的样子。对此我也无话可说,便告辞离开了东京堂。事情办完后我即刻前往小原(荣次郎)介绍的医生那里,医生说我的疝气尽快动手术比较好,给我介绍了日本桥茅厂町的吉川医院。院长是吉川春次郎博士,据说是做疝气、盲肠炎手术的日本第一人。吉川医生对我说:"今天下午三点就做手术,现在开始请好好休息。"于是我便躺在休息室休息。中午没有吃饭,做了灌肠清空腹腔后,便进了手术室。手术室不大,到处都是雪白的,很干净,里面的人也都是一袭白衣。我躺在手术台上,两边各有一位医生拿起我的手看脉。胖墩墩个子不高的院长说:"注射(麻醉)!"于是医师实施医嘱并回答"局部注射(麻醉)完成"后手术便开始了。小原荣次郎陪护在我的身边,被允许观看全手术过程,可是因为晕血中途出去了。手术时我左下腹被切开,医生把肠子拉出来,将缺损的部位用周围的筋膜修补上,保证它不会再从此处脱落,然后缝合,手术结束,共花了四十七分钟。我回到了病室。局部麻醉的药起作用的时候我什么都感觉不到,麻醉效果过去后开始觉得痛了。医生不允许我动,这是最难受的。三天里我承受着无法描述的痛苦,之后就好多了。改造社的山本社长来看望了我,还有很多文人也来看望我,于是有一次院长查房的时候问我说:"内山先生您还给《改造》写稿呢吧?"从此打破了他从不与患者聊天的规矩,每次来查房的时候都和我聊天。住了十四天院,我出院了,在小原夫人的照料下,在汤河原②的伊藤旅馆住了一周

---

① 三田尻:日本地名,位于山口县防府市。
② 汤河原:日本地名,位于日本神奈川县西南部。

做温泉疗养。那一周里山本改造社长等很多人都来看望了我,很快我就痊愈了。

从一年前开始我的胃痉挛又不时发作,有时还需要接受吗啡注射治疗。当年住在汤河原时也在半夜发作过一次,还叫来了急救医生,回到东京后也频繁地发生过几次,真是过了一关又是一关呀!不过,疝气终于治好了,我还是非常高兴的。

回到上海后我又恢复了早上的散步。每天天不亮就和妻子两个人去新公园。这时候上海开始流行打高尔夫,公园里有很多人在打球,再也没有以前那种清净的感觉了,那种天不亮就我们两个在公园里散步的日子再也回不来了。

不知道是谁想出来的,说是要举办东洋奥林匹克运动会,弄了四百码①长的跑道,还把公园里的水池打扫干净当游泳池。甚至还在这里的球场上打之前只有西洋人才打的网球。离我书店不到一个街区有个红砖构造的市内泳池是对外开放的,之前很少有日本人去,因为日本人在运动会上赢了游泳的项目,于是现在去那里的人突然多了起来(因为新公园的水池无法继续当泳池使用了)。

网球项目也是一个我记不清名字的、好像还是个左撇子的日本选手获胜了,因此之后打网球的人也变多了。从每年的五月份开始到十月初,下午三点(周日是一点)开始可以使用这个公园的网球场。说是网球场,其实也不是专门的网球场,而是把整个公园茂盛的草坪作为场地,每天一到网球时间,被雇用的两个男孩便在草坪上划好线,撑上球网,弄出很多个球场。新公园里差不多能撑起三十多张网。人们拿着球拍来到公园打球,要是球飞出场地太远的话,每个球场上还有专门配备的两个球童跑去把球给捡回来,这种享受完全是一副皇帝做派。草坪网球在日本人中间流行开来以后,不管是张三还是李四的都来打网球,其实我本人也去打过。我算过一笔账,一个球场两个球童,再加上球和球拍(球拍是自己带去的),十到十二个人的话五个月里面只要天气好,每天下午三点开始到七点多结束,大汗淋漓的玩耍加运动,差不多要花六百多元(球场是免费使用的)。十二个人平摊的话一个人是五十元,也就是说一个月一个人的花费是十元。再让我们跟日本人花在酒馆吃喝上的钱比较看看,按当时平摊下来一次差不多要花费五元来计算,每个月去十次,五个月就要五百元。

---

① 码:一码约为 91.44 厘米。

这是一个人的花费，如果是十二个人的话就要六千元。再加上，下馆子吃喝很不卫生，还会引发家庭纠纷，若是再染上什么恶性疾病，就无法计算花销了。另外这种吃喝玩乐的活动又不是什么光明正大的事，还得避人耳目偷偷地进行。以上草坪网球和酒馆吃喝的比较让作为第三者的中国人来看，他们会做何感想呢？日本人不会花钱，通过上面两者的比较是再清楚不过的事实了。日本人靠着茶馆游乐就能征服世界吗？那是断不可能的。当下，以这次战败为转机，我们下决心要建设一个永不介入战争、和平的日本。茶馆酒肆里没有和平日本的根基。破坏家庭和平的茶馆酒肆自然不用说不可能拥有一丝一毫建设和平日本的东西。因此，作为迈向新日本的第一步，全日本人都应当自觉地把茶馆酒肆拒之门外，这也是我的期待之一。

先不说这些了。回到刚才的话题，草坪网球在日本人中间非常盛行，高尔夫则是在这之后流行起来的，如果说网球是午后的游乐活动的话，那么高尔夫则是晨间的游乐活动。可是这样一来，这些打高尔夫球的人也就和早上散步的我们有了冲突，无论如何散步的心情都被打扰了。听说时不时还有人被球打到受伤的，幸好我们两个还一次都没有被球打到。不仅如此，我们还有幸见到过一次超高球技的施展。应该是秋天的时候吧，我们走进公园大门时就看到有两个西洋人刚开始打高尔夫，我们不由地停下脚步观看。那时候高尔夫线路上设置的障碍物还是一个低矮的柴堆，一个人打出的球离地面很近，就好像在草地上滚过一样，当时我以为球一定会被柴堆挡住，没想到那球却在快接近柴堆时忽然上扬起来，巧妙地越过了柴堆。打球的西洋人也一直盯着球，看到球顺利过关，微微一笑。我们两个人觉得太不可思议了，便接着看另一个西洋人打球。同样球飞得很低，几乎是擦着草坪飞过，到了柴堆前也是轻飘飘地扬起飞了过去。那两个人相视一笑，继续打球。接下来又是让我感到惊奇的一幕。柴堆之后有一个水池，他们击出的球越过了水池，贴着草坪滚动向前。白色的高尔夫球好像有意识有知觉一样。回来后我逢人便宣扬这件事，为此还听到一个高尔夫迷说起另一高超球技的故事。一个在日本当教练的世界级高尔夫名人来上海，在赛马场的高尔夫场地里向大家展示了他的绝技。他把怀表作为球托，每次击球时都是只有球飞了出去，怀表纹丝不动，连打了三五次都是这样，一次也没失败，真可谓是神技高超呀。之后我又遇到了一个高尔夫迷。他听完我说的事后，非常有自信地说："像这样，球就会飞过对面的柴堆。"边说边摆好姿势给我示范,可是打出去的球却高高地飞向天空了,飞得还不是一般的高。他又拿出一个球,说道:"刚才手抖了没打好,也就是说像这样就可以了",啪地又把球打了出去,这次手又抖了,球又飞得高高的。就这样,到最后都没能让我看到球贴着草坪飞过却在柴堆前轻飘飘扬起越过柴堆的情景。我不禁更加感叹那两个西洋人高超的技巧。

那时候去游泳池的日本人也突然增加了不少。当时上海的人口有二百万人左右,其中有五六万是外国人,而外国人的一半都是日本人,所以在新公园打球的、游泳的人也大多是日本人。那时工部局在新公园那里建了一个大型的露天游泳池,比起阴暗的市内游泳池,露天的真是让人心情舒爽、愉快。

听说上海租界的公园里从前一直立着写有诸如中国人与狗不得入内的字样的牌子,为此遭到了中国人的强烈抗议,这当然也是因为受到革命思想的影响。中国人抗议指出:你们口口声声说什么公共、大众之类的,到底哪里做到公共了?!不过是仅限自己人的公共罢了。最终各个公园都允许中国人入园了。对于这件事,英国人的应对是最悠然自得的。他们收到抗议后,首先成立了一个针对此事的研究会,该研究会持续不断地研究了若干年,之后才试验性地实施研究成果,到最后允许中国人入园,至少花了七八年的时间。再来看看他们采用的入园方法吧。原本只能容纳十万多人的公园要面向二百万中国人无条件开放的话,根本无法全部容纳,这一点自不必说,那些苦力们入园后不仅会占领本就不多的长椅、座椅在上面睡觉,令散步的人无处休息,而且他们还会到处擤鼻涕、吐痰,非常不卫生。说到不卫生,研究会一致认定,让这些苦力入园会把公园这样一个让人们休憩、放松的地方变成疾病滋生的地方。对此,中国的研究员当然也是赞同的。说到底,主张开放公园的中国人绝不是主张面对苦力也开放公园,这只是中国人里知识阶层的要求,自然不会反对拒绝苦力们入园的决定。于是,研究会首先就从苦力的经济能力入手考虑入园的方法,规定一处公园一个人一次的入园费用是两角(也就是二十钱)。对于当时每天收入五角(只有五十钱)左右的苦力来说,这是再好不过的阻止方法了。但是,这个方法遭到了至今为止免费入园的外国人的反对。于是研究会又决定采用一年通票的方式,而且是记名制的,一年通票只需要一元(也就是一日元)。这样一来大家也就不再抱怨,而且苦力们也断不会买,一天五角的收入是买不起一日元的通票的。至此,研究会的意见最终达成了一致。实际执行后,没有任何人有怨言,取得了最好的效果。英国人的聪明令我感触颇深,我非常明白中国人的聪慧之处,现在也知道英国人的过人之处,我认为能与中国人一较高下的也就是英国人了。

上海的电力供应原是由共同租界工部局的电气科负责的。其下属的电厂决定变卖的时候,采用了竞标拍卖的方式,最后由美国人购买了。竞争主要是在英国人和美国人之间进行的,美国人的标价我记得应该是六千万元或者是六千万两白银,听说这与英国人的竞标价竟然差了有三四千万元。这个电厂后来变成上海电力公司,营业至今。在决定这个电厂的电费时有一种方法非常有趣。英国人提出电费每年浮动不定。原因是来年一整年要使用的煤炭是在前面一年的年末时竞标购买的,那么电费也就因煤炭的购买价格产生波动。也就是说,这样一来电厂绝不会出现经营亏损,这一部分的风险全部由电力需要者承担了。事到如今我也会不由得感叹,这真是高明的经营方法呀。我们也从这一点可以看出英国人的聪慧之处。

因为书店实在太忙,我就从东京堂请了一位帮忙的人,他叫作神田。后来还是忙不过来,我便想向他们再借一个人,然而东京堂那边说非常繁忙,实在抽不出人手。可是,有一天突然来了东京堂的一个人,是一位青年。他对我说:"我就要去汉口了。我们收购了汉口的一家店,准备再开一家分店。所以今后可能在钱的方面麻烦您支援一下,请多多关照。"他和神田认识,又带着介绍信,于是,我就答应下来了,并把他送上开往武汉的列车。后来我有两三次把本应汇往东京的书款直接打到了武汉那边。听说他在武汉把书店经营得风生水起。于是,就有传闻说内山已老,武汉的汉口分店就是最好的证明,就连我自己的书店里也常能听到诸如"老爷子不行了,失去了当年的锐意,竟然让东京堂自己在武汉开设了分店"之类的抱怨声。不久,我又收到了东京堂总店发来的电报,说让之前来店里帮忙的神田君速往武汉。在忙季,这个消息对我们来说犹如雪上加霜。然后迫于无奈,我还是让神田君去了武汉。这下店里更是怨声四起:"看吧,好不容易请来个帮忙的,结果还没几天就被调走了。"对此,我一直保持沉默。直到有一天,东京堂财务总管奥村先生突然来访,我才得知整件事情的始末。初见奥村先生时我吃了一惊,因为这个月的汇款迟交了几天,我以为他是专程来催交汇款的。简单寒暄几句后,我便直奔主题:"奥村先生此次前来,可是催款的?"只见他直摇头道:"哪里,哪里,岂有这等事情。您也知道我们在武汉开设的那家分店吧,如今那家店陷入了困境。"我微微一惊,问道:"怎么回事,不是听说那家店经营得不错吗?"奥村先生叹了口气后娓娓道来:"我们也是看了神田君发回的报告,才知道事情的严重性。事实上,我这次就是专门去收拾那里的烂摊子的。之前,我们一直搞不懂,为什么这几个月连续送去了价值二十万日元的书,却一次书款都没有收到,甚至还让你们这边也给支援了不少现款。直到神田君去了武汉,我们才了解到,那边已是一片乌烟瘴气了。哎,这种事,说出来真是丢人啊。"直到这时,我才知道汉口分店业绩不佳的情况。聊完之后,奥村先生就立刻动身去了汉口,不几天后又踏上了回东京的旅程。我间或听说"汉口分店要转让了"的消息。果不其然,那之后不久,东京堂彻底退出了武汉。

这期间,内山书店一直稳步发展。虽然到后来日本人开设的书店在上海达数十家之多,可是内山书店的营业额却是他们望尘莫及的。即便在战乱中,一些货款难以收回,也对我们影响不大。尽管军事当局常对我说:"你的口碑可不怎么样!"但当我去军队和大家聊天时,有过实战经验的人都会说:"内山说的都是实话。"我的生意不断壮大,仅单行本的发行量,就远远超过华中地区日本人经营书店的单行本销售总量。

日本昭和庚辰十五年(一九四〇年)

一月二日	两辆武藏野列车在埼玉县松井村正面相撞,死伤者达七十余名
一月十五日	静冈市大火,烧毁五千余户房屋
一月二十一日	在千叶县野岛崎英国巡洋舰强行带走了日本"浅间丸"上二十一名德籍乘客("浅间丸"事件)
一月二十九日	大阪西成线上的燃油车翻车起火,导致一百八十八人死亡,五十人重伤
二月二日	平川清风卒
二月二十五日	由"满洲"开往东京的陆军军用飞机在京都府大住村上空解体,六人丧生
三月五日	在东北米坂线荒川桥上发生列车翻车起火事件,死伤者达数十名

三月十八日	据根津嘉一郎遗志,把五千万日元捐给根津育英会,并声明要修建大美术馆
三月二十八日	福岛县棚仓町大火,烧毁三百余户房屋。茨城县中乡村爆发山火,烧毁森林两千公顷
三月三十日	"中华民国新国民政府"在南京成立
四月八日	陆军军用飞机炸弹落在静冈县滨名郡小野口村,死伤者达十一名
四月二十日	希特勒派特使来日
五月七日	安部矶雄等的勤劳国民党组织准备会被禁止结社
五月十一日	北见国枝幸町爆发山火,烧毁五百户房屋,死伤者达五十余人
六〔四〕月一〔二十四〕日	东京市等六座城市实行凭票购买砂糖和火柴制
六月十四日	德军占领巴黎
六月十七日	法国首相发表停战宣言,与德国签署了停战协定
六月二十日	东京遭雷击,大藏①、厚生②两省及企画院③全被烧毁
七月五日	常盘县北千住站发生列车相撞事故,死伤者达七十余人
七月六日	公布限制奢侈品生产、贩卖的规定,于翌日起执行
七月十一日	在神田共立讲堂举行纪念东亚教育者大会东京电车在小石川区春日町翻车,死伤者达三十余名
八月一日	松岗外相以谈话的形式宣布:建立"大东亚共

---

① 大藏:日本统辖国家财政和金融行政的中央行政机关。
② 厚生:日本以促进社会福利和社会保险、公共卫生事业的发展和提高为任务的国家行政机关。
③ 企画院:"二战"时期,日本直属于首相的负责经济的计划和实施的政府机构。

	荣圈"将是近卫内阁的基本国策,也是帝国外交的基调
八月二日	英国政府逮捕三井、三菱两企业伦敦分店的店长
八月七日	日本政府决定在东京市等实行木炭配给制,于十一日开始施行
八月二十八日	鉴于时局,日本的救世军改组为救世团
八月三十日	日本文部省制定的学生生活革新纲要发放给各地官员及学校校长
九月十日	新体制下谋求大同团结的全国佛教各宗派合同理事总会在东京筑地的本愿寺召开
九月十五日	东京丸内的帝国剧场在进行完九月最后一场新国剧公演后,将退出演剧界
九月二十七日	《日、德、意三国同盟条约》在柏林签订
九月二十九日	日本国民诗学协会在神田教育会馆成立
十月十八日	青森市大火,烧毁二百余户房屋
十月二十六日	意大利第六十七号潜水艇于八月二十九日在东京南方海域去向不明,多方搜救都以失败告终,发布全员殉职消息
十一月二日	发布国民服①条令
十一月三日	日本青年党的思想团体大日本赤诚会在明治神宫举办成立仪式
十一月二十五日	宫崎市号称"八纮之基柱"的工程竣工,竣工仪式在宫崎神宫举行
十二月十九日	日本出版文化协会成立
十二月二十日	南京国民政府宣布中央储备银行成立
十二月二十九日	美国总统罗斯福通过广播发表"炉边谈话"强化对英援助

---

① 国民服:"二战"中,日本于一九四〇年规定的男子日常必须穿用的、类似军服的土黄色服装。

特别记事 一月　　　　英国海军当局宣布封锁中国香港
　　　　　　二月　　　　日美通商航海条约失效
　　　　　　四月　　　　上海共同租界市参会会员改选，但没有改变固有格局
　　　　　　　　　　　　高知市施行最初的粮票制
　　　　　　六月　　　　天津租界的隔绝局面被解除
　　　　　　八月　　　　法郎不稳定的状况进一步激化
　　　　　　十月　　　　上海也出现了代表新体制运动的大政翼赞运动，会名叫作大政翼赞会①

追加事项 内山完造五十五岁。一九四〇年一月，受新潟县三条市友人稻村隆一之邀，同其踏上由京都前往东京的旅程。经过北陆地区时，我们访问了雪中的三条市。这也是稻村君去年来上海时，我许诺他的，答应来跟三条的五金制造商们聊聊中国，因为这些以制造西餐餐具为主的三条的商家们十分希望进入中国市场。于是我此次前来就是跟他们讲讲我在中国的经商之道。其实我说的都是之前有提到过的经验之谈，却受到大家热情地追捧。这反而让我有点无所适从。也正因为大家的热情，至今我还常去新潟县跟大家座谈。由于上海发来电报，说有急务，我在东京仅停留了十天左右便决定回上海。友人们不舍挽留的情形至今难忘。此前，我和那些曾居住在东京，后来移居到上海，或者跟上海缘分不浅的基督徒们创立了一个上海会。每到东京，会员们都会开会，而这次大家事前就约好要开一场关于上海的报告会。可惜由于我急着赶回上海，报告会的事只能作罢。归途中，经过大火后的静冈，车中的空气仿佛也荡漾着火灾后的余温，望着窗外的片片废墟，我不由得在心中默念："守护苍生的神灵啊，请保佑天下太平，百姓安康。"在长崎的家中停留一晚后便回上海了。

三月，改造社决定再出一册杂谈集，我把这次书的命名全权委托给了改造社，他们最终定为《上海夜话》。之前的《上海漫语》好评如潮，又加印了三版、四

---

① 大政翼赞会：第二次世界大战期间，日本的一个极右政治团体。一九四〇年十月十二日宣告成立，一九四五年六月十三日解散。该组织以推动"新体制运动"作为主要目标，在"二战"期间，以一党专政的模式统治日本。所谓"翼赞"，就是"帮助天皇"的意思。大政翼赞会是国民总动员体制的核心组织。它通过上意下达的方式，引导国民的思想精神运动。

版。我在开心之余,对这个系列也越发有信心了。在写上海见闻的同时,我还每月向改造社的《大陆》《改造》杂志投稿。后来《中央公论》的主编小森田先生找到我说:"《中央公论》的《北京消息》交给村上知行君了,《东京消息》由我自己负责,《上海消息》可就要靠你了。"就这样,我担任《中央公论》上海版块的主笔整整一年。每当有客人向我夸赞《上海漫语》有意思的时候,我就心情大好,跟其大谈特谈。有时,遇到从日本或欧美来的客人,他们总会说:"《上海漫语》真是让人受益匪浅啊,别说日本人不了解中国人的生活,就连欧美人也是一窍不通啊。"每当这时,我都会劲头十足地同他们聊个够,不管他们说的是不是恭维话。

有一天我接到一通神秘电话,说是从派拉蒙酒店打来的。听筒里传来一个中国人的声音:"你是内山先生吧?"我回答道:"是,我是内山完造。"对方说:"请等一等。"过了一会儿,传来一个中年男人的声音,他向我介绍道:"内山先生,我姓杨,从香港来的。"我立马想了起来,他就是把妻子留在上海、只身前往香港且多年未归的立教大学毕业的杨建平先生。于是忙应道:"久违,久违,杨先生何时来上海呀?""我刚到上海,你现在忙不忙?"

那天我正好有空,于是答道:"现在不忙。"

"不忙甚好,请你来这坐坐好吗?"

我心想这是要约我共进晚餐了,就爽快地同意道:"好好,我这就来,你先等一等。"挂完电话,我速速整理了一下手头公务,看看时间正好是下午四点,乘一路车在静安寺下车后,就看见气派的派拉蒙酒店屹立眼前。走进酒店,发现晚餐果然已准备就绪,只见色香味俱全的菜肴铺满餐桌,其丰盛、美味程度让人受之有愧。

我们的谈话主要围绕多灾多难的时局。只听杨先生问道:"如今,中国的百姓都希望尽早结束战争,恢复和平,日本那边怎么样呢?"

"我们也希望生活尽快恢复正常,但两国间的事就像潮汐的涨落,此起彼伏,最为关键的就是时机……"我话还没说完,杨先生便激动地插话道:"时机已经来了,至少中国的已经来了,只是不知日本的来了没。""我认为日本的时机也来了,按理说我们双方的时机都来了,可为什么两国却达不成和解协议呢,对此,你怎么看?"只见他指着自己的脸说:"这个,双方只是苦于找不到一个有脸面的台阶罢了。"我接道:"嗯,其实要找的话,也不是没有,只是双方的注意力都集中在战争上,没有发现罢了。"这显然勾起了杨先生的好奇心,他微向前倾探首问道:"真的有吗?"见我没有立马回答,他又收回前倾的身子叹道:"也许有,只是你也没参透吧。"便又陷入沉思自语道:"如今最大的难题就是日本不愿让第三方介入此事,有什么办法能解决这个难题呢?"

"日本曾经是发表了不希望第三方介入的声明,恐怕现在也在为此感到发愁吧。事实上,这一声明是为了拒绝那些在政治和经济上有关系的第三方国家。因此,只要是和两国没有政治、经济利益的第三方,定能解这燃眉之急。并且这样的第三方刚好就有一个,它就是罗马教皇。"我把自己的想法和盘托出,他听后立即赞道:"原来如此,如果罗马教皇愿意出面为两国调停的话,中国一定会积极配合的,只是不知道从来都不接受国际宗教性援助的日本会怎样呢?""可别说这种话,如今日本对罗马教皇的世界地位及其影响力也是熟知的。"杨先生却对日本依然心存顾虑道:"如果连日本都接受调停的话,中国自然没什么意见,可是日本……"我相信日本是会接受的,于是提议:"总之,除此之外,也暂时别无他法,不管怎样,有必要拜托第三方国家的天主教徒,让他们帮忙请教皇出马。因为不管是日本,还是中国,都不可能从自己的国家请出教皇,所以美国的信徒能帮忙的话就再好不过了。"我的话到此就说完了。最终,我们的意见达成一致,即:不管怎样,两国战事再不停息,继续扩大的话,对两国都将是有百害而无一益。

跟杨先生道别时,已过了晚上九点,我便径直回到家中。而同杨先生的谈话还不时地在我耳边回荡,细细品味后,对自己的想法更有自信了。

一天,华中电器通信公司的总经理福田耕氏突然来访说:"你一定要见见这个人,明天请务必到午间俱乐部来。"我见他神秘兮兮的样子,便问:"到底是谁呀?"他只说:"见了就知道了,还备了午饭,一定要来,在日本人俱乐部。"于是就这么敲定了。第二天,去了才知道是在报纸上常出现的南京汪精卫政府顾问石渡先生,紧随其后的还有联合会长林雄吉先生,加上福田耕氏,我们四人边吃日式火锅边展开了谈话。在吃饭之前,一直是林先生在讲日本政府对上海在留日本人的不满及希望,话锋犀利。石渡先生只是适当地点点头。在饭局快结束时,福田先生试探性地向我抛来"该如何打破中日僵局"这一问题。石渡先生也附和道:"不知你有何高见?"于是我直言道:"有,且只有一个办法,那就是请罗马教皇出面。"并把和杨先生说的那番话又说了一遍。石渡先生听后,点了点头道:"这也确实是个办法。"这次会面让我的这个想法又坚定不少,在我正想着把这个想法传回国内时,刚好有事需去东京处理。在东京,我拜访了已停刊的《朝日日报》社的太田宇之助先生,当我提起这个想法时,他兴奋得拍手称赞:"这真是个好主意啊!"那之后,我又在两三个地方提了这一观点,可惜终未被采纳,这也是让我至今仍感遗憾的一件事。

不论时局如何,上海在留日本人数不断攀升,日本领事馆的势力也越来越大。以前,共同租界都是由工部局管理的,其制定的规则也是英式的,洋溢着务实、自由的风格。随着日本势力的增强,在共同租界里,日本人承担的责任也越来越大。但这时,日本似乎还没有统领共同租界的想法。因为如果日本人完全掌控共同租界的话,到时会有很多不便之处。因此,日方计划让五个日本人加入九人制的市参事会。当时的市参事会由五个英国人、二个日本人和二个美国人组成。每年通过联名投票的方式进行改选。结果,日本人的计划落空了,改选后的结果跟从前一样:五个英国人,日、美各占两名,出于对改选结果的不满,林雄吉老先生当场拔枪射向英国代表团主席,使其负伤,场面一度失控。不知是谁,出于何种考虑,想要达到何种目的,竟允许这种事情发生。虽说当时还在战时,但七十余岁的老人在投票现场拔枪行凶,引起骚乱的事也不可能轻易了结。一时间,关于日本人缺乏教养的言论传得沸沸扬扬。"二战"刚结束不久,林老先生就不知所踪了。听说他留了封类似于遗书的东西后,投水自杀了,而亲友们却一直没找到他的尸首。出于无奈,家人权当其已辞世,为其举办了葬礼。后来,又有风传说林老先生没有死,在某处安然地生活着。但事实究竟如何,就不得而知了。我们能确定的是:林老先生的不知所踪跟先前的枪击事件是脱不了干系的。

三月,"新国民政府"在南京成立,汪精卫担任了"国民政府"主席。这样的做法在日本是无法被人们理解的。然而,这也是中国拥有四千年历史还依然生生不息的秘诀,这种秘诀不是由理论推理或事先筹划就可以得来的。每当中国到了危急存亡的时刻,它就会自发地出现,并使国家转危为安。我一直觉得,中国名剧《空城计》这三个字和这种秘诀相得益彰、十分匹配。汪精卫从施行抗战政策的重庆国民政府逃离,投奔到完全相悖的日本阵营,这一举动可谓是胆大包天。而日本人实在是太幼稚,马上被牵着鼻子走了。中国人一向推崇中庸之道,即不冷不热、不上不下、保持中立。然而,"新国民政府"的成立,实实在在地打破了中国的中庸格局。然而,这种中空的状态蕴含着无穷的力量。最终,日投降使推行亲善政策的南京随即没落,这时坚持抗战的重庆政府又重新填充了中空的局面,巍巍中国便重新屹立于世人面前。恐怕这出剧目也只有中国才能演好。其伟大性、彻底性远远超出了我们的想象。这些宝贵的经验都源自于中国的人民大众。我一直认为,日本向中国挑起的这场战争是"没有前途、没有未来"的战争,因为日本的这一行为是与自然为敌。中国人对自然的认识是绝对的、不容置疑的。那种认识就是遵循自然规律,遵循人的本性生活,"人法地,地法天,天法道,道法自然"的古训绝不是嘴上说说,而是切实地融入了百姓生活之中,而这也恰恰是中国人的智慧之所在。

日本昭和辛巳十六年(一九四一年)

一月二日	浅草寺雷阿车站附近的地铁,由于电线过热起火,导致数十人受伤
一月六日	美国总统罗斯福在议会宣读关于援助民主主义国家的宣战咨文
一月八日	陆军大臣东条颁布由其制定的《战阵训》
一月十四日	政府从今天开始举办为期四天的报告会,邀请众、参两院议员,金融界及言论界百余名代表齐聚首相府邸,就国内外形势进行说明,并诚请各方人士协力合作
一月十五日	美国国务卿赫尔在下议院向轴心国下战书
一月二十日	推行解散政党,高举翼赞会实绩的议员俱乐部总会在国会召开
二月七日	一架可容纳九人的海军战机从广东出发后遇难,除大角大将外,其余乘务人员全部罹难
三月十五日	神兵队事件在最高法院公审,所有被告被判决无罪
三月三十日	关门海峡国有铁路的隧道全线贯通
三月三十一日	一九四〇年七月五日,被称为神兵队别动队的三十名死士计划谋杀一批重臣及各界代表,事情败露后遭到起诉,全被判刑,这起事件也被称为"七·五"事件

四月一日	全国小学改名为国民学校,并开始实行八年制义务教育
	东京及其他六大城市实行"大米配给通账制"。并且这一天在全国政府机关及公共团体的努力下,展开了废品及面临淘汰的铜、铁制品的回收运动
四月二日	公布大政翼赞会总部改组方案
四月七日	兴亚马事大会在代代木练兵场举办,赛前马在市内进行了游行
四月十日	日、德、意三国首次在柏林召开三国混合委员会
四月十三日	松岗外务大臣和莫洛托夫外务大臣在莫斯科签订《日苏中立条约》
四月十六日	富山县新凑町大火,烧毁六百余户房屋
五月一日	为了培养国学研究的后继者,创办了东洋文化研究的夜校
五月四日	美国总统罗斯福在威尔逊纪念馆开馆仪式上以强硬的口吻发表了拥护民主主义的演说
五月五日	日本出版配给公司成立
五月十二日	青森县三本木町大火,烧毁七百余户房屋
五月十五〔十四〕日	日本实行贸易统制令
五月十八日	在茨城县行方郡地藏河岸利根川轮船"水纵号"沉没。死亡及失踪乘客达七十余名
五月二十七日	美国总统以炉边谈话的形式强调拥护海洋自由民主主义
六月十日	政府为了统一管理全国妇女组织,通过内阁会议讨论决定统合现有的妇女团体及组织,对其进行一元化管理
六月十四日	全国各地的农业代表参加了在首相官邸举办的农业恳谈会
六月十六日	从今天开始,将在大政翼赞会本部召开为期五天的第一回中央协力会议

六月二十二日	德国对苏联宣战,之后不久两国开战
六月二十八日	日方决定向南京"新国民政府"提供三亿日元贷款
七月十日	国有铁路开通濑户内海峡关门站附近的海底隧道
七月十八日	近卫首相第三次组阁
七月二十五日	美国总统罗斯福宣布冻结日本及中国在美资金,英国外务省也宣布冻结国内的日本资金,加拿大政府也发表了同样的声明,该决议从明天起生效
七月二十六日	英国政府发表声明废除英国各地和日本的现存通商航海条约
八月一日	美国总统强化对日出口石油的禁令
八月八日	公布蔬菜水果配给管理制度
	文部省呼吁全国中等、高等、专门、公私立大学的学生组成学校报国团
八月十四〔十二〕日	美国总统和英国首相在大西洋上签署"大西洋宪章",阐明了战争目的,即打倒轴心国。另外平沼骐一郎在自家附近遭人袭击,头部受伤
八月二十七日	驻美大使野村吉三郎把近卫首相关于太平洋问题的信件亲手交给美国总统
九月二日	翼赞议员创立同盟会并在帝国酒店召开总会
九月三日	日军称,达成目标撤出福州
九月十五日	美国颁布国家管理实施纲要
九月十六日	两列车于山阳线网干站相撞,死伤者达一百一十人
九月二十七日	日军占领湖南长沙
十月一日	丰肥线的列车行至中判田、竹中两站间的铁桥上时,发生坠落,多数乘客罹难
十月二日	日军称,达成既定目标,所以从湖南长沙掉头转移
十月十五〔十六〕日	天皇发布诏书:缩短学生在大学或专门学校的学习年限
十月十六日	苏联外务人民委员部通知日本大使馆,其已做好撤回莫斯科的准备,并让建川大使把这个消息转达给

	日本政府
十月十八日	东条英机被天皇任命为内阁总理大臣，并组织内阁
十一月五日	粟栖三郎赴美协助驻美大使野村吉三郎进行谈判
十一月八日	外务省通报巴拿马政府将于十月二十九日之后取消所有在留日本人的营业资格
十一月十七日	第七十七次帝国议会刚一开始，东条首相和东乡外相就极力说明国策遂行决议案的重要性
十一月十八日	国策遂行决议案在众议院全票通过
十一月十九日	常盘县北千住站荒川放水路段由于浓雾天气导致列车追尾，死伤者达五十余人
十一月二十六日	统管煤炭会成立
	粟栖大使在和美国国务卿赫尔第四次会面时，收到美方表明立场的文书
十二月八日	天皇颁布诏书向英、美宣战
	大政翼赞会召开第二回协力会议，宣称由于天皇颁布诏书向英、美宣战，大政翼赞会将停止议事，协同一致共同应对时局
十二月十七日	第七十八次临时议会在众议院结束，这次会议全票通过了关于贯彻"大东亚战争"目的的决议案
十二月二十一日	颁布法律，临时取缔人民言论、出版、集会、结社等权利

特别记事　一月　　中央储备银行南京总行开业
　　　　　　七月　　"大日本兴亚同盟"建立
　　　　　　十月　　上海自然科学研究所创立十周年
　　　　　　　　　　英、美、苏、中四国决定进行军事合作
　　　　　　十一月　日、印间的贸易完全断绝
　　　　　　　　　　美国借给苏联十亿美元
　　　　　　　　　　上海海关关长初次由日本人担任
　　　　　　十二月　英国商船撤出上海

> 太平洋战争爆发,日军在上海击沉英军军舰并俘获美军军舰,意大利一艘商船自沉

追加事项　内山完造五十六岁。刚读到日军攻下福州的报道,马上又有报道说日军达到既定目标,决定撤出。还有一篇号外报道,日军占领了湖南长沙,达成目标后撤出。对此,中方的报道则是,在长沙抓获数百日军俘虏。看来,"达成目标撤退"这些说法是新出的用语,用以前的话来说,就是败退。日军一向标榜自己战无不胜的战绩,当真正面临败局时,无法说出"败退"这个词,于是想出"撤退""调头"这类词汇加以掩饰。如出一辙的还有"蒋介石不足以为敌"的论调。事实上,在说这话的时候,蒋介石一直都在和日军激战,直至日军投降。看来,和实际情况相比,日本人从来都更看重表面的形式。年前邮局在投送贺卡或信件时,明明没到一月一日,却盖上一月一日的邮戳发往各地。杂志也同样,十二月就发行新年刊号的杂志,一月又推出二月份的杂志。有人在年底时明明有闲钱买新年号的杂志,却一面手里拿杂志一面哭穷不想借钱给别人,我们在听杂谈时不是常听到这样的段子嘛。

　　事实上,败了就是败了,面对这样的结局,还继续鼓吹宁为玉碎、不为瓦全的牺牲主义、战神、山崎精神等让人献身大义的思想,真可谓是自欺欺人。把无条件投降说成结束战争,把占领军的进驻说成驻日盟军,如此巧舌雌黄,真不容易。针对维护天皇制的请求,我们被明确地告知天皇要服从于盟军总司令;远东军事法庭裁判长韦伯明确宣布"不将天皇视为战犯,是出于对盟国利益的考虑"。虽然没有人说国体如何、天皇制如何,我也不知道人们会怎么说,但是因为某种说法就能感到安心或得以宽慰,这样实在是太幼稚了。作为世界先进国家的国民竟然沦落到如此境地,还是令人难以接受的。

　　以上姑且不提,一九四一年最大的事件便是十二月八日爆发的"大东亚战争"。那晚我和妻子因为闲聊,睡得比平日晚些,记得刚合眼不久,便被轰隆隆的巨响惊醒,那绝不是简单的炸响,仿佛军火库被炸一般,就连空气也仿佛沸腾起来。凌晨四点左右,北四川路一带传来骚动声,我起身赶到店里去看看,那时快报已经贴出来了。只见上面写着:"日本在南太平洋向美、英两国开战。"我心里咯噔一下,默默唏嘘"不得了了",隐隐觉得日本正一步步踏上毁灭之路。这样的担忧困扰着我,挥之不去。天还没透亮,已陆续有人来店里了,于是我泡

了壶茶,跟客人聊了起来。有人说:"终究还是打起来了,美国军舰虽然块头大,但不一会儿就举手投降了。英国军舰因为不投降终被击沉了。"今天早晨的巨响就是日本军舰炮袭英国军舰的声音。听说当时有一艘重达两万吨的意大利商船行驶在和平纪念塔前的黄浦江上,舱门大开,侧翻沉入了海中。又有快报说"日本袭击珍珠港,使美国太平洋舰队受到毁灭性打击"。一时间店里挤满了人,许多人早饭没吃就来了。当然大家不是来买书的,是来了解当前局势的。每有知情人到来,大家便围上去发问,了解情况。

这一天,日本成为"大东亚战争"的发起者。这一年我写的《上海风语》由改造社出版。前些时候我写了一些中国种种之类的内容,当时我使用的是中国这个词,可是准备出版的时候我意识到,其实我的话题中心是上海,根本到不了中国这个层面,于是请出版社把书名定为《上海漫语》《上海夜话》。现在想想这真是明智之举。今后我也将继续以上海为话题,这对于我而言是最恰当不过的。

近期《中国四十年》即将出版。书名原本我定的是《面子》,是出版商羽田书店未经我同意擅自修改的。

日本昭和壬午十七年(一九四二年)

一月四日	日军占领湖南长沙
一月七日	日军从长沙撤退
一月十五日	长沙作战结束
三月二十七日	特派原田公使驻罗马教皇教廷
四月二日	缔结新亚宗教同盟
四月十八日	盟国飞机初次空袭日本本土
五月十六日	公布国际谍报团事件始末
五月二十五日	"长崎丸"在长崎港口外沉没
五月二十七日	取消法币的法定通价性
	法郎与储备券的比价跌为2∶1。中央、中国、农民银行关闭。中国、交通两银行发表改组声明
六月二十五日	日军占领阿留申群岛的基斯卡、阿图岛两岛
	上海、南京两地禁止法币流通。马来华侨捐款五千万元
七月二十八日	日本储备银行给中央储备银行提供一亿日元贷款

八月七日	东亚新闻工作者大会
十一月二日	大东亚文学者大会
十一月十三日	日军登陆瓜达尔卡纳尔岛。这年联合国在圣佛朗西斯科创立,有五十一国代表参加

特别记事 一九四二年,日军一度占领阿图岛,但最终被美军夺回。那时守卫阿图岛的山崎队长留下的遗书,在人们看来,可谓是充满了国家大义、武士情怀。由于他和全体队员一起壮烈牺牲了,一时间,玉碎主义、军神山崎及山崎精神被人们大力赞颂。但我们忽视了一点,恰恰是最根本性的一点,那就是这场战争我们败了。为了让国民忽视失败的事实,而一个劲地鼓吹玉碎、军神、山崎精神,用语言去掩盖、粉饰人们应该知道的实情,是我们脱离实际的表现,更是不够成熟、没有经验的表现。

追加事项 内山完造五十七岁。一九四一年,关于"日军占领福州,达到既定目标后撤退"及"日军占领长沙,达成目的,决定撤退"的报道还记忆犹新,今年新年伊始,又报出了"日军占领长沙"的消息,可随后,立即又有报道说"日军撤出长沙"。其五味杂陈的滋味,恐怕当局者的体会更为深刻。这场战争如果用后人的评价来说,就是:"大东亚战争"是一场不义之战,所以其注定失败。

一九四二年,举办了"大东亚文学者大会"。会前我一直在想,不知中方会有哪些作家出席,结果我知道的名作家一个都没有来。中方领队的团长是周作人,男性作家有周越全、播予且、陶元德、柳雨生等,女性作家有关露等。这样的中方代表着实出人意料,可细想一下,却又是情理之中。虽然听说其中的柳雨生在日本很受欢迎,然而这又能说明什么呢?当时"兴亚院"的文化部请我介绍出席这次大会的文学家们,我拒绝了。

有关原田公使被派往罗马教廷一事也不禁让我想起往事,记得我之前就向石渡先生及其他几个人提过罗马教皇,结果如石沉大海般没有下文。后来才知道,请罗马教皇出面调停中日关系一事是因为遭到军方的施压而被迫中止了。如今"大东亚战争"已然爆发,为时已晚。

上海和长崎两地的联络船"长崎丸"在长崎港口外触发水雷沉没,这使得在上海居住的日本人黯然神伤。

在中央储备银行之前,在上海成立了华兴商业银行。华兴商业银行一度有成为日本政府傀儡银行的倾向,但最终没有修成正果,这一点我们通过它准备发行货币未果一事可以得知。那之后,中央储备银行应运而生。要是在日本本土的话,财政、金融、政府等权力机关鼎力相助,什么事都好办。只要是官方倡导的事情,日本的国民一般都会相信并配合支持,反倒是民间发起的活动大多无人相信或响应。所以,在这样的国度不论做什么事都是比较容易的。相反,中国人在日常生活中对官腔官调、政府公文早已司空见惯。这使得日本人在处理中国经济问题方面,感到十分棘手。中日甲午战争、日俄这两场战争的情况我不太清楚,不过据说,日本发放的军票还是取得了收效的。当下也曾一度发行了军票,直到中央储备银行成立,日方改变了方针,由储备银行发放纸币,也就是俗称的储备券。

战争初期,法郎和日元的区别是法郎比日元贵四分。随着战事的推进,法郎不断贬值,现在的行情是一日元相当于四法郎。(现阶段日本方面只允许使用军票)因为一切都要以军票即储备券结算,使得法郎与储备券的实际比价为2∶1。之后,储备券也踏上通货膨胀的不归路,日本那些在商海中摸爬滚打了几十年的行家们,遇到了享有"世界商人"声誉的上海商人,着实感到为难,一筹莫展。此时,上海的汇兑贸易已形成一张以上海为中心,东至日本、加拿大、美国,南至印度、南美,西至欧洲各国的大网。没有上海汇兑不了的货币,上海商人对世界各地的货币向来都是来者不拒的。因为在他们的头脑中,一切贸易的最终交换价值都是黄金。面对如此复杂的局面,相信共产党也一定花费了不少心思,这注定是一场苦战。果然,中华人民共和国成立后,共产党也发行了一种叫作"人民胜利折实公债"的债券。债券的面额上写着实物的名称,也就是说人们在偿还时以票上的实物为准,把物折合成人民币的价值,利息也是折合成实物的。对上海人来说,金额也罢,实物也罢,他们所关心的是可靠性。因此,当实行新经济政策时,人们一面对革命政府大唱赞歌,现实中却又都各自采取着行动。这使得实物公债不断下跌。(附记:事实上由于通货膨胀,实物公债不仅没有下跌,反而增长了。值得庆幸的是,通货膨胀持续增长的局面在一九五〇年三月得到了控制。尽管有人叫嚣这将加剧饥荒,但120万吨的粮食被及时运往灾区,使灾区人民得到救济,这一点着实了不起。据说通货膨胀也得到了控制。)总之,关键是到了一九五一年三月三十一日偿还公债总额10%的期限时会如何呢？局面丝毫不能掉以轻心。当然在实际偿还期之前，市场会准确地做出反映，应该可以据此推断出来（原计划从一九五〇年一月开始发行的公债是两亿元，那时的财政状况还不错）。

这些姑且不说，当时储备券的不断贬值的确让日方伤透了脑筋。通常，经济学上会用政府征收税金、海关征收关税等方式扩大纸币的流通范围来维持纸币的价值。然而，当这些方法通通被用过之后，储备券贬值的状况丝毫没有被缓解。可见使用货币的人一旦对其失去信心，这将是一股多么强大的力量。后来，为了维持储备券的信誉度，日本从国内调来金条六千根，然而投入市场后如泥牛入海，瞬间化为乌有，甚是可悲。要知道当时金条在日本也是十分稀缺的物资。储备券下跌的趋势丝毫未被扭转。就这样到一九四七年，一百元的储备券已沦为废纸，连乞丐都不要。支付电车车费五百元的储备券还算勉强能用。举个例子：当时一文目（日本尺贯法的重量单位。一贯的千分之一，约合3.75克。——译者注）的金戒指卖六十万元左右，据说八个月后，就变成了六千万元了。由此便可见通货膨胀之一斑了。我们清楚地看到，日本的专家学者根本不是上海商人的对手。知道银行亏损后，在日本必会出现挤兑现象。然而在中国，当人们知道银行亏损后，就连店里打杂的小伙计也不会因为恐慌而蜂拥至银行提取存款。因为大家知道，如果此时发生挤兑的话，银行就必死无疑了。大家的恐慌套现只会加速银行的倒闭。因此，在战争结束时没有一家中国银行因挤兑而倒闭。中国人用他们的实际行动驳倒了经济专家和学者的理论、论文。

这一年也遇到了让人发愁的事。上面下了命令，让内山书店管理南京路的别发公司和中美图书公司。正在我等一筹莫展之际，日本出版配给股份有限公司同意接管别发公司。于是，我店只负责中美图书公司的管理工作。由于我对这种事不感兴趣，便委托长谷川和中村二人前去经营。后来有人提出应该统合上海由日本人经营的书店，于是，便出现了上海图书有限公司这样一个统管公司。内山书店被分到的经营项目是出版和文具。

事实上，这次统合重组是由中国五大书局（商务印书馆、中华书局、开明书店、大东书局、世界书局）和日本的三省堂、弘文堂暗中策划的。后来又有人提议，成立一个包括日本出版配给股份有限公司在内的中国出版配给股份有限公司（对此我坚决反对，因此完全没有参与此事），其目的是独家印刷、出版中国的百科书籍。说是日本出版配给有限公司已把主要负责人派到了上海。不过,成立中国出版配给公司的计划最终还是流产了。面对纷扰的世事,我主张继续守着内山书店,沿着出版这条路一直走下去。

到了这时,许多有识之士都开始意识到,对于中国的许多问题不敢再像从前那样应对下去了。于是一时间各处都邀请我去做讲谈。我不仅要料理店里的事务,还要去各地出差,可谓是相当繁忙。这一年,店员一行六十余人去了南京,我受邀去了无锡。

无锡这个地方属于长江三角洲,位于江苏省东南部的太湖附近。据说这个地方以前叫作锡山,后来这里的锡矿被开采尽了,就被叫无锡了。这里有18.46万户人家,总人口达89.47万人(当然这是事变前的统计数据)。主要产物有蚕茧、大米、小麦、棉花、大豆等。年产值将近一千万元。曾经,这里凭借大运河漕运大米及五谷杂粮,是有名的交易市场。现今,这里的生丝、纺纱、制粉等近代工业盛行,可谓是上海的工业区。我粗略数了一下眼前工业用的烟囱,就有七十个之多。这次事变,使无锡成为日军占领区内的城市,我的一个晚辈就在这里成立了华中蚕丝公司,运营七八个生丝工厂;大康纺纱公司托管着两三个纺纱工厂,经营着数个制粉工厂。仅此而已,完全不能跟战前的繁荣景象相比。不过,战前这里没有一个日本人,如今这里有上千个在留日本人,并且为了保护这些日本人,这里还驻扎了军队。我此行的目的,就是来给这里的青年团开一场座谈会。当晚到场的约有三十人,我用了两个小时以漫谈的方式向大家介绍了中国及中国人,然后开始回答大家的提问。和上海相比,这里的人和实际工作关系更密切,相应地听得也更认真,我被大家的热情深深打动了。记得在座谈中,A君讲了一个很有趣的故事,其内容是这样的:我们公司有一个从"满洲"来的姓任的先生,前几天一个女人打电话找他,我便心想任先生真厉害,这么快就结识了不错的姑娘。谁知任先生拿起电话后一头雾水的样子,随后立刻非常礼貌地跟对方聊了起来。挂了电话,他才告诉我说,两天前他丢了钱包,里面钱倒是没多少,也就十元左右,主要是身份证也在里面,找不到的话相当麻烦。今天一位素不相识的女子打来电话说自己捡到一个钱包,通过里面的身份证几经辗转联系到了他,并让他去她家拿。"原来如此"我点头道。任先生想了想说:"虽说我一个人去也没什么问题,但如果你能陪我去的话就再好不过了。"面对他的邀请,我带着半凑热闹的心情陪他去了。女子家在城内经营着一个皮包店。当我们说明来意后,从里屋走出一个眉清目秀的年轻女子,她微微一笑,把钱包递了过来。任先生连忙接住,只见身份证和钱都在里面,分毫不差,任先生十分感激眼前的女子,便掏出五元钱作为谢礼递给女子,说:"这是一点心意,请您收下。"然而不知为什么,这位女子无论如何也不肯收。面对这样的情况,任先生执拗地硬要把钱塞给女子,而女子也执拗地不肯收下,两人推来搡去,各不让步。我被中国人这种表面上的客套礼数吓了一跳,心想"她最后一定会收下的"。然而,出人意料的是,面对任先生的执拗推让,那女子突然停止推让,正色道:"如果我想要钱的话,我不会费那么大工夫联系你了。"我被她言简意赅的话语弄迷糊了。所以,这件事让我震惊不已。

他的这个故事十分具有代表性,我略作思考后回答他道:"如果是苦工、女佣或车夫捡到那钱包的话,估计不会还给失主了。但如果是能维持普通生活的人捡到的话,就一定会还的。在中国,能过正常生活的人一般都会这么做的。"

另外,恐怕那钱包中的身份证也是促使女子归还钱包的原因之一。我不由得想起中国的那句"无恒产,因无恒心"的古训。事实上,的确如此,那些没有恒定资产的人,也必然没有恒久不变的道德之心。这句话也适用于现在。

每当日本人在中国遇到一个不诚实的人,就迁移性地认为所有中国人都不诚实;看到一个中国人偷盗,便认为所有中国人都有偷盗之癖;读了二十四孝,就认为所有中国人都是孝顺的;孔圣人写了《礼记》,在文中高度赞美了礼仪,所以就以为中国就是礼仪之邦,所有中国人都懂礼节、有礼貌。然而,事物都有两面性,人也一样。如今的中国有"有恒产"的人,也有"无恒产"的人,但总的来说"无恒产"的人是主流。所以我们看待事情要全面,不能以偏概全。

今年从东京的回程,我选择了朝鲜—北京—济南—南京—上海这样一条线路,想顺带到各地走走。我乘坐下关到釜山的联络船"景福丸",历经六个小时的颠簸,于下午四点左右抵达釜山。开往汉城(今首尔)方向的快速列车离发车还有一些时间,我就在街上四处溜达,顺便看看久违的釜山。令人吃惊的是,这里一点也没变,座座山丘上搭建着成排的窝棚,跟日本贫民窟如出一辙,除此之外再也看不到其他的朝鲜特色。我不由在心底感慨:"真是个贫困的国家啊!"釜山当时留给我的那些印象至今仍留在我的脑海中。当我乘坐快速列车到汉城(今首尔)时,老朋友Y氏的夫人和其他几位友人来迎接了我,并把我安排住在了Y氏的府邸。Y府在汉城(今首尔)的高级住宅区,位于地势相对高的台地,在博文寺附近下车后稍走几步就到了。看着Y氏家气派的府邸,我发自内心地为他的成功感到高兴。当时Y氏正在犯牙痛病,其夫人百忙之中盛情款待,万分感激。在汉城(今首尔)的这些天,托Y夫人的福,我游遍汉城(今首尔),真是畅快至极。去拜访汉城大学的辛岛教授时,尽管辛岛夫人患病在家,他依然陪同我出席在大学的会谈及在梨花女校的演讲,还陪我参观了王宫和民族博物馆,观看了歌舞表演及流行剧目,给我引见了不少文学相关人士。碰巧那时谷川彻三、武者小路实笃两位先生也从中国经汉城(今首尔)回国,我还有幸拜见并出席了他们的座谈会。如此周到的安排,细致的关照,我的感激之情简直无法用语言表达。话说汉城(今首尔)与京都,除了山的样子不同,其他地方都像极了,想来或许同属王城之地的缘故吧。通过这次旅行,我发现日本的许多旧文化都是由中国传入朝鲜半岛,再传入日本的。特别是看到汉字加假名的日文书写形式和朝鲜的混合文完全一样,更加深了我的感触。我一直想了解一下朝鲜的历史,可一直未能如愿。想来所谓征服者的政策其实是一个从古至今亘古不变的东西。近来偶得一本《庆州童话》的小册子,读来甚是有趣,特别是其中一则童话简直就像日本神话《天孙降临》的底本,让我深感或许人类智慧原本并无多大差异。

梨花女校位于郊外一处美丽的丘陵地带,四周松柏环绕,校园里芳草如织、恬静幽美。正如它那设计新颖的礼堂一样,整个学校令人神清气爽。我在心底直叹:"真不愧是教会学校!"汉城大学的图书馆里有许多李王家的藏书。随意翻开一册典籍,就会发现其纸质优良,一眼就能看出这种"朝鲜纸"其实就是日本和纸的源头,真心希望这些书籍能在防火设施完善的地方妥善保存。朝鲜特有的"温突"取暖设备设计也着实巧妙,我来到朝鲜后才知道原来"温突"上铺的竟然也是这种纸。

乘上从汉城(今首尔)开往北京的列车,并无新鲜事情,餐车上的食物倒是不错。奉天到北京这一段,之前来东北旅行时看过了,因此一路平淡地到达北京前门外车站。由于出发前给清水安三先生发了电报,刚一出站后就看见等候在出口处的他。那一晚便住在清水先生经营的地处天桥的医院那里。第二天一大早去天坛游玩。这种大手笔的工程在东方自古就是国君修建的,不过日本、朝鲜还不够级别。巨大、纯白的大理石建成的天坛,十分壮丽。日本人赞许美景时常说"未游日光莫赞美好",可是日光的美景和此相比简直就是萤火与皓月。导游册上写的"建筑华丽、工艺精妙,寓意深奥,富含丰富的考古史料"一点也不夸张。其中的圜丘坛是明、清两代帝王冬至时祭祀皇天的地方。中央是一块圆形石板，叫"天心石"。周围环绕了九圈，第一圈有九块扇形石板，而后依次按九的倍数递加，至第九圈为八十一块。也就是说石块按照九、十八、二十七、三十六、四十五、五十四、六十三、七十二、八十一这样的顺序自上而下排列开来。站上"天心石"上高呼，回音很大，好似一呼百应。如果站位稍有偏差，就全无回音了。沿着由白色大理石铺成的宽大的"神路"一路向北走就来到了祈年殿。这些已经让我们叹为观止了，北京的那些宫殿的雄伟壮丽就更是无法用言语来描绘了，我自觉根本没有资格赞许其规模之宏大、结构之精巧。可以说整个北京城穷尽人间雍容奢华之势，和这里一比，江户城便沦落为庭园中的假山了。

在清水先生的带领下，我去了朝阳门外的崇祯女子学院，和全体学生杂谈了一场。晚上又在日本人基督教青年会讲了一席，结束后，继续投宿在清水先生家。随后的一天，我又去了北京大学文学院给日本学生们做了讲谈，并通过尤炳圻先生的翻译，给北京大学文学院的学生们进行了一场以"追忆鲁迅先生"为题的演讲。在北京的这三天可谓是充实高效的三天。离开北京，我直奔济南，堂西商工会议所总书记迎接了我，并为我安排了住宿。同样，在会议所我做完讲谈，便在专人的带领下游览了济南的名胜。济南被誉为水都，其最负盛名的自然是水。趵突泉、黑虎泉自不必说，大明湖那清澈的水在日本也是难得一见的。和济南的水相比，鸭川的水就如污水般浑浊了。济南不愧是天下第一泉，五十万人饮用的自来水完全来自这些天然水。趵突泉咕嘟咕嘟地向外喷涌，三根直径达一米左右的水柱喷出水面，甚是壮观。黑虎泉屈居第二，泉水不断从三个并列的虎头中潺潺流出，很有气势。由于之前见过长江的壮丽，所以横渡黄河时，望着滔滔的河水，没有太多惊讶，反而有点失落。同样，淮河也无甚惊奇，直到来到长江入海口，看到奔腾的江水滚滚注入大海的壮景，震撼由心而生，真真切切地体会了长江之大屈指可数的含义。晚上十点，我坐上了从南京发往上海的列车，第二天一大早便抵达了上海。回想这一路，乘联络船到朝鲜，经奉天到北京，从济南到南京，最终回到上海，总里程达九千六百千米。真是愉快、充实的一次旅行。

上海米骚动

此时，上海在日军的掌控之下。不少人都认为日方一定会把上海管理得井井有条，而事实并非如此。上海的经济一直不见好转，甚至每况愈下，日方就连关乎上海三百六十万人口性命的大米都管不好。从前，上海每年都会从仰光进口大量大米，而现在进口完全被禁止了。仅这一点，就对上海米价带来了巨大的影响，最终上海的大米问题一发不可收拾，演变成一场骚乱。日方严格限制从别处运大米进入上海，其他许多物资也被限制了。上海的陆上交通被高高的铁丝网完全切断，只留下三四个出入口，海上交通也同样被严密监视。最初，允许租界里的市民用自行车驮米回家。于是很快在通往租界的出入口处，每天都排着一条用自行车驮米的长龙，监察者对此也无计可施。不久，日方发布禁令：禁止用自行车驮米，只能用肩挑。于是，这回人们把大米装入空面粉袋用扁担前后各挑一袋，扁担大军比自行车长龙还要声势浩大。出于无奈，日方再次发布禁令：即禁止使用扁担，每人限带三升米。这下子，爷爷、奶奶、父亲、母亲、寡妇、鳏夫、儿子、女儿、瘸子、独眼，甚至连盲人都走出了家门，人们提着装了三升米的布袋如蚂蚁般向上海涌去。同时更令人惊讶的是在出入口外，一座座用芦苇搭成的小屋如雨后春笋般耸立起来，数家米店在这里开业了。甚至连租界里也出现了若干大米市场，人们公然买卖大米。甚至还有人挨家挨户叫卖，"米，大米，要不要大米"的叫卖声不绝于耳。

对此，巡查们迫于日军的命令，只是形式上制止一下。在高级军官、官员或督查看得到的地方做出一副坚决取缔、严厉打击的姿态，而当这些人一离开，巡查们马上自欺欺人地看向别处并连连说道："算了，算了，睁只眼闭只眼了。"而当他们发现有宪兵看到自己执法不严的行为时，又赶忙转变态度，严厉起来，嚷嚷道："不行！不行！绝对不行！"这样的把戏我看过不止一遍，对此，除了苦笑我又能如何呢。有时经过这里，恰巧碰到这样的场面，心中唏嘘不已，却又忍俊不禁。巡查见我在笑，就晃着手中的警棍一脸严肃地望着我说："是吧。"这时候的"是吧"可谓是意味深长。它不再仅仅是"是这样吧"的意思了，从他的神情里我还看出了"难言之隐""无可奈何"，他仿佛在说"他们都是穷人，他们这样也只是为了糊口。与其严处他们叫卖，不如想办法填饱他们的肚子"。"执法也要分轻重缓急，现在对他们来说粮食才是最重要的。当然了，你自然不会想这些，即便想了又能如何？"一个中国巡查的简短感叹，却道出了水深火热中上海老百姓的心声。这种局面下人们想想法子对付着也就过了，不想日军再次发布禁令：禁止携米进入租界。租界出入口处增设数名中国巡查、两三个海关官员、数名宪兵以及两三个督导。这阵势,恐怕连一只苍蝇也休想飞进去。日本人从小就受"服从是美德"的教育,长大后日本人"中规中矩,绝对服从命令"也是必然的。相对于此,自古就对"民以食为天"这句话有深刻体会的中国人(日本人在这次战争中也深切体会了所谓腹空无道德是怎么回事了),是断然不会被这样的阵势吓退并屈服的。首先是出入口两侧米屋的大米堆积如山,照旧营业。其次是关卡外涌动着如蚂蚁般的人群,黑压压一片。每个人怀里都攥紧一袋大米,人们在相互推挤中奋力前行。刚开始尽管这里满是拥挤,满是混乱,但人和车还是能够勉强通过关卡的。可是关口一旦被堵死,积怨已久的人们就像洪水般冲破了关卡。每到这时,巡查、海关官员、宪兵以及督导摆出抵死捍卫关卡的姿态,却终逃不过淹没在人流中的结局,严整的队列也每每被冲得七零八落。在一部分百姓冲关卡的同时,另外一种交易也在紧张地进行着。隔着铁丝网,人们或接米袋或送米袋,整个场面异常忙碌,不禁叫人眼花缭乱。这样的骚乱每天都会上演好几遍。当然,也多亏了这些办法,才使得生活在租界的二百余万老百姓免于饥荒,幸存下来。其实,这种以贿赂或私下交易为前提的心照不宣的冲关,海上和陆地的各个关卡都在公然上演。

治理国家,宣扬政治是需要有章可循的。此事件用事实告诉我们一个道理:政治的存活取决于法律是否得以捍卫。说到这里,我不由得陷入"法是国民之友抑或是国民之敌"的思考中,久久不能释怀。以上就是本人对上海米骚动的一点感慨。

日本昭和癸未十八年(一九四三年)

一月六日	塚田中将于华中战线阵亡,被追封为大将(具体地点不明,但一九四二年,日本在华中除长沙攻略战外,并无其他大战役,因此推测在此)
二月九日	南太平洋战场,日军弃守瓜达卡纳尔岛
五月六日	轴心国从比塞大、突尼斯撤退
五月二十一日	发布联合舰队司令官山本五十六大将战死消息
五月二十九日	阿图岛守卫队全员壮烈牺牲

七月二十五日	墨索里尼辞职，巴多里奥元帅就职
八〔七〕月二十二〔二十七〕日	撤出吉斯卡岛
九月八日	巴多里奥政府退出轴心阵营
九月十日	德军占领罗马
九月十二日	德军成功营救出墨索里尼
九月十六日	"大和丸"遭敌军潜水艇鱼雷攻击沉没

追加事项 内山完造五十八岁。一九四三年我写的《上海汗语》由上海当地出版社出版。由于战事吃紧，往返于日本和上海显得愈发困难。随着太平洋战争的推进，和南方①相关的出版物急速增加。日本的流行风潮也发生了转变，从前和中国相关的书籍大卖特卖，现在却是和南方相关的书籍变得炙手可热。虽然日本的流行风潮不会对上海的图书市场造成太大的影响，却也导致上海许多书店一时间满是南洋经济、南洋资源、南洋圈之类的出版物。我认为，这是日本人无精神依托的表现。我们不得不承认，日本不惜豁出整个国家与中国为敌，现今已然陷入败局。然而人们却把失败抛之脑后，张口闭口地大说特说在南洋取得的战绩，并为之高兴得忘乎所以。连那些来上海寻求发展机会的商人也因为生意失败，开始大肆鼓吹"果然还是南洋好啊""南洋才是我们最终的目的地，中国只是个中转站"等言论。这种为自己意志薄弱、处事乏力的行为找借口的论调，我听了太多太多。对日本人这种耍小聪明的行为我感到十分遗憾，相信在旁观者看来，这些事实更是一目了然。显然，此时日本关注的焦点已不是中国。一九四三年二月，日本声称退出瓜达卡纳尔岛转进它地，事实上是由于战败而不得不撤出瓜达卡纳尔岛。五月阿图岛战役中，奉行玉碎主义②的日军面对美军，进行大规模死亡冲锋和集体"玉碎"，但最终阿图岛还是被美国夺回了。而声称为了实现全面占领的目标暂时从长沙撤退的做法也是第二回了。此时的日军已暴露其力量不足的弱点，然而国人似乎还不明白这一点。甚至听完一九四五年八月十五日天皇在广播中宣读的《终战诏书》后，许多国人依然

---

① 南方："太平洋战争"爆发后，日本帝国主义在不到半年内，侵占了中国香港、马来西亚、菲律宾、关岛、新加坡、缅甸及印度尼西亚等地，处于暂时的军事优势。

② 玉碎主义：奉行"宁为玉碎，不为瓦全"的思想，认为与其被抓成为战俘，不如抱着必死的决心和敌人厮杀到底。

坚信皇军取得了胜利,这也是可以想象的事情。

关于这场战争,从开始我就持悲观论,我称它是一场"毫无前途、毫无光明可言"的战争。这也是我对中日战争自始至终的观点。在由日本文化协会主办的工业俱乐部里,我发表了对于这场战争的悲观看法。这之后不久,两位陆军军官叫我去谈话,说:"就和中国开战这件事,你的观点和军方的主张可是完全相反啊,到底是怎么一回事呢?"我如实答道:"军方的想法,我无从知晓,我只是一直比较关注中国罢了。"在中日战争之初,我的那些观点被文化协会印刷成册,刊发了出来。由于我对这场战争持绝对悲观的看法,战争之初,每当有从大阪或京都来经济视察团时,我都会被他们嗤之以鼻道:"您可真是悲观论调的先锋啊!"可是最近,从大阪来的一个经济考察团刚抵达上海,大阪贸易调查所就打来电话请我给大家开讲座。他们会专门留出一天来听我的讲座,还给予了我相当的厚望。对此,我记忆犹新。

一九四三年,形势险恶的苗头一点一点浮现。在我看来,日本的这场战争可谓是浅薄至极。日方从头到尾都在通过宣扬胜利煽动更多的国民加入战争。他们一边鼓吹战事节节胜利离目标越来越近,一边安抚、讨好战死者和病故者的家属。海军和陆军竟然分别建立忠魂塔,这种有违常规的问题也丝毫没有被质疑,其发疯癫狂的状态,如今来看,是再清楚不过的了。

我时常想起之前听到的传闻,说通过这次战争一夜暴富的人中有不少是通过贪污军饷发家的,对此我深感痛心。我就是从这个时候开始频繁地到各地开讲座的。

四日之旅

和别人老早就约好了,却一直没能成行,最终在T氏"明天可一定要把你带回去"这半命令半开玩笑式的口吻下,出发了。四月十四日,我们冒雨踏上开往海门的轮船,乘客几乎全是中国人,本定于上午十点出发的,结果延迟到十一点才起航,在一声悠扬的汽笛声中我们终于踏上了旅程。相信登船时的混乱场面应该不是上海特有的产物,禁不起吵闹折腾的人定会被这场面弄晕过去。眼下这混乱拥挤的场面都是最近的海关检查变得严格之故。本来互通有无是自然法则。加之当下物价飞涨,走私行业(中国称其为私贩)便更加兴盛起来。人也是生物,需要填饱肚子,因此有不少人愿意为了温饱去铤而走险,听起来颇具悲壮色彩。其实这些人当中有的不过就是花二十元的高昂费用买一张单程三等船票,然后带四五盒火柴、一盒香烟、一捆纸、一袋白糖或咸盐或其他一些简单的日用品回去而已。也就是说严格的海关检查其实是没收了人家带给家人的礼物。我在船上就亲眼看见了这样的一幕。

登船口只有一位监察员,他双眼斜翻、牙关紧咬、双唇紧闭,像在等待一场硬战。不一会儿,一拨人来登船了,只见他动作麻利,双手上下飞舞着就从一人的藤条背篓中搜出火柴,从另一人的口袋里扯出烟草,紧接着他两手各提一人衣领猛地一推,那两人就如同小鸡般被甩了出去,跌坐在雨里。他一连串的动作让我目不暇接,本以为就此了事了,却见他板着一张因愤怒而扭曲的脸,宛如面目狰狞的厉鬼般扑向两人,左右开弓式地扇向他们毫无血色的脸。

正在监察员泄愤般的暴打那两人时,一些见缝插针的小伙子便扛着大包行李从其身后溜进船舱。可见这样的检查就算惩罚得再严厉,也总会有漏网之鱼。课税的前提条件之一就是公平,然而这种存在漏洞的制度又哪有公平可言。与其采取这种野蛮粗暴的惩罚式管理模式,不如采用更为温和公平的监管方式。看到以上那一幕,我愤怒的泪水不觉落下。达尔文说,人类是进化而来的高级生物,而那个监察员真的是进化而来的物种吗?从我在中国近三十年来的经历来看,尤其是那些在停车场和码头上演的闹剧,让我对这句话深表怀疑。当然达尔文和他的学说是没有错的,只是一些临时的规定与个别人的作为导致了这一切的发生。我的眼泪怎么也停不下来。那些人只是因为吃不饱饭,才铤而走险去犯罪的,我们首先要考虑的难道不是"该如何填饱他们肚子"的问题吗?就像久未进食的大鲸鱼终于游不动了,而我们则一个劲地看它的尾巴和鳍是不是出问题一样,这样只会让更多的人痛心。即便这个海关是由中国人监管的,其监察员也是中国人,他们怎么做都和我们没关系,他们在手无寸铁的老百姓面前如此耀武扬威,还是深深地刺痛了我。

更让人震惊的是这艘船粗放的管理模式,我付了八十元的船费,却连一顿饭也不提供。我想是买办①制度的缘故吧,轮船公司也许永远都不会知道这些。如果这艘船的确做不了饭的话,我也无话可说,可当我点菜后,对方立马端出

---

① 买办:在一九四九年之前的中国指承办外国商社、银行交易业务的中国商人。以后成为从属于外国资本,获取私利并损害国家利益者的蔑称。

贵得离谱的菜肴,这就是我指责其过分的原因。以前,即便是乘坐小蒸汽船的三等舱,也会提供免费的米饭,不知现在这般是不是新规定所至,但我觉得不合理至极。

下午五点,船总算在青龙港抛锚了。我们像猴子一样,顺着甲板上的缆绳爬到摆渡小船上,再几经风浪的颠簸总算登上了泥泞的码头。

随后我们转乘特发的轻便列车向三厂进发。车窗外一片片碧绿的麦浪,还有许许多多的桃树,甚是好看。可惜桃花已落尽。要是早点来的话,定能尽情领略桃花盛开的美景,真是遗憾啊!在列车的哐当哐当声中我们抵达了三厂。大生第三厂的门头上有个高高的钟塔,十分醒目,穿过大门往里走,就看到外出归来的人正笑眯眯地前来迎接我们。洗了一个热水澡后,我立刻觉得神清气爽,并和大家一起在食堂吃了晚饭。虽然其他人一天三顿都吃着同样的饭菜,可他们还是吃得津津有味,这就是这些人的秉性。饭后,在新建的日式房间里,我照例给他们来了一通中国漫谈,两个同住的军官也加入了我们的杂谈。

我们的杂谈在十点钟暂告一段落,可是半夜十一点他们依然情绪高涨,毫无散去的意思,对此热情我心存感激。同时想到T氏之前满是落寞地对我说:"至今都没人来跟我们聊聊"的情景,不免对他们这些在边远地区工作的人心生同情。于是,我又和他们上了二楼,聊到深夜一点才睡。不愧是在纺织工厂,裹着的棉被柔软蓬松至极,让我一觉睡到大天亮。这附近百灵鸟非常多,一醒来就听到百灵鸟那悦耳鸣声,十分开心。吃罢早饭,我去工厂参观,发现周围种满了白杨、冬青等树木,繁茂不已,称其为密林也不为过。好心肠的O氏决定把近千根木料捐给民团建的学校,我代为收领了,这可真是一份厚礼。部队长官承诺帮我把木材送到目的地,于是我们坐着三辆军用卡车中午出发前往通州。虽然路途十分颠簸、难行,我们还是在下午四点半到达了南通州。二十年前,为了给大学眼药做宣传,我曾来过通州和海门,而此次是我个人旅行,因此留下了很多美好的记忆。我们的车停在了江北兴业公司农务部门前,这栋楼是由素有"南通王"之称的张季直先生经营的图书馆。我们来时,部长F氏正在外开会,接到电话后,他立刻赶了回来:"欢迎,欢迎,终于把您给盼来了。"简单的寒暄后,他开门见山地问道:"这样安排可能有点仓促,不知您今晚可否给我们办个讲座?"O氏了然地笑道:"哈哈,他可是有备而来的。"跟F氏的聊天中,我们得知满铁的A氏昨天刚刚回来了,还有通州也成立了日本青年团。我们还参观了 F 氏亲自指导的许多工作,了解到安哥拉兔在中国十分受欢迎,并且在他的讲解下,我还得知安哥拉兔的天敌是黄鼠狼。看来,世间万物都逃不过物竞天择的命运啊。还听他说在棉花改良方面,引进的外国种子都失败了,却在本地的通州棉花中发现了良种。当然,具体是什么种子目前还是机密。我在心中默默祝愿他们不断取得新的成果。

上海教会副牧师的兄长 I 氏和中央医院的 K 博士也来迎接了我们。K 博士还热情地邀请我去他们医院开一次讲座,我欣然同意。晚餐时,F 氏摆了日式火锅宴,我吃了个尽兴。通州还有一个培养青年人的练武场,我给那里的青年们也进行了一席讲谈。在讲谈开始之前,我在那儿的厕所滑了一跤,几乎是仰着倒了下去。于是,这让我对通州的印象更深了一层。

听说我在通州住的房间原来 A 氏在写稿时也住过。只见榻榻米上有个用两层五寸厚的褥子铺成的床,盖的被子也足有五寸厚。其温暖舒适程度让人心醉,我不禁在心中感慨:恐怕皇帝的床也不过如此吧。在这样的遐思中我进入梦乡。同样,在这里我也被百灵鸟悦耳的鸣声唤醒,推开拉门,便看见巍峨的狼山屹立于眼前,宛如江户①的富士山,让人备感亲切。吃罢早饭,在 S 氏和 Y 氏的带领下我们前去游览狼山。途中看到一个有小亭子的坟墓,名为倭寇塚。稍往前一些有一个庙,据说是为了纪念抗倭英雄曹顶修建的,还专门为他立了铜像。向右继续前行,狼山、剑山、军山的美景便毫无保留地呈现在我们眼前。

把车停在山门口,我们一行四人开始边览景边爬山。的确是到了拜佛的旺季,前来敬香的善男信女们排着长长的队伍,一眼望不到头(不过,我记得当时的人群中几乎看不到年轻女子的身影)。此外,路两旁还站着许多乞丐,他们在静静等待敬香归来的人们,人数不下百名。看着眼前水泄不通的人流,我们果断决定更改了路线,拐到右侧的一个小道上去,这边除了我们一行四人,再无一人。果然清净了不少,可是后来发现这条路并不通往山顶。

走到这条小道后,我们却收获了一个意外。只见小道右下方有个庭院,听说是张謇先生的府邸。让我惊喜的是他家庭院中用扁平石头铺成的小路,尤其那上面整齐拼凑出的冰花图案深深地吸引了我,我的大脑飞速旋转,寻找与之相关的信息。对,这应该就是中国的镶嵌艺术。以前的土路每逢下雨或化雪天

---

① 江户:日本东京的旧称。

气,都会给人和车的出行带来诸多不便,为了解决这个问题,人们想出了这种石路。说到石路,可谓是多种多样。有中央铺一块长条石板,两侧镶嵌大小不一碎石子的;也有全用碎石子铺成的。当然以上这些石路多用于公共场所,也就是我们所说的马路。可在一些大的府邸或别墅中,虽然距离不长,但土路也存在雨雪天泥泞不便的问题,这样就出现了这种中国式的镶嵌小路。有把砖或瓦纵向排列并用土加固路基而成的路;有用黑色鹅卵石铺成的路;有用红土烧成的方砖铺成的路;也有用琉璃铺成的路;还有长崎著名的中国式寺庙建筑中的崇福寺和福济寺内的路,其冰花图案是由云母石拼成的。当然,还有许多我所不知道的采用镶嵌工艺的路。其中,最为普遍的要数用黑色鹅卵石铺成的路,上面镶嵌的图案也是各种各样,有九龙、狮子、老虎、牡丹、花瓶等等。《世界庭院图集》就专门提到这种镶嵌艺术。其实,这种镶嵌艺术和希腊、埃及等国的镶嵌艺术一样,都是把陶片、玻璃片等元素集中起来创作而成的。所不同的是,希腊、埃及等国的镶嵌艺术大多体现在室内,而中国却把它运用在了室外。就像这冰花图案,它一定是铺路前就设计好了的,也就是说,房屋的主人为了解决雨雪天泥泞的问题,决定铺一条石子路,而为了使其更加美观,又花了一番心思,于是这些冰花图案就诞生了。最终,镶嵌艺术在一代代人的匠心独运下,发展并被保留下来。我认为,中国式的镶嵌艺术是和希腊、埃及起源不同、完全独创的一门艺术。至今,我都为我们"避开人流,走小道"的决定感到庆幸不已。

山顶上铺着黄瓦的五重塔保存完好,站在塔上,放眼望去,四周的景致尽收眼底。翠绿的杨柳、碧绿的麦浪,到处都是一片柔和的春光。光滑如镜的小河,纵横交错,河川间茅草棚顶的方形房屋如一个"凸"字半岛漂浮在水中,情趣盎然。从高处俯瞰,一切的一切都成了微缩景观,黄泥山、马鞍山像庭园的假山般玲珑秀气,我也在不知不觉中融入这幅美丽的田园画卷中。正当我在这绿色中畅游时,惊涛拍岸的长江水把我唤入另一幅画卷,只见这悠悠千年的江水宛如深不见底的大海,顷刻间吞没万吨巨轮抑或一叶扁舟,不声不响,亦无止无休,我被这凌驾于历史之上的雄浑气势所震慑,心跳不由加速,不知不觉中握紧了双拳。大千世界如两幅截然不同的画卷展现于我的眼前,啊,雄伟的大自然!

从塔上下来,我们去参观祭祀大禹的祭坛。我们发现当香客们敬完香离开后,旁边的和尚立刻拔出供奉着的香和蜡烛,用水把它熄灭后转手卖给小商贩。

这场面十分滑稽,可想到他们也是迫于生计,我又不由得心生同情。此时吃着在通货膨胀中身价翻了四十倍的花生糖,我觉得异常苦涩。最终,在乞丐们"老爷,发大财"的乞讨声中,我们下了山,坐上车。近一个小时后我们抵达了I氏的府邸。

　　回想狼山之旅,真是一次不错的体验,除了路上的所见所闻,回来的午饭也相当丰盛。志趣相投的友人们围着满桌的中国菜肴,度过了愉快的两个小时。访问中央医院时,院长见面就亲切地握着我的手拜托道:"您能现在就给我们的护士们讲一翻吗?"我被这热情打了个措手不及,还好找来一位相当不错的翻译,最终我在一片欢声笑语中结束了讲座。随后,在友人的陪同下,我到城内去逛了逛,发现这里和从前一样,没有任何改变。游完关帝庙和夫子庙后,就和友人一同出席了中央医院准备的晚宴。只见好客的主人为我准备了满桌的玉盘珍馐,让我不胜感激,和以K博士为首的十余位先生谈古论今、觥筹交错,更是畅快不已。翌日,I氏一早就来接我去为青年团讲演,我恋恋不舍地离开了中央医院。在讲演的会场上,我碰到了在上海结交的老友S氏和K氏,K氏此时已是青年团的副团长。讲演结束后,K氏邀我去其府上叙了会儿旧,随后把我送回A氏写稿时住的那间房间。F氏和O氏也都回来了,问完第二天的出发时间后,我于夜里十二点左右进入梦乡。早上五点我们就起来做出发前准备,六点卡车准时来接我们。由于今天有两个小兄弟要乘"大正丸号"轮船去新天地上任,刚好跟我们一同坐车去码头,因此来送行的人把路塞得满满当当。车好不容易才开出来一条路出发了。到了天生港,在这里和那两个乘"大正丸号"轮船的小兄弟分手后,我和同去上海的O氏、Y氏被叫到旁边的发电所吃早饭。饭后参观完发电机,我们登上了轮船。

　　这艘船也挤满了乘客,八点刚过就出发的"大正丸号"在我们前方时隐时现。我们的船尾随其后,一路向上海方向追去。虽说都是同一家轮船公司的船,我们的船会为乘客提供一顿午餐。然而,这饭菜却是相当的寒碜。并且,三等舱的客人点餐的话还得补交一日元,相当于七元人民币。猪肉炒豆芽两口就吃完了,且基本上看不见肉;凉拌青菜也就三口的量。还有不见蛋花的蛋花汤。这顿饭完全是按最低标配备的。作为一个日本人,在异国他乡的轮船上吃到自己国家这等偷工减料的饭菜让我感到耻辱。晚上八点过后我们才抵达上海,而除了中午那顿可怜的午餐外,餐厅再没给大家提供一粒米。我感到十分愤怒,要知道二等舱的船票售价是五十元人民币,对他们来说,多提供一顿饭也只是九牛一毛的事情。生气归生气,在船上也看到令人捧腹的事情。有一个中国乘客上船时带了四五只鸡,这时,他见船快到上海了,便开始手忙脚乱地四处抓鸡,每抓到一只就把鸡嘴强行掰开,把像魔芋条一样的东西一个劲地往鸡嘴里塞,由于塞得过急,有的魔芋条堵在鸡的喉咙里下不去,他又用手搓着把它挤压到鸡的胃里。就这样,到最后鸡的胃被撑得滚圆,连蹲都蹲不下去了,所有鸡都梗着脖子,挺着胸脯站在那一动不动了。我一问才得知这样做是为了让鸡压秤。看着那些鸡的囧态,我不禁大笑出声,也许是受我的感染,掰鸡嘴的男人和给鸡塞东西的男人也一起笑了起来。对于他们我是断然恨不起来的。我这才明白上海市场上每只鸡的胃仿佛都要破了的缘由。而在某种程度上我似乎成了那两人的帮凶。

正月[①]旅行

在日本,越来越多的人打破传统的过年方式,选择旅游过年。我也觉得新年三天都在上海度过的话太无新意,一般也去旅游过年。我多会选杭州,因为那里是这附近最暖的地方。记得有一年去的是苏州。在惠中旅馆里围着火炉边看书,买回来的梨和橘子都冻得结了一层冰,那透彻心扉的凉及别样滋味让我记忆犹新。这和身处冰天雪地的北海道,躲在屋里,围着暖炉吃冰淇淋有着异曲同工之妙。午饭一般都是在炉子上煮面吃,觉得困了就身子一歪在躺椅上睡去。午后阳光充足的时候,则出去溜达一圈。三天中有两天的午后阳光都是暖暖的,十分适宜出行。从苏州的留园逛到西园,或在某家茶馆里悠闲地喝杯茶,或闲闲地嗑把西瓜子,完全是中国式的溜达。我是极不愿去城内卷入玄妙观喧闹的人潮中的。在这里和妻子过三天清闲至极的日子,也算是和之前一年的忙碌扯平了。在杭州,我们一般都会住新新旅馆。只在早上躺在安乐椅上看书时,才会引燃炉子。吃罢午饭后,我们会去屋后的葛岭上转转。上面有个喜雨亭,我心想,这一定是个绝佳的观雨地点,遗憾的是在此停留期间一次雨也没下,没能领略到其中韵味。但爬到这个高度,整个西湖尽收眼底,甚是一番美景。继续

[①] 正月:指的是日本新年,由公历一月一日至一月三日这三天,相当于其他东亚地区的春节,一年当中最重要的节日。

往上走,有一个苏州某某的府邸。当我给看门人打招呼说想进去看一看后,他马上答道:"好。"于是,在明媚的阳光下,一把椅子、一杯茶、一盘西瓜子,便让人忘了时间的流逝。饱览西湖胜景后,我们越过葛岭在紫云洞还看见了巨大的蝙蝠,最终下到岳庙,踏上归程。回屋后,旅馆已为我们在温暖的房间里备好了腐乳肉、三鲜汤、溜青鱼,还有青鱼生鱼片等菜肴,酒足饭饱后,自然是满脸倦意,倒头便睡,一夜无梦到天亮。不知谁说过"杭州是佛国",杭州的确不虚"佛国"之名。在这里你或登上一叶扁舟,于西湖之上畅游,自然就会体会出"三井晚钟"①和"南屏晚钟"的不同;或乘上一顶轿子从龙井摇到九溪十八涧,品味理安寺的淡泊宁静;或登临南高峰,俯瞰如画西湖。正月里,杭州的红、白梅花竞相开放,暖意融融。归途的火车上最后再享用一次蛋炒饭后抵沪。这就是每每以蜜月旅行为借口停业三天的淘气老板的正月旅行。

我记得有一次应该不是新年,我去昆山游了一趟。那里有一个南宋时代的旧庭院,叫"半茧园",虽说规模不大,却相当别致。特别是园内的石路完全是中国式的镶嵌艺术风格。其实,我就是被这石路吸引来的。园子已被战火毁得面目全非,留下的残垣断壁仿佛在诉说昔日的光辉。尽管昆山的石路也难逃厄运,但从一些留下的遗迹中还是能品出其艺术价值。半茧园的石路尤为珍贵。我专程找来摄影师帮我拍摄荒芜中的石路,遗憾的是洗出来却发现没有一张让人满意的,为此我失落不已。对于这里的石路,早稻田大学的教授已从专业角度做了详尽的介绍,并发表在杂志上,因此我也不必多言。但据我所知,了解这门艺术的人非常少,尤其和希腊把镶嵌艺术用于室内装饰相比,这里的镶嵌艺术完全体现在室外,并且把它运用在供人行走的路上,更是意味深远。这里不能给大家展示相关图片资料,实属憾事。我一度有把各种图案的石路都拍下来汇集成册的想法,也曾拜托一位中国友人,想把这些伟大的镶嵌艺术做成中国石街图录,以传后世。这就相当于建筑方面的木刻艺术,不过是材料换成了瓦片、瓷片而已,应该很有普及性的,只要加以适当的指导,一定会有新颖的杰作诞生。比如在日本的有田或濑户这些盛产瓷器的地方,中间的车道可以铺设柏油,而人行道或屋檐下的小路如果用陶瓷片或瓦片来镶成各种图案的话,不仅美观

---

① 三井晚钟:三井寺(园城寺)是日本天台寺门宗的总本山,拥有诸多历史遗产,其中的"三井晚钟"便是闻名日本的近江八景之一。

而且也是废物再利用的良方。

以上说得尽兴,却有些偏题了。话说我们夫妻二人往往过年这三天会出门旅行并猫在宾馆不出门。记得有一回我们在十二月三十一日的晚上住进了一家叫八代馆的日本旅馆。结果我们的想法和旅馆方面的想法相去甚远,旅店方面非常恭敬地接待了我们,力求礼数周全,这反而让我们十分尴尬。于是,自那以后我们旅行时再也不住日本旅馆了。果然这种自我放松式的旅行还是选择中国旅馆比较方便,不用拘泥于所谓的礼仪或形式。

南通行

基督教青年会的例行旅行一般都安排在苏州、杭州、南京、扬州、镇江这几个城市,今年在我的提议下定为南通。刚好我家住着一个名叫严的青年,他曾就读于早稻田大学,于是我让他去和中国旅行社交涉。最终敲定的日程安排是:半夜从上海坐船出发,第二天上午到达天生港南通码头,随后转乘汽车去城内,在南通住一晚后回上海。严还同旅行社商定由对方派一名随行导游,且往返都乘坐日清汽船公司的轮船。当我们发出招募南通行成员的消息后,有五十人报了名。于是,我、严君还有旅行社的导游成为这次活动的负责人。

至于当时乘坐的是日清汽船公司的哪艘船已记不大清了,只记得从上海出发后,我们顺着长江逆流而上,壮丽的景观让大家雀跃不已。翌日醒来,船上的早餐也难得地可口。天生港不同寻常的下船方式,以及前往城里的三十分钟小车经历令大家颇感新奇。到达南通后"南通王"张謇先生(字季直)及其兄长张詧带领绅士三十人为我们这批南昌最初的外国客人大摆筵席,接风洗尘。随后作为谢礼,我们也摆宴席答谢南通方面的盛情款待。这一切令大家惊喜不已。我不能理解的是,基督教青年会的旅行只是每年例行的节日活动,大家也不过是借此机会四处观光罢了。这样的一个团体活动怎么会惊动张謇兄弟,并让他们为我们大摆筵席呢?我推测这跟严君同中国旅行社的过度吹嘘不无关系,而中国旅行社也顺势对外宣传说这个团是独家租用南通俱乐部的日本客人。于是,就这样惊动了张謇先生,促成了这次欢迎盛宴。这个结果可谓是皆大欢喜,尤其是前来旅行的游客们。当然,如果南通方面觉得这次欢迎宴会跟预期不符的话,相信张謇兄弟及所有绅士一定不会出席我们的答谢宴。然而,他们全员出席了我们的答谢宴,可见他们还是十分欢迎我们的。并且南通方面还特批我们自由参观南通学院医学部、农学部、师范学校、图书馆、博物馆等地方。于是,有人参观了城里的文庙;有人参观了郊外的倭寇遗迹。最让人印象深刻的是这里淳朴的民风,途中我们去一户农家买煮鸡蛋吃,谁知当我们要付钱时,对方却怎么也不肯收,还一个劲地说:"不要钱,不要钱。"后来我得知,大家离开时每人都留下了一元钱。像狼山和军山这些相对远的地方,基本上无人拜访。但总的来说,这次观光是十分成功的,就连大生纺织厂、大生油厂这些工厂都向我们开放了。其间,我还拜访了张謇先生的府邸,聆听了他的拓荒史。两小时的谈话,给我留下了深刻的印象。他的一些话语至今仍留在我脑海中,记得他说:"近来,劳工的工资不断上涨,连木匠和泥水匠的工资都涨到一天两角五分。通过努力,我们在江苏省开垦了一百五十万亩荒地,并在以唐家宅为中心的那片土地上重点栽培棉花。希望今后能得到日本的援助和指导。"随后,他还满是自豪地谈到其兄长张詧是这一切的总策划,更让人敬佩的是,每有出行张謇先生都会亲自扶其兄长上下车(黄包车)。通过这次谈话,我了解到南通的确是个农产品富饶的地方。

张謇先生被誉为"南通王",可谓是当之无愧,他为南通的开发、开垦事业做出了巨大的贡献。其中,大生纺织厂是中国第一家纺织公司;大生油厂是中国第一家油厂;军山还设立了中国第一所气象站。教育方面:曾经人们一提到江北,便会不由地露出鄙夷之色,但就是在这里,张謇先生创办了包含医学院和农学院的南通学院、师范学校,以及中学,且都是新式学校。另外,如今的南通俱乐部的前身是由欧阳予倩先生担任校长的中国第一所戏剧学校。这次旅行圆满结束了,而我感到肩上的担子又重了一些。

铁路旅行

华中铁道发来邀请,请我给苏州—常州(戚墅堰)—芜湖—合肥—九龙岗—蚌埠—铺镇—南京这条线上的铁路工作人员办讲座。我恰好也想沿这条线转转,就立即出发了。在苏州住了一宿后便前往常州;在常州的戚墅堰工厂给大家讲了一场。好像李白《客中行》中提到的兰陵就是如今的常州。第二天参观完天宁寺就动身前往芜湖,中途需在南京换乘,铁路方面派汽车把我送到中华门外的京芜车站。那里的拥挤、嘈杂自不必说,所幸这场面就像"二战"结束后的日本军车一样,不带丝毫杀气,我安全地上了车。刚好是窗边的位子,我一路望着窗外的风景出神。由于这次旅行铁路方还为我提供免费午餐,因此不用为

"五脏庙"担忧。稍后,身边的乘客们开始吸引我的注意力。只见我对面的乘客时不时地从长袖中掏出十盒装的三炮台香烟看一看,又马上塞回去;斜对面的乘客则来回摩挲着袖里的两打绢袜;我旁边的乘客袖中也塞着一打肥皂和大英牌香烟。几乎所有人的袖子里都塞了东西,二等车厢里的这一切真是有趣极了。从前,中国人的长袖除了象征和平外,还用来防寒,听说在北方一些扬沙天气较多的地方,它还被用来拂尘。随着世事的变迁,如今的长袖简直成了"货车"。曾经,在上海和汉口两地往来的长江汽船上,有一种被海关认可的红箱子,用它混装货物十分便利。现在,长袖成了新式的红箱子。身边不时传来"十盒香烟等于从南京到芜湖的乘车钱""如果带了丝绸袜子和牙膏的话,上海到芜湖的火车票钱就出来了"等耳语声。他们的说法似乎没错,火车票之所以贵,就是因为物价涨了,这二者密切相关。虽然已经发车了,但火车行驶的速度还很慢,铁道旁的道路上,是向南京进发的运米骡队,那队伍一眼望不到头。只见有的骡子驮一袋,有的驮两袋,长长的米袋呈 X 型搭在骡背上。虽然每头骡子的间隔很近,但还是能看出他们属于不同的商家,少的约十头一组,多的达三十余头一组,场面十分壮观。因为南京的米价高,商人们便从米价低的安徽贩米运往南京。所以说,"物品终会汇集在物价高的地方"这句话没错,而"顾客总会去物价低廉实惠的地方"却也是真理。如果听了当年发生在上海的虹口地区的事情,你就会明白这句话了。记得当初日本总领事馆一再对在虹口地区开商店的日本人说:"日本国内实行的是低物价政策,你们在这里也要采用低物价政策",并统一管理了诸多行业,制定了新的规定:诸如小商品的价格浮动需要得到总领事馆的批准;日本的点心制造业由明治制果公司、森永制果公司、东洋制果公司这三大公司垄断,负责销售的店铺也限制在三十余家之内。规定颁布的第二天,虹口地区的中国人店铺里就出现了日式点心,这让日本人惊讶不已。原来,在日本领事馆统一管理日本点心业后,贩卖日式点心的店铺剧减,不受其监管的中国人看到了这一商机,那些曾在日本人的点心铺干过活的人便模仿日式点心的制作工艺做出相似的点心,在中国人开的店铺里贩卖(其实,只是形状相似,味道不行)。这种做法就等同于让毫无问题的日本人的店铺停业,却鼓励中国人开店一样。由于日本人经营的店铺全部奉行低物价政策,店里的货品常被人们抢购一空,而日方的后续补给却又跟不上,致使店内总处于无货可卖的状态。问题出现时,日方管理者满是狼狈地召开会议商讨对策,但这个难题却让所有人都无从下手。

在火车上我听到有中国人说:"铁路和轮船都被日本人监管了,我们被禁止用大木箱运输货物。那么我们就靠自己的双手来运货吧,也算是做生意了。"我仔细一想才恍然大悟,如果按一个木箱能装二百打货物,一个乘客拿一两打货物来算,一百或两百乘客拿的货物就相当于一个木箱的容量。并且如果车费涨价的话,其携带货品的卖价也会相应地涨高。我这才知道为什么火车和轮船上总是人满为患了。到当涂(旧太平府)后,长江就近在眼前,东西梁山像屹立于长江两侧的两根门柱般直冲云霄。此情此景,不禁让我想起李白的《望天门山》,遂即兴吟诵起来:"天门中断楚江开,碧水东流至此回。两岸青山相对出,孤帆一片日边来。"

长江沿岸的采石矶上还建有纪念李白的庙宇。过了采石矶,不久就抵达了芜湖车站。在芜湖住了一晚并讲演了一席之后,翌日天还未亮我就启程出发了。令人惊奇的是天上竟然有两个太阳,东西各一个。可能是由于从蒙古吹来的黄沙使天上的太阳和月亮看起来一样,才会让人产生这样的错觉吧。乘坐小轮船到达对岸的裕溪口后,我继续转乘火车前往合肥,这次列车之旅也非同寻常。火车晚点了许久,发车后刚进巢县站,就有一堆人涌下火车,像在军队里扛大炮的士兵似的,每人肩上都扛着一匹白布。但那白布一看便知和上海工厂里生产的细布不同,是江北地区(南通等地)的农户自家纺织的土布。那他们这到底是在干什么呢?一问才得知,这附近有家染坊能染出像爪哇印花布那样的花布,于是人们就趋之若鹜地赶来了。中途停车时,我下来吃了碗汤圆,味道相当不错,听说是这个站的特色小吃,生意一直很红火。这样一个小汤圆店能独占这个车站的客源,相信其身后必定有人在收取回扣,不过这种事也是两厢情愿罢了。世间的一切都在这种无形的规律下有序运转着。

合肥,旧称庐州,是这条线上的一个大站。合肥作为安徽米的产地十分有名,也是清朝一代杰出人物李鸿章的出生地。另外,近代闻名世界的"基督将军"冯玉祥也是在这里出生的。在合肥停留一晚后,准备坐早晨的车前往九龙岗,可是火车怎么也不来,我在站长室吃完中午饭后车还没来。正在焦虑之际,来了一辆货运火车,说最后一节列车员车厢可以提供给我,还专门给我准备了火盆和毛毯。我心想这可比在客运火车上受挤强多了。后来,我发现这节车厢就像满铁的新亚细亚观光车,能看到车后的全景。可定睛一看,我吓了一跳,只见后面的铁轨在夸张地起伏扭曲着,像一条巨蟒在向前爬行。后来我才听说,这条线路经常遭到土匪、盗贼的破坏,更糟糕的是无人为其更换枕木,导致其运力已减半。也就是说,由于线路无人修理,整条铁轨都是松动的,这实在是太危险了。然而一路走来,却也没发生什么故障,我抱着从各站收到的慰问品,平安无事地提前抵达了九龙岗站。我至今都没忘记迎接我的站长那让人备感亲切的问候:"哎呀,您是坐货运火车来的呀,其实也不错,比客车要宽敞得多吧。来,您一路辛苦了,我带您去站长室休息一下。"从他口中我了解到,九龙岗站是这条线上最大的车站,九龙岗煤矿就在它旁边,相邻的田家庵站是转向淮河方向的站点。我在一个叫舜耕山的煤矿俱乐部里和那里的员工们聊了起来,看得出大家背井离乡,待在这样的乡间,多少有些想家了。听他们说,在这里常有土匪、强盗袭击的危险。我不由得想到日军,我们占领的土地是在不断扩大,但这又能怎样呢,走过这么多地方,我越发深刻地感受到:"当百姓打心眼里不服你时,想要治理他们是件不可能的事情。"看来,在这里我又说了不少当局不乐意听的话。虽说这里常有匪盗来袭,当晚,我在煤矿俱乐部里睡得还是相当踏实的。翌日出发时,我发现这里的住宅四周都围着铁丝网,还时常通着电流,看来想在这里安居乐业是不可能的事情。一路没怎么耽误,我就从田家庵乘小蒸汽船沿淮河向蚌埠进发了。让人印象深刻的是淮河鲫鱼的大个头,而这里的鲤鱼则跟别处相差不大。

  从田家庵出发的小蒸汽船和三十年前一样,没什么变化。我买了大饼、油条作为船上的食物(煤矿俱乐部给我准备了早餐,但由于赶时间没来得及吃)。本应早就抵达蚌埠的小蒸汽船,因为故障停滞不前了。最终,还是在夜色中从蚌埠赶来的民船解除了我们的困境。在哗啦哗啦的划桨声中,我于深夜一点才到达在蚌埠的住处。说实话,我觉得这次淮河之旅简直是糟糕透了,但日后听了另外一件事后,我为自己最终平安抵达蚌埠而感到庆幸不已。原来,当我乘坐的小蒸汽船因故障而停滞不前时,前面的那艘小蒸汽船(从正阳关开来的)在怀远附近竟遭遇了土匪的袭击。在蚌埠的住处可以说是煞风景至极,在那里住了两晚,可留在我印象中的只有挂在厕所门上写着"阁下专用"的木牌。蚌埠有家华兴商业银行分店,老友立石先生就担任那家分店的店长。我还在蚌埠买了不少羊皮和条纹土布,可惜后来从上海被强制遣送回国的那个夜里,这些都被掠夺了。

在蚌埠，我还有件特别记挂的事，那就是我的亲戚小堀文哉君的死。身为医学博士的他被招为军医，并战死在蚌埠。听说他是在去往怀远医院的轮船上被射杀的。虽然具体的细节我不得而知，但路过怀远时，我还是不由得想起了他。刚到蚌埠就听说这里是自由港，人们利用淮河进行自由贸易。在当时的大背景下，这样的政策是十分开明的，这也使得这里的商业繁盛得让人惊讶。

在这条不长的街道上，林立着一百二十余家经营兑换业务的钱庄（主要兑换法郎和储备券）。当时，法郎和储备券共同流通的现象还是比较少的。更令人惊讶的是这里的米店，囤积如山的大米只是用木栅栏简单地围起来，到了晚上则用苇席一遮了事，早上天还没亮成群的麻雀就来啄米吃。我不由在心中感慨：安徽不愧是大米产地，在这个许多人因缺粮而挨饿的时候，这里的麻雀却能自由啄米、衣食无忧，真是讽刺啊。午饭是和立石先生一起吃的，其丰富程度让人惊叹，恐怕在上海也难吃到如此丰盛的中国菜。特别是作为日本人，如果不是军方或官方阶层，这样豪华的菜品还是难得一见的。可见这里的人们通过淮河进行自由贸易，发展得的确不错，四处都呈现出一片商业繁荣的景象。蚌埠人常自豪地说："蚌埠现在就跟上海一样。"对其繁荣程度我深表赞同，称其为"小上海"也毫不为过。我在蚌埠和九龙岗等地的讲谈流传开后，浦口（浦镇）工厂和南京相继发来邀请，我一一应承下来。在蚌埠我购物购得不亦乐乎，还向立石先生借了钱。抵达浦镇后，我在浦镇工厂厂长家住了一晚，翌日许多人来听了我的讲谈，随后在南京的讲谈来的听众也非常多。出发后的第十一天，我回到了上海。回想起当初出发时是下了一番决心的，如果当时没去的话，之后恐怕就再也鼓不起去的勇气了吧。旅途中看了许多风景，遇到许多人和事，跟日本的完全不同，这一路满是快乐，也满是震撼和启迪。看到中国人的生活中充满了情趣，我想对逐渐奋起的日本人说：工作之余，也要学会享受生活。比如安闲地坐在淮河边垂钓，再细数钓上来的大鲫鱼到底有多少片鱼鳞。如果没有这种从容不迫的生活态度，就算有一天允许我们来大陆生活，我们也无法适应这里，无法体会到在这里生活的乐趣。

常州有家包子店十分有名，它的特色在于包子馅儿里有萝卜。其实就是把萝卜切成丝后加以调味，再包到包子里。这对于吃腻了肉包子或豆沙包子的客人来说，可口至极。它还根据人们的喜好，有甜、咸等各种口味。在吃完油腻的饭菜后，来一个这种包子，简直是清爽至极。这里还有座叫天宁寺的庙，听说里面有二百来位僧人。寺庙的外观虽有些破败了,但依然是个有着七堂伽蓝①的威武庄严的大寺。另外,这里的黄杨木梳和竹篦子也很有名气。在这里,或数数木梳的梳齿,或看看屋檐下的石子,或研究研究店铺的招牌,总之,品味生活的方式有很多,关键是我们有没有一双发现美的眼睛。日本也有"入乡随俗"这句俗语,但如果只是嘴上说说,不采取实际行动的话就毫无意义了。

日本昭和甲申十九年(一九四四年)

  二月二十五日   订立决战非常措施纲要
  五〔六〕月十五日   美军登陆塞班岛
  八月   施行学徒劳动令、女子挺身队劳动令
  十月二十四日   菲律宾海海战,日军大败
  十一月二十四日   美军空军以塞班岛为基地,开始轰炸日本本土

特别记事 一九四一年,即昭和十六年十二月八日,日军突袭美军基地珍珠港,拉开了太平洋战争的帷幕。战争初期,由于日方出其不意地袭击,使得日军处于有利地位,然而从日军在近代战争中的表现来看,就知道其不适合打持久战。日军不顾自身缺点,强行征战,至其不久就露出破绽,一败涂地。一九四四年五月,伴随着塞班岛的沦陷,美军不仅全面切断了日本从南太平洋向国内输送物资的补给线,还以此为基地向日本本土发动大面积空袭。盟军的战线几乎逼到日本本土,太平洋上的诸岛也多被美军收复。盟军的空袭,让日本的社会和经济陷入混乱。另外,欧洲战场也不容乐观。以意大利的投降为发端,欧洲轴心国渐渐显出败势,这让处于东方的日本越发地孤立无援。并且随着欧洲战事临近尾声,英、美开始把投放在欧洲战场上的兵力向亚洲战场转移。

追加事项 内山完造五十九岁。太平洋战争的局势越发严峻了,先是美军夺回塞班岛,并以此为据点向日本发动空袭。接着,美军进攻小笠原群岛②的意

---

 ① 七堂伽蓝:指标准寺院,各种堂塔完备的寺院。七堂:一般指塔、金堂、讲堂、钟楼、藏经楼、僧房和食堂。不同宗派其堂宇各异。
 ② 小笠原群岛:是日本在太平洋的一个群岛,位于东京以南一千余千米,行政区划属东京都小笠原村管辖。群岛由三十个小岛组成,其中著名的有父岛、母岛和硫磺岛等,另外,七百千米以南的冲鸟礁和一千九百千米以东的南鸟岛也属小笠原群岛的一部分。

图也越发明显了。在这样的时局下,上海更是动荡不堪,侄女的丈夫内山正雄又正在参战,于是我决定让侄女带着两个孩子先回日本避避风头。刚好有个店员也要回国,就托他路上帮忙照顾。他们一行于六月十九日乘船出发,虽然这时回国十分危险,所幸他们平安抵达日本。他们出发没两天,我也抱着此生最后一次旅途的决心,走"满洲"那条线回日本。我于六月二十一日登船,二十二日在青岛停靠时,我目睹了青岛人在警报声中狼狈逃窜的情形,下午四点乘轮船再次出发。在船上,船员向我们讲解了一些非常时期的应对、逃生方法。二十三日我们一早抵达大连,总算能稍微松一口气了。当询问什么时候有去日本的船只时,我总得不到明确的回答。经多方打听,总算知道了确切的日期,即七月二号。离出发还有一些时日,我便乘坐夜行列车去了奉天。和奉天的同行们见面后,自然地聊起了当今的时局,却总觉得有些话不投机。随后,我又去了"新京",和当地的友人及同行们会了面,也有观点不合之感。我于三十日回到大连,离开船还有两天了。同样,我也和大连的友人及同行们会了面。七月二日,我在登船时恰好碰到了前去东京的小原君,于是两人结伴同行。这真是一个漫长的旅途,终于我在七月八日抵达了神户。轮船经过和田岬驶入港口时,四周安静极了。以前从这附近的两个造船厂里传来的敲击声却再也听不到了,一切恍如梦境。正在我感叹这一切都如此的不可思议时,船靠岸了。只见眼前停着数十艘两三千吨级的巨轮,统一刷着铁丹色①。而周围却没有一个工作人员,显然造船厂已经停业了。我感觉得到一切都快结束了。上岸后我直奔冈山,在这里的四五天,我听到十二次北九州被轰炸的报道。由于收到东京发来的催促电报,我离开了笠冈②。一直没有下雨的缘故,沿途的田地都干裂开了,车中不时传来"这下可插不了秧苗了"的叹息声。我走得仓促没有带便当,途中肚子饿得不行,终于在姬路站买到了墨鱼干,这才安抚了"五脏庙"。京都站下车后,我在小仓住了一宿才去东京。沿途我深刻地感受到日本粮荒的严重性。哎,该来的终归是来了。

那时,上海的书商们联合起来创立了上海书籍公司。日本出版配给股份有限公司(简称日配)也进入上海,关于两家公司的关系,我和日配的常务大桥先

---

① 铁丹色:红色氧化物,以三氧化二铁为主要成分的红色无机颜料。具有耐晒、耐热等优点。

② 笠冈:位于日本冈山县西南端,濒临濑户内海。

生商谈得十分融洽。然而其手下驻上海的员工却没有按大桥常务的意思行事，结果导致上海的零售书商们和日配对立起来。自然，新成立的上海书籍公司和日配也产生了矛盾。不得已，营业部长田中决定和我去上海走一趟。八月十四日，我们从下关出发，走下关—朝鲜—北京—上海这条线。那时日本正值旱灾，八月九日下了一场久违的暴雨，干得裂缝的土地总算可以插下秧苗了，只是已过了插秧的时节。回到上海已是九月二日，大家纷纷为我们平安归来表示祝贺。此时，大批的上海人开始往朝鲜、日本疏散。而我认为要疏散就要改变国籍，要迁到黑龙江对岸去才行。

最终，上海书籍公司和日配间的对立关系到了无法缓和的地步。当初政府下令让内山书店监管中美图书公司。失误的是我把别发公司让给了日本出版配给股份有限公司管理。如果当时内山书店把两家公司都监管起来的话，日配在上海将无立足之地，也不会生出日后的野心。如果说当时是因为日配拜托我，我才让给他们的，也无话可说。可事实上他们并没有请求，是我出于好心主动让给他们的。这确实是我的失误。

事实上，当时从日配总部发来的货物可谓是一团糟。从表面上看，日配在上海的经营尊重了我和大桥常务的协定，即由日配和上海书籍公司统一对外，遵循异身同体的原则。但细看就会发现，日配依然在上海进行零售业务，和上海书籍公司对着干。对此，我决心不再花时间同他们交涉或协商，一切都顺其自然吧。也就是说，我让它和祖国的命运捆绑在一起，同时，我也把自己的一切都托付给了祖国。此时，我唯一想做的，就是购买已关闭的改造社和中央公论用于中国的纸型①，用它来出版书籍。改造社的纸型最先送到，随后，学艺社的纸型也到了。我用它们出版了《上海漫语》《活中国的姿态》《上海夜话》和《上海风语》。有趣的是，出版不久，日本总领事馆警察部和出版相关的巡查就找到我，开始挑《上海漫语》的刺，并且说要禁止发行此书。我找到主管人员交涉一番后才知道他们是想收好处费。对此，我坚决不愿苟同，主管人员貌似很为难，但最终出于无奈同意我在两三个地方发售此书。也正因为这件事，《上海漫语》瞬间就被抢购一空。这之后，再无类似问题出现，我又出版了不少。另一方面，我还在不间断地写着漫谈。虽说把这些言论传到日本颇有困难，但其中不少也

---

① 纸型：浇铸活版印刷用铅版的纸质模型。用薄型纸覆在排好的活字版上压制而成。

时常出现在日本的报纸、杂志上。同时,上海的大陆新报也连载了我的漫语。听说日本报社认为我的思想倾向有些问题,还嘱咐大使馆事务所(旧"兴亚院")多留意我的动向。尽管如此,他们并没少刊载我的文章。友人时常劝我说:"太危险了,不要再写了。"也有人善意地提醒我:"军方的干部对你的评价可不太好,你可要小心了。"然而,我却无暇去顾及自身的安危,只要收到请求,我都尽量赶去,发表一通自己对中国问题的所感所想。在苏州,一位部队干部听完我的漫谈后,不仅没有斥责我,还连声感叹道:"哎呀!早点听到你的话就好了!"我的漫语就像一服清凉剂,让晕晕乎乎的人们清醒过来。我对战争一开始就持悲观看法,至今未变,我甚至被人们说成是一个怪人。

从日本来拜访我的客人络绎不绝,这年十二月中旬,一个年轻人拿着老友村田正亮君的介绍信来到上海。他说想在我这借住一晚,不过他其实在我这连住了数日都没有离去。这期间,我听说这个青年的行为十分古怪,于是,我在某天晚上和他稍微聊了一下,结果他便不辞而别,从此了无音讯了。后来我才听说,他贩卖过手枪,还因倒卖武器被拘留过等等。妻子对这个青年的事尤为担心。

转瞬到了十二月末,教会照例每年举办的义卖会,以及圣诞庆典上妻子的身体都还好好的,没想到在十二月三十一日,她久未发作的心脏病再次发作了。我立即请来须藤医生,暂且稳定了她的病情,但妻子却自此卧床不起了。肉眼凡胎的我无论如何也没料到妻子在数十天之后就要远离人世。而她自己也坚信自己的病过几天就好了,并整日斜倚在被炉里诵读《圣经》。就这样,我在她"眼看要过新年的,不料旧病复发……对不起啦"的念叨声中送走了昭和十九年。

这年我还在上海出版了《上海汗语》。

日本人钟情于冰水,中国人则偏爱热茶。当然,这不是说日本人就完全不喝热茶,中国人就绝对摒弃冰水,我说的是一般而言。中、日两国人民的生活习惯,很大程度上取决于两国的自然环境。比如说,日本各地多清流、绿树,常以山清水秀自居;相反,在中国许多地方由于人口众多,致使水质低下。(事实上,中国许多地方四季分明,有着日本都少有的清泉,如山东省济南府的趵突泉、黑虎泉等。而在日本人心中,则以偏概全地把中国的水和浊水画上等号。)不知是谁想出了用明矾把水澄清后再饮用的方法,对此,我专门翻阅了上海的《水道小史》，只见上面是这样记载的：

  当欧美人（多为英国人）出现在上海并划定出专门的租界后，他们认为混浊的黄浦江水是不能饮用的，于是考虑饮用井水。而上海人则认为井水有毒，最好的饮用水就是黄浦江的江水。当上海人被问到"这样的泥水怎么能喝"时，他们总会笑道："没事儿，把它澄清不就好了嘛。当然，为了防止里面还有其他细菌，饮用水自不必说，我们连洗脸水和漱口水都要煮沸消毒的。"这让欧美人震惊了："这样的水哪里有卖呢？"上海人则自豪地回答："我们自己就会烧啊，你去买点明矾、竹子和一只水壶吧。"欧美人欣然领命，于是从那天开始，他们的生活中出现了这种只需煮沸就能放心饮用的新型饮料。后来，连洗澡水也开始用澄清的江水了。

  来上海的欧美人越来越多，有一个中国人抓住了这个商机，他给租界的各家各户运送澄清的江水，取得了巨大的成功。他把几十个大坛子灌满江水后撒入明矾，待混浊的江水澄清后，就雇用搬运工把清水送向四面八方。后来，欧美人受其启发，开始大规模地生产清水，制作方法和那个中国人如出一辙，这就是上海自来水公司的前身。然而，如今却无一人有"要找到那个中国人，给他颁发文化奖章"的想法。要知道，这项可比打出日本假名和汉字的打字机的发明更伟大。

  清太祖努尔哈赤奠定了清朝霸业的基础，其子皇太极更是把都城定在了北京，努尔哈赤把汉族剃头作为其归降的标志。从那时开始到辛亥革命颁布剪发令的二百九十年间，男人留辫子是世人皆知的一大中国特色。直到剪发令规定：不论在城市还是农村一律施行剪发政策。对此，可谓是几家欢喜几家愁，拍手称快和痛哭流涕的画面在各地交替上演。最终，辫子绝迹了。但有识之士会发现，近年流行起来的日本女人做发型时用的假发和烫发后用的发网其实是辫子的衍生物。更令人吃惊的是，在剪发令发布三十年之后，本应绝迹的辫子竟然作为输出品出现在英国的《黄书》[①]杂志上。如果说辫子是当时中国男性的特征，那么当时中国女性也有一个众所周知的特征，那就是缠足。女子缠足和

---

 ① 《黄书》：19世纪代表英国世纪末特征的文艺期刊。

男子留辫子成了中国不可否认的两大特色。我能想象中国旧时的女子们穿着刺绣精美、鞋头略尖的绸缎小鞋,两手轻握,徐徐走来的场景。其中,裹得最小的金莲则需要在他人的搀扶下才能缓慢行走。那种左右摇晃的奇怪走姿至今令我记忆犹新。如此残忍的缠足,连骁勇的努尔哈赤也没能把它遏制住。我一直想要探究禁止缠足这一观点的转折点,却徒劳无功,直到有一天,我看到一本书里记载着"五十余年前就有一位外国妇人分发传单呼吁妇女不要缠足(《采菲精华录》卷首语)、立德夫人还于一八九五年设立了天足会"的内容。我想这就是我要找的东西了。

生活社出版的《中国的村落生活》里写道:"关于中国的缠足,连目不识丁的莽汉都对其了如指掌,因此,无须赘言。"随后,其仅用十二三行文字就简洁地概括了中国的缠足,诸如:中国人最为熟知的事物之一;连十分伟大的帝王都没能扼杀住的行为;对这种无用且残忍的习俗的改革运动是由在中国的外国人掀起的。此外再无他言。《南中国的村落生活》这本书中没有关于缠足的记载,对此我可以理解,但《北京的中国家族生活》这本书中竟也没有提缠足。我满心期待最近出版的译作《中国社会病理学》中能找到关于缠足的详尽介绍,可惜希望再次落空。其实,就缠足这个问题我也咨询过许多中国友人(当然只限于我所认识的范围),可终未获得满意的答案。他们的一种看法是:认为缠足是一种残酷且无用的陋习;另一种看法则是:男人认为缠足很美,有如珠玉,并把缠足和性欲的冲动结合在了一起。然而,可谓是中国社会半边天的女性,有近一半人都在承受着这千年不变的肉体折磨,这对中国社会造成的影响是无法估量的。往小了说,缠足对家庭生活的影响也是不可小觑的。再往小了说,缠足又给女人的生活带来了什么影响,我认为这些都是需要我们去探究的,相信在人类生活史上这也将是一个意义重大的课题。

听说关于欧美妇女束胸衣的研究数量庞大,但针对中国妇女缠足的研究就远远不够了,相关的日文资料更为稀缺。"中华民国"在成立之初就颁布了禁缠足令,时隔三十年,在如今的城市里,尤其是青少年的身上,已完全看不到缠足的影子,而在老妇人中还或多或少的能够见到。尽管缠足微不足道,但那些致力于人类社会研究和中国社会研究的专家学者们难道不应该弄清这个问题吗?如果那些研究中国社会及中国人生活的学者在其领域完全没有涉及这个问题的话,相信其研究也一定是不够全面的。我衷心希望有远见卓识者能投身此项研究。

　　"兴亚院"发来通知，嘱托我组织一个上海在留日本人的思想团体，并交代于某月某日有一个面向全体发起人的会议，希望我务必出席。但我区区一个商人，有何德何能去担此大任呢？记得之前就有一回，"兴亚文化部"要成立中日文化协会，想让我作为民间发起人加入其中，最终我婉言谢绝了。和我拒绝出席"大东亚文学者大会"的理由一样，我深知自己不是那块材料，难当大任。这回我用同样的理由婉言谢绝，结果对方说这已经是第二次邀请您了，请您务必出席。出于无奈，我应邀出席，主办人员前来迎接时说道："第一回没能请来您，这回我们要成立一个叫'兴亚同盟会'的组织，无论如何都想听听您的高见。"我立即回道："上海已经有个叫'总力报国会'的组织了，你们'兴亚同盟会'的纲领和运作模式都和其如出一辙，在这样的情况下，还坚持成立的话简直就是在做重复的无用功。"他尴尬一笑道："不，事实上，成立'兴亚同盟会'的事已是铁板钉钉了，我们想听的是您关于成立后的一些意见和建议。"很明显，我们话不投机，于是我回道："恕本人同贵院观点不同，先行告辞了"，便匆匆离开。回到家后，我就把委托函发还给"兴亚院"。结果友人 M 博士到我家，一见面就嚷道："你可是不得了啊，在'兴亚院'都出名了！"我忙问："这究竟是怎么一回事？"他意味深长地说："你不是退回了'兴亚院'的委托函吗？你不知道，有多少人为了那张纸天天不辞辛苦地往'兴亚院'跑着呢，听说拒绝'兴亚院'委托函的只有你一个人！"我答道："退回？拒绝？哪有这回事！我只是觉得自己这种人实在是不适合做这个，主动请辞罢了。"

　　那之后不久，"兴亚院"的 M 事务官打来电话说 Y 君将于今天登门拜访，想让我就彩票跟他聊聊。因为上海的整体氛围变得十分压抑，为了让这个城市多一些活力和欢乐，我主张在上海大力发展赛马、彩票等娱乐行业。估计他们就是听说了我的提议才来的。我忙对电话那头答道："好，我知道了。"其实，我跟上海恒产公司的 Y 君算是老相识了，没多久他就到了："内山先生，相信刚才在电话里 M 事务官已经跟你提起了一些，我就开门见山地说吧，这次我们公司获得了发行彩票的特许，可我们总觉得有点摸不着门道，想请您指点一二。"我点点头叹道："原来是这样啊。我曾主张在上海频繁发售彩票（一等奖为一百万元），并且再次开始赛马，结果不仅没被采纳，还招来骂名，如今，总算等到对的时机了。可惜我也不是这方面的专家，不知你们打算怎么做呢？"Y 君回答道:"我们打算一次出售二十五万元的彩票,一等奖就设为五万元,只是相关的销售策略很是复杂。"对此,我回道:"Y君,在上海把一等奖设为五万元的话,可是没有市场的,要做的话,至少要把一等奖设为一百万元,否则都是白费力。"谁知Y君对此毫不赞成:"您有所不知,在北京他们把一等奖设为五万元,听说卖得好极了。所以我们就想要不在上海也从五万元开始。"听完他的话,我说道:"其实我对销售策略什么的也不甚了解,但我认识一位中国朋友,他对此十分了解,我介绍你们认识如何?"Y君欣然应允:"劳您费神了,请您一定要介绍我们认识。"于是我就给那位中国友人王先生打电话,约在明天下午两点见面。约好时间、地点后,Y君便告辞了。

翌日,Y君带着两名部下提前来到我家,我陪同他们去拜访办公室位于四马路的王先生。大家见面后,我介绍道:"这位是在上海恒产公司担任要职的Y先生,这两位是其公司职员。"于是王先生用流利的日语自我介绍道:"我叫王植三,请多多关照。"简单的寒暄之后,我直奔主题道:"Y先生,请把你们的请求逐一提出来吧,从你们的计划开始如何?"于是Y君便说道:"我们计划发售彩票,想听听您的意见。"王先生接道:"听起来还蛮有趣的,只是这个玩意儿做得越大越好玩啊,不知道你们的计划是怎么样的?"Y君回道:"每回发售的总额是二十五万元,一等奖设为五万元。"Y君刚说完,王先生就撇了撇嘴道:"这样啊,每回只投二十五万元的话就不用卖了。在上海,能一下买完你这个发售总额的人可太多了,可买了就意味着赔本啊,所以没人会买的。这么小的计划在上海是行不通的,在上海,怎么说一等奖也得设个一百万或两百万吧,否则是没有客人光顾的。你还是把计划改一改吧。"王先生的一席话说得Y君哑口无言。会面结束后,我们也各自散了,且自此之后很长一段时间再没听到关于发售彩票的消息。直到由Y君设计的发售计划再次面世时,我才辗转得知其中的插曲,并吃了一惊。话说收到"兴亚院"委托函的某一会员从M事务官那听到发售彩票的计划后,就意味深长地说:"您有所不知,上海的地盘都是由青帮掌控的,只要他们说个'不'字,咱可是一张也别想卖出去。所幸的是我跟青帮的头目还算有点交情,不如让我去活动活动,让他们点个头,咱们以后也好办事啊。"M事务官略加思索后说:"那这件事就交给你了。"于是那位会员就火速在国泰宾馆中订了一个房间成立专门的事务所,可是过了三四个月这件事却一点进展都没有。在此期间,M事务官也多次催促说想会会青帮的头目,让其安排一下,而其每每顾左右而言他,蒙混过关。每月的事务所租赁费、会餐费、活动费都在分文不少地领取着,事情却没有丝毫进展。终于,M事务官的耐心被耗尽了,他宣布终止该会员的一切活动。不想该会员还厚颜无耻地讨要终止补偿金,这回可彻底激怒了M事务官,他决然地回绝了该会员,并把特许权再次授予了上海恒产公司。

原来如此,这样来说的话,为了一张委托函即便是登门百次,也不算吃亏啊。虽不能说所有接受委托的会员都是这等人物,但不可否认的是其确实存在。看来,我因请辞而出名也不是全无道理的。

日本昭和乙酉二十年(一九四五年)

一月九日	美军登陆吕宋岛
四月一日	美军登陆冲绳主岛
五月七日	德国无条件投降
六月十三日	大政翼赞会等解散
七月二十六日	《波茨坦公告》发布
八月六日	美军向广岛投下原子弹
八月八日	苏联对日宣战
八月九日	美军向长崎投下原子弹
八月十五日	日本接受《波茨坦公告》,宣布无条件投降
九月二日	日本政府代表在美国战舰"密苏里号"的甲板上签署无条件投降书
九月十〔九〕日	麦克阿瑟将军发布日本管理方针
九月十一日	向战犯及嫌犯第一次发布逮捕令
九月二十日	发布波茨坦公告实施赦令
十月四日	释放政治犯,废除思想警察等
十月十二〔十五〕日	废除治安维持法
十一月二日	日本社会党成立
十一月六日	联军总司令部颁布财阀解体的指令
十一月九日	日本自由党成立
十一月十六日	日本进步党成立

十一月三十日	废除海陆军省
十二月一日	日本共产党再建，召开第四次党大会
十二月九日	总司令部命令各地政府进行农地改革
十二月十五〔十七〕日	改正选举法成立。第一次农地改革。东久迩宫稔彦王出任内阁总理大臣

特别记事 一九三一年，在德、意两国的法西斯主义崛起之时，日本的军国主义也开始横行，"九·一八"事件爆发。然而，和德、意两国全国民性的法西斯主义相对，日本的法西斯主义是日本军国主义的发源地日本军阀和法西斯主义的温床财阀的垄断式运动。因此，在"满洲"事变发生后，日本国内也相继发生了"五·一五"事件、"二·二六"事件（是由青年军官发起的军队叛乱，二月二十七日东京施行戒严令。二月二十九日平息叛乱），这使得以陆军为中心的军阀越发专横、粗暴。军方甚至以"帷幄上奏"①这个可谓是明治宪法的一大缺陷为盾牌，滥用权力、排挤倾轧政党、剥夺人们的言论自由、镇压共产主义社会主义。当军阀集政治、教育和其他各种权力于一身时，最终发起了对中国的侵略行径。与此同步的还有民间的右翼团体，国粹主义就是右翼团体的急先锋。日本陆军完全掌控了日本的各个机构，并妄图吞并整个东亚。不料"满洲"事变招至中国人民的奋起反击，战事比预想得艰难得多，更糟的是这种侵略行径为世界各民主主义国家所不能容忍，其中以美国为首的各国对日本进行了严厉的制裁。其实在日军发动"满洲"事变占领中国东北后，又攻入华中，使两国进入全面战争阶段时，日军本计划用半年或一年，最多一年半就让中国投降，结果事与愿违，日军完全陷入中国持久战的泥潭中不能自拔。这对日军来说，绝对是一大考验，为了化解这一危机，日军于一九四一年十二月八日发动了对珍珠港的突袭战。

因为日军出其不意地袭击，才使得珍珠港之战取得了胜利，而浅薄的日本国民却没有意识到这一点，他们在太平洋战争刚爆发时，就对军部鼓吹的必胜观念坚信不疑。而这时，日本的宗教人士、学者、文化人的态度及言论的影响力

---

① 帷幄上奏：由天皇总揽军队统帅权，赋予军令长官"帷幄上奏权"即有关军令不经内阁而直接上奏天皇，由天皇裁断之后实施。

已经降至冰点,所以基本上听不到什么反对的声音。让人遗憾的还有,作为日本言论风向标的第一指导机关大新闻社,其软弱无力在此时也暴露无遗。这时,日本已和中国大战了四年之久,国力的消耗自不必说,试想连让中国一国屈服都办不到的情况下,还发起了针对英、美两国的太平洋战争,这样的局势转变法简直就是破罐子破摔。像日本这样资源贫乏的小国,无论如何都是经不起持久战的。当然,战争只是在最初阶段还不错,珍珠港取得了胜利,之后又占领了新加坡、菲律宾。可是,中途岛战败后,日军的海上补给变得困难了,战局渐渐显出败势。一九四四年,随着塞班岛的失陷,日军的南太平洋物资补给路线被切断,盟军的海上封锁也越发有效,致使日本国内立即陷入了物资奇缺的状态。由于粮食不足,国内爆发了饥荒。并且美国以塞班岛为据点,轰炸日本本土,B29轰炸机不断投下的炸弹,让日本社会陷入一片混乱之中。另外,太平洋上的岛屿逐一被美军夺回,最终,连小笠原群岛也失守了,盟军逼到了日本本土。而此时,欧洲战场上,意大利和德国也都先后投降了。菲律宾海战,日军几乎全军覆灭,已经到了覆水难收的局面,国内六十余个城市全部化为废墟。琉球被占领后,派遣至此的百万陆军孤立无援,成了瓮中之鳖。五月七日,德国宣布无条件投降。七月二十六日,《波茨坦公告》发布。八月六日,美军向广岛投下世界第一枚原子弹,三十万条生命和这座城市葬送在火海中。八月八日,苏联对日宣战,苏联红军像洪水般涌向"满洲",瞬间击败日军。八月九日,世界第二枚原子弹被投放在了长崎。因为各种原因,长崎受灾程度没有广岛严重。这期间,日本的议员们在内阁会议和御前会议①上争执不休,最终,天皇于八月十五日宣布完全接受《波茨坦公告》且无条件投降。九月二日,日本政府代表在美国战舰"密苏里号"的甲板上签署无条件投降书,狭隘的军国主义终于在日本的历史上落下帷幕。

如下便是美、英、中三国代表在柏林郊外的波茨坦签订的对日宣言:

(一)剥夺战争指导者的权利
(二)联军占领日本本土
(三)把日本领土限定为本州、北海道、四国、九州及周边附属岛屿

---

① 御前会议:日本明治宪法指天皇亲临的重要国政的最高会议。

(四)完全解除日本军队的武装

(五)处罚战犯

(六)确立民主主义

(七)在本宣言各项达成后占领军将退出日本,接受此宣言的日本首先需使日本帝国解体。即在占领军到达的同时,日本政府必须采取迅速且严格的措施使旧日本解体,主要有以下几点:

(1)剥夺殖民地

(2)解除海陆军的武装,使其解体

(3)逮捕战犯及嫌犯,对其进行审判及处刑

(4)解除军国主义者、超国家主义者、战争指导者等的公职、教职

(5)释放政治犯。废除政治、思想警察,以及废除用于镇压的诸法令

(6)禁止右翼势力结社

(7)财阀的解体

(8)耕地改革

(9)认可劳动组合运动

(10)学制改革

(11)扩大选举权和被选举权,特别是男女享有完全平等的权利等

但不管怎么说,这都是日本开天辟地以来的首次战败,所以所有国民都处于一种虚脱无力的状态。

追加事项　内山完造六十岁。我曾经常对妻子说:"我这一生过得太顺利了,哪天一定会发生点什么,弄我个措手不及。"今年,刚好在我花甲之际,不幸突然降临了。陪我历经风雨、走过三十个春秋的妻子离世了。除了痛哭流涕外我不知所措。然而就算我哭得面颊浮肿,妻子也没能回到我的身旁。往事一一浮现在眼前,妻子幼年遭遇坎坷,从小到大吃了不少苦。直到一天她幡然醒悟,加入了基督教会,受到牧师及数位教会人员充满爱的引导,自此踏上信仰之路。令人意想不到的是,这期间她也数次遭到迫害,然而经过耶稣洗礼的她变得坚强了,面对迫害她勇敢地予以回击,并取得了胜利,这也使她的信仰如磐石般坚定。这时,我们步入了婚姻的殿堂。我们二人的家庭生活是从上海开始

的,虽然在这自说自话地描述自己的婚姻生活有点奇怪,但为了表示对妻子的怀念之情,我愿意用这样的方式来回忆往事。婚后,我们两人过着纯教徒式的生活,祷告是我们每天的必修课。虽然我们每日虔诚地祷告,但却步履维艰,偶尔回顾会发现实现的事情还不及所想的十分之一,即便这样,我们依然含着泪继续祷告。每每至此,我们仿佛都能听到主说:"我已给了你们恩惠,你们要知足。"最终,在我们不屈不挠、坚定的祷告声中,妻子在神父的帮助下开了一间小小的书店。从此,妻子每天拼命工作,为我们的书店呕心沥血。从不熟悉的收寄包裹、填报关税报表到运送货物及每天进出货的记账,全都由她一人包揽。她整日操劳的身影,常让我怜惜不已,但她却毫不倦怠地坚持着。从自身的信仰出发,我们信任每一位顾客,所以不管是谁来赊账,我们都会同意。外地客人也好,外国人也罢,一律给其赊账。为此也常有因为欠账不还而成死账的情况发生。尽管我们吃了不少这样的亏,但还是毅然决然地把这条原则坚守了下来。终于她日积月累的努力开始见效了,当然,这也离不开有共同信仰的友人们的支持。我们常说,这家店最大的特色就是凝聚了大量友人的祈祷和支持,这也是让我们铭记终生的地方。然而她的努力也是有限度的,终于,在上海事变后她累倒了,被诊断为心脏瓣膜病,自此她才退居二线。内山书店这时已改组为合资公司,在身体条件允许的情况下,她总会来店里做些添茶、扫地的杂活。然而病魔却没有放过她,她的病情逐渐加重,最终卧床不起了,我被告知妻子如今的情况更适合在安静之地疗养。由于战事再次波及上海,我们便去亲友家避难多日,在形势终不见好转的情况下,我们乘坐民团指定的避难船回到了京都市外父母身边暂住。本想在这里专心疗养,却不想妻子不慎被京都有名的寒气所袭,并为此吃了不少苦头。所以我们又借住到长崎八坂町,并以消遣的心情开了长崎内山书店,专门经营中国相关的一些书籍。庆幸的是妻子在高桥博士细致的关照下,竟一天天好了起来。我们关闭了长崎的内山书店,再次回到上海时,已是三年之后的事了。由于妻子的身体还处于康复期,不能过于劳累,便一直在当时上海的家中疗养。这期间战局由中日战争逐渐发展为"太平洋战争"。在接管敌产的命令下,内山书店奉命接管了南京路160号的中美图书公司,结果刚接管不久,上海就受出版界变革的影响,开始统一合并零售书店,倾注了妻子半生心血的内山书店也没能幸免,被上海图书有限公司合并了。这家一度成为上海一景的书店终于撤下了招牌。面对这纷乱的世事,妻子似乎丝毫没有受其影响,状态良好地过着每一天。直到十二月三十一日,她突然旧病复发,这次她被诊断为心脏性哮喘,呼吸困难到完全无法躺着,只能昼夜坐着。面对这样的痛苦,妻子每天都顽强地和病魔做着斗争。然而她的病情还是一天天加重了,她像早就预料到这结果一样,开始一点一点地交代后事。每说一句话她都要喘息好一阵,但还不放弃地继续着,显然这都可能是她的遗言。和我们关系很好的藤卷夫人每天来探访妻子,给妻子搓揉背部,这成为我们每天最愉快的一件事,而其他友人我们则选择一概不见。妻子的病情越发严重了,我从一月九日开始关了店门,全力看护妻子,每天须藤医生都会来给妻子打针或诊疗。刚好九号是我们结婚三十周年纪念日,我提笔给指引我们入教的牧野先生、伊藤先生夫妇、福永先生还有在我出生那年成立的京都教会等写信表达了感激之情。久未下厨的我还在这天做了清淡的萝卜泥和豆腐汤,和妻子共同分享了这久违的美味。十号我又做了萝卜为主料的大酱汤,和妻子愉快地共进了晚餐。十一号是我的生日,我一大早就起来煮了红豆饭和妻子共同庆祝,结果半夜妻子呼吸异常痛苦,我忙把芥末捣碎后用湿布包起来,每隔七分钟就在妻子背上擦一遍,这让她的痛苦减轻不少,甚至有心情笑着跟我开玩笑说:"你早点给我擦不就好了……"后半夜她睡得安稳了许多。这个病的一大特点就是晚上容易发病,到了白天症状就轻多了。十二号早晨见她气色不错,我就用前一天剩的红豆饭再加入烤年糕熬了一碗粥给她喝,她笑着说:"这简直就是在过小正月①嘛",把粥喝了个干净。结果午饭和晚饭她都说"不饿",不肯动筷子。我感觉她的病情已经到了不可掉以轻心的地步,于是赶忙给家人、亲友等发了十二封电报。即便到了这个时候,她还在一边艰难地喘息一边断断续续地给我嘱托着家里的种种事情。我提前准备了芥末泥和湿布,结果晚上发作时再给她擦这个已经完全不起作用了。她小便的时候最痛苦,其痛苦的情形让人心痛,但她从没有尿到床上。我给她搓揉背时,她说:"十二点我会昏睡过去,然后将一去不复返。"说着,抬头看了眼表道:"还有一个小时",便疲惫地闭上了双眼。当她再次睁开眼时默念道:"还有三十分钟。"然而十二点到了,她却并没有陷入昏睡,而是迎来一波更为剧烈的疼痛。她说冷,我给她背上披了两件

---

① 小正月:相对于阴历的一月一日的大正月而言。小正月是阴历一月十四至十六日。在日本此时较多进行祈求农作物丰收的预祝活动以及占卜一年凶吉、预防灾难等的活动。

披肩,又加了两件和服,结果她还是冷得瑟缩不已。相反,其心脏部位却大汗不止,垫在她胸口的毛巾都能拧出水来。她痛苦地喊着:"给我心脏这里擦点薄荷油",我用手一摸才发现,那里竟然如火烧般滚烫。这时,我已经看不到妻子的痛苦,我看到的是这折磨肉体的死和生的意念之间的斗争。至今,我的手上还清晰地留有她冰凉双手上的寒气和胸口灼烧般的热度。她的痛苦非同一般。十三号早晨九点她虚脱般地把我的手贴到她的额头上,喃喃道:"再有四个小时,一切都将解脱了。"

然而,九点四十二分随着她呼呼地吐出两口气后,任凭我怎么唤也唤不醒她了。经过这番痛苦地挣扎,她总算可以安息了。她的脸和活着时一样,洋溢着平静、安详,丝毫看不出经历过痛苦挣扎的痕迹。我也第一次切实地感受到了丧偶之痛。神赐予我们一些东西后,又会将其收回。就像现在的我,再次变得一无所有。不,和从未遇到妻子相比,如今的我得到过她,虽然现在又失去了,但这绝不是一无所有。相信和她共同走过的这三十年,她为我付出的真心,神是无论如何也收不回的,因为这些早已烙在我的灵魂里了。至于我今后该何去何从,此刻,我发自心底的等待神灵的启示。

妻子的亡故可谓是我人生的一大打击,而令我稍感欣慰的是我履行了结婚时的承诺,记得当时牧师问我:"你做好了随时为对方付出的准备了吗?"我回答说:"做好了。"这时,一句话出现在我脑海中,我觉得用它形容我和妻子这三十年的婚姻生活贴切极了,于是把它写在了我们合照的背面:坚定信仰,全情奋斗之三十年。接下来的十天我闭门不出,除了悼念亡妻外,也在思考今后的人生路。后来我才听说这期间亲友们为我担心不已,在此真诚地向大家说声对不起。接下来就是妻子的葬礼了。

在这十天里,关于日本今后应该采取的态度我也考虑了许多,并得出一些想法。一日,太田宇之助君从苏州来上海,我第一次聊起了这个想法:"日本现在应当立即请苏联出面调停这场战争,虽然苏联肯定会提出一些条件,但是我相信苏联也一定会乐于接受的,当务之急是拜托他来调停。除此之外日本再无其他出路了。"太田君听后点头道:"这的确是个好办法,现在最重要的就是结束这场战争,再这样下去,日本就要灭亡了。"以此为发端,我开始在店里也谈及这个想法:"苏联应该会来给我们调停的吧。"没有人注意到我的措辞委婉,其实我想说的是"赶快去请苏联来调停吧!"只是因为不能说,才改为"苏联会来给我们调停的吧"。这种微妙的情感差别,很少有人能觉察。

万和是海军的一个特别机关。那里有一个O氏,其在小笠原群岛沦陷后,来问我怎么看美军登陆说的盛行。其实那时,关于美军登陆的说法是军方的观点,为此军方专门把部队从上海调至福建,并在上海周边广挖战壕、拉铁丝网、组织竹矛部队,还把汽油装到啤酒瓶中准备放在坦克里向外投掷,如小孩子玩作战游戏般。对此我正面回答他的问题道:"美国是不会贸然登陆的,它最先瞄准的肯定是琉球。其实中国台湾才是最好的战略部署地,只是如果强行攻占中国台湾的话,其伤亡必定惨重,不划算。所以美军必定会选择占领难度小且牺牲也少的琉球。"听完后,O氏略作沉思道:"可是大家都说美军一定会进攻大陆的呀。"我补充道:"不对,美军只要扼住琉球这个咽喉部位,我国派往中国大陆的军队就将陷入孤军奋战的境地。从南太平洋输送物资到日本的海上补给线就被切断了。这样,可以同时制约日本本部和派往大陆的军队,所以美军登陆琉球是必然之举。"结果没多久琉球战役就打响了,于是O氏再次来访,叹息道:"果然如你所料啊!"那之后,留在中国大陆的日军也陷入孤立无援的境地,更糟的是,日本不仅同中国的联络完全中断了,连同朝鲜的联络也中断了。

后来我才听说,七月份的时候,日本有拜托苏联前来调停战事的想法或者真的去拜托了。我不得不说这真是帮反应慢半拍的家伙,《波茨坦公告》发表时,德国已经投降了,而在德国投降前和投降后去拜托苏联调停,完全是两回事。如果按我说的时机去拜托苏联调停,相信多少能缓解美军炮袭日本的局面,更不会发生投放原子弹到广岛、长崎等事。如果当时日本在德国投降前去拜托苏联调停,即便其调停的结果是让日本无条件投降,相信也比遭原子弹轰炸的结局好百倍千倍。然而到了七月,在德国已经投降的情况下,又有谁会接受这样的拜托呢?此时,英、美两国把其原来投注在欧洲战场的军事力量全部转向亚洲,而继塞班岛失陷后日军就在持续败退,如今,面对汹涌而来的英、美联军更是无力应对,败势如山倒。处于观望状态的苏联此时更是不会接受日本的拜托,并且其在电光火石间也对日宣战了。

八月十一日,日本无条件投降的消息传到了上海。中国人仿佛重见天日般涌向街头,处处都洋溢着喜气。我辗转于南京路、静安寺路和愚园路之间,心里不断地感叹着"该来的还是来了",并且整个人都处于一种莫名的羞愧之中。我暗下决心,把进来的货物折算给那些为内山书店集资的员工,并在附言中写道:"终于到了清算一切的日子了。"同时,对上海图书有限公司的各位股东也一样,全额退还其集资金额。随后,我向所有店员,不论日本人或中国人,公布了书店全部资产及负债情况,并宣布:"这里面除了这一百五十令①西洋纸是送给鲁迅夫人的外,其他物品我一概不要,你们自由分配吧。"显然,我的话让大家吃了一惊,结果对于如何来分配这些财产,大家一时拿不定主意,店里的所有物品还是原封不动地摆在那里。貌似日本店员们私下约好:"不要店里的任何东西",这样一来,中国店员们就更没主意了。我看不下去,便说道:"如果你们怎么都想不出办法来的话,我来主持分配也行。但在这个时候,这是我最不愿做的事,所以还是你们自己来决定吧。"于是,分配大权再次抛给大家。终于在第三天,大家想出了一个满意的方案,即每人拿价值一百四十五万元的货品。于是分配有条不紊地展开了,他们要我监督,我却凭借对他们多年的信任做起了甩手掌柜。后来发现虽说每人都可分得一百五十万元的货品,但每一份都是由不同货品组合的,因此领取哪一份还需通过抽签来决定。有趣的是我的车夫,他平日爱读书看报,记得十一号,他拉着我穿行于热闹庆祝的人群中时,突然愤愤地嘟囔道:"蠢蛋,都是一群蠢蛋,这种事有什么好高兴的,你们不知道现在的中国马上就要面临被分割的局面了吗?那些以为中国能够继续安享太平的家伙都是蠢蛋!"别看他是一个车夫,却颇有见地,平日里连店里的掌柜,他也是不屑一顾的。结果就是他抽中了一个好东西,让大家羡慕不已。如果说遣散员工的事就这样了结的话,也算都在我的预料之中。然而当天皇于八月十五日中午正式宣布日本无条件投降后,中国方面很快就发出通知:在中国,凡是日本人经营的银行、公司、商店还有工厂等,都需给员工发放遣散费,计每人四百五十万元。于是内山书店和上海图书有限公司再次被要求给每位员工发放四百五十万元的遣散费,如不履行,则被监禁。多亏塚本君在其中斡旋,才使我免去牢狱之灾。在我为每人四百五十万元的遣散费急得焦头烂额之际,也是塚本君和青山君慷慨解囊,为我解了燃眉之急。对于他们的恩情,我永生难忘。当时我就暗下决心,他日当我再次返回上海时,要做的第一件事就是偿还这笔满含友情的借款。总之,对于友人们及时发现问题并快速解决这一点,我是心怀感激的。

---

① 令:计算印刷用纸的单位。1000张。

几乎是在日本宣布无条件投降的同时，上海的日本大使馆事务所、总领事馆，以及居留民团悉数宣布解散。暂居在上海的数十万日本民众乱成了一锅粥。一向惯于服从安排的日本人，此时的状况真是惨不忍睹。事实上，那些上层人物最不争气了，平日里他们好大喜功，说什么一旦到了危急时刻一定舍身保卫民众之类的，可危机真正降临时那些最先准备逃跑的人就是他们。当然，这种事情民众又怎么会知道。那些上层人物找各种借口最先安排自己的亲属避难，他们痛恨的各种动摇人心的谣言其实追根溯源，制造者就是他们自己。战争结束前，我曾就此写了一篇文章发表在《大陆新报》上：那些内部情报完全是一些领导人凭借特殊关系从日本国内得到的，随后，他们又把这个内部情报通过某种特殊关系传给上海的某位指挥官，上海的某位指挥官又把这个内部情报转达给有特殊关系的人。起初，有特别关系的人是限定在一个到两个这样极小范围内的，可随着传达次数的增加，人数也在倍增，最终这个内部消息变成众人皆知的流言蜚语，不得不被取缔以便控制局势。这是日本领导者的通病，而这种通病的根源在于利己主义。不过俗话说"人不为己，天诛地灭"，相信这也是人性的弱点，尤其是日本人，不论做什么事都是一条道跑到黑，十分地执着，可能在不知不觉中这种精神也移植到了利己主义上来。而它的具体体现就是把自己知道的消息传给身边的亲属，而亲属再把消息传给其他的亲属，其中还掺杂着好友，获得消息的好友再把消息传给自己的亲属，就这样一直传递下去。我曾数次目睹过这样的事情，除了说这完全暴露了日本国民的岛国根性①外，又能如何呢。

　　战败后，我们亟须解决的一个问题就是如何把十万人统一管理起来。中方发来命令，命第十三军司令松井太久郎中将为指挥官，统管军民两方面的事务。于是松井中将找来原大使馆事务所所长土田丰公使，任命其为日本人自治会会长，负责民间事务，自己则负责军方事务。公使领命后，火速召集自己的亲信商议，最终决定成立由民间人士运营的自治会，并邀请德高望重者担任自治会干部。选定的自治会班底有船津、山田、小川、西川、内山等人。结果自治会还未启动，就有人跳出来大放厥词道："船津之流敢出任自治会的干部，立马就宰了他！"这使得船津首先不愿出任了，其间因为街道委员会的阻挠，自治会很快

---

① 岛国根性：对视野狭小、心胸狭窄、思想偏狭性格的蔑称。

便解散了。本以为街道委员会的家伙们能有所建树，不想其终究什么也没做。于是，土田会长另辟蹊径，在其直接领导下成立了代表委员会。此时第三方面军司令官汤恩伯将军成立了日侨管理处，任旗下的王公汉中将为局长，邹任之少将为副处长，在日侨中推行保甲制度。即十户为一甲，十甲为一保，让人们聚集在虹口、杨树浦、中心区、狄思威路等地，并且集"保"成"区"。其中狄思威路是一区，吴淞路是二区和三区，杨树浦是五区，中心区是四区，各区设有区长。代表委员会的成员有三十人，其中五位区长为常务委员，其他二十五人则需要通过选举才能就职。我便是争夺二十五个席位的候选人之一，当时也没太把这事放在心上，结果我竟以一万七千多的票数高居榜首从而当选。获选的委员中还有两三位女性。总之，规定一切事物由代表委员会裁决。

当前最为紧迫的就是解决上海十万在留日本人的回国问题，以及接纳从中国内地赶来的数十万日本人，并把他们送回日本。而这一切的前提条件就是从日本来船只接应，没有船只的话，一切都是空谈。另外，每天都有车从中国内地运来大批的日本人，我每天都在为他们的住宿及伙食问题不遗余力地奔波着。终于第一艘接应船——"名优丸"来了，日侨管理处立即下令让我们安排回国事宜。我们便开始招募有即刻回国意向的人员，招满人后又对每人可携带的行李做了规定：

现金限一千日元

衣服限三十千克

被褥限两床

餐具及厨房用具限一套

随身物品限手提的量

除此之外，不准携带其他任何物品。在天皇宣布日本战败后，汤恩伯将军下的第一道命令是：把所有日本人都集合到虹口地区。于是住在西部和南部的人们纷纷举家向虹口地区迁移，所到之处嘈杂一片，搬迁途中人们还屡遭瘪三等抢劫，这更加深了人们的恐慌情绪，也使场面更为混乱。随后，北四川路西侧的日本居民被要求全部迁到路东侧以东的地方，这又引起了一片骚动。整改后，日本人大体聚居在了一起。由于搬家及对回国携带物品的限制，人们有许多东西要变卖、处理，于是在施高塔路上，大量的地摊如雨后春笋般出现，最终形成一个由日本人组成的露天集市，当然买家全是中国人。其拥挤、热闹程度让人叹为观止。后来,在聚集区里还出现了卖日本糖果和年糕的店铺,寿司店、面包店等也应运而生。日本人俱乐部作为自治会的总部,委员们每天都会在这里开会,安排部署归国事宜。由于没有学校,许多适龄儿童终日无所事事,面对这样的情况,自治会决定在每个区设立私塾,并邀请学校的老师前来指导,在筹备私塾期间则由西林、加藤两位青年在周末去各区小孩集中的地方,教孩子们唱歌或给孩子们讲故事等。就给孩子们教授什么这一问题,日侨管理处审查了日本的小学课本并做了不少删减,自治会的文化部还制定了一系列的计划,只是很多事情都容易被这种形式化的东西所累。这期间,我把各区的干部聚集起来,组成八人为一组的演讲班,在各区就"日本人今后该何去何从"为主题进行演讲。那时,我主张"如今的日本除了模仿瑞士走和平发展的道路外,别无他选"。在每天的代表委员会上我也坚持己见、毫不动摇。另外,我还忙里偷闲地为各区的孩子们写了不少童话。

等待回国的人越来越多了,第一批获得回国资格的人被要求拿着行李到汤恩路上那所曾经的日本小学里进行检查,由于检查十分严格,稍不符合要求就会被抽出来,这又让人们担心不已。经历了种种考验后,第一艘船总算出发了。据说第二艘、第三艘船也会相继赶来,事实上,大家却等了很久。那时,从各地赶来的归国人员在收容所里不安极了,他们极度渴望听到一些抚慰心灵的话语,于是我又开始辗转于各个收容所,在安抚他们的同时也会涉及一些日本今后的发展道路等振奋人心的话题。就这样,我在忙碌奔走中度过了一九四五年。

"二战"后,丰田纺的塚本一家四口和原住在浦东的山岸多嘉子都搬到了我家来,大家一起生活。伊藤隅子因病做了手术。栗本德山终是去世了。宇坪夫人于一月也离世了。战争一结束,上海的所有由日本人经营的店铺全被查封了,只有内山书店各分店还在持续着经营的状态,直到十月二十三日正式交给接收者为止。交接手续办完的同时我就组办了内山书店互助会,联合日本店员在路边摆摊或充当中间商,所以之后的生活几乎没有特别为难,不论是看病的费用,还是死后的丧事都有所保障。作为战败的后果,我在上海的所有资产都被没收了,两次的没收之和值储备券二十五亿元左右。内山书店的创始人在一月离世了。随后不久内山书店也被没收了。从此,内山书店这页历史将被翻过。

后　记

　　写完了，写完了，内山完造的《花甲录》终于截稿了。记得从一九四九年的圣诞节我第三次提笔起，至今刚好一年，在完稿的这一刻，我感受到了前所未有的喜悦与欣慰。也许有人会觉得这不过是我自以为是地吹嘘，一文不值；抑或因为文中那一抹久久不散的哀愁而退避三舍。而我却觉得，此文非写不可，原因之一是陪伴我度过三十个春秋、历经风雨的妻子在一九四五年一月十三日，也就是在我的花甲之年离我而去了。另一个原因是我在上海的这些年，时常写日记或杂记来记录当时的所感所想，因为"二战"结束时的混乱，其中不少都散失了，更因为我突然被强制遣送回国，来不及整理或带走这些中的任何一件，以至于我这么多年的心血全部化为乌有。此时写回忆录，我几乎没有一页可供参考之物，走到穷途末路的我突发奇想出制胜一招，即根据《日本历史年表》，通过写每年的大小事件来唤起自己尘封已久的记忆。我还在书写中总结出一些心得，如往事历历在目时，我就多写些回忆；如感到毫无印象时，我则多记些史实。我写此文还有一个原因，即为了那些一直从各个方面给予我关照、指导，陪我一路走来的友人们。也因为我力求还原这些人和事，使得文章有些自我吹嘘的意味了。写到一九四二年，我遇到了一个无法跨越的障碍，作为我重要参考文献的《日本历史年表》从这一年到昭和二十年（一九四五年）都因为战乱没有任何记载。本想这也就刚过去几年，不过是多花点功夫，多费些心思的事情。不料由于前面的五十几年全是靠年表才写出来的，如今没了年表，脑中竟然一片空白，毫无灵感可言。终于在一九四九年十月，我得到了年表日本史提要的新刊，这才使我起死回生，并最终体会到了截稿的喜悦。截稿之喜暂且告一段落，接下来我说一说一九五〇年，世界上很多专家都认为这一年是大变革的一年。变革之一就是中国共产党取得了革命的胜利，成立了社会主义的中华人民共和国政府，不久，中国和苏联就缔结了《中苏友好同盟互助条约》，从此，世界赫然分为截然不同的两大阵营。

　　在日本，很久以前就有"虎年是凶年"的说法，不知是碰巧还是天意，一九五〇年刚好是虎年,这一年的台风比近些年要多得多,是少有的台风年。由于时局的动荡及天灾的侵袭,像我这样如沧海一粟般的人身上也发生了诸多变化。鳏居五年后,我同跟亡妻相识二十余年的老友加藤政野结婚。回国以来,我一直奔走于全国各地,最终积劳成疾,不得不停下来静养了三个月。也是在这期间,我终于写完了一直记挂在心的《花甲录》。想来,这都得益于主的护佑,于是满含对主的感激之情,唱出这两句赞美诗:

我心赞美谢主恩,一路守护伴我行。

值此搁笔之际,向在回国后给予我无微不至关怀的弟弟嘉吉夫妇表示特别的感谢。还有感谢那些给予我支持和鼓励的教会的兄弟姐妹们。最后,感谢一路陪伴我、鼓舞我,并为我无私奉献的妻子,我为有你而感到由衷的喜悦。

一九五〇年十二月三十日
于门司
完造

解　说

　　内山完造在《花甲录》里记录了其从一八八五年诞生时起至一九四五年这六十年间的足迹。曾经由岩波书店发行的《花甲录》，除了以上内容外，还收录了"从一九四六年到一九五九年"的内容。这次，由平凡社东洋文库再版的《花甲录》，则选择舍弃一九四五年之后的内容。

　　《花甲录》的作者内山，根据中国人到了花甲之年会"列个自身的年谱记录生平"的习俗，也以此为契机写了一本。（另外，在中国，人到六十会被称为"年届花甲"，这也是这本书名——《花甲录》的由来。）

　　似乎，中国人认为，自己有义务把在这个世上走了一遭的印记留给周遭及后世，这种特殊习俗恐怕是这个历史古国、文化之域所特有的。为此，《花甲录》在文中补充说明道："本书书写个人历史，绝无半点谎言或夸张。"

　　内山也想模仿中国人从花甲之年开始执笔，却因为那一年恰好处于"二战"的尾声，到处都洋溢着战火与混乱，终未能如愿。随后，由于仓促回国，此前积累多年的日记等全都没能带回。因此，这本回忆录完全是其在回国后凭借个人记忆，花费了长达一年多的时间写成的个人年谱式的回忆录。

　　关于其记述方法，是从内山诞生之年起，以年为单位逐一记述的。他首先按照日期的先后列出当年在日本社会中发生的大事，并交织着世界其他各地发生的大事件。随后，在"追加事项"中记述自身经历，以年龄开头，并细述自己当年的经历及感悟。

　　内山以当年世间的动态为切口，并以自身的记忆为线索，最终把自身的足迹和世界的走向紧密联系在一起，形成一体。

　　这样的写作方式对读者来说，简单易读，其从一八八五年写起："这一年三菱财阀的创始人岩崎弥太郎逝世，伊藤博文和清朝缔结了《天津条约》。"通过这样的记述，我们首先可以掌握当时日本及世界的诸多动向，进而了解内山完造是在这样的社会背景下诞生的。

内山完造青少年时代的内容由于《花甲录》中有详细涉及便不再赘述。在此，我们一起去看一下他在上海期间的经历。

内山完造于一九一三年抵达中国。当时距一八九五年的甲午战争和一九〇五年日俄战争的结束时日尚短，日本国内还沉浸在战胜的喜悦之中。并且这一时期，日本的经济等各方面充满活力，以"脱亚入欧"思想为背景，日本开始蔑视中国。内山作为大学眼药总店参天堂（后来的参天堂制药株式会社）驻上海的销售员来到上海，并最终以上海为据点，游历了中国的大江南北。

内山定居上海期间，经历了日本强行"租借"旅顺和大连、延长"满铁"及安奉铁路的权益期限、对华提出《二十一条》、"满洲"事变、第一次上海事变、日中战争、"太平洋战争"等一系列事件，这可谓是中日两国关系最为糟糕的时期。

抛开这黑暗的时代背景不谈，内山在自己经营的书店里开办了"内山沙龙"，成为中日两国友好人士交流的场所。店内的长桌上总会备着茶和点心，不论是谁都可以坐在这里畅所欲言。不得不说这的确是个与众不同的书店。

然而，内山并非一开始就偏爱中国事物，正如他自己所说，初到中国时，他只是个二十八岁的青年，和其他普通日本人一样，面对中国和中国人有一种天然的优越感。

这样一个内山，为什么最终他能从中国人的视角去看待问题，并能平等地看待、尊重每一个人呢？这期间他到底看到了什么，经历了什么，是什么让他发生转变的。这都是需要我们去剖析与解读的。

内山没有否认，年轻时被"狭小的日本已经让我待腻了，我要去有四亿人民等着我的中国开辟一片新天地"这种天真烂漫的想法所吸引，怀着一腔热情来到中国。和许多抱着"重走一回人生"的想法来到中国的日本人一样，内山就是其中之一。

虽然他们心怀梦想，满腔热血，但想要顺利地融入这个地域广袤、历史悠久的古国，还是很有难度的。

作为眼药销售员的内山，常以上海为据点到中国各地做宣传。有如万丈高楼平地起，在这些日常的点点滴滴中，他一步步走近中国，了解其宏伟的梦想、活力及思想。那历经数千年风雨的洗礼依然奔流不息的黄河、长江，那翻腾的浪花似在诉说几千年来的兴衰、动荡、更替，还有百姓的悲喜。内山被这气势磅礴的壮丽山河所震撼、感动的同时，也越发体会到中国及中国人的深邃与神秘。

在扬子江畔的斜阳中,乘一叶扁舟顺流而下,独立船头,身后散发出淡淡的哀愁。如此诗情画意的场景中不由心中默默把味着诗仙李白的佳句,沉浸在从岳阳遥看洞庭湖的那份幽静中,仿佛整个人也随之舒展、沉静下来。如此这般的种种美景更是为这个一向只注重实利的现实主义的商人打开了一扇通往浪漫主义世界的大门。

内山完造来上海时,这里已经是拥有三百四十万人口的中国第一大城市。一八四二年第一次鸦片战争结束后,中国被迫同英国签订的《南京条约》中指定了五个通商口岸,上海便是其中之一。作为最大的"条约港",上海不论在经济上还是文化上,都是中国最为繁盛的城市,是中国的一个象征。

但实际上,这期间上海的核心部门一直被外国人掌控着。这里有享有治外法权和行政权的法租界、英美及日本等列强管理下的共同租界,并且在租界的周边还划有专门的外国租界地。在英国租界的公园里还赫然立着"中国人与狗不得入内"的牌子,显然,在这里中国人反倒成了外国人。

战后作为中日邦交正常化奠基人的郭沫若,曾在内山的引荐下结识了日本作家谷崎润一郎。他同谷崎润一郎聊起中国当时的窘迫现状时曾说:"现在的中国完全不是一个独立自主的国家,各国列强都在搜刮着中国的资源。如果日本向其他国家贷了款,一定会用到自己的国家建设上。然而,在中国的情况却是,外国人在这里肆意建厂,肆意盖楼,完全置中国人的习俗和利益于不顾。而对此,我们却毫无办法,只能任由践踏。这种绝望的、只能坐以待毙的心情,绝不是简单的政治问题或经济问题。当然,日本人没有这样的经历,所以无法想象这在我们青年的心头蒙上了一层怎样的阴影。"

下面,我们来看一下租界内的情况。到二十世纪二十年代末,居住在租界的外国人已达五万人之多,国籍数目更是超过了五十个。其中,要数日本人最多,尤其是在甲午战争以后,大批日本人涌入中国,使其人数达到两万人。

在租界内部,各国还设立了各自的工部局,如法国工部局、英国工部局等。其涵盖了从普通业务到警察、海关等各方面的业务。并且,各个国家的工部局是相互独立的,如在法国租界,英国警察是无权行使职权的。

顺带说一下,在共同租界的日本人暂居地中,包含维护治安在内的行政工作是由居留民团事务所和上海领事馆共同负责的,当然,也设有警察之职。在租界内,各国划定的"领域"和"权利"范围是相互比邻的,为此,后来的上海事变中,驻扎在此的日本海军陆战队一直小心翼翼地作战,以免使流弹飞到其他国家的租借地中去。

关于日常的治安,共同租界内各方面的警力加起来有七千五百人左右。按当时共同租界内有五万外国人来计算,这里可以称得上是个微型警察国家。

但从严格意义上来说,租界内部的法律却是漏洞百出。如在英国租界内,严令禁止吸食鸦片;而在法国租界内,吸食鸦片却是放任不管的。并且在租界和租界之间还存在一定的无国籍地带,如果犯了罪,只要逃到那里,各国租界都将无权逮捕此人。

中国人是如何看待上海的呢?人们认为,每当国内政局不稳时,外国势力就会乘虚而入。尤其是当国内发生暴动时,外国军队一定会出面镇压,表面上看,他们是在协助维持和平,但仔细观察就会发现这种时候也是他们疯狂攫取各项权利和资源的时候。其最终结果就是在这种不断地恶性循环中,使中国人民落入万丈深渊。

并且,上海除了外国势力外,还集结着蒋介石的国民党势力、共产党的地下组织。此外,还有像宋霭龄、宋庆龄、宋美龄三姐妹的宋氏家族这样坐拥巨额资产和特权的豪族;也有如江浙财阀控制下那些有钱有势的人物;还有和黑社会青帮有关联的人物。总之,上海就像一个大熔炉,汇聚了各路势力、各色人物。

就这样,上海一面彰显着近代文明的同时,又一面暗藏着重重危机,真可谓是座另类的、令人不可思议的城市。

关于自己对中国的看法,内山完造在书中这样写道:

> 虽说中国在近代和外国打的仗中几乎没胜过,但那都是局部的战争。如果从全局来看,中国却是世界上最长寿、最强大的国家。它那悠久的历史便是最有力的证明。

通过这些话语,可以知道内山切实地感受到了中国的"大",其就像奔流不息的扬子江水,超越时空、恒久流长。

说到内山书店的开创,最初还是妻子美喜为了打发时间,才于一九一七年开了这么间书店。后来书店规模不断扩大,并在十二年后,把店铺迁到了日本人居住区的主要街道——北四川路。从此,内山书店经营的书目更全,规模也更大了。中国各地的许多书店都来这里订货,还曾有住在伦敦的中国人从这里订了二百本书。更不寻常的是,身陷囹圄的中国人也在这里订书。

其实,注意到有不少中国人在读日本书籍这一现象的是日本出版界。昭和初期,日本各出版社乘着一日元就能买到廉价书的热销潮流,竞相出版发行全集书目,最终由于过度竞争导致行情一跌再跌。这时内山来到东京,在出版协会的委员会上介绍了关于上海图书市场的情况。岩波书店的开创者岩波茂雄听后,十分激动地说:"这席话只有我们听太可惜了,一定要让别的会员也来听听。"于是那之后,内山又通过演讲让更多日本人了解中国图书市场的情况。内山和岩波茂雄也是从这时结识的。

岩波茂雄对内山说:"当我们的出版行业在日本国内碰壁时,是你告诉我日本书籍的销路在中国,这简直就是给我指了条明路,让我起死回生啊!因此,你的这番话一定要让出版界的所有人都听到。"

对于岩波茂雄和内山日后的交情到底有多深,我们不得而知,但仅从经内山介绍的郭沫若和岩波茂雄交情颇深这一点来看,相信岩波茂雄和内山的关系也定是非同一般。

当郭沫若在"二战"结束十年后,也就是一九五五年来日本时,还专程到岩波茂雄的墓前拜祭。当时,岩波茂雄的二儿子雄二郎在"二战"结束后子承父业,成为岩波书店的社长,他带领一家人隆重地接待了郭沫若。事实上,郭沫若在十八年前抛下妻儿回国后,跟其家人素未谋面的岩波茂雄一直在接济他们。

在岩波茂雄的家人面前,郭沫若泪流满面地感谢道:"如今,我的两个儿子已长大成人,成为国之栋梁,这全都多亏了岩波兄的关照啊。"

且说,往来于内山书店这个交流平台的作家中,内山最为敬慕也最交心的要数鲁迅了。他们的相识还要从鲁迅搬家说起。由于鲁迅的新家恰好离内山书店不远,于是鲁迅自然成了内山书店的常客,并从此与内山完造结下不解之缘。

鲁迅曾在日本的仙台医专(即后来的东北大学医学部)留学,对日本及日本人颇为了解,所以他能敏锐地读出日本人看待中国及中国人时,眼神中所流露出的东西。而他对内山的评价却是:"不管对方身处何种境地,他都能尊重对方,并给其以公允的评价。"显然,内山对中国的情感绝不是简单的一句"偏爱中国事物"就能概括的,要知道他的注意力在源源不断地投向弱者。对于他的做法,鲁迅一边苦笑着,却又一边发自心底地对他感到信赖。

当内山写完《活中国的姿态》时,拜托鲁迅为他写序,其中,鲁迅是这样写的:

> 由于是应老友之托,所以自认为在此稍说点坏话也未尝不可。其中一点就是文中有太多赞美中国的地方,对此本人不敢苟同。当然,如若这都是作者本人的所见所感,那我也就没办法了。

和内山十分亲密的鲁迅,在当时被蒋介石誉为"左翼作家联盟"的领军人物,遭到全面通缉。加之,鲁迅又是学生反体制运动的幕后策划者之一,这更激怒了国民党政府。

每当鲁迅身陷危难之时,内山都会秘密安排鲁迅去其书店的二楼避难。这一旦败露的话,内山也必然会受到牵连,但他每次都会奋不顾身地出手相救。

当然,他这种大无畏的精神绝不只是针对鲁迅,之前提到的郭沫若也受到过内山的庇护。还有许多其他无名的青年左翼作家,在遭到政府通缉无路可逃时,内山也会安排他们在书店的二楼或知己家避难,甚至秘密安排其逃亡至日本。

在内山远渡重洋来中国之前,他就对自己这种靠耍嘴皮子赚钱的生活方式产生了怀疑,这也和他加入基督教不无关系。入教的那一天,他发誓说:"这将是我这辈子革命的第一天。"在《花甲录》截稿的那一天,他感叹道:"能在一九四九年十二月二十五日圣诞节这一天截稿,我感到前所未有的喜悦。"

内山夫妇二人在上海也常出入于基督教青年会组织的周末学校及教堂。妻子美喜开办的书店,就是以向基督教友销售福音书起步的。

因而,内山本人十分认同基督教的教义,相信其心底的博爱主义也是源自于此。在内山书店,不论是日本人、中国人,还是朝鲜人,都会受到同等的待遇,即便是初次光顾书店的客人也可以赊账。"二战"结束后,为了帮助留在中国的日本人早日回国,内山完造四处奔走,殚精竭虑,而他自己则是最后一批撤离的。这正是基督教的教义所倡导的。

那么内山为什么要庇护鲁迅呢,他对鲁迅的作品又了解多少呢?这些我们都不得而知,但能够想见的是:内山是个小学没有毕业,没什么文化底蕴的书店老板,但其通过和知识分子、有名或无名作家的交往,以及在经营那些充满人类智慧结晶的书籍时,自己或多或少地受到知识的洗礼,思想也越发饱满、成熟。毫无疑问,其中鲁迅这位文学巨匠便是其中一员。

鲁迅原本立志学医,好将来回国救死扶伤。然而,偶然有一回他看到一部记录日俄战争的电影,看到有位中国人因被疑为俄国奸细而将被处死的时候,周围的中国人还面带微笑地围观,这让鲁迅深受刺激。他认为"救国救民需先救思想",于是弃医从文,希望用文学改造中国人的"国民劣根性"。很显然,鲁迅这种忧国忧民的精神也深深地感染了内山。

后来,小说家小林多喜二遭东京筑地警察署逮捕,并被毒打致死(一九三三年)。悲愤的鲁迅发去唁电,声讨日本政府,并在上海发起了为小林多喜二遗属募捐的活动。

当然,出现在内山沙龙的不只有进步青年,也有国民党干部。

然而,内山心目中理想的沙龙是希望大家暂且抛开眼前的政治立场,更多地去关注、支持那些解救人民于水火的忧国忧民之士,以及那些正在扶贫救弱道路上探索的人们。事实上,常来书店畅谈的中国人中,有不少人是反对国民党的统治、拥护社会主义思想的。而当时也恰恰是国民党和共产党势不两立、交锋碰撞之时,两党之争的惨烈场面常在上海人的生活中上演。

聚集在沙龙中的中国年轻人,很多都有赴日留学的经历。他们亲眼看见过日本的社会主义者不屈服于政府打压,积极搞地下运动的情形。也知道在日本有不少学生热衷于马克思的《资本论》、列宁的《帝国主义论》和《国家与革命》,还有《马克思恩格斯全集》。

在治安维持法下,小林多喜二的《蟹工船》、雷马克的《西线无战事》成为畅销书。把其改编成舞台剧后,也大受欢迎。这些令人欢欣鼓舞的消息很快就传到了中国,激励了不少中国的仁人志士。为了延续在东京燃起的这股革命之火,在上海出演了《西线无战事》的许幸之、沈叶沉等人,以及有抗日宣传小喇叭之称的《义勇军进行曲》的作者田汉等人纷纷从日本回国。当听说谷崎润一郎要出席内山的沙龙时,他们也纷纷到场,同谷崎润一郎先生秉烛夜谈,大家讨论得不亦乐乎,以至于内山在第二天又续办了一场沙龙,之前提到的郭沫若也在其中。

结果，日本驻上海领事馆的警察及右倾主义人士中的不少人开始指责内山，称其为"同情共产主义分子"。

出席内山沙龙的有日本驻上海的记者、科研工作者、银行职员、商人、诗人、艺术家等形形色色的人物，他们在这里和中国的青年人从各自的行业谈到当今的世态、政局，话题面广而又深刻。当然，内山除了给大家营造轻松自在的谈话氛围外，也会加入到大家的讨论之中。他曾明确表态：自己绝不是共产主义者。在其著作中完全窥不到倡导共产主义的蛛丝马迹；在其生活中，也找不出其同上海共产党组织来往的有力证据。所以，内山最终被定性为"是个自由主义者和博爱主义者"。

即便如此，内山周围的中国友人多是反国民党支持者或共产主义者，甚至还有一些和中国共产党有牵连的日本人和美国人也是内山的好友。比如有为世界史的转变做出贡献的"佐尔格国际谍报团"的领导，及全力协助左格尔的大阪朝日报社上海分社的尾崎秀实，还有美国共产党员艾格尼丝·史沫特莱等。

当时的上海称得上是世界情报的汇集地，这里混杂着各国媒体的特派员，日本的特派员自然也不会放过这个情报活动的最佳地点。情报汇集的地方，同样也是谍报活动最易展开的地方。在这里只要稍加打探，便可获悉他国的最新动向及情报，可谓是一个令间谍们欢欣鼓舞、黑暗且嗜血的世界。

其实，在佐尔格事件爆发并转移至东京之前，这些革命者的活动舞台一直在上海。其中，以一九三二年一月爆发的第一次上海事变为舞台，有"男装丽人""东方的玛塔·哈丽"①之称的川岛芳子在那期间进行的间谍活动近来再次成为人们茶余饭后的话题。

指挥左格尔谍报活动的莫斯科红军第四总部禁止左格尔直接和中国共产党接触，因此，他自己定不会亲自出马接洽，更不会靠近内山书店。那么，内山和尾崎秀实、史沫特莱到底是什么关系呢？

事实上，尾崎秀实是在一九二八年年末，在大阪朝日报社上海支局局长太田宇之助的引荐下，才开始频繁出入于内山书店的。太田在其《上海时代的尾

---

① 玛塔·哈丽：荷兰女子，第一次世界大战期间投身德国情报机构，成为著名艳谍，后被法国政府处决。

崎君》中提到:"店主内山完造君和我是至交,每有空暇,我都会去其书店与之聊天。也因为这层关系,即便尾崎君的购书量远远超过一般工薪阶层的承受力,并且在书店已是债台高筑,内山君却从不说什么。"

在内山书店,尾崎结识了鲁迅,并与之成为好友。鲁迅曾对内山说:"尾崎君不仅德文说得好,做事也值得信赖。日本能培养出尾崎这样的男儿,可见这个国家也并非无可救药啊!"

下面说一下尾崎的同志兼恋人史沫特莱和内山到底是什么样的关系。史沫特莱在参加完"左翼作家联盟"举办的交流会后,和鲁迅成为朋友。当鲁迅在内山书店二楼藏身时,史沫特莱常会在书店关门后前来探望鲁迅,而默默领其上二楼的人便是内山。另外,作为记者,史沫特莱还不断地为美国报社和德国报社写稿件,称得上是一个手持利笔的斗士。

史沫特莱常同鲁迅用德语在书店的二楼谈至深夜,他们商议着把国民党的暴举通过外国媒体告诉世人。好给在共产党成立及"满洲"事变以来一直依靠欧美援助的国民党沉痛一击。

一九三一年一月十七日夜,在上海的共产党江苏派的同志全部被国民党工部局警察逮捕,引发了"龙华事件"。为此,以前就是国民党政府眼中钉的鲁迅再次选择避难。最终江苏派的二十四人被国民党警部司令部带到龙华这个郊外,处以极刑。

二十四人中有和史沫特莱、尾崎相熟的年轻作家胡也频,也有鲁迅在北大时教的学生柔石,还有五人是"左翼作家联盟"的成员。

柔石被捕前发出的密报一被送到内山书店,内山就立马采取行动庇护了鲁迅。因为内山和鲁迅都知道,不论国民党如何恐吓、胁迫,其终究是不能杀他们的。

鲁迅最终于一九三六年十月,死于肺结核病。他离世时,内山也在场。八名葬仪委员中,紧随宋庆龄之后的便是史沫特莱。

翌年七月,鲁迅预言的日华事变①果然爆发了。内山对自己的祖国——日本侵略中国领土的行为深感痛苦,这期间他的所见所感在《上海漫语》中是这样描述的:

---

① 日华事变:中国通称抗日战争。

在内山书店门前,每到夏天都会设一个茶缸,免费向过往的行人供应茶水,并且茶缸中泡的是中国人在夏季爱喝的凉茶。

一日,避难途中的母子三人路过这里,远远看见店门前的茶缸,便欣喜地赶来,想要一解浑身的暑气及饥渴。当发现茶缸已经空空如也时,他们沮丧的呆立在茶缸前,欲哭无泪。注意到这场景的内山,立马从店里出来让他们等等,于是母子三人提着空罐老实地候在店门外了。

不一会儿,内山从里屋提着一壶大麦茶出来,递给他们道:"这可是大麦茶。"他们感激地接过水壶,把随身携带的空罐全都灌了个满。

只见小孩子一边咕嘟咕嘟地大喝,一边忙不迭地说着谢谢,原本被晒得毫无生气的面孔也瞬间生动起来。

见此情形,内山不由关心地向那位母亲问道:"你们这是从哪里来的呀?"妇人回道:"蕴藻滨来的。"那是江湾镇再往北一点的地方,内山便又问道:"那这是要去哪里呢?"妇人回道:"去租界。"当内山问道:"你们在租界有亲友吗"时,妇人淡淡地回道:"没什么亲友。保安队的士兵说今晚三点会和日本兵开战,我们是去租界避难的。"

说完这些,他们母子三人再次拖着沉重的脚步,有气无力地沿着北四川路向南走去。内山和妻子美喜默默地目送他们走远,直至消失不见。

从内山目送母子离去这一幕,我们能读出,在这样的大背景中,内山以一个国际友人的身份,对中国和中国民众怀有无限的慈爱之情。同时,他也对自己祖国的暴举深感内疚。

内山还在著作《上海 下海①上海生活三十五年》中,以及阐述人道主义精神的轶事杂文中,记述了日本政府对自己的看法。

那还是内山送妻子回国疗养期间的事,当他刚到东京,就被警视厅叫去问话:"我们已经掌握了你窝藏青年共产党员郭沫若、庇护鹿地亘的证据。还有你平日给共产党员出路费、管饭的事我们也都知道了,你还不快老实交代!"

---

① 下海:黄浦江下游的杨树浦有一个下海庙,那一带被称为下海。

随后其又补充道:"看管在市川的郭沫若竟然逃走了,你和这件事也脱不了关系吧!"我这时才知道郭沫若已经离开了日本。这时,内山清楚地看到日本政府是多么害怕其统治下的共产党员受到中国共产党党员的煽动。

从这天起,内山在日本桥的久松署被拘留了四天,每天都会受到刑警严厉的审问。"喂!听说你的追随者挺多啊,中国人和日本人加起来有六百人呢!""不要装糊涂!你的所作所为我们都查清了,你就是共产党设在上海的联络员,对不对?"

对于这些提问,内山毅然地答道:"作为一个身居海外的日本人,不管对方是共产党、国粹主义者,还是中国流浪者,抑或日本人,只要对方请求我'给我口饭吃吧',我都会尽量满足其请求。当其因为没有旅费不能回家时,求我道'借给我点船票钱吧'时,我就借给他,如此而已。作为一个日本人,这难道不是我应该做的吗?如果这也算有罪的话,那么我无话可说。"

就这样,内山给自己的定位是远离政治层面的纷争,他以自由主义者、博爱主义者的身份活跃于文坛。

随着日华事变愈演愈烈,在日本各地巡回讲演的内山,在其讲演的最后总会总结性地说道:"这场战争只是暂时的,今后的主题终将是和平。中国和日本同处东亚,这次事变就像两个兄弟之间的打架,希望这场兄弟之争不要再扩大。"

因为是在本国进行的讲演,所以内山并没有直接批判日本的侵略行径,但他始终认为这场战争只是暂时的现象。果然,在历经了中国这个有着悠久历史、地大物博国度的洗礼后,内山衡量事物的尺度也变得更为豁达、包容了。

他在日本把日华事变描述为"望不到头的泥水沟""不断蔓延且有燎原之势的大陆野火"。面对中国这个有着几千年历史的国度,内山对世情始终保持着清醒地认识,他认为,日华事变不过是"暂时的现象"。

从他所说的"希望这场兄弟之争不要再扩大"的话语中可以看出,随着战争规模扩大,爆发了太平洋战争的这一趋势来看,当时内山对此是有所感有所虑的。

当太平洋战争爆发的消息传到上海的那个早晨,内山书店里里外外挤满了人。由于媒体相关人士也会出席沙龙,所以人们都聚在这里等待最新消息。可见一旦有什么风吹草动,内山书店就成了大家汇集的场所,这已成了大家心照不宣的秘密。

上海这时绝不是什么安全地带,轰炸和枪战在人们眼前随时上演。内山却淡然如常,依旧开门营业,依旧热衷于沙龙。

还记得十年前,第一次上海事变爆发时,日本海军陆战队的总部就设在内山书店的后面,这里成了高危地区。一时间这里人迹罕至,整个街道都安静了下来。由于几乎没人来买书或看书,内山夫妻便和店员围着炉子看书、喝茶。不想就在这时,曾以川岛芳子为原型创作了《男装丽人》的作家村松梢风冒着枪林弹雨,头顶钢盔,腿缠绑带地跑来了。

他一进门,大家都吓了一跳,内山忙问候道:"哎呀,这种时候你还来真是太厉害了。"事实上,内山就是因为知道即便是在打仗这种非常时刻,也有"想买书""想参加沙龙"的人,所以他依然在此坚守着。

当有避难的中国人向内山求助时,他总会迅速地写张"这个人是内山完造的知已,请酌情处理"之类的"良民证明"给其救急。

在日军彻底搜查上海的共产党分子时,鲁迅的未亡人许广平被日本宪兵队逮捕,并遭到严刑拷问。当内山得知此事后,立即前往宪兵队,经多方活动,许广平最终获释。这些都诉说着作为日本人饱受良心苛责的内山的战争观。

"二战"结束后,在整个上海都沉浸在一片胜利的喜悦中时,内山书店被国民党查封了。无奈之下,内山决定放弃书店,他统计了店里的所有资产及负债情况后,把剩余资产全部分给了店员。随后,便为国人的归国事宜奔走起来。

后来,没来得及再看一眼永远沉睡在上海的妻子,内山就被国民党当局赶回日本了。从二十八岁来到中国,在这里度过了三十四个春秋,转眼间内山已是六十二岁高龄的老人了。

比谁都热爱中国这片土地、热爱生活在这片土地上的人的内山,却被中国两党之一的国民党评价为"内山完造是侵略中国的日本帝国主义成员之一",此外再无赘言,这让内山深感遗憾与愤然。相信国民党内部也有不少人是同情、理解内山的,只是他们迫于组织压力,才没能为其申辩吧。

虽说此时,中国同日本的战争已经结束了,但国内的混乱和饥饿、共产党和国民党之间的斗争还在继续。这期间,内山对中国人而言,不过是个应该排除的外敌。尽管他和郭沫若、田汉等人交情颇深,但当时的国民党政府和在其统治下的人民都已极度疲惫,无暇顾及这些了。

"二战"后,内山于一九五三年,作为侨居中国的日本人归国协商代表团一员,首次访问中国。这之后,他又数次访问中国,每次都是由中国共产党接待的。尽管战时由于政治局势所迫,中日间的交流几乎中断了,但内山书店这个舞台,为中日间的友好人士点亮了一盏明灯,并一直坚守下来。虽然这时中日两国间的邦交还没有恢复,但内山和中国旧友们的交流再次展开了。

这些旧友包括鲁迅的未亡人许广平,还有田汉、郭沫若、廖承志等人,他们都为日后的中日邦交正常化谈判做出不懈的努力。一九五九年,他们还为内山举办了一场"内山完造欢迎会",会上与这么多昔日友人再度相聚,内山的心情好极了。然而,意想不到的是内山由于中风突然倒地,并再未醒来。内山完造和妻子美喜被一同葬在万国公墓,毗邻国母宋庆龄而眠。

其墓碑上刻着由内山完造和鲁迅都很熟识的夏丏尊题写的"以书肆为津梁,期文化之交互生为中华友,殁作华中土,吁嗟呼,如此夫妇"的题词。这是中日邦交正常化十三年前的事。

内山完造的功绩在于,在那个黑暗、阴冷的年代,他通过一家书店拓展出一个交流圈,并在"二战"后利用这个交流圈为化解中日两国冰冻的外交关系做出了巨大的贡献。

即便是现在,不论是政治层面还是国民情感层面,中日双方都对彼此充满了不信任感。当然,在曾经,两国的关系比如今要糟糕百倍。但不管怎么说,只要有一个两国友好人士交流的场所,相信它就一定会为今后两国的文化交流起到引导、推进之功效。

(太田尚树 东海大学名誉教授)

读者可加入书友交流群
畅聊内山完造以及那段历史
【群类别:书友交流】
入群指南详见本书后折口

建/议/配/合/二/维/码/一/起/使/用/本/书

• 与书友一起 •

走进内山完造以书为桥梁的一生
研读大时代里的平凡与不平凡

　　本书配有读者微信交流群，群内提供读书活动和资源服务。读者可入群与群友交流阅读心得和研读感悟，讨论内山完造一生的平凡与不平凡。

群服务介绍

　　提供内山完造与内山书店等本书配套相关资料与阅读工具，辅助读者拓展学习，使读者认识更加鲜活的内山完造，了解那段历史。

入群步骤

① ▶ 微信扫描本页二维码

② ▶ 根据提示，加入读者交流群

③ ▶ 群内回复关键词，参与读书活动，领取阅读资源

微信扫描二维码
加入本书交流群